地平线
策·划·工·作·室
DIPINGXIAN CEHUA GONGZUOSHI

通·识·书·系

SHIJIE WENMING JIANSHI

世界文明简史

Shijie Wenming Jianshi

何 平 孙莎岚 夏 茜
肖 薇 肖 杰 周薇薇 ◎ 编著

首都经济贸易大学出版社
Capital University of Economics and Business Press
· 北 京 ·

图书在版编目(CIP)数据

世界文明简史/何平等编著. --北京:首都经济贸易大学出版社,2017.7

(地平线策划工作室通识书系)

ISBN 978-7-5638-2641-4

Ⅰ.①世… Ⅱ.①何… Ⅲ.①世界史—文化史—高等学校—教材 Ⅳ.①K103-49

中国版本图书馆CIP数据核字(2017)第112514号

世界文明简史

何平 孙莎岚 夏茜 肖薇 肖杰 周薇薇 编著

责任编辑 小 尘

封面设计 砚祥志远·激光照排 TEL: 010-65976003

出版发行 首都经济贸易大学出版社

地 址 北京市朝阳区红庙(邮编100026)

电 话 (010)65976483 65065761 65071505(传真)

网 址 http://www.sjmcb.com

E-mail publish@cueb.edu.cn

经 销 全国新华书店

照 排 北京砚祥志远激光照排技术有限公司

印 刷 北京建宏印刷有限公司

开 本 880毫米×1230毫米 1/32

字 数 330千字

印 张 12.875

版 次 2017年7月第1版 2022年1月第1版第3次印刷

书 号 ISBN 978-7-5638-2641-4

定 价 26.00元

目　录

第一部分　史前时代

第二部分　古典文明

第三部分　中世纪

第四部分　近代

第一部分

史前时代

第一章

西南亚的早期社会

人类文明可以说最早出现于中东“美索不达米亚”(Mesopotamia)地区。“美索不达米亚”一词源自希腊语,指的是“(两条)河流之间的土地”。这两条河流具体是指发源于亚美尼亚(Armenia)山脉的幼发拉底河(The Euphrates)和底格里斯河(The Tigris),故该地区又名两河流域。这是人类文明的发祥地之一,苏美尔人、巴比伦人、亚述人都曾在这里创造出了灿烂辉煌的文化,至今仍令人为之神往。

美索不达米亚地处古代西亚中心位置,分南北两大部分。北部地区古代称作亚述,大致相当于今伊拉克东北部的札格罗斯与陶鲁斯山脉。这里自然条件优越,水源充足,植被茂盛,原始人类捕猎较为容易。不过亚述冬季气温异常寒冷,且高地的地形导致交通不便。南部地区为巴比伦尼亚,该地又分作南北两部分:南为苏美尔,北为阿卡德。南部地区的自然资源虽不及北部,但大面积的冲积平原和沼泽滋养了肥沃的土地,成就了其两河文明的中心地位。

但是,两河流域的降水稀少,多处位于干旱炎热地带。尽管底格里斯河和幼发拉底河贯穿其中,但两河流程不长,且水量并不稳定。两河的泛滥期一般在夏季,当地居民一般在秋季播种,为了在农作物的生长时期能充分利用水源,两河地区的居民建堤筑坝、蓄水排涝,在公元前6000 年左右,一些小型的人工灌溉系统初现雏形,至公元前5000 年,发达的灌溉系统已成规模。灌溉系统的构建改善了该地区的农业状况,并导致连年的农业丰收。尽管两河流域资源稀缺,但并未阻碍其文明前进的步伐,相反却促进了文明的勃兴。地处西亚的中心位置,使得两河流域成了东西方交通的中间地带,资源的稀缺推动了该地区对外贸易的发展,带来商业的繁荣。

1. 苏美尔文明

公元前5000年左右,两河流域迎来了最早的居民——苏美尔人。公元前4300年左右,苏美尔人的氏族社会开始解体并逐步向文明过渡,历经埃利都·欧尔德文化时期(约前4300—前3500)、乌鲁克文化时期(约前3500—前3100)和捷姆达特·那色文化时期(约前3100—前2700)。

埃利都·欧尔德文化时期是苏美尔军事民主制阶段。在乌鲁克文化时期,苏美尔人进入文明时期,社会有了明显的贫富分化,出现了象征财产的柱形印章和初具规模的城市和神庙。同时,苏美尔人在宗教、艺术包括文化教育等领域成就不凡。捷姆达特·那色文化时期,苏美尔步入城邦时代,形成了诸如埃利都、拉伽什、乌鲁克、乌尔等城邦。

苏美尔城邦的政治机构通常包括城邦首领、长老会议和公民大会。城邦首领被称作恩西、恩或卢加尔,执有世俗和宗教两大职权。他管理行政,统率军队,同时作为最高祭司,掌管神庙经济。公民大会由成年男子组成,有权选举首领,媾和宣战。长老会议由贵族组成,权力很大,尤其是祭司贵族。在城邦中,神庙经济为城邦经济的核心,被牢牢地控制在以城邦首领为首的奴隶主贵族手中。

在诸多城邦中,拉伽什、乌鲁克、乌尔等比较强大。公元前2500年左右,拉伽什开始强大,渐有称霸苏美尔的王者之势。不过,在国王卢加尔安达(约前2384—前2378)统治期间,暴虐的统治触发了拉伽什地区暴动。在平民与下层祭司的支持下,贵族乌鲁卡基那推翻了暴政,自立为王。期间,乌鲁卡基那展开了迄今所知的史上最早的改革,目的在于革除弊政,缓和阶级矛盾,实现社会稳定。其主要内容包括:发展农业生产和水上运输;增加公民人数(由3 600人增至36 000人);减轻人民负担;缓和政府与神庙的利益冲突;等等。经过改革,拉伽什逐渐实现了经济繁荣与社会稳定。但日渐强大的拉伽什在邻邦统治者眼中却成了最大的威胁,他们与拉伽什内部的反对势力相勾结,共同反对改革。公元前2371年,温马国王卢加尔扎克西屠戮了拉伽什,乌鲁卡基那被杀,改革被迫中断。

阿卡德王国 公元前2500年前后,闪米特人的支系阿卡德人来到两河流域,此时苏美尔人的各个城邦正处于混战之际。阿卡德王国的创建者萨尔贡(约前2371—前2316)出兵三十余次,打败此前一度一统苏美尔的温马国王卢加尔扎克西,首次一统两河流域南部地区。萨尔贡自称"天下四方之王",其统治地区延伸至西到地中海、东达波斯湾的地区。在位期间,他建立起中央集权,并组有一支约5 400人的军队,这是两河流域历史上第一支常备军。

公元前2200年左右,来自东北部山区的库提人入侵南部两河流域,阿卡德王国灭亡。但库提人的统治并不稳固,还没来得及建立起统一的王国,便在公元前2120年,被乌鲁克国王乌图赫加尔所取代。随后,乌图赫加尔又被乌尔王乌尔纳姆打败,进入乌尔第三王朝(约前2113—前2006)。约公元前2000年,西北的阿摩利人占据了巴比伦尼亚,乌尔第三王国不复存在,巴比伦王国骤然崛起。从此,两河流域的文明随着古巴比伦王国的强大继续向前发展。

2. 古巴比伦、亚述、新巴比伦

古巴比伦王国 巴比伦位于幼发拉底河的东岸,处于两河流域的中心,在今天伊拉克共和国境内。它所处的位置扼西亚商路要冲,经济以及战略地位尤为重要。承继了苏美尔及阿卡德文明成果的古巴比伦人成为集大成者,把古代两河流域文明推向全盛。由此,古巴比伦与古印度、古埃及、古中国并称作"四大文明古国"。

立国初期,巴比伦并不强大,直至第六代王汉谟拉比(Hammurabi)统治时期(约前1792—前1750),古巴比伦开始强盛起来。他采用灵活的外交手段,通过结盟与各个击破的方式,最终完成了两河流域的基本统一,建立起一个强大的帝国。汉谟拉比自号"阿穆鲁全国之王、强大之王、苏美尔和阿卡德之王及世界四方之王"。在武装统一两河流域期间,他逐渐确立起中央集权的统治。他几乎掌握一切大权,宣称王权神授。前1750年,汉谟拉比死去,王国进入混乱时期,不但面临异族入侵,同时王国内部反抗不断。约前1595年,赫梯人入侵巴比伦城,烜赫一时的古巴比伦王国灭亡。

亚述 在铸就两河流域光辉灿烂的古文明过程中,亚述人功不可没。亚述最初位于底格里斯河中上游地区,其商业地位和战略位置都十分重要。亚述人是由原住的胡里特人与约在前2000年进入该地区的一支游牧民族融合而成。虽然亚述在公元前31世纪就已出现了城邦国家,但一直未能强大起来。直到公元前10世纪,随着埃及、巴比伦等周围强国的相继衰落,亚述才逐渐强大,并开始对外扩张。

在国王阿叔尔那西尔帕二世统治时期(前883—前859),亚述国征服了北部的叙利亚。沙尔玛纳塞三世(前858—前824年)进一步扩展霸权,迫使巴比伦尼亚地区承认亚述为宗主。提格拉特帕拉沙尔三世登上王位后实行军事改革,推行募兵制,推广铁制兵器,极大提升了军队的战斗力。这支强大的军队不久便征服了整个叙利亚。接下来的后继者们先后征服了以色列、赫梯、埃及、埃兰等国家。公元前7世纪前后,亚述的势力范围东接伊朗,西达埃及,北到南高加索,南临波斯湾,成为地跨亚非的庞大帝国。在亚述强大的过程中,铁器的推广作用重大,它带来了经济的迅速发展,为其对外扩张奠定了雄厚的物质基础,并使亚述成为铁器时代的第一个帝国。

靠武力征服建立起来的亚述帝国,由于没有稳固的统一基础,被征服地区的人民反抗不断,统治阶级内部也矛盾重重,致使帝国迅速衰落。前655年,埃及恢复独立;前626年,巴比伦尼亚独立,迦勒底人夺下巴比伦尼亚王位,建立起新巴比伦王国。声势正盛的迦勒底人联同米底人发起对亚述的进攻,前612年,攻占亚述首都尼尼微。前605年,亚述的最后一个据点——卡尔赫米什沦陷,亚述帝国彻底灭亡。

新巴比伦 公元前626年,迦勒底人贵族那波帕拉沙尔发起对亚述统治的反抗,建立起新巴比伦王国。新巴比伦王国存在的时间并不长，前后不到一百年的时间。

进入国王尼布甲尼撒二世统治时期，新巴比伦王国达到全盛，成为两河流域经济和文化的中心地带。期间，王国的商业繁荣，商队遍布各地。他们用谷物、枣子、油类、陶器等农产品或生活用品换回两河流域稀缺的金、银、铜、石头、木材、盐等资源。频繁的商品交换促进了两河流域文明的发展，同时也刺激了其与外部文明的交流。

此时的新巴比伦王国不但商业发达，政治势力也很强大。公元前586年，尼布甲尼撒率军攻陷圣城耶路撒冷，犹太王国就此覆灭。更不幸的是，犹太王国的大量居民被劫掠至巴比伦沦为奴隶，史称“巴比伦之囚”，延续千年的犹太悲剧就此开启。

尼布甲尼撒二世死后，新巴比伦王国迅速衰落。国内政变不断，商人僧侣集团与国王之间的矛盾难以调和，他们便倒向了崛起中的波斯。在前538年，里应外合的波斯大军攻陷巴比伦，新巴比伦王国灭亡。

3. 希伯来和腓尼基文明

最早的希伯来人过的是游牧生活，活动在美索不达米亚与埃及之间。约前20世纪，他们移居到巴勒斯坦地区。巴勒斯坦地区也是古代西亚文明的发祥地之一，前3000年左右，该地区的居民迦南人就已进入了青铜时代。希伯来人到来之后，征服了迦南人。受农耕文明的影响，他们开始了定居生活。约前18世纪，一些希伯来人从巴勒斯坦地区迁居至埃及。但在前1300年，这些受到埃及压迫的希伯来人在首领摩西率领之下又从埃及返回巴勒斯坦。为了生存，他们同当地的定居者进行了艰难的斗争，最终建立了自己的国家——以色列王国。

前10世纪时，在大卫王和所罗门王统治时期，以色列王国达到鼎盛。他们占据了叙利亚与西奈半岛之间的土地，首都耶路撒冷是一座“国际化”的大都市，与西亚的许多地区都有商业往来，铁器的使用也很广泛。但到了公元前10世纪后期时，以色列经历了一系列政治和军事上的失败,迅速衰落,统一的王国也分裂为南方的犹太王国和北方的以色列王国。随着亚述的不断强大,以色列王国的生存压力越来越大,前722年,最终被亚述征服。至此,以色列人再遭驱逐,被迫与其他民族相融合,逐渐丧失了以色列作为单一民族的身份。

腓尼基并不是一个统一国家的名称,它指的是地中海东岸北部的狭长地带,大致相当于今天的黎巴嫩。这一地区盛产紫红色的染料,因此希腊人称其"腓尼基",意为"紫红色的国度"。前3000年,腓尼基出现了许多独立的城市国家,如推罗、乌伽里特、西顿、毕布勒等,但它们的实力都不是很强大,因此常常臣服于埃及或是两河流域的一些国家。

腓尼基虽然最终没有形成统一的国家,这些王国也没有强大的军事力量,但他们的对外贸易却非常发达,影响遍及当时的整个地中海社会。由于腓尼基所处的位置为一个狭长的地带,而且王国林立,土地资源极其匮乏,因此发展农业经济尤为艰难。于是,他们利用有利的地理环境积极发展对外贸易,通过陆路与两河流域地区进行商业活动,商人从外面进口食品和工商业原料,而对外输出金属制品、纺织品、陶器、玻璃制品以及艺术品等。卓越的造船技术为腓尼基人海外贸易拓展提供了条件,他们制造出了当时世界上最好的船只,商船到达葡萄牙和法国沿岸,最远的甚至到达了非洲的几内亚湾。在前1200—前800年,他们掌管了地中海地区的贸易,在地中海附近的岛屿建立了多个殖民据点,使整个地中海海域成为其殖民贸易区。尽管商业发达,但因为迟迟没有建立统一的国家,腓尼基抵御外敌入侵的能力很弱,到前8世纪被亚述征服。

4. 印欧人

近代以来,语言学家发现欧洲、西南亚和印度许多地方的语言相似性很高,如古代的波斯语、希腊语、拉丁语和现在的印地语以及绝大多数的欧洲语言在发音、拼写甚至语法上都有许多相似之处。

他们把这些语言统称为印欧语。大多数学者认为:操印欧语的人们来自同一发源地,有着使用同一语言的祖先。

印欧人最早的居住地可能在里海和黑海以北,今乌克兰和俄罗斯南部的草原地带。前4500年—至前2000年,印欧人建立起社会。他们主要放牧牛羊,种植少量的粟和大麦,并且驯养马匹。马的驯养及使用给印欧人的社会带来了巨大的影响:不仅促进了社会生产力的提高,还大大提升了其军事实力。前3000年起,印欧人开始向外迁移,这种迁移活动断断续续一直持续到前1000年左右。在向外迁移的这些印欧人中,对古代社会影响最大的是赫梯人。

前1900年左右,赫梯人来到了安纳托利亚平原中部。约前17世纪—前16世纪,赫梯人建立起赫梯王国。赫梯史上最为著名的一位国王是赫尔什里一世。约前1595年,他带领赫梯人灭了古巴比伦王国。前16世纪后期,赫梯国王铁烈平展开改革,确立了嫡长子制的王位继承原则,这在一定程度上稳定了王室的内部关系,巩固了王权。前1345年—前1200年,赫梯王国进入全盛时期。在国王苏庇努里乌玛统治时期,赫梯人攻占米坦尼王国,通过傀儡政权实行统治。同时,赫梯王国还与埃及进行了长期的争霸战争。前1300年,双方为争夺叙利亚的卡迭什进行了一次会战,但战争使双方均损失惨重,无力再战,最终于前1283年签订合约。因条约刻在银版上,故名“银版合约”。根据合约,两国互不侵犯,彼此援助。该条约是迄今发现的最早的国际条约,其签订标志着赫梯与埃及延续百年的争霸战争宣告结束。前1200年左右,“海上民族”的入侵造成赫梯衰落,至前8世纪,国势日衰的赫梯为亚述所灭。

5. 西南亚的文化

古代两河流域的文明是人类最早文明的代表之一,早期两河流域的居民在这片土地上所创造的一系列光辉灿烂的文明对世界文明的进程影响深远。

文字 文字是人类步入文明的重要标志。出土于两河流域的数十万块刻有文字符号的泥板表明,在前3000年左右,苏美尔人就创造出了一套文字系统。他们用芦苇秆、木棍等材料做成的带有三角形笔尖的笔在半干的泥板上书写，然后用火烘干，成为泥板文书。每个字符都是由横、竖以及斜的笔画组成，表面上看酷似楔子，故名楔形文字（Cuneiform）。

楔形文字大体分为表意、表音、部首三大类，其结构和语法都十分复杂，学习这种文字要花费大量的时间和精力，因此在当时只有富有的奴隶主贵族才有条件学习。后来阿卡德人继承了苏美尔的楔形文字，并将其发扬光大。前1500年前后，楔形文字逐渐成为西亚各国通行的文字，且在以后相当长的时间内一直成为两河流域唯一的书写文字体系。各国在使用文字的过程中，根据自身的需要不断对其进行改造，楔形文字也不断得以简化。如巴比伦人使用640个基本字符，而亚述人只用570个；到波斯人使用时，则仅使用41个字符。楔形文字已和字母文字基本接近，最终在公元前后被字母文字所取代。由于楔形文字的结构及语法都很复杂，且在不断地变化，因此在很长一段时间内都无人能释读。直至19世纪中叶，人们借助于英国学者罗林生对《贝希斯顿铭文》的研究才成功释读，逐渐揭开了其神秘的面纱。

楔形文字不仅是两河流域通用的文字体系，还影响了埃及文字和腓尼基文字的形成与发展，尤其是被公认为世界拼音文字开端的腓尼基文字。腓尼基人最初使用的也是楔形文字，在使用过程中将其不断简化，到了约前2000年至前1500年，腓尼基人创造出了字母文字的两种符号：北部乌伽尔特的29个字母符号和南部格巴尔的22个字母符号。尔后，乌伽尔特的字符逐渐被淘汰，而格巴尔的字符则被保留下来，并成为腓尼基境内的通用文字。最初腓尼基的这22个字母都是辅音没有元音，但使用起来已经比有近百个基本字符的楔形文字方便许多，而且学起来也不那么费时费力，因此，腓尼基文字很受青睐；再加上腓尼基人长期从事海外贸易活动，足迹遍布很多地方，字母文字也就迅速推广开来。约前9世纪，腓尼基文字传到希腊，希腊人对其进行改造，加上元音，制成了希腊字母。之后，罗马人又在希腊字母的基础之上发展出了拉丁字母。再后来，欧洲文化的继承人又在拉丁字母的基础之上创造出了欧洲各国字母并一直沿用至今。可以说，腓尼基字母文字不仅是西方文字史上的伟大创造，也是腓尼基人对世界文化史的巨大贡献。

文学　文学是评判人类文明进步的又一把重要标尺，而最能代表古代两河流域文学成就的无疑是《吉尔伽美什史诗》。《吉尔伽美什史诗》是人类迄今为止发现的最古老的一部史诗，出现于苏美尔时代，后经数代传诵，在前2000年左右最终成文。这是集体智慧的结晶，是两河流域神话传说的集大成者。全诗分为七大部分，共3 500余行，用楔形文字刻压在十二块泥板上。史诗讲述的是神灵对一个国王展开惩罚的故事。故事的主人公吉尔伽美什是约前2600年苏美尔王国的国王，由于其残暴的统治，致使民怨四起，于是人们向神灵哭诉，神便创造了巨人恩奇都与之抗衡。不料，两人在一番争斗后竟成了好朋友。神为了惩罚吉尔伽美什，让恩奇都死在了吉尔伽美什的怀抱里。为使密友起死回生，吉尔伽美什追踪洪水传奇英雄乌特纳批什姆（据说他掌管着永生的秘密）的足迹。历尽千辛万苦，吉尔伽美什终于得到了永生植物。然而就在他欣喜之极时，永生植物竟被蛇吞食了，吉尔伽美什最终无功而返。

《吉尔伽美什史诗》不仅是世界文学史上第一个有具体名字和突出个性主人公的故事，也是关于死亡的最早文字描述，它向世人揭示了在受自然法则支配的世界里，命运是不可战胜的。

《吉尔伽美什史诗》对世界文学的影响力是巨大的，其影响范围不仅限于西亚各民族文学领域，甚至还延伸至古希腊罗马文学圈，最突出的表现是书中关于洪水的记载被犹太人吸收，发展成其宗教经典《圣经》中诺亚方舟的原型。

除《吉尔伽美什史诗》外，古典希伯来文学也是古代世界流传最广、影响最大的一种文学。它以《圣经》为主，故又名"《圣经》文学"，最早出现于前11世纪，约前2世纪完成。其题材众多，内容广泛，包括神话、史诗、先知文学、抒情诗、哲理文等。这些作品基本都以犹太教的神学体系为框架，反映犹太民族的宗教思想。无论文字内容抑或艺术手法，希伯来文学无疑是上古时期世界文学的亮丽瑰宝，其对后世的影响难以估量。

宗教　大量考古资料表明，宗教在两河流域文明发展的初始阶段就已成为社会的重要组成部分。当时的很多社会活动都打上了宗教的烙印,宗教成为联结社会生活的纽带,许多精神层面上的活动都从宗教的形式出发,并以宗教为归属。

尽管两河流域种族众多、民族繁杂,但他们所秉持的宗教内涵与宗教观念却基本一致。他们认为神是万能的,人由神而造,为其服务,并受其支配。因此,两河流域的居民不管是日常生活还是国政大事,上至国王祭司,下至普通百姓,在做决定之前都要向神灵祈求以得到启示。

总的来说,两河流域的宗教有以下几个特征。首先是多神论。两河流域的神灵系统繁复庞杂,人们认为有很多神灵存在。神灵之间有等级之分,且经常相互争斗。其次是拟人性,即神灵有着和普通人一样的身形外貌。不仅如此,神灵还像人一样有弱点,有七情六欲。他们虽然有智慧,但偶尔也犯糊涂。两河流域的居民还认为,人世间的纷争往往是由神灵间的争斗所引起。再次是泛神论。由于当时人们还处于文明的初始阶段,对自然界的许多现象都不能做出合理解释,甚至充满了恐惧。因此,人们不仅崇拜自然现象和自然力,就连自然物体包括动植物都统统成为他们的崇拜之物。随着宗教思想的发展,巫术和占卜术也在两河流域建立起来且被视作向神灵寻求启示的最佳途径。人们借助巫术来治病,用占卜来预知凶吉祸福。

希伯来人创立了自己的宗教,其宗教思想与两河流域其他民族截然不同,主要包括一神论、契约论和末世论。

"一神论"思想是犹太民族的独创,他们认为宇宙间只有唯一一个神,这个神叫耶和华即上帝。犹太人认为上帝是无形的、不可见的、永生的,且是无所不在、无所不知、无所不能的。上帝是仁慈的,他通过一切途径去帮助人、关怀人、引导人。

"契约论"指犹太人和上帝之间不是一种"血缘关系",而是一种"契约关系"。犹太人选择了上帝,上帝也选择了犹太人,以"双向选择"的方式确立起了一种"契约关系"。在契约关系的维持下,不但人对神有义务,同时神对人也有相应的义务。随着犹太教的发展,契约观又延伸出犹太人是"上帝的选民"的观念。

“末世论”思想是与弥赛亚的救世思想紧密相连的。犹太教主张,在末日来临之前,上帝会派救世主即弥赛亚降临人间,拯救犹太人,让他们返回故地,重建国家,从此过上和平友爱的生活。值得一提的是,这种救世思想并不单单包括犹太这一个民族,而是惠及全人类。犹太教宣称:“凡愿意接受上帝和上帝教诲的人,都将进入上帝的国度。”

法律 法律的出现是人类进入文明社会的又一重要标志。据考古资料显示,法律在两河流域的社会生活中地位重要,其神圣性为社会所公认。乌尔第三王朝的第一个国王乌尔纳姆颁布了人类历史上最早的成文法典——《乌尔纳姆法典》,促成了两河流域法律体系的形成。其基本内容有:不准非法占用他人土地;反对巫术;对于帮忙制止逃奴的行为,主人要付给酬劳等。

更为著名的是古巴比伦王国第六代王汉谟拉比颁布的《汉谟拉比法典》(以下简称《法典》),它是古代社会第一部比较完整的法典。《法典》用楔形文字镌刻在高达 2.25 米、底部周长为 1.9 米的石柱上。在黑色玄武岩石柱上方的 1/4 部分是浮雕,刻画的是巴比伦国王向正义之神表达敬意的场景(见图 1-1);下方的 3/4 部分是法律铭文,共 282 条,由序言、正文和结语三部分组成。《法典》比较全面地反映了古巴比伦王国时期的社会等级制度、家庭与婚姻制度、财产继承制度、土地制度、奴隶制度、租赁制度和雇佣制度等,其内容之广泛、条文之精细,在古代社会中实属罕见,成为研究古巴比伦社会的珍贵文献。

根据《法典》,我们可以了解到,古巴比伦的社会等级包括国王、祭司、军官、阿维鲁(自由人)、穆什基努(半自由人)和奴隶等,不同等级的人从事不同的职业,享有不同的社会地位。如《法典》规定:医生在给阿维鲁、穆什基努、奴隶三种等级的病人治病时的报酬不同,阿维鲁的最高,穆什基努的次之,奴隶的最低。《法典》中著名的“同态复仇法”即“以眼还眼,以牙还牙”的原则也同样被打上了不平等的等级烙印。如《法典》规定:若一个阿维鲁弄瞎了另一个阿维鲁的眼睛,那么就要弄瞎施害于他人的这个人的眼睛;如果一个阿维鲁弄瞎了穆什基努的眼睛,那么他只要付一定量的银子作为赔偿即

图 1－1　汉谟拉比石碑

可;如果一个阿维鲁弄瞎了奴隶的眼睛,那么他应交付该奴隶所值价格的一半作为赔偿。

在婚姻家庭关系上,《法典》中显示出丈夫在家享有绝对的权威,妻子则要保持忠贞、顺从。如《法典》规定:丈夫为了还债可以卖妻卖子,妻子和儿子则无权反抗;若妻子对丈夫不忠,被捉住后要被处死;但若丈夫状告妻子不忠而又无真凭实据,在证明妻子无辜之后,妻子可以带着嫁妆离开丈夫。与婚姻关系紧紧相连的是财产继承问题,对此《法典》中也有明确规定,如:如果某人的妻子生了孩子,那么她死后,其嫁妆由其子继承;如果某人的妻子在婚后无子,在男女双方解除婚姻关系后,男方收回当初结婚时所下的聘金,而女方的嫁妆则由其父带回。《法典》还规定:如一个人将其财产留给了他的妻子并订立了文约,那么在他死后,他的孩子不得向其妻子索要财产;在母亲死后,她可以将遗产留给她的孩子,不得留给她的兄弟。

在租佃土地方面,《法典》规定:佃户按年租种,他们只需要缴纳一部分收成作为租金，不需要缴纳金钱；但如果佃户没有很好地耕种土地，没有及时地修缮灌溉水渠而造成土地荒芜或洪水侵地，导致农作物受损，佃户就要受到严重的处罚；对遭受的损失，佃户要自己承担，无力承担者则将被罚为奴隶。

总之，从《汉谟拉比法典》中，我们可以较为清晰地看到古代两河流域的社会生活状况。《法典》中的严刑酷法虽随处可见，但也有些“恃强不凌弱”的原则维持了社会的公正。《汉谟拉比法典》是古代两河流域法律体系的集大成者，是古代两河流域文明光辉灿烂的力证，其对当今世界的法律体系影响巨大。

天文学　农业在两河流域占据着十分重要的地位，通过观测天象来指导农业种植，在这一地区显得尤为重要。同时，在古代两河流域的宗教发展过程中，“占星术”也很重要，它是祭祀的一种预测手段，常常被用作决定重大国事的依据。二者都在很大程度上推动了两河流域天文学的发展。

早在苏美尔时期，人们就把星空分为12宫，并对每个宫中的星座进行命名，这种划分一直沿用至今。苏美尔人制定的阴历大约形成于公元前4700年，1年分为12个月，每月30天，并在每年的中间或年末增加几天以补不足。这一历法比埃及最早的历法早了约500年。

苏美尔人制定的阴历到了古巴比伦王国时已表现出明显的不准确性，于是人们对它进行了改进：一年依然有12个月，但有大小月之分。大月30天，小月29天，大小月相间，一年有354天。为了弥补与1回归年相比天数的不足，人们就采用置闰的方法。这样有闰月的年份就是13个月。除此之外，古巴比伦人对太阳和月亮的运行周期以及金、木、水、火、土五大行星的运行规律也有研究，测得的某些数据与近代的观测结果十分接近。

新巴比伦王国时期，两河流域的天文学有了进一步发展。新巴比伦人在前人天文学的基础上规定一个星期为7天，并规定一天为12个小时，一小时为120分钟。后人把12个小时改成了24个小时，演变成今日的计时方法。

数学　在古代两河流域，兴修水利、丈量土地以及修建房屋、神庙等，这些实际应用活动的开展大大促进了该地区数学知识的发展。

在两河流域，十进位制及60进位制并用。十进位制主要在西北的叙利亚、亚述及埃波拉地区使用。60进位制的主要使用者是南方的巴比伦人和苏美尔人，这种进位制法被希腊人和阿拉伯人接受，后传入欧洲。今天，我们在计算圆周、时间、弧形时所使用的60进位制就源自此法。

在代数知识方面，巴比伦人利用特殊的方法能够解出一次、二次方程，在公元前7世纪的时候就已能算出平方根、立方根，这些成就在古代数学中是相当突出的。在几何知识方面，前2000年左右，两河流域的人们就已能算出矩形对角线的长度，这在一块出土的泥板上可以得到充分的证明：泥板上刻有一个正方形及其对角线，左上方的一条边上标出边长为30，对角线的长度标为$42+\frac{25}{60}+\frac{36}{60^2}$，而对角线与边长的比是$1+\frac{24}{60}+\frac{51}{60^2}$。这个值与$\sqrt{2}$的绝对误差极小，不到万分之一。在有关圆的计算中，古巴比伦人取$\pi=3$。同时，他们还可以计算出一些锥体的体积，不过由于采用的方法不当，计算的结果不太准确。

医学 古代两河流域的医学与巫术紧密相连，因此，巫师就充当了行医治病的角色。当时的人们认为，生病是恶魔附身或是神灵对病人的惩罚，所以对病人进行治疗俨然成了诸如驱鬼驱魔一类的活动。在巫师的眼中，病人是有罪的，在对病人治疗之前，巫师会列出罪行清单，如果其中的某一项或是某几项得到病人的承认，就表明巫师已经找到了病人身体里的罪恶。此时，他就会开出药方，以驱魔驱鬼。如果这种治疗手段不奏效，巫师们便会采用一些诸如“转移疗法”之类的手段来驱散邪魔。

前11世纪左右，人们逐渐认识到了巫术的欺骗性质，于是出现了一些较为合理的医疗手段。在亚述帝国出现了专门医治病人的人，他们被称为“阿苏”，在巴比伦也有，他们一般采用药物对病人进行治疗。但在当时，科学的治疗方法与巫术活动很难明确分开，人们常在药物治疗的过程中加入巫术活动或巫师使用之物，而巫师在治病时也会使用一些较为合理的药物。

总体看来，古代两河流域的医疗水平还较低，但在当时却享有美誉。据有关考古资料记载，一些巴比伦医生就活跃在小亚细亚的赫梯帝国。在赫梯帝国的都城吐沙城还发现了一批阿卡德文的医学文献，包括一些医典和一些常见病的处方，足见两河流域医学之影响。

建筑艺术 由于缺少石材，两河流域的主要建筑材料是黏土。人们常把黏土压成模型后在太阳下晒干，称为“日晒砖”，用它建房，然后在其表面贴上陶砖，以防墙体受潮侵蚀。大约在乌鲁克文化时期，神庙建筑开始出现，其特点是规模较大。如“白庙”（因外墙被粉刷成明亮的白色而得名）建造在一座人造的山头上，有 50 余米宽，80 余米长，它的壁面有排列紧密且突出的拱壁，四周还有侧方环绕。庙内有一个长方形的神坛作祭祀之用。除“白庙”外，还有另外一种风格的神庙，它有着半柱式的墙垣，还有彩色的镶嵌画作为装饰。

进入苏美尔王朝后期，王宫建筑开始出现。王宫建筑的主要特点是规模宏大，装饰华丽。亚述王萨尔贡二世建造的宫殿就是典型代表。该宫殿的营造费时七年，共有 30 多个内院，200 多个房间。王宫可由正面阶梯引入，侧面设有长长的坡道，供马车出入；正门为四座方形碉楼夹着三个拱形门洞，中央门洞约 4.3 米宽；碉楼的顶部有饰边，外面贴满彩色的玻璃砖，石板上有浮雕。宫殿的入口处有一对人首带翼兽身像以作辟邪之用。整个宫殿无论从哪个角度看都气势磅礴。

传说新巴比伦国王尼布甲尼撒二世为解王后阿米蒂斯的思乡之情，建造了“空中花园”，这可谓是古代两河流域建筑艺术的代表之作。虽然该建筑物在公元前 3 世纪被毁，但我们仍能从一些史料记载中一窥其设计建造之独具匠心、精美绝伦。据希罗多德的记载，这座花园为等边长 120 米的正方形，是由许多巨柱支撑起来的多层建筑物；每个层面是由巨石板拼接而成的地板，在地板上用芦苇和沥青的混合物、砖头、铅板铺成层状，最上面则放置泥土以供种植花草树木；最顶上一层的支柱足有 23 米之高；最妙的是，有一根空心柱从底层直通顶层，柱心内设有汲筒，浇灌各层花草树木所用之水就靠汲筒从河中抽取。从远处看，这座花园似一座草木葱翠的高山；近看，花草树木仿佛悬在空中，故名“空中花园”。

艺术　古代两河流域的艺术主要为宗教和王权服务，其形式也多为宣示神和国王的权威，因此艺术作品往往给人一种庄重的肃穆感。

早期苏美尔人的艺术作品都比较古朴浑厚，主要用于宗教事务。进入阿卡德王国时期，艺术开始呈现飞跃式的发展。在尼尼微出土的一个青铜头像被认为是阿卡德王朝的奠基人萨尔贡一世的塑像，其面部塑造简练而逼真，须发的装饰手法是典型的苏美尔样式：头发梳成辫子绕头一圈，最后在脑后扎成一个发髻。整个塑像刻画出尊贵、强有力的君主形象。雕刻在《汉谟拉比法典》上的汉谟拉比肃立在太阳神沙玛什面前接受法典的塑像，也展现出宗教所特有的庄严、虔诚感。

亚述帝国的宫廷浮雕非常出名，主要表现的是战争、狩猎的场景，其中《亚述帝国战争》无疑是其中的上上之作。这个浮雕所展现的是国王亚述尼拔率领士兵攻打一个城堡的场景：国王站在战车之上指挥作战，神态镇定自若，亚述军队气势如虹冲向敌阵。整个画面给人以惊心动魄之感，浮雕旁还刻有文字，记载战争发生的背景。

古代两河流域的壁画艺术也是缤纷多彩。马里王宫中的壁画是唯一保留下来的古巴比伦时代的绘画文物，其特点是色彩绚丽、装饰性强。亚述王国的壁画描绘的是战争场面以及国王的生活场景。在一幅带有拱形花框的彩画上描画了国王站在阿叔尔神旁边的情景，画面采用红、黑、白、蓝四种颜色，表现出截然不同的亚述风格。

古代两河流域的工艺美术非常发达。早在苏美尔时期就涌现出大量精美绝伦的工艺艺术品，如《牛头形象的竖琴》（现藏于宾夕法尼亚大学博物馆）、《公山羊和花树》（现藏于伦敦大英博物馆）等。这些艺术品不仅外表精美，而且制作技艺达到了极高的水平。亚述时期的金工雕刻令后人惊叹，许多青铜片上的浮雕构图展示出高超的金工技艺。并且，该时期象牙使用广泛，人们用它装饰椅子、床榻、屏风等，也用它制成日常用品如梳子、饰针等物。在尼姆鲁德出土的一个象牙制品，享有“尼姆鲁德的蒙娜丽莎”之美誉，足见其精美之程度。

第二章

非洲早期社会和古代埃及文明

非洲早期社会出现了埃及、撒哈拉沙漠以南、努比亚三个发达的农业社会。埃及、努比亚地处尼罗河流域,可以说,埃及之所以创造出非洲早期社会最璀璨的文明,不得不归结于其优越的地理环境。农业是埃及文明得以稳定发展的基础。约公元前3100年即早王朝时期,埃及就出现了定居农耕。农业的发展是与当地优越的地理环境以及良好的水利灌溉系统分不开的。研究早期埃及社会,需关注地理环境对文明的影响,因为埃及文明的成就便建立在这片富饶的土地上。

1. 尼罗河流域的早期社会

埃及位于非洲东北部,东临红海,西邻利比亚,南接努比亚(今苏丹和埃塞俄比亚),北至地中海。这是一处相对封闭的自然地域,只有通过东北端的西奈半岛与西亚来往。这种被大海、沙漠、险滩包围的地理环境为埃及文明的发展提供了相对稳定、和平的条件,不像美索不达米亚广阔的平原那样随时可能遭遇敌人的入侵,其居民必须保持持续的军事警戒状态。更为重要的是,贯穿全境的尼罗河成为埃及文明的"生命之源"。尼罗河由发源于苏丹的青尼罗河和发源于非洲中部的白尼罗河汇集而成,在每年夏季的7—11月定期泛滥,为埃及送来了大片肥沃的土地,使得定居农耕成为可能。故而,古希腊著名历史学家希罗多德不得不感叹:“埃及是尼罗河的赠礼。”

努比亚位于尼罗河的中游地带,与埃及相比,其泛滥平原面积较小,虽然汲水灌溉的劳动强度大一些,但是尼罗河给努比亚带来更多的是农业的便利。同时,努比亚是连接埃及和地中海东部沿岸民族与撒哈拉以南的非洲社会的枢纽,它向埃及传播了非洲南部的农业技术。文献和考古发掘表明,尼罗河南部城市,如科尔玛、那帕塔和麦罗埃,形成了复杂的等级社会,其繁荣程度并不亚于埃及。早期尼罗河流域的农业高度发达:土地肥沃,农作物多样,定居农耕成为该地区农业的特点。卓越的农耕条件使得该地盛产优质小麦、大麦、棉花、蔬菜、水果、豆类以及亚麻等。在西非森林地区的早期人类还种植橄榄、豇豆、高粱等作物,且根据文献记载,这些作物都为当地原产。因此,多种农作物经营使得埃及与地中海东北部交易往来密切,也为非洲早期文明发展提供了最基础的物质保障。更为重要的一点是,这说明非洲早期文明并非孤立发展,它是世界文明形成与发展过程中非常重要的参与者。

埃及的统一 公元前6000年至前5000年,埃及的农业已相当发达,并已掌握铜制工具,这为早期埃及文明的形成夯实了物质基础。在前王朝时期(又称涅伽达文化时期),埃及出现私有制和阶级关系的萌芽,出现了众多小国。若干的小国家里都有一个以政府机关、神庙、王宫为中心的城市。因国家之间的矛盾和斗争时而发生,影响稳定,因此统一非常必要,因为文明的发展需要一个单一的政府,才能保证整个尼罗河航行的通畅和灌溉工程管理的集中。而埃及象形文字的发明使得管理更为便利,成为推动南北统一的重要文化基础。

公元前3100年,来自南方(上埃及:由于尼罗河水自南向北流动,因此埃及南部也称上埃及)的低级官员美尼斯(传统观点也认为他就是早期埃及统治者纳尔迈武士)统一了埃及,建立了集权国家,并自称法老(“法老”的称谓来自于《圣经》,古埃及人自己并不使用这一称呼)。从此,法老统治的埃及文明开始延续。早王朝时期埃及的统一与君主专制的逐步建立,促进了尼罗河流域地区间的交往与团结以及社会稳定，埃及文明由此获得了长期的发展。

复杂等级社会与非洲传统文化的形成 从努比亚到埃及，整个尼罗河流域社会呈现明显的等级分化。成年男性的权威树立起来后，尼罗河流域进入父权制社会。男性掌管从家庭到公共事务的一系列活动，但妇女地位与美索不达米亚相比，仍显进步。埃及以及努比亚的妇女并没有完全成为男性的附属品，虽然传统的一夫多妻制广为流行，但妻子开始进入商业、家族继承、王权、祭司仪式、教育等领域。尤其值得一提的是，名为哈特谢普苏特(Hatshepsut)的王室妇女历史性地成为埃及著名的女法老(公元前1473—前1458)。

努比亚与埃及的商业贸易在古代一直往来频繁，即使双方处于紧张对峙阶段也未曾中断。尼罗河成为他们交易的必经之路，造船业因此得以发展，木船和从美索不达米亚引进的轮式车成为主要的交通工具。

在传统文化方面，努比亚和埃及有很多相似之处，虽然努比亚有自己的语言，但是当地人可熟练使用埃及语。而且努比亚的文字也源自埃及圣书体象形文字，因此，尼罗河流域的早期文字主要是象形文字，而生长在尼罗河边的纸莎草能很好地作为书写材料传承这一书写文明。

宗教方面，埃及和努比亚都形成了各自独特的宗教传统，但是埃及的信仰在努比亚也很流行，直到公元前6世纪埃及的神仍受到努比亚人的崇拜，考古也发现了大量模仿埃及宗教修建的金字塔及神庙。因此，尼罗河流域的早期社会交流畅通、互动良好，从而共同铸成了非洲传统文化。

2. 古代埃及文明的发展

历史学家将古代埃及分为六个时期：早期王国时期、古王国时期、第一中间期、中王国时期、第二中间期、新王国时期(见表2-1)。

表 2－1　古代埃及的历史分期

年代(公元前)	历史时期	王朝
3100—2770	早期王国时期	1,2
2770—2200	古王国时期	2,3,4,5,6
2200—2050	第一中间期	6,7,8,9,10,11
2050—1786	中王国时期	11,12
1786—1560	第二中间期	13,14,15,16,17,18
1560—1087	新王国时期	18,19,20

公元前 3100 年之后的约四百年中是第 1,2 王朝统治埃及,随着法老完成上下埃及的统一,社会进入稳定、发展时期。至第 3 王朝,左塞尔建立古王国,构建王室集权,和平是这一时期埃及政治生活的主题。得益于地理位置的优越以及政局的稳定,埃及实现了早期文明社会中的真正和平,也促使埃及人民形成了独善其身、心系安定与发展自我的平和心态,这在动乱的古代社会中是非常独特的。直至第 6 王朝时期,长久的安宁被沙漠入侵者所打破,伴随着贵族管辖下的诸侯国的日益强大,无政府状态占据上风,埃及一时之间陷入了政治混乱,这就是第一中间期。

第一中间期政局变换频繁,经历了 6 个王朝的更替,直到第 12 王朝即约公元前 1786 年,由官吏、商人、工匠、农民组成的中产阶级联盟对不断扩张的贵族势力形成了有效钳制。至此,埃及社会才开始实现安定,经济得到恢复,同时实现了宗教民主化,重视道德行为的积极意义。因此,修建大量金字塔的宗教习俗逐渐减弱,为修建更多的有益于国计民生的工程(如灌溉工程)所替代。第 12 王朝的稳定发展使得埃及获得了巨大的发展,一扫第一中间期的低迷状态,成为埃及历史上的“黄金时代”。

然而,古王国时期的繁荣与成果却在贵族们的反叛以及外敌入侵之下,不久便成了明日黄花。地中海东北部的喜克索人趁机从耶路撒冷侵入塔尼斯,埃及遭遇了第一次大规模的外敌入侵。由于内讧及备战不足,喜克索人很快就利用马匹和战车优势取得了胜利,此为第二中间期。

喜克索人入侵时所带来的先进装备和作战方式,给埃及人以启发。在雅赫摩斯统治下的18王朝很快就通过稳定民心,实现了内部的团结并赶走了喜克索人。18王朝的强盛以及军事思想的成熟也使得埃及人抛弃了传统的和平观念,从18到20王朝时期的埃及充满了一股浓烈的侵略性帝国主义精神。同时,新王国时期战争的频繁以及军事的发展,推动了祭司权力的高涨,他们借助于宗教信仰控制民心并夺取王权。但最终,埃及还是在军事竞争中败下阵来,相继遭到波斯、希腊和罗马帝国的殖民统治。不过这一时段,埃及出现了一系列著名的法老,包括雅赫摩斯、拉美西斯二世、拉美西斯三世、"埃及艳后"克里奥帕特拉等传奇人物。

宗教 古埃及的宗教随着王朝的更替不断发展演变,其模式为:简单的多神教—已知最早的一神教—多神教。早期未统一状态下,众多、零散的地方神祇以及大量的自然力化身的崇拜对象使得多神教呈现简单化、原始化、自然化的特点。但随着埃及的统一以及国家权力的日益扩大,简单的多神教逐渐整合为几大代表神祇,如太阳神拉神以及象征植物生长自然力化身的奥西里斯神,他们彼此争夺最高统治权,其他神祇则从属于它们。

古王国时期,太阳神成为埃及信仰体系中的最高之神(见图2-1),法老则作为信仰神祇在人间的代表,必须依靠附有强大象征力的太阳神信仰来统治,因此这一信仰已经具有严格的政治手段上的意义。作为一种官方宗教,太阳神代表着光明、伟大以及对自己的国家与人民的护佑,是埃及宗教中最重要的神祇。中王国末期,太阳神崇拜与奥西里斯神崇拜融为一体。

在奥西里斯神的神话中透露出更为人性化的信息。埃及各族的主神以三个为一组,这种组合通常是父母和孩子搭配在一起,如奥西里斯三神组。埃及经典的传说揭示了奥西里斯三神组关于家族世仇的一段悲情故事:赛特背叛了自己的哥哥奥西里斯,篡取了王位,并将其碎尸于尼罗河之中;奥西里斯的妻子伊西斯,也是他的姐妹(埃及神祇娶自己的姐妹以保持血统的纯洁),不辞辛苦地寻找尸体,奇迹般地恢复了他的生命,并生下他们的孩子何露斯为父亲

图2－1　太阳神壁画（上方圆盘为太阳神）

报仇。这段神话反映了神祇所体现出的人类品质：奥西里斯对其臣民的关怀以及妻子、儿子对他的忠心耿耿。更为重要的是，这段神话折射出埃及人民生活中面临的种种苦难，以及获得成功的暗示。

驱逐喜克索人以后，随着帝国的建立以及侵略野心的膨胀，埃及的宗教由自然崇拜转为非理性的态度。到阿蒙霍特普四世时期，法老强行推行一神崇拜——“阿吞”崇拜（“阿吞”又称“埃赫那吞”，它没有人或动物形状，被想象为给了人的生命和温暖的太阳光线）。但这注定是要失败的，因为过多的繁文缛节以及追求虚伪的魔法力量不可能得到百姓的接纳，相反却沦为被祭司们利用、出售信仰表白书和护身符的哄骗工具。最终，新王国时期还是恢复了以往的多神崇拜。

埃及象形文字　公元前3100年，埃及人发明了“象形文字”（希腊语称“祭司的雕刻品”）的书写系统，它包括图形、音节、字母。据资料证实，西方世界使用的各种字母均源于埃及的字母系统。埃及的象形文字已发展为较完善的书写系统，加之纸莎草作为廉价书写材料的出现，更为象形文字的保存与发展提供了基础，并影响到了希腊和罗马。但目前历史学家对于这类文字是源于埃及本土还是沿袭美索不达米亚的楔形文字，尚未形成定论。

文学 尽管埃及文明中没有出现像《吉尔伽美什史诗》《圣经》《伊利亚特》《奥德赛》这样的惊世巨著，但埃及文学以其独有的特色傲立于古代文明的文学之林，代表作以短篇小说为主，包括《辛努海特的故事》《两兄弟的故事》《船舶遇难记》《占领尤巴城》《一个能言善辩的农夫》等。中王国时期的埃及人被称为短篇故事之父，短小的记叙文成为他们文学的主要形式，没有矫揉与浮夸，却真实地反映了他们的精彩生活。此外，其他的文学形式如诗歌、祈祷文、神话、传记、格言、战记和寓言等，也从各个不同角度展现了不同时期埃及社会的方方面面。

医学 埃及人很早就认识到疾病源于自然而不是超自然的现象，他们利用一些植物、动物制成药剂。《爱德温 · 史密斯纸草》是古埃及最重要的医学文献。当然，最能集中反映古埃及在医学领域的高度成就的一定是木乃伊的制作。在复杂的制作过程中，埃及人获取了大量的解剖学知识，认识了大脑的重要性，理解了血液循环同心脏功能的关系。

后世学者结合考古发现、经反复实验研究，大体还原了这一神秘的制作过程。首先是清理。为保证面部的完整，工匠从鼻孔用钩子之类的工具捣碎筛骨，将脑髓清理干净；再在腹部的左边开一道口子取出除心脏以外的所有脏器，用棕油清洗体腔。其次是收干。取出的脏器洒上泡碱分装在罐子里等待吸干水分。剩下的空腔用一些临时性的填充物填满后同样也泡在泡碱里，在吸干水分的过程中要注意不断地更换泡碱。一般要花四十天的时间才能完成上述步骤。接下来是整理。先是一个宗教仪式的环节，尸体用尼罗河水洗净；把临时填充物取出，装入用碾碎的桂皮、没药、木屑末、泡碱等材料填充的布包，将切口缝好后，给面部上妆；再在尸体表面涂上树脂，以保护表层并收住毛孔；最后用亚麻布一层层地将尸体包裹，包裹过程中要不断地念诵咒语，还不时会放入护身符。

科技 古代埃及人在数学、天文、历法等领域成就斐然。他们创制了十进制，发明了表示数字的若干符号：1 ~ 9 的符号为竖画，几竖就代表数字几；10、100、1 000、1 万、10 万、100 万、1 000 万也都拥有各自的代表符号。他们得出了等腰三角形、长方形、梯形及圆形的面积,认定圆为360度,并计算出圆周率为3.16。

太阳历的制定是古埃及人在天文方面的代表性成就。他们将一年之始"元旦"定于天狼星与太阳处于同一直线上的一天,通过这一发现,埃及人制定了天文历法来预报尼罗河泛滥的情况。后来罗马人制定朱里亚历时,将太阳历作为主要依据,而现代历法又是以朱里亚历为基础的。

艺术 埃及艺术的伟大如同其金字塔一样,是那样的雄浑、孤傲、神秘与精致。早期艺术依赖于强大的群体狂热意识以及宗教信仰崇拜,因此,埃及艺术可以说是宗教与丧葬的艺术。

陵寝、神庙、壁画、雕像成为埃及艺术的承载物,如阿布辛贝神庙、图坦卡蒙面具(见图2-2)、埃及王妃头像、《心的重量》(纸草画)等。埃及艺术也形成了自己的独特艺术风格,称为赛斯艺术,这种艺术摆脱了程式,体现了人性的一面,这是埃及人不断求索自身精神的体现。

图2-2 图坦卡蒙面具(公元前1327年)

文明奇迹 埃及古谚这样说过:“人类畏惧时间,而时间畏惧金字塔。”果不其然,在2 500年前,古希腊人列出了心目中的七大奇观,而如今,唯有金字塔依旧矗立,经受着岁月的考验。许多民族都持有这样的信念:先祖的灵魂仍在继续以多种方式影响着后世子孙的生活——不仅是他们在世时的生活模式对来世有影响,而且,如果能够得到后代子孙足够的尊重和体面的丧葬仪式的话,他们还会保佑后人的繁荣和昌盛。因此修建金字塔成为宗教心理的体现,劳工们相信他们自己的幸福与他们的神祇统治者的幸福有内在联系,如果法老顺利升天而享有永恒的天福,人间众生就会繁盛起来。同时,集体劳动也激发了劳工们的工作兴趣,毕竟修建一座金字塔需要大约七万人不辞辛苦、年复一年地劳动。而夏季尼罗河泛滥,人们没有农事,正好能在不影响农业的情况下修建金字塔。著名的金字塔包括胡夫金字塔、孟卡拉金字塔和卡夫拉金字塔。

在中王国时期,对个人拯救的关心成为宗教的主要趋势,此后修建神庙开始取代金字塔,成为埃及的主要建筑形式。著名的神庙有卡尔纳克神庙与卢克索神庙。卡尔纳克神庙从古王国时期开始修建,一直到托勒密王朝时期完工,建筑工时延续近两千年。该神庙西墙长700米、北墙长530米、南墙长170米,由阿蒙神、其妻穆特女神及其子洪苏神三大神庙组成主体建筑。此外,还有一些国王的祭祀神庙。

卢克索神庙紧邻尼罗河,宽55米、长190米。神庙自阿蒙霍特普三世开始修建,但到阿蒙霍特普四世时,由于恢复了对太阳神拉神的崇拜,献给众神之王阿蒙的卢克索神庙就此停工。直到100年之后,拉美西斯二世继续修建并完成了神庙。有趣的是,规模宏大的神庙以及壮观华丽的狮身人面兽大道,甚至吸引了基督教徒以及阿拉伯人,打上了新宗教的印记。可惜的是,卢克索神庙主体现已损坏,不过它展现出的古埃及人对生命意义的理解以及对生命意识的萌动却清晰可见。

图 2-3　埃及的“斯芬克斯”是法老重生的符号代表，狮头的人面以法老面貌为原本。图为埃及卢克索大公墓中门纳墓内的祭堂壁画，画于第 18 王朝（公元前 1552—前 1306 年）

3. 撒哈拉以南非洲的早期社会

古代撒哈拉以南非洲最重要的事件就是班图族人的迁移以及农业社会的建立。撒哈拉以南的非洲拥有众多河流和湖泊，如刚比亚河、尼日尔河、刚果河、赞比西河以及乍得湖、维多利亚湖，还有茂密的热带丛林和广阔的草原。地理环境复杂、水源充足、自然资源丰富，使得该区域的农业呈多元化发展的局面，出现了农耕和渔牧混合的农业经济。

班图人是非洲大陆的农业民族。最初，原始班图人属于农耕部落，在漫长的迁徙过程中，逐渐吸收了科伊桑人与俾格米人的渔猎文化，以及库希特人与尼罗特人的畜牧文化，发展起渔牧混合经济。农业与畜牧业的生产分属不同地区，以赞比西河为界，河之北（舌蝇区)主要经营农业,多种植薯蓣、粟、豆类、高粱和香蕉;河之南(无舌蝇区)主要经营畜牧业,喂养牛羊。班图人起初沿着河岸定居,通过独木舟四处活动。通过和苏丹的接触,他们引进了新的农作物和家畜,特别是粟和甜高粱、珍珠鸡和山羊。在刚果一带的热带雨林里,他们与当地雨林民族(也称侏儒或森林民族)交易,用陶器和石斧交换肉、蜂蜜和其他森林物产。

非洲的农业和游牧生活方式最早在苏丹出现,而后传播到撒哈拉以南的非洲和尼罗河流域。尼罗河贯穿东北非,把北部的埃及与南部的努比亚、撒哈拉以南非洲紧密地连接在一起。贸易、迁徙、交流都在这条“生命之河”上进行,我们仿佛看到了埃及人民正在丰腴的冲积平原上收获庄稼,看到了努比亚人民正在繁荣的中心城市里举行仪式,看到了班图人正在广阔的撒哈拉以南非洲大陆上传播文化。古代的非洲呈现给我们的是一个迁移、贸易、交流、相互影响的社会。

班图族的迁移　班图人又名“班图尼格罗人”,是南部非洲及赤道非洲国家的主要居民。他们有自己的语言,旧称班图语系,属尼日尔—科尔多凡语系、尼日尔—刚果语族、贝努埃—刚果语支。现今非洲大约三分之一的土地居住的是班图人,而在两千多年前,这些住处却是另一些人的部落。美国人类学家默多克(George P. Murdock)认为,班图人向外扩张的动力很可能是因为他们希望获得薯蓣、香蕉及芋头等农作物。在班图人迁徙的过程中,这些来自马来西亚的作物也正在非洲大陆传播。多种农作物的引进提高了班图人的生存能力,使其以足够强壮的身体穿过危险重重的热带雨林来到非洲南部。不过,更多人类学家主张,班图人的迁徙路线是向东延伸,越过苏丹南部,再往南穿过东北部的大湖地区。

班图人在迁徙的过程中带来了先进的农耕文明,将铁器推广至整个撒哈拉以南非洲,促进了该地区农业生产力的大幅提高。同时,随着迁徙的展开以及自然环境的变化,班图人自身的生产方式也在悄然变迁,与讲科伊桑语民族的融合即是一例。此外,班图人的农业经济与科伊桑人的畜牧经济整合,形成了独有的农牧混合经济形式,带来了南部非洲第一次人口大增长。

可以说,今撒哈拉以南非洲民族分布的总体格局基本上是由班图人的迁徙所奠定的。黑非洲地区各民族大都可溯源至班图人的到来。在班图人与其他民族融合的过程中,新的部落和民族随之诞生,如东班图人与尼罗特人、含米特人的融合产生了班图—尼罗特人、含米特—班图人;与阿拉伯人、波斯人、印度人的融合产生了斯瓦希里人等。同时,各路班图人也在彼此整合,又诞下新的部落和民族,如马科洛洛人与洛齐人融合,尼亚姆齐人与恩戈尼人融合等。

撒哈拉以南非洲传统文化的形成 班图人的迁徙刺激了各民族之间的融合与流动,再加上战争的催化,使原始氏族分崩离析,大规模的部落联盟开始出现,部分地区甚至还有了国家组织。在国家中,酋长成为领导的核心,通常领导着几百人的小族群体。依据年龄大小编排并以此分配相应的工作,从而在社会中产生了独特的群体分工。班图人建立的国家分布于赞比西地区、林波波河之间、刚果河流域以及湖区地区。

班图人实行一夫多妻制,妇女主要从事家庭事务,同时在集市进行贸易活动。在非洲东部及南部地区,某些畜牧民族不吃鱼,喜饮牛血。班图人的各支其社会情况各异,东北班图人、中央班图人和刚果班图人以母系氏族为主,其余各支则从属父系氏族。班图人常见的居住形式以蜂巢式的泥屋及圆柱形的茅屋为主。

班图人最初坚持一神崇拜,唯一真神名为尼亚姆巴(Nyamba)。和埃及人一样,班图人把现世的繁荣与来世的幸福寄望于祖先的护佑。后期在赤道东部沿海地区信奉伊斯兰教,而另一些地区则开始流行基督教。频繁的迁徙也给班图人带来了与其他族群交流的机会,因此,单个族群的宗教信仰难以固定,环境的变化和对新世界、新地区的认识改变了班图人的信仰。比如约公元前1000年,当班图人遇到苏丹人之后,他们便将自己唯一的神尼亚姆巴与苏丹的女神联系在了一起。

非洲早期的历史实际上是一部多个民族、多种社会、各类文化之间交流、互动、影响的历史。尽管地域的相对封闭,令人们常常忽略这一地区的文明对世界文明发展的重要性,但在研究作为整体的全球史的今天,我们的眼光应该放得更宽广一些。

第三章

南亚、太平洋和美洲的早期社会

以印度为中心的南亚次大陆东南西三面环海，北临高山，地理环境相对封闭：喜马拉雅山山势险峻，无法通行；东北部的那加山脉也难以通行；仅仅在位于西北地区的苏莱曼、基尔塔、欣杜拉季山脉有部分山口可以勉强通行。不幸的是，这一通道却成了印度历史上数次外族入侵的入口。另一方面，这条通道把南亚次大陆与西亚、中亚紧密相连，成了次大陆与外界经济文化交流的重要通途，对印度历史发展也有积极意义。

在地理上，以印度中部的温迪亚山脉和纳巴达河为界，把印度分为南北两部分。北印度是由印度河流域和恒河流域构成的广阔平原，这里土壤肥沃，交通便利，历来是古代印度历史的主要舞台。温迪亚山脉与纳巴达河以南的南印度地区因交通不便，在政治上保有自身鲜明的特色。位于南印度半岛中部的德干高原，气候干燥，雨量稀少。有几条重要的河流从德干高原东流入海，在这些河流的冲击下，形成了几块大小不等的平原，南印度的文化主要在这些平原地区展开。南印度的海岸地区与内地交通困难，却与外部世界联系紧密，自古就与阿拉伯世界和东南亚地区有着密切的贸易往来。

复杂的地理形势使得印度易于形成政治上的地区割据。人口流动性弱，贸易来往匮乏，山脉与大河通常就成了政治以及文化区域的自然疆界。由西北而来的外族入侵的冲击波，虽人为地造成了人口流动，但每次流动总是在进入一个地区后就停留下来，尔后自成一体。如此一来便造成了多种族、多语言并存的局面，并为全印度的统一带来困难。虽然在孔雀帝国、笈多帝国、德里苏丹国和莫卧儿帝国时期,基本或在较大程度上实现了统一,但古代印度以分裂的时候居多,并未形成一个强而有力的统一王国。

1. 南亚哈拉巴社会

20万年前印度已进入旧石器时代。公元前8000年至前5000年,印度河西部出现新石器社会,同时农业也在印度河流域扎下了根,大量的农业村落得以兴起。至公元前3000年左右,这些村落进一步发展成繁华的城市,这就是哈拉巴文明。

对于这一文明的情况,印度的古典文献从未提及,以往历史学家都认为印度最早的城市应该是由雅利安人创造的。然而20世纪20年代在信德地区的一次考古发现却改写了我们已知的印度史。距今为止的考古发现显示,该文明遗址总面积近130万平方公里,远大于两河流域文明、古埃及文明的地域面积。在这片广大的地区,已发现大小遗址达数百处,其中城市遗址有六七处。

城市文明是哈拉巴文明的典型特征,最大最具代表性的城市遗址是摩亨佐·达罗和哈拉巴。两处遗址面积大约都为1平方英里,估计摩亨佐·达罗人口为35 000~40 000人,哈拉巴人口为20 000~35 000人。城市规划有序,都为南北走向,格子形,位于河道旁,由城堡和下城两部分组成。城堡建筑在土丘之上,四周有高大的砖墙,还有守卫用的塔楼;城堡内有宽大的建筑群,可能是供统治者和祭司使用的;有规模较大的谷仓,有冶炼炉,还有可能是供被役使者居住的普通房屋。摩亨佐·达罗还有著名的大浴池遗址,长39英尺,宽23英尺,深8英尺。下城是居民区,街道布局呈直角交叉,排列整齐。房屋是砖砌的,功能不一,有店铺,有住房;形式也有差别,有的窄小,有的宽大,还有两层楼房,甚至还有带水井的大院子。可见,富人和穷人在生活上已有明显的差别。最令人惊叹的是,整个城市街道还建有发达的地下排水管道系统。

印度河文明的居民以农耕为主,兼营畜牧。他们使用石制和青铜制的农具,主要农作物包括小麦、大麦、芝麻、豆类等,还培育出世界上最早的棉花。家畜主要有猪、羊、牛、狗、鸡、猫等。城市居民从事手工业和商业。现今出土了大量陶制品,大部分是素陶,烧制工艺很好,但造型缺乏美感。一般家用陶器已使用陶轮成批生产。石制工具和器物也很多,建有石矿和石器制造场。在手工业方面最引人注目的是在摩亨佐·达罗出土的棉纺织品碎片,尽管它们数量极少,但说明当时的居民已经发展起了棉纺织手工业。有的遗址还出土了大量的陶制纺锤及少量的玉石制纺锤,表明人们已经掌握了搓线与纺纱技术。

在印度河文明地区出土的燧石砝码、青铜刻度尺以及作为商品和制造者标记的印章等,证明了该地区贸易发达。陆上交通工具主要是牛车,水上是木筏船。贸易活动的范围除相邻地区外,还包括西亚地区。甚至,在该地区还出土了来自美索不达米亚的印章,而美索不达米亚的一些城市则发现了印度河文明的印章,这是两地交流往来的力证。

大量出土的印章上多数刻有铭文和图像,另外部分陶器和金属制品也有铭文。迄今为止,这种有文字的物品已发现约2 500件,文字符号共约 500 个,属于象形文字,书写由右而左。遗憾的是,这些文字目前仍未能被成功解读。据推测,出土的许多印章、赤陶塑像、石雕像、护身符等很可能都与宗教有关。从图像看来,当时似乎有多种神崇拜,其中最突出的是各种动物神;还有的崇拜男女生殖器,也有女人像,似乎是女神崇拜,但是没有发现祭祀用的庙宇。

印度河流域文明存续了约 600 年,终结原因迄今仍然是个谜。只知道前 1750 年左右,这一文明突然衰落了,城市遭到破坏,人口流散,商业停滞,手工业衰败。据以往学者推测,这可能是源于雅利安人的入侵,但雅利安人的入侵时间要晚数百年。所以,近年来多数学者倾向于认为主要是由于自然环境的重大改变,使这里的生存遭遇了严重危机,从而使得人民离散,城市荒芜。也有人认为是由于自然灾害伴随着外来者的入侵,不过入侵者不是雅利安人,可能是西部近邻的落后部落。但这些都是猜测。

印度河流域文明虽然衰落了,但其居民在四处流散的过程中却传承了其文明成就。比如各个品种的农作物、绝大多数品种的家禽家畜、纺织工艺和许多手工制造工艺都被继承下来。印度河文明的某些宗教因素，如女神崇拜、类似湿婆神的崇拜、生殖器崇拜等可能都被婆罗门教所吸收，这些都构成了后来印度文明的渊源。

印度河流域文明衰落后，次大陆又回到了史前时代，“时钟仿佛被倒拨了，向后足足倒退了1 000年”。人们分布在各地的居民点，没有城市，只有星星点点散布各地的、初始的、小规模的农业居民点。

2. 雅利安人入主印度

雅利安人占领印度河、恒河流域 公元前15世纪以前，雅利安人离开了原聚居地——南俄、中亚一带的草原，来到伊朗，其中的一部分人留在伊朗，称作伊朗雅利安人；另一部分人经阿富汗分批次入侵南亚次大陆的西北部，称作印度雅利安人，并在定居印度的过程中形成了自己的语言——吠陀语。雅利安人进入印度后的早期历史在吠陀文献中有较多记载，史称吠陀时代。其中，公元前15世纪到公元前10世纪被称作“早期吠陀时期”，此后一直到公元前6世纪被称为“后期吠陀时期”。

印度河上游的五河流域是雅利安人首先来到的地区。在这里，他们遇到了被他们称作“达萨”（意为敌人）的原住民。据雅利安人的描述，达萨人皮肤黝黑，鼻子扁平，一口邪恶语言，并且不事献祭，学者推断这些“达萨”很可能就是达罗毗荼人。身材高大的雅利安人善于骑马，驾着马拉战车冲锋陷阵，装备比他们低劣的原住民根本不是对手。败下阵来的原住民或惨遭杀戮，或迁居他地，或被役使为奴，所以“达萨”后来又转意为“奴隶”。

刚进入次大陆时，雅利安人还处于部落社会后期，以畜牧业为生。占领印度河流域后，他们逐渐吸收了当地的先进文化，开始展开农业生产，利用河水灌溉土地，逐渐从游牧生活转为定居生活。在《梨俱吠陀》（这是印度最古老的一部诗歌集，含有对自然和社会的描述、神话传说和祭祀等内容）中记载了木匠、陶匠、瓦匠、皮匠、纺织工、造车工等专业的手工业者的出现，从中得以证明手工业脱离畜牧业、农业而成了单独部门。制陶业有了发展，青铜器逐渐被使用。有商人经商，一般是以物易物，也常常以牛作等价物。运输靠牛车、马车。

从《梨俱吠陀》中可以得知，雅利安人喜爱音乐、饮酒、掷骰子和战车比赛，也喜爱首饰等装饰品，表明他们已与当地文化逐渐产生了融合。这时雅利安人的社会组织仍是部落—氏族—家庭结构，实行一夫一妻制，男子在家庭和社会中处于支配性地位，不过女子并不受歧视。氏族社会已趋于解体，耕畜已归私有，土地虽属于氏族公社，但归各户使用，定期重新分配。奴隶可被赠送或赏赐。《梨俱吠陀》中有具体描述：有个僧侣从部落首领那里得到大量金银赏赐，还得到载有少女奴隶的 10 辆战车。又讲到有人以大量羊、驴和“达萨”作为奉献。

随着人口增长，公元前12 世纪至前11 世纪，雅利安人的定居区域开始向东部恒河流域扩展，这是一个比较长的历史过程。这里的原住民除达罗毗荼人外，还有属于澳—亚语系的孟达人，他们或被征服，或被赶走。此时的雅利安人还吸收了恒河流域的文化，最突出的是学会了种植水稻以及吸纳了当地某些宗教因素。

在恒河流域，生产力有了新的发展，约前1000 年后已使用铁器。铁器的使用带来了生产力的革命性变革，对恒河流域的生产发展起到了关键性作用。铁器开始使用以来，土地得以深耕，农业产量得以提高。也正是在恒河流域，水稻成了主要的种植作物。水稻这些作物对灌溉要求较高，从而推动了水利的兴修和使用。《阿闼婆吠陀》（这是婆罗门教的圣典，记录了治疗疾病、驱除诅咒、战胜灾害等生活场景的诗歌，也包含了若干哲学和科学思想）中记述了把河水引进新渠道的仪式。农业的发展使得牛也愈发珍贵，母牛逐渐开始被神化。

手工业也有了进一步发展，出现了许多新的手工业种类。棉纺织业发展起来，专业织工增多。恒河中游还发现了北方黑色涂釉彩陶，其制作工艺远比彩绘灰陶精细，是雅利安人文化与地方文化融合后的产物。商业的发展更为亮眼，地方贸易形成了较为固定的商业路线，其主要商品是盐与金属制品。另外，与西亚间的贸易及海路贸易亦在蓬勃发展。同时，生产力的发展还刺激了少量城镇的形成。

这时,雅利安人的氏族社会进一步解体,逐渐发展至阶级社会。此时部落仍然保留,但其基层组织已不再是氏族公社,而是由许多父系大家庭组成的农村公社(村社)。公社的土地由各家庭长期占有并使用,每个部落都有许多这样的村社。部落的行政机构包括长老会和全体成员会议,首领大多由选举产生,其权力受这两大机构的制约。雅利安人所使用的吠陀语逐渐发展成梵语,约在公元前7至前6世纪开始形成文字即梵文,用婆罗米字体书写。

国家的产生与父权制家庭 大约在公元前8至前5世纪,以争夺财富为目的的战争越来越频繁。战争对象不仅仅是当地土著,雅利安人各部落之间也常有战争。越来越多的战争使得被俘为奴的人口大大增加,但是随着雅利安人占领地区的不断扩大,他们再不能把被征服的土著全部赶走或变成奴隶,而是让大部分居民留在原地,继续从事生产,实现了征服者对广大被征服居民的统治。同时,经济的发展也使得一些雅利安人因欠债无力偿还,被迫为奴抵债。这样,社会就逐渐形成了不同阶级:以雅利安部落首领和婆罗门上层为代表的统治阶级,由部分雅利安人及大部分被征服居民构成的下层劳动者阶级和奴隶阶级。

在阶级压迫和种族压迫中,部落首领的权力越来越大,地域性质的王权开始形成。部落首领成了国王,原部落的长老会成了少数贵族垄断的机构,不过部落全体成员会议却没有了往昔的效力。这样,国家机关有了,军队组建了,国家便产生了。由上可见,印度雅利安国家的形成是沿着阶级分化和种族压迫两条交织在一起的线索发展的,是出于维护阶级统治和对被征服种族统治的双重需要而产生的。

当时的印度社会是一个以农业为主体的社会,绝大多数的居民生活在小村庄里,村庄的外围是田地和牧场。每个村庄除了在田间劳作的农民外,还有工匠和商人。农民的生活是艰难的,基本是靠天吃饭。尽管灌溉系统很早就起步发展,但水源是一个永恒的难题,一旦出现问题,饥荒就会发生。

然而,印度农村公社的生活并不是完全凄凉的,紧密的家族组带使人们自有一种浓厚的安全感。在印度社会，父权制家庭（男性具有统治作用的家庭）极为重要。印度家庭通常包括父亲和他的妻子、他们的儿子、已婚儿子的妻子、孙子以及和父亲有直接亲属关系的其他人。他们既可以生活在一个家庭中，也可以生活在两个或更多的彼此接近的家庭中。在父权制家庭中，父亲的权威是毋庸置疑的，在很小的时候，儿童就被教育要尊敬家族中的长者。所有家庭成员分享家族的财富，土地、家族的财产和收入不属于个人，而是家族共同拥有的。无法谋生的人由家族的其他劳动者供养。对家族成员来说，印度家族提供了食物、庇护、安全和归属感。在传统的印度，妇女在家庭中处于从属的地位，她们在儿童时期就被要求学着做家务，对父亲和兄弟要表示尊重；其丈夫通常是别人为她挑选，而在结婚之后要求她为丈夫的福利而奉献自己的一切。

父权制家庭在今天的印度依然存在，尤其在乡村社会仍很常见。这与西方社会明显不同，西方的儿童从小被鼓励去竞争，去超出同辈，去成功，成年后要去独立发展。西方社会的青年希望凸显的是个人的独立、成就以及积极主动性；传统的印度社会强调的是对长者的服从、为家族的利益而努力及对古代风俗的保持。部分观察家认为，由于缺乏主动性，印度社会与现代世界是格格不入的。而另一些观察家却主张，保留传统家族的价值意义应值得肯定。

种姓制度　在阶级社会和国家渐趋成型的过程中，种姓制度也同时形成。种姓制度经历了两个阶段，初期是瓦尔那制，后期发展为阇提制。瓦尔那梵语词意为“质”或“色”，最初是为了保持雅利安人的统治地位，故用此词作为征服与被征服者的区别。雅利安人在《梨俱吠陀》中自称作“雅利安瓦尔那”，黑皮肤的被征服种族则被蔑称作“达萨瓦尔那”。到《梨俱吠陀》所述时间的后期，在社会分工发展及阶层分化的基础上，瓦尔那制被雅利安人用以区分因社会分工及地位的差别而形成的不同社会集团。这样，雅利安印度社会独具特色的等级制度——种姓制度就此形成了。

印度社会被分成四大瓦尔那，即婆罗门、刹帝利、吠舍以及首陀罗。吠陀文献对四大瓦尔那的各自职责及地位有明确规定。地位最高者为祭司——婆罗门，他们拥有为其他三个种姓制定宗教和社会生活标准的权力。第二是统治者和武士刹帝利。前两大阶层被认为代表着智慧和勇敢,构成了印度社会的上层阶级。在其之下是商人——吠舍,代表着勤勉。最底层者是社会供养者阶层——首陀罗,包括农民、奴隶和其他一些较低种姓的人,其责任是供养其他三个阶层。前三个种姓可以学习圣歌,而首陀罗甚至不允许去听圣歌。

在这四个种姓之下即种姓之外的人,被视作最低下之人,被称作“不可接触的人”,他们被认为是不干净的人,任何人如与他们接触就会被认为是受到污染。因而这些人过着离群索居的生活,从事着所有种姓成员都不愿意从事的又脏又累的职业,如火化尸体和处决犯人等。

随着印度的种姓制度逐渐成熟,形成了一套完整严格的体系。一个种姓的所有成员有着共同的信仰模式,从事共同的职业,有着共同的习俗和饮食限制。不同的种姓居住在乡村或城市的不同地方。实际上,每个种姓都是一个自我包容的团体,他们尽量减少与其他种姓的接触以保持自己特有的生活模式。同一种姓中每个人的出生、生活、工作、结婚以致死亡都处在自己所属的种姓之内,他不能与自己种姓之外的人通婚,也不能改变自己的种姓。如果破坏了任何相关法规,他将被驱逐出自己的种姓,即使他的家庭也将与他毫不相关。

阇提制(即亚种姓制度)是在瓦尔那制度的基础上发展起来的,它的出现使得印度社会的分化进一步复杂化。每个种姓又包含了许多亚种姓,如在制陶者的种姓内部就基于出身、陶器制作的样式、宗教形式和家族关系的不同而分为许多亚种姓。据估计,在印度社会共有2 000到3 000个种姓或亚种姓。如果说父权制家庭是印度社会的基本单位,那么种姓就是印度社会的结构框架,它使社会各个集团保持着各自封闭又相互依存的状态,达到一种静态平衡。在印度的历史上,由于长期缺乏统一、有力的中央政权,种姓制度在印度社会管理方面发挥了巨大作用。

通观世界历史的发展过程,人类进入文明社会时,社会等级的分化接踵而至,这似乎是普遍现象。但印度社会的特点在于,其等级制的形成不单单是源于社会分工的差异,同时还夹杂着种族压迫。更为重要的是,瓦尔那制还被婆罗门加以宗教化、神圣化,《梨俱吠陀》中把瓦尔那制的产生解释为神的安排。

吠陀时期的宗教和婆罗门教的形成 伴随着雅利安人的国家和种姓制度的形成,婆罗门教也逐渐成形。雅利安人的原始宗教信仰是万物有灵论与自然崇拜,表现为崇拜各种表征社会现象和自然现象的神。据统计,《梨俱吠陀》中列举的神明多达33个,大都是自然力量的人格化。据传说,整个宇宙分为天、地、空三界,三界间的许多自然现象被人格化,成为人们崇拜的对象,最主要的有雷电和战争之神因陀罗、水神阿帕斯、酒神苏摩、生主神布鲁沙、火神阿耆尼、天神瓦鲁那等。在吠陀的万神殿中,男性神明量多力大,这一点同印度河文化中的神有明显不同,后者的母神地位与作为其配偶的男神是平等的。这很可能反映了当时这样一种社会现实,即随着社会的发展,父权制已逐渐取代母权制占据了统治地位。吠陀诸神中没有至高的主宰之神,人们的思考方式极为朴素,以人的特点来想象神明,认为他们大都具有超凡的力量,都是公正贤明、扶正压邪、保护人民的。他们的性情同常人无异,也娶妻生子,有妃子,也爱喝酒并常常酩酊大醉。他们也有缺点:高傲自大,爱听奉承话,甚而相互争吵、互施暴力、通奸等。围绕他们,印度先民创造了许多充满想象力的故事。吠陀诸神的性格多是积极活泼的,他们主动干预人间事务,这表现了雅利安游牧民族强悍、好主动进取的习性,这同后来印度教中性格消极的神明大不相同。在众多神灵中,因陀罗神是力量最强大者,据说他住在空界,是雷电之神,也是雅利安人的战神和保护神。

至后期吠陀时期,在原始的宗教学说的基础上,婆罗门学者整理出了《吠陀》《薄伽梵歌》《奥义书》等经典文献,婆罗门教形成了。其中,《吠陀》被认为是神的启示,体现了神之意旨。

婆罗门教在保留原始宗教多神崇拜的同时,又出现了新的变化。首先是在众神之中,三大神地位逐渐突出。普拉贾帕提为最高之神,是宇宙创造神,从《梨俱吠陀》中的生主神布鲁沙演变而来。在《奥义书》中他被进一步抽象化,象征着宇宙精神——梵天。另外二神是经由史诗时代得到凸显的湿婆神和毗湿奴神。湿婆神由原动物神演变而来，司职破坏、邪恶和毁灭；毗湿奴神原为太阳神的形式之一，后成为宇宙维护神，并逐渐开始有了各种化身，包括罗摩、克利希那等。同时，随着三大主神地位的确定，因陀罗、阿耆尼、瓦鲁那等《梨俱吠陀》时期的大神地位下降了。这些变化都是人间等级制度在宗教上的反映，世俗王权要求有神灵界的秩序相配合。婆罗门教在形成过程中保留了原来崇拜的许多神和动植物神，也吸收了当地原住居民的一些宗教内容。

其次，这一时期形成了婆罗门教的基本神学体系，其主要内容包括：梵我如一说，认为“梵是世界的主宰，它创造万物，也包含于万物之中，宗教信仰者追求的最高目标就是达到梵我如一”；作业（羯摩）和轮回转世说，认为灵魂永生不灭，要轮回转世，而来生转化为何物的依据是人在此世的作业（人的每一行动都是作业），只有作业正确，才会向好的方向轮回，最终得到解脱；达摩（身份、法、本分）说，强调每个种姓、每个人都有自身的达摩，都必须遵从其自身达摩的要求行事（例如：遵守种姓义务和规定；要恪守人生四阶段即梵行期、家居期、林栖期、苦行期的要求；女人要尽自己的本分；等等），如此才能正确作业，这是不能违背的行为规范。

此外，婆罗门教还形成了极其烦琐的祭祀仪式。祭祀只能由婆罗门阶层主持，他们既是宗教教义的解释者，又是宗教仪式唯一有资格的主持人。这就确保了其在宗教方面无可替代的地位。

婆罗门教的最突出特点是吠陀天启、祭祀万能、婆罗门至上。作为一种宗教形式，婆罗门教却很松散，没有庙宇，没有僧侣，甚至没有公认的创始人。这表明作为人类早期的宗教，它还不尽完备，还带有明显的原始宗教的特点。不过《奥义书》中体现出的复杂的神学思辨色彩，在当时的世界十分罕见。

3. 中南美洲：奥尔美加、玛雅、特奥蒂华坎、莫奇卡

美洲的印第安人曾创造了辉煌的古代文明，但是关于拉丁美洲土著居民的起源却历来说法不一。近年来，随着遗传学的发展以及

考古发掘的深入，国际学术界的主流意见是：由于拉丁美洲至今都未曾发现类人猿遗迹，因此，该地区土著居民的祖先应该是从其他大陆迁徙而来；并且，借助DNA取样试验，确认了拉美土著同亚洲蒙古人种具有同一性。

据推测，人类移民美洲始于大约2.1万年前的冰川时期，那时由于地球的海平面较低，出现了一些临时的陆桥，现在被海水分隔的西伯利亚和阿拉斯加连在一起，美洲印第安人的祖先很可能通过这些陆桥迁徙到他们现今生活的这片土地。后来地球的温度开始升高，海平面上升，白令海峡隔开了亚洲与美洲的联系，这样印第安人就只能在完全孤立的状态下，开始书写自己的历史。

美洲最初的居民以采集与狩猎为生。进入公元前8000年左右，人类文明的扩张以及天气条件的变化，造成野生动植物剧减，原始的生活方式越来越难以维持，这迫使美洲的先民开始了农耕的尝试，最终催生出了灿烂的美洲文明。公元前8000年至前7000年，生活在中美洲的早期人类首先开始了农耕生活。到公元前4000年，他们已经将培育出的玉米作为主要的食物来源。公元前3000年，出现了农业村落，到公元前2000年，整个中美洲基本普及了农耕。同步进行的还有畜牧业的尝试，畜养了火鸡和狗。但是早期美洲人却没能成功驯养大型动物，所以耕作和货物运输都只能依赖人力。时光又跨越了1600年，大量结构复杂的仪式中心在农业村落旁建立起来，那里居住着统治者、祭司以及为他们服务的工匠。在特定的时间里，周围村落的居民来到仪式中心参加各种仪式活动，或者在集市上交换物品，并在晚上返回家中。

奥尔美加文明　美洲最初的文明社会出现在墨西哥湾海岸的奥尔美加，它的中心地带位于今墨西哥的塔巴斯科州和维拉克鲁斯州，西起帕帕洛阿潘河，东至托纳拉河，约占地1.8万平方公里。这里炎热多雨，橡胶树茂密成林。因此，当地人被称为“奥尔美加人”，（意即“橡胶林区人”）。

因为雨水丰沛，这里并不需要修筑大型的灌溉水利设施。相反，奥尔美加人为防范村庄和农田被淹，还建有排水系统。奥尔美加社会是一个专制社会，仪式中心由成千上万的劳动者建造。公元前1200年左右，在今天的桑洛伦佐建起了第一座奥尔美加仪式中心。每个主要的奥尔美加遗址，基本都是由金字塔、统治者的坟墓、祭坛、神庙、石雕等建筑群落组成。普通民众须供养上层统治者，并承担劳役。奥尔美加人为后世留下了许多叹为观止的艺术杰作，最具特色的是用巨石雕刻的人头像。这些雕像最大者高达3米，重20余吨。奥尔美加人军事征服的领域曾远至今天的危地马拉和萨尔瓦多等广大地区，同时贸易也是它与中美洲其他地区保持联系的重要纽带。

在公元前400年左右，奥尔美加社会走向衰落，至公元前约100年消失。在后继的中美洲文明中仍然可见前世文明的深远影响，如建造类似的仪式中心，吸收奥尔美加的部分风俗，继承其祭司的历法以及人祭礼仪等。

玛雅文明 奥尔美加文明最初的继承者是玛雅文明，它兴起于今墨西哥的尤卡坦半岛、塔帕斯科和恰帕斯两州的大部分地区，洪都拉斯西部地区和萨尔瓦多、危地马拉及伯利兹大部分地区。这一地区总面积达32.4万平方公里。

危地马拉高地土地肥沃，适合农耕。公元前3世纪，这里出现了定居村落，也出现了类似于奥尔美加人的仪式中心。最具代表性的是位于今危地马拉市的卡米纳留宇，它是该地区及附近群落的生活中心。但发展至公元4世纪，其影响力大为削弱。此后，玛雅社会活动场所局限在贫瘠的中美洲低地。为了提高农业生产力，玛雅人修建起梯田，以人工的方式保留沃土。他们种植玉米和棉花，并发展起纺织业。同时玛雅人还种植可可，这是一种珍贵的日用品，只有贵族才有能力消费，因此也被玛雅人用作实物货币。

从公元300年到900年左右，玛雅人在低地地区营建起八十几个大型仪式中心以及数量众多的小型定居地，部分大型中心发展成了真正的城市，最著名的是第卡尔城（见图3－1），在公元4世纪到9世纪，它都是玛雅社会的政治核心。在大约600年到800年期间，处于鼎盛期的第卡尔其人口多达4万，拥有对周边地区50万人口的控制力，是一个繁荣富有的城市。在政治上，玛雅人组成了数十个城邦小国，第卡尔、帕伦克以及奇琴伊查都是相当大的城邦，较小的城邦也聚集了1万到3万不等的人口。

图3－1　玛雅第卡尔城遗迹

玛雅社会已出现阶级差别，大致可分为贵族、中等阶层以及平民三个阶层。贵族阶层包括最高统治者及其家族、军事领袖、政府高层、祭司以及巨商；中等阶层包括官员、士兵、商贾、手工业者等；平民阶层包括农民及仆人。此外还有大量的奴隶存在。

各城邦间混战不休，胜方常常对败方展开屠杀，并占领其仪式中心。对玛雅人来说，在战场上俘虏敌人往往比杀死他们更重要，因为这能带来至高荣誉。大部分俘虏会被当作奴隶，有些被当成祭品敬献神灵。公元9世纪前后，尤卡坦半岛北部的奇琴伊查国不再杀死战俘，而是把他们整合至当地社会。这样一来，通过战争强大起来的奇琴伊查国的统治者，在9世纪到11世纪之间建立起了一个形式较松散的帝国。

大约800年左右，玛雅的城市文明开始走向衰落，这也许是多种因素共同作用导致的：连年的内战，对梯田的过度开发，都可能促使玛雅文明走入困境。最终，玛雅社会的人口减少，城池荒废，贸易也中止了。一度生机勃勃的城市国家逐渐为热带雨林所蚕食吞没。

玛雅人的数学知识体系相当发达，他们使用二十进制，最早认识了零的概念。玛雅的祭司很大程度上掌握了天体运行的规律,能预告日月食,并计算出太阳年的长度是365.242天——这与当代天文学的计算结果几近一致。玛雅祭司结合宗教、记事和农业的需要,根据对天体运动的观测和计算,制定出了特有的历法,主要由两种年历交织而成:管理农业生产的是365天的太阳历;管理日常事务的则是260天的礼仪历,这种历法中的一年有20个"月",每月由13天组成。在玛雅人看来,每一天在太阳历和礼仪历中都有特定的意义。结合当天天气在两种历法中的特性,他们能据此预测行事的结果。玛雅祭司们谨慎地推算并预测在特定的日子有可能出现的机遇和危险,以确保行事安全。此外,玛雅人特别重视两种历法运行过程中出现的52年轮回期,他们认为在每个轮回结束时,世界都会发生巨变,也将会在某一轮回结束之际覆灭。

玛雅人的象形文字是拉丁美洲古代文明的荣誉代表,其文字包括表意和表音两类符号。玛雅书吏们用此记录历史、宗谱及天象,创作诗歌与神话。玛雅文字目前多存在于纪念碑及神庙的铭文,然而当时的书吏们大多是在纸上(纸用树皮制成)书写。不幸的是,16世纪西班牙征服者毁掉了玛雅人的文献,现今留存于世的仅有四本玛雅古文书,主要涉及历法与天文。至今已有85%的现存玛雅文字完成释读,随着研究的深入,玛雅文明的完整面貌将逐渐得以真实呈现。

玛雅创世神话《波波尔·乌》讲述的是众神以玉米为肉、以水为血造人的故事。玛雅人是多神信仰,他们信仰的神不计其数,神无处不在,既存在于有形的物体中,亦存在于无形的事物中,甚至存在于职业、日期、数字、性别、年龄、颜色及人的生死中。神存在于任何一种状态,存在于任何一种需求,存在于任何一个时刻……玛雅祭司主张世界运转以及农业运行倚赖众神,以此赢得人类对神的崇敬与献身。人血是最重要的献身,玛雅人坚持以此能令众神欣喜并降雨和赐福。放血仪式常常使用战争俘虏,但玛雅的皇室也常自愿放血,因为玛雅人坚信世界是由神祇创造并维系的,神则希望在其人类臣民那里获得赞美和敬畏。

特奥蒂华坎 与玛雅文明同步发展的,还有另一个发祥于墨西哥高地北部地区特奥蒂华坎谷地的特奥蒂华坎文明。该文明兴起于公元前200年,其中心是一座大型城市(特奥蒂华坎城)。“特奥蒂华坎”意为“王者之都”,西班牙人起初以为是埋葬土著国王的地方,所以后来考古发掘出一条街道时就起名为“亡者之路”。其后随着考古发掘的进一步拓展,才逐渐显露出城市的轮廓。

历史上的特奥蒂华坎谷地曾有几个大湖,丰富的淡水资源使该地区聚集了大量的人口,由此一个复杂的社会出现在中美洲高地地区。公元前500年的特奥蒂华坎可能还只是一个大规模的农业村落;进入公元前200年,迎来了它的快速发展时期,并在公元400年至600年进入了鼎盛年代。此时的特奥蒂华坎成了一座繁华都市,其面积达20平方公里,居民将近20万,建有热闹的市场、大量的房屋及手工作坊。

大量的绘画和壁画表明特奥蒂华坎是一个神权国家,他们尊崇大地之神和雨神,并实行人祭。除统治者外,特奥蒂华坎人的统治阶层还包括祭司。出土的部分艺术作品中明确地出现了祭司的形象,他们对于社会的运转十分重要,被认为攸关农业收成。并且,由于他们主张神对特奥蒂华坎的统治权,世俗统治者往往需要密切地与他们合作。

被统治的阶层包括农民、工匠和商人等。2/3的特奥蒂华坎城市居民白天在城市周边的田间劳作,傍晚再回到城里。特奥蒂华坎的工匠以制造橘色陶器及黑曜石器具闻名,城内有许多供匠人和陶工制作与交易货物的作坊及商店。特奥蒂华坎的商人从事大型的商业贸易,其足迹遍及中美洲。尽管特奥蒂华坎的统治者可能进行军事讨伐,并建立了殖民地,但强大的影响力更多是源自其发达的手工制造技艺,而非军事力量。

公元500年左右,其他民族日益增强的军事实力给特奥蒂华坎带来威胁。这一时期的艺术品多出现美洲豹、鹰和狼的形象,这些动物在中美洲文化中用以象征战斗与力量。进入公元650年,特奥蒂华坎开始衰落。至公元8世纪中期左右,特奥蒂华坎被侵略者洗劫,沦为废墟。

特奥蒂华坎文明　特奥蒂华坎文明的最突出成就是大型建筑

(见图3－2)。在特奥蒂华坎的遗址中,“月亮金字塔”位于“亡者之路”的最北端,它的东侧坐落着著名的“太阳金字塔”。高达63米的“太阳金字塔”是古代墨西哥最高的建筑物,塔基底部类似方形,正面底线长225米,两边底线分别长222米。“亡者之路”最南端的东侧是一组宗教建筑群,庙宇建在由围墙组成的高台之上,院内有一金字塔,名“克察尔科亚特尔神庙”(即“雨神庙”)。“亡者之路”的东西两侧为民居、学校、诊所、宫殿、神职人员用房等建筑物。在“月亮金字塔”西南边建有“格查尔鸟蝴蝶宫”和“美洲豹神庙”。顾名思义,“格查尔鸟蝴蝶宫”因石柱上雕着格查尔鸟和蝴蝶得名;“美洲豹神庙”则因石柱上刻有美洲豹而得名。

图3－2　特奥蒂华坎城遗址

特奥蒂华坎人创造了一套完整的书写系统,可惜他们的书籍已毁之殆尽,如今仅有一部分文字以石刻的形式保存下来。

莫奇卡　大约公元前12000年,一些美洲先民穿过中美地峡,来到安第斯山脉中部及北部地区。约公元前8000年,该地区出现农业耕作。公元前2500年至公元前2000年,农耕在早期安第斯中心地带得到普及。到公元前1800年,安第斯地区的先民开始制作风格独特的陶器,并筑起由神庙和金字塔组成的大型仪式中心。进入公元前1000年,接近于中美洲的复杂社会在安第斯山脉地区形成。不过由于山势所碍,虽说部分农产品和耕种技术得以在两地间缓慢传播,但交通的不便还是令安第斯地区和中美洲很难联系起来。在很大程度上,安第斯文明是独立发展的,现今的玻利维亚和秘鲁是其早期文明的核心地区。

查文教在公元前900年至前800年兴起,在中安第斯地区被广大居民所信仰,但在公元前300年左右突然消失。今天的学者因其最主要遗址所在地——查文·德·万塔尔镇,故以之为名,但对于其具体情况却并不清楚。有的学者主张该宗教的兴起主要源于玉米成为该地的主食,人口的增加倚赖于玉米的增产,从而为促进玉米的丰产,宗教伴之而生。查文教中的神被镌刻在大型神庙群和石刻中,其形象夹杂着人与鹰、美洲豹、蛇、隼等野生动物的混合特征。

查文教的传播促进了大型仪式中心的修建。在此期间,安第斯社会结构日趋复杂。令人不解的是,查文教消失之后,城市开始出现。从大约公元前200年开始,在安第斯地区兴起了一批早期的大城市,每个城市都有超过1万的居民,并建有大规模的公共建筑和住宅区。以城市发展为基础,地区性的国家也随之出现,在山脉西麓的峡谷之间诞生了最早的安第斯国家。征服者们整合了位于各山脉的城市及村落,构建起一个统一的国家。

因为早期安第斯社会没有文字,所以大多数安第斯国家的详细情况我们还不甚了解。值得庆幸的是唯有一个早期安第斯国家——莫奇卡王国——留下了大量的艺术遗产,为我们提供了那时社会生活的部分图景。大约在300年至700年,位于莫奇河谷的莫奇卡王国主宰着秘鲁北部的峡谷及海岸地区,其疆土包括八大河谷地带,总面积约6 585平方公里。该王国的国家形态比较完善,国王乃神之代表,为权力的顶层,其统治根基是武士和祭司。农民作为平民阶层,是社会的基础。他们耕种农田,修建公共工程,包括灌溉工程、庙宇、宫殿和堡垒,并且参军作战。此外还有一个中间阶层,由信使、随从、官吏、工匠、医生、奏乐人和舞蹈者等组成。

出土的陶制容器上残留有大量的绘画,多角度生动地展现了早期的安第斯社会。一些作品描绘了莫奇卡民众日常生活的场景，统治者、贵族、战士、女工甚至乞丐都是这些陶器画的主角。尽管没有留存文字资料，通过这些艺术品仍可一窥这个复杂社会的专业化生产力水平。

莫奇卡人信奉自然神，世间一切活物、自然物体、自然现象均被尊奉为神明。最高神灵位于众神之上，是个长有獠牙、蓄着猫胡的皱面的老者形象，掌管着人世间的农事、治病、驱魔、战争等各种事情。

4. 澳洲、新几内亚、太平洋岛上的早期人类

澳大利亚和新几内亚的早期社会　距今6万年前甚至更早的时候，人类生活的痕迹就已经在澳大利亚及新几内亚出现，当地居民基本靠狩猎和采集为生。主流观点认为，澳洲土著来自现今的东南亚一带。那时太平洋东部的海平面远比现在低，从印尼群岛到新几内亚直至现在的澳大利亚大陆之间应该存有相互连接的陆地桥。约在1万年前，随着海平面的上升，陆地桥消失，迁徙活动被迫终止。

距今大约5000年前，以采集为生的新几内亚人开始转变生产方式，而促使这一转变的是来自南亚的南岛语族。大约在公元前3000年，在掌握了高超的航海技术后，这些远航者抵达了新几内亚北岸，并逐渐定居下来。这些移民来自一个掌握了畜养动物技能及种植块根作物的社会，因此，与他们的接触促进了新几内亚地区居民转向农耕。接下来的几个世纪，农业和畜牧业在整个新几内亚得以普及，人们开始了长期的定居生活，并制作陶器和生产用具。

与新几内亚不同，在19—20世纪大规模的欧洲移民到来之前，澳大利亚的土著一直维持着采集和狩猎的生产方式。公元前1500年到公元700年，澳大利亚的土著以小型群落为单位，在季节性的迁徙过程中获取食物。经过1万年左右，土著人的活动遍及澳大利亚大陆各地。虽然在和新几内亚商人不多的接触中，澳大利亚北部的居民也了解到粮食种植的相关知识，但直到欧洲移民到来之前，农

业都未曾在澳大利亚扎下根。

经过几千年的发展演化，土著人的生活模式基本定格。总体而言，其社会结构和文化形态呈分散独立状态。全澳土著人的语言共计有五六百种，每种语言的使用人数大约在100～1 500人之间，而使用同一种语言或方言的群体本身就是一个独立的社会文化群体，且不同群体之间几乎没有交往。

太平洋岛屿上的居民 对太平洋岛屿的进一步开发是南岛语族完成的。凭借着丰富的航海技术和发达的农耕技能，他们在太平洋群岛上建立起人类部落。在将农牧业引进新几内亚后，他们又开始了更远的航行，并抵达了比斯麦克和所罗门群岛。到大约公元前1500年，他们又抵达了瓦努阿图和新喀里多尼亚。在此后的一千多年里，他们先后到达了斐济、塔希提岛、马克萨斯群岛，甚至是遥远的波利尼西亚群岛以及更为偏僻的海岛。这样，到公元500年左右，在太平洋所有宜居的岛屿上都已经有了这些勇敢人们的生活足迹。

南岛语族的一支在到达波利尼西亚群岛后定居下来，而另一支中的一些人从菲律宾出发，抵达西太平洋的密克罗尼西亚群岛；还有一些人则穿越印度洋，到达非洲东海岸的马达加斯加岛，成为当地最早的居民。

拉比塔人的文明 最早在太平洋上航行，移民于海岛之上的南岛语族人被称作拉比塔人。这个名字源于位于新喀里多尼亚的拉比塔海滩，拉比塔的早期人工制品便在该地出土。在移居的任何一个地方，勤劳的拉比塔人都建起了村落，开垦耕种，畜养牲畜，并在海中寻获更多的食物。他们也制作种类繁多、独特别致的陶器。在公元前1500—前500年，擅长航海的拉比塔人构建起一个从新几内亚和比斯麦克群岛远到萨摩亚和汤加、绵延长达4 500公里的交通贸易网。其农业据点基本自给自足，他们主要的长途贸易品是陶器、黑曜石以及包括贝壳首饰和石制工具在内的其他贸易品。大约公元前500年后，盛极一时的拉比塔的贸易网开始衰败，这可能是因为各个拉比塔定居点已经发展得足够强大且稳定，足以独立维持自身的生存与发展，同时也更关注自身社会的发展了。

到公元前500年左右，拉比塔和南岛语族其他群落在太平洋群岛上开始实行首领等级制，主要是在人口较为集中的大型岛屿如夏威夷群岛、萨摩亚和汤加。在夏威夷，首领依靠祭司、士兵、官员和仆人维持统治，臣民需要缴纳一部分多余的农业收入和其他劳动产品。而且，为了维护自己的统治，首领和贵族阶层自称神或半神，甚至立法禁止普通臣民直接注视他们。

第二部分

古典文明

第四章

周、秦、汉时期的中国

周(公元前1046—前256)、秦(公元前221—前206)、汉(公元前202—220)是中国古典文明的形成及初步发展时期。公元前六七世纪之交,中国开始使用铁器,耕作技术也不断改进,从而人口增长,城市扩大。到两汉时期,中国已成为世界上最强大的帝国之一,以至于"汉"成了中华民族的代表。

在经历春秋战国的战争频发之后,中华民族迎来了第一次民族大融合。秦的统一更是加强了中原和边疆民族的联系,为统一的、多民族的、中央集权国家的确立创造了前提。之后的汉王朝继承了这一切,中国社会进入了快速发展的轨道,创造出了灿烂辉煌的华夏文明。

1. 春秋战国

春秋时期的各国争霸　公元前770年(周平王迁都洛阳)到公元前476年(周敬王卒年)止,这段时期在中国历史上被称为春秋时代。东迁之后的王室实力大为削弱,诸侯不再尊周制,向王室述职纳贡;而诸侯之间为了争夺土地和人民,则发起诸多的争霸战争。最早称霸的是郑国,它曾帮助平王迁都洛邑,遂得以操纵王室的政治大权,郑庄公甚至还打败了周王室的军队。郑国称霸的主要敌人是宋国,两国各自拉拢一批盟友互相征伐。郑庄公采取远交近攻的策略,多次挫败宋国与卫国的进攻,于是郑庄公成了春秋时代的第一位霸主。公元前701年,庄公逝,两个儿子为争夺王位而引发政治动荡，宋国趁机攻入郑国，郑国由此衰落下去。

齐国是西周最早分封的诸侯国之一。公元前685年，桓公即位，任用管仲为相。管仲者，名夷吾，他从内政、经济、军事等方面开展一系列改革，使齐国实力大增，成就了称霸中原的伟业。当时中国以成周（今河南洛阳）为中心，包括最初分封的诸侯国卫、齐、鲁、宋、晋等国。北方的戎、狄、鬼方等民族，南方的荆楚等的频频侵扰对中华文明的存续产生了冲击，西周就是被北方的犬戎所灭。在这样的背景下，齐桓公打出了“尊王攘夷”的旗号，反对恃强凌弱的不义战争，试图恢复周王室的正统地位，以周以及为周所承认的诸侯国为华夏，抵御戎狄以及强楚的威胁。因此，齐国的霸主地位更偏向于政治性。

具体而言，齐国首先帮助各国化解北方的威胁，管仲号召“同恶相恤”和“诸夏亲昵”，希望缓解中华诸国间的矛盾。前663年，燕国遭山戎侵犯，桓公发兵救燕，并且把齐国的势力向北扩展；前661年，狄伐邢，前660年又伐卫，齐国都出兵相助。公元前656年，齐桓公率中原各国讨伐追随楚国的蔡国，蔡国不战而败，齐于是又伐楚国。楚国派屈完与管仲谈判，这一仗最终没有打起来，齐楚结盟于召陵，暂时遏制住了楚国北进的步伐。

会盟之后，楚国事实上承认了齐国在中原的霸主地位。于是公元前651年，齐桓公召集鲁、宋、卫、郑、曹等国会盟于葵丘，周王室也派人参加，这就是历史上著名的“葵丘之会”。齐桓公听管仲之言，跪拜接受天子祭肉，行尊王之举，诸侯纷纷效仿尊王，齐桓公遂成中原霸主。但是，晚年的齐桓公听信谗言，重用了易牙、开方、竖刁三个小人。桓公死后此三人作乱，立公子无亏为君，太子昭出逃宋国，齐国的霸业遂衰落下去。

公元前642年，宋襄公趁齐国内乱，联合曹、卫各国伐齐，大败之，于是先前逃到宋的齐国太子昭回国即位，是为齐孝公。齐国于是与宋国结好，宋襄公便有心借齐国之力迫使楚国承认其霸业。前639年，襄公召齐孝公与楚王结盟于楚国的鹿上，楚国表面上应允，实际上却布下了陷阱。襄公竟不带士兵前往，入楚遂被扣留，楚国趁机发兵攻宋，但遭到宋国军民的坚决抵抗。楚国见无法迫使宋国就范，便将襄公放回。

然而，宋襄公并未因此而吸取教训。当时郑国虚弱，依附于楚，襄公于公元前638年伐郑，楚国发兵救郑，于是便爆发了泓之战。当时宋军整装列队，以待楚兵。楚兵渡河和列阵之时，臣下都劝襄公发动突袭，襄公认为不合仁义，所以不允。待楚师济河流列阵，宋楚合战，宋大败，襄公几年后死去，霸业也未成。历史上对宋襄公的霸业向有争议：宋国自襄公当政，修行仁义，使国家日益强大；但于军事称霸而言，未免迂腐。但当时之世，褒之者甚多。

秦是一个历史悠久的部落。平王东迁之时，因护送天子并击破犬戎有功，平王将岐山以西的土地封予秦。此后，秦国一直同戎狄作战，到秦穆公时，秦已经称霸西戎，开始参与诸侯称霸。秦在向东扩张过程中的最大敌人就是晋国，两国时打时和，最初秦国占上风。晋惠公虽是秦国派兵护送即位，但此后却出尔反尔，拒不兑现此前予秦河西之地的许诺。公元前645年，两国爆发韩之战，晋献公被俘，后又被秦放回。前641年，秦又赶跑了献公，迎公子重耳回国即位，即晋文公。

文公即位后，励精图治，晋国成了中原霸主，秦国暂时受到压制。前630年，晋国围郑，秦国来助，郑国派烛之武见秦公，晓之利害，秦国担心晋国壮大，于是退兵。前628年，秦又袭郑，但郑国早有准备，秦退兵至殽，遭遇晋兵包围，全军覆没，三个主帅悉数被俘。前625年，秦又伐晋，结果又败于彭衙。秦晋相争的过程中，秦国的实力始终稍逊于晋国，秦国东进的道路长期被晋国所遏，而秦穆公的霸业也仅限于函谷关以西。

在中原各国争雄中，齐、宋衰落，秦国受到了晋国的压制，晋国在文公的治理下，成为中原的新霸主。公元前635年，周王朝发生叛乱，晋文公派兵助周襄王平定叛乱，维护了王室的尊严。公元前633年，楚攻郑；次年春，晋发兵救郑，这就是春秋时代规模最大的战役——城濮之战。晋文公为报楚国昔日接纳之恩，主动“退避三舍”，楚王以为晋军虚弱，骄傲起来，被晋军趁机突击，大败而归。前632年，晋文公大会诸侯于河阳，周王室也派人参加，于是晋国霸业初定。

晋文公死后，起初霸业没有受到太大的影响，与秦国的两场恶战——殽之战与彭衙之战，晋国都赢得了胜利。公元前621年，晋襄公死，大夫赵盾拥立灵公即位，独揽朝政，内部的专权斗争削弱了晋国的实力，于是楚国重新进攻中原各诸侯国。前598年楚攻陈，晋国作为盟主，竟不敢出兵相助。尔后晋国实力恢复，于前589年的鞍之战中打败齐国，前575年的鄢陵之战中战胜楚国，保住了其霸主的地位。

晋国的霸业历时长久，与他国交战鲜有败绩，这主要是缘于晋国受封较晚，与成周接壤，人口、经济条件比较好。随着王室的权力日益被各个卿大夫所掌握，晋国虽貌似强大，却只能表面上维持霸业，直到最后被三家瓜分。

楚位属南方，传说是帝颛顼高阳的后裔，西周末年逐渐强大，此后300年，不断向北挑战中原华夏世界的边界。公元前606年，楚庄王率军进抵周边界，周王室派大夫王孙满前去慰问，庄王却向王孙满询问王室九鼎的大小轻重。九鼎是王权的象征，庄王如此发问，有觊觎王权之心，此谓“问鼎中原”。

楚国的称霸贯穿于同中原强国战与和的纠缠之中。齐桓公之时，楚国迫于威慑认可齐国的霸业，但并没有停止北上势头，与楚国北方边界接壤的各国仍然依附于楚。齐国衰落后，晋国成为楚国在中原的主要对手，晋楚争霸历时百年，至楚庄王时达到顶峰。公元前597年爆发了邲之战，楚国大败晋国，报了城濮之战的一箭之仇，楚遂夺得中原霸权。

这期间，宋国大夫华元促成了第一次弭兵会议，各国的矛盾开始有所缓和，晋国也经过了多年的休整，实力得以恢复。公元前575年，楚国打破弭兵协议，晋楚之间又爆发了鄢陵之战，楚国战败。楚国在争霸战争中虽多有失败，但实力并没有受到太大的削弱。至春秋末期，楚国尚有一定的实力进行称霸战争。

春秋时期最后一次争霸战争发生在东南的吴越之间。最初吴为对抗楚国与越国结盟，公元前506年，吴楚爆发柏举之战，楚亡臣伍子胥率军攻陷楚都郢。楚遭遇削弱之后，吴越矛盾突出，越国多次助楚国与吴国作战。前496年，越王勾践即位，吴王阖闾趁机伐越，却被越国击败而亡，其子夫差即位。前494年，夫差伐越，大败之，将勾践围困在会稽，勾践请降，伍子胥坚决反对，但越大夫文种贿赂吴太宰嚭，说服了夫差。勾践亲自前往吴国侍奉夫差三年，回国后励精图治，每天卧薪尝胆，经过十余年的内政改革，越国实力强大了起来。而吴国打败越国之后，北上参与中原诸侯的争霸战争，极大地消耗了本国的实力。公元前478年，勾践趁夫差外出征伐，发兵攻吴，大败吴军，夫差自杀，吴遂灭亡。越灭吴之后也不断北上称霸，但并没有强大太久，战国时，越国亡于楚。

变法图强运动 经过春秋时期的大国争霸战争，诸侯国的数量已大量减少，到战国时期仅剩下十余个。随着生产力的进步，原先的井田制与分封制已不适应新的社会形势，各国为增强本国实力，纷纷进行改革。这些改革中具代表性的有：李悝在魏文侯时的变法；吴起在楚国的变法；申不害在韩国的改革；商鞅在秦国的两次变法；等等。

李悝在魏国的变法。魏国是首先实行变法的国家，李悝为相后，采取了一系列措施。①尽地力之教。魏国地少人多，唯有充分开发土地，提高单位面积的粮食产量，才能提高收入。②平籴法。旨在平抑粮价，根据丰年和歉年的情况，国家对粮价进行调节。这一政策缓和了国内矛盾，增加了财政收入。③制定《法经》。这是我国第一部成系统的法典，对此后商鞅在秦国的变法以及汉代的法律都产生了深刻的影响。李悝变法后，魏国强大起来，击退秦国，收复失地，军事上一度称霸诸侯。

吴起在楚国的改革。在与中原各国的长期冲突与交流过程中，楚国在战国时期实质上已融入华夏世界，但中原诸侯国仍旧把它归于蛮族加以贱视，加之国内矛盾尖锐，楚悼王于是任命吴起为相进行改革。①明法令。②封君之子三世而收其爵禄。封君制是指贵族受封土地，其爵位俸禄由子孙世袭。这种制度，阻塞人才晋升，且易于地方坐大，形成“上逼主而下虐民”的困境。③塞私门之请，损不急之官。吴起的改革内容比较彻底，深深触及了旧贵族的政治权益，遭到其极大抵制。另一方面，楚国贵族势力根深蒂固，已积重难返，楚悼王死后，吴起即被杀于悼王的尸体旁。

申不害在韩国的改革。在三家分晋中,韩国所得的土地较少而又多贫瘠,加上国内矛盾尖锐,政令亦难于推行。内忧外患之下,韩昭侯任命法家申不害为相,实施改革,其主要内容有明法察令、实行法治、考核官吏等。申不害改革的核心是提倡君上用"术"驾驭臣下,以达一切权力集于国君之目的。但改革所取得的成就很有限,韩国毕竟弱小,用"术"来加强统治尚可,但在军事上并没有什么建树,战国时代,韩国始终处于军事上的被动地位。

商鞅在秦国的变法。商鞅变法是战国时期各国改革中最彻底的一次。秦孝公即位后,任用卫国人商鞅为"左庶长",于公元前356年开始改革。①颁布法津,实行连坐。②奖励军功,禁止私斗。国家的爵位按将士在战场上斩首的数量来计算,如此一来,虽为宗室族人,没有军功也不能受爵。这就严重打击了旧贵族的势力,于是"宗室贵胄多怨望"。③重农抑末,发展农业生产,鼓励国人开垦荒地,扩大耕地面积。

新法的实行增强了秦国的实力,使秦国在争霸战争中捷报频传,加上秦孝公的极力支持,变法推行顺利。公元前352年,商鞅由左庶长升为大良造,相当于国相兼将军。前350年,秦国迁都至咸阳,商鞅展开第二次变法。①开阡陌,废井田。此举从法律上允许了土地买卖,承认土地私有,彻底打破了旧贵族赖以生存的基础。②推行县制。县的行政长官由中央任免,朝廷得以掌控县的行政权及兵权。③统一度量衡。④革除落后的风俗。⑤燔诗书而明法令。由于商鞅主张法治,与儒家不相容,故禁绝儒家典籍。

商鞅变法取得了巨大成功,使秦国称霸于诸侯。太史公曰:"秦人富强,天子致胙于孝公。"商鞅在变法中施严刑峻法,对反对变法的旧贵族毫不留情。太子驷触犯新法,商鞅就黥其师公孙贾和公子虔,后又割公子虔的鼻子。公元前338年,太子驷即位,是为秦惠王,此前的反对者乘机诬陷商鞅谋反,商鞅被处死后惨遭车裂。商鞅虽死,然其改革的成果仍得以保留,韩非子言:"及孝公、商君死,惠王即位,秦法未败也。"

战国时期的兼并战争 战国初年,秦因受阻于三晋无法东进;南方的楚国面积虽广,却因改革不力而国势不强;北方的燕国则刚

图 4-1　出土的秦始皇陵兵马俑坑内的秦始皇乘用马车
（陕西西安秦兵马俑博物馆）

开始发展；三晋中只有改革较彻底的魏国国力强大；东边的齐国在改革后也渐趋强大。因此，战国前期的政治格局为魏、齐两雄相争。

公元前 354 年，魏军围困赵都邯郸，赵求救于齐，等至魏攻下邯郸，魏兵疲马困之际，齐国才出兵大败魏军于桂陵（今河南长垣北）。此后，魏归还邯郸，与赵结盟和解。前 343 年，魏赵联合攻韩，韩国也向齐国求救。两军人马在马陵（今山东范县西南）对峙，孙膑利用巧计大败因轻敌而大意的庞涓，歼魏十万大军。这次失败沉重打击了魏国，此后其国力日衰。

公元前 334 年，魏惠文王赴齐国徐州（今山东滕县南），尊齐威王为王，齐国也尊魏惠王为王，史称"徐州相王"事件。此前只有不尊周礼的吴、楚、越等国才自称为王，但中原诸侯从不承认。齐、魏两国都是接受周王加封的诸侯，而两国的称王，意味着否定了周天子的独尊共主地位。

"徐州相王"以后，魏国为拉拢他国以壮大实力，于公元前 323

年联同赵、韩、中山、燕五国称王，史称“五国相王”事件。此事件为魏国借以对抗齐、秦的策略，也标志着连横、合纵运动的发端。合纵、连横的外交策略伴随着政治和军事斗争交互被各国使用，这是战国中后期外交的显著特点。合纵即“合众弱以攻一强”，连横即“事一强以攻众弱”。

战国中期实际上是秦国不断壮大与六国逐渐衰落的过程。因变法而强大起来的秦国，在灭掉了巴、蜀，占领川地之后，开始将矛头转向东方。秦国先进攻三晋并迫使魏、韩割地求和，之后魏、韩加入秦国阵营，与秦“连横”。接着秦国又转而攻楚。当时齐、楚为抗秦而结盟，秦派张仪劝楚国与齐断交，许楚以土地六百里，楚怀王听信张仪之言与齐断交。于是齐国被迫与秦结好，楚国被孤立，秦此前许诺的六百里土地也没有兑现。楚怀王大怒，于前312年两次起兵攻秦，结果都大败而归，反而失去了汉中地等大片土地。

公元前306年，秦昭王即位。因昭王之母是楚人，力主与楚和好，于是两国结好。楚秦的联合对齐构成威胁，于是齐国试图联合魏、韩进攻楚国。韩、魏本与秦“连横”对付齐、楚，但在与秦交好时两国仍遭受秦军的进攻，于是两国转投齐国。前301年，齐、魏、韩三国联军攻楚国，夺取了楚国的宛（今河南南阳）、叶（今河南叶县）以北的全部土地。宛地是楚国北进中原的门户要地，一旦丢失则楚国北进几无可能，楚于是向齐屈服。

楚屈服于齐令秦尤感不安，秦于是又开始攻楚，同时秦昭王约怀王在武关相会。怀王不听屈原之言，至武关后被秦扣留，楚国于是立太子横（即楚顷襄王）为王以与秦相抗衡。前296年，怀王客死秦国。秦国连续攻楚，进而占领楚都郢，烧毁楚王坟墓。在秦国不断地打击下，楚国难以再兴。

楚衰落后，能和秦国抗衡的就只剩下齐国和经“胡服骑射”强大起来的赵国。秦国先是笼络齐国，提议与齐联合称“帝”。这一举动招致各诸侯国不满，苏秦借机联同东方五国，发起“合纵”攻秦，秦国不得已放弃帝号。而齐国这时想要灭掉国力日衰的宋国，为获取各国的支持，也取消了帝号，称帝的活动因之未能持续太久。齐国在灭宋的战争中消耗过大，于是之前曾被齐国攻击过的燕国联合秦、韩、赵、魏伐齐。公元前284年，燕将乐毅攻陷齐国70余城，齐国几近亡国，后虽勉强复国，却元气大伤，难以再与秦国匹敌。

图4-2　将军（陕西　秦兵马俑馆陈列）

图4-3　士兵（陕西　秦兵马俑馆陈列）

接着，秦国又转向了对赵作战，起初收获不大。前270年，秦军围攻赵国的险要之地阏与（今山西和顺县），赵奢领军相救，大败秦军，这是秦国在东进过程中遭受的第一次重挫。此后昭王采纳范睢的"远交近攻"之策，于公元前265年，秦国首先进攻临近的韩国，把韩国的上党与本土完全截断，韩国将上党郡17县献于赵国以求救，于是爆发了战国史上规模最大的长平之战。廉颇采用以守为攻之计，待秦军久攻不下而陷于疲困之际，寻机反击，坚守了三个月之久。范睢派人到赵国行反间计，赵孝成王中计，派赵奢之子赵括代替廉颇为将。赵括纸上谈兵，没有坚持廉颇的策略，派兵出击，随即陷入白起设计的包围圈，赵军大败，40万降卒惨遭坑杀，赵国此后再不能同秦国一争高低了。秦胜之后，又继续攻赵，魏信陵君窃符救赵，联合楚国"合纵"攻秦，赵国得以保全。

战国末期，秦灭六国而统一的形势日益明显。秦王嬴政亲政后，依靠强大的军事力量，经过十余年的战争，完成了统一。秦的统一为中国多民族国家的形成奠定了基础，对中国历史的发展意义深远。

韩国与秦接壤，为避免首先被灭亡的命运，派出水利专家郑国，游说秦国凿泾水修渠至洛水，以灌农田，目的是使秦民疲惫而不得兴兵。后来此阴谋被发觉，秦即派内史腾灭韩，但渠还是完工了，即郑国渠。长平之战后，秦一直没有放弃对赵国的进攻，但屡次被赵将李牧击败。秦又使反间计，赵自毁长城，杀了李牧，公元前229年，秦灭赵国。前225年，秦军攻魏，包围魏都大梁，并引黄河之水灌城，三个月后，大梁城破，魏王请降，魏亡。

燕国与秦中间有三晋之隔，三晋亡后，秦开始对燕国用兵。燕国无力抵抗，燕太子丹派荆轲刺秦王，刺杀失败。燕王杀太子丹，向秦请和，秦不许，派兵灭掉燕国。秦在灭楚的过程中稍微遇到了些麻烦，秦将李信先率军20万攻楚，由于轻敌被楚军击败。公元前224年，秦将王翦又率军60万伐楚，楚国倾全国之力抵抗。王翦到前线后，任楚军在营外喊战，筑营坚守不出战，趁楚兵撤退之际突然追击，大败楚军，斩楚名将项燕，俘虏了楚王负刍。齐国与秦国相隔最远，秦灭五国时采取了拉拢齐国的策略，齐王建目光短浅，接受秦国恩惠不助五国。公元前221年，秦国大军开到齐都临淄城下，齐不战而降。

社会经济发展　春秋战国是中国历史上的大变革时期，社会经济形态发生了急剧变化，主要表现在：①冶铁技术的发展与铁器的普及，农耕技术的进步与粮食产量的提高，水利工程的兴建与灌溉能力的提高；②青铜制造、煮盐、冶铁等手工业的发展，以及官府手工业与私营手工业的地位变化；③土地和赋税制度的变革，以及阶级结构及社会性质的演变。这些发展演变奠定了此后中国社会形态的基础。

春秋时期，中国的冶铁技术已居于世界领先地位；战国中期，又使用了生铁柔化技术，为铁器的普遍使用创造了条件。在此基础上，农业生产飞速进步，犁耕的出现、灌溉和大规模水利工程的兴修诸方面都取得了巨大成就。

在农田灌溉上，当时已普遍使用桔槔灌田，这是一种利用杠杆原理浇灌农田的生产方式。同时，以铁犁为代表的铁制生产工具逐渐代替了耒耜。在耕作制上，以多年或者年年耕作制为主，战国时期还出现了一年两熟的耕作制。由于铁器的逐渐普及，大型水利工程得以兴建，著名的有：楚庄王时孙叔敖修建的芍陂，这是我国文献记载中最早的大型水利工程；吴王夫差开凿的邗沟；魏惠王时开通的鸿沟；秦昭王时蜀郡守李冰修建的都江堰；前246年秦修建的郑国渠；另外还有齐、魏、赵为防黄河泛滥，在黄河两岸修建的堤防。

春秋战国时期迎来了古代手工业的黄金发展阶段，主要包括两大方面。一方面是铁器的普及，带动了青铜铸造、冶铁、漆器、陶器制作、木器制造、建筑业、煮盐、纺织等行业的发展。特别值得一提的是，青铜工艺在此时发展起来的金银错技术及刻镂画像技术，代表着青铜铸造的巅峰。另一方面，“工贾食官”的官营手工业的大一统格局被打破，出现了独立的小手工业及个体家庭手工业等各类私营手工业。

这时期演变最为剧烈的还是各国在土地、赋税制度上的改革。例如：齐国为“相地而衰征”，即按土地优劣分等差征收实物税；鲁国为“初税亩”，开始按亩收税；楚国为“量入修赋”，登记、测量各类土田，计量后修订赋税；秦国的“初租禾”，即对耕地收实物税。这些国家土地和赋税制度的变化反映了当时社会变化的总趋势：政治上公室逐步衰落。

由于铁制农具的使用提高了耕作力，农民有能力开垦出井田以外的新土地，从而产生了“私田”。“私田”越来越多，以至于井田的收入为私田所赶超，而最大的得利者是诸侯及大夫，他们因为占据大量私田，收入大增。如此一来，随着土地所有权逐级下移，周王朝的经济基础——井田制——趋于瓦解。

齐国大夫田氏为争取民心，用小斗征收赋税，于是田氏逐渐强大。晋国是魏、赵、韩三家分晋，鲁国是季孙、叔孙、孟孙三家瓜分公室。新兴的卿大夫势力之所以取得成功，是经过了一系列的改革措施，适应了社会发展潮流，获得了民心的结果。随着井田制遭到破坏，新兴的士阶层在社会上崛起，分封制和世官世禄制也逐渐被新的体制所取代。

哲学思想 平王东迁以后，“学在官府”的官学系统难再垄断，原本属于“王官”的学者流落民间，促成了诸子百家的诞生。“士”阶层的涌现，加之各诸侯国的宽容政策，以及社会的大动乱，客观上促进了思想的发展，出现了“百家争鸣”“百花齐放”的盛况，这在中国历史上意义深远。

孔子与儒家思想 孔子（公元前551—前479），春秋末期鲁国人，名丘，字仲尼，生于没落贵族家庭，曾任鲁国的中都宰、大司寇、司空，后因与鲁国当政者季氏不和而弃官，率弟子“周游列国”。孔子晚年回到鲁国，致力于教育及古籍的整理，为传承华夏民族的传统文化做出了卓越贡献。

孔子在政治上倾向于保守，他反对春秋末期政权下移，痛斥当下“礼乐征伐自诸侯出”的社会是“天下无道”。他对礼极其重视，无论上朝还是居家，一言一行都要严守周礼。但是，孔子并不主张完全恢复周礼，而是主张改良。他试图用周天子的权威实行天下统一，然周天子势力已大不如前，这种理想在当时难以实现。

孔子的核心思想是“仁”，其言“克己复礼为仁”，意即克制自己，使己符合“礼”的要求，此为“仁”。可见孔子是以周礼为“仁”之标准。在“义”与“利”两者的关系上，孔子视“义”为首位，言“见利思义”。

在教育上，孔子提出了许多积极的主张，如“知之为知之，不知为不知”“学而不思则罔，思而不学则殆”“因材施教”“举一反三”等。孔子的可贵之处在于其不分贵贱的“有教无类”的思想，打破了贵族对教育的垄断。在认识方法上，孔子提出“中庸”，即弄清楚事物的两个极端，以便对其有所认识。可惜“中庸”之道被后人歪曲为折中、调和的理念加以倡导，对社会有一定消极的影响。

孔子在世时其主张没有引起统治者的重视，但当政权巩固后，其思想被统治阶级依据政权需要而改造，形成一整套治理国家的思想体系。比如孔子的“尊君统一”思想，就很符合统治者的胃口，汉朝时即提出“罢黜百家，独尊儒术”的主张。儒家学说尔后成为中国传统文化思想的主体,对中国社会的影响极其深远。

老子　老子(约公元前571—前471),姓李名耳,字伯阳,又号“老聃”,为陈国人,曾做过东周的史官,弃官之后便回故乡隐居。老子在政治上主张“无为而治”,反对儒家以“礼”统治的主张;他对“法治”也是不屑一顾,认为法条越多,盗贼反而越盛;他还反对墨家“尚贤”的主张,“不尚贤,使民不争”。老子提出了“小国寡民”的图景,“民至老死,不相往来”。老子还反对学习,他说:“为学日益,为道日损。”

老子主张事物有对立的两面,比如有无、生死、难易、高下、美丑、长短等。同时,对立双方并非孤立存在,而是互为依存并转化,正所谓“祸兮福之所倚,福兮祸之所伏”。但是,老子认为这种转化是无条件的,这就使得该学说易于往相对主义方向发展。老子还重视事物发展的量变:“合抱之木,生于毫末。九层之台,起于累土。千里之行,始于足下。”

庄子　庄子(约公元前369—前286),名周,宋国人。庄子的思想受老子的影响极大,并发展了老子的“无为”思想。庄子强调自然,认为任何人为的改变,都会破坏自然的“道”。他眼中的理想社会,就是回归人类最初的“混沌”状态,达到“万物与我为一”的境界。庄子还对老子的“道”进行改造,言:“万物出乎无有。”

并且,庄子还从主观唯心主义出发,发展出不可知论,把老子的朴素辩证法导向相对主义。他认为,世界上没有是非、善恶、美丑的差别,如果从同样的视角去观察,则万物皆同。他还主张“无已”,即忘掉自我,唯有如此才能真正地超脱一切。这种消极思想表明道家对政治前途已然没有了信心,转而把注意力集中到追求自然天道上。

墨家　墨子(公元前468年—前376),名翟,祖先是宋人,后长期居住在鲁国。墨子出身破落贵族家庭,后来家族衰败,几近劳动者,因此墨家属于小生产者的代表。墨家有十大主张:兼爱、非攻、尚贤、尚同、尊天、事鬼、非乐、非命、节用、节葬。这些思想都反映了小生产者的愿望。

墨子提出“三表法”,并以此作为认识事物的方法及判断是非的标准。所谓“表”，就是标准、法则。第一表是“有本之者”，是依据古代圣王之经历，即先贤的历史经验；第二表乃“有原之者”，是考察平民百姓的实际经验，即普通民众的切身经历；第三表为“有用之者”，是视其客观效果，看其是否切合国家与人民的利益。这是中国历史上第一次提出有关逻辑学方面的知识。

墨家纪律严明，他们的领袖被称作“巨子”，墨子是第一任巨子。墨者擅长战斗，具有“侠客”精神。他们还在物理学、数学、逻辑学、医学等方面颇有建树。可惜至汉代，墨家已经消亡，原因是统一之后墨者的“侠义”很容易成为聚众动乱的思想因素，而且墨家的思想杂散，没能像儒家那样整合成系统的理论体系。

孟子　孟子（公元前372—前289），名轲，战国时期邹国人。为适应新的历史状况，孟子继承并发展了孔子的儒学。他反对兼并战争，主张用“仁义之师”令民心归向，从而一统中国。他把孔子的“仁”发展为“仁政”，阐释了“民为贵，社稷次之，君为轻”的政治理念，强调民众的重要性，主张倘若暴君不行“仁政”，可流放之，甚至诛杀之。其“仁政”的具体措施包括保护农业、减轻租税、省刑罚、着重教育等。孟子还提出“尚贤”以确保“仁政”的施行。但其尚贤的主张并不彻底，他依然认同贵族的世袭特权。孟子继承和发展了孔子的“义利”观，但更强调“义”之重要而轻视体力劳动，主张“劳心者治人，劳力者治于人”。

“性善论”是孟子思想的重要部分，孟子认为每个人都有“善端”，即“人皆可以为尧舜”，把这种同情心扩而充之应用到政治上，就是“仁政”。孟子继承了孔子的“有教无类”及“因材施教”的教育理念，在教育方式方法上注重调动学生的主观能动性，主张学习知识必须循序渐进，并要持之以恒；在教育别人之前，先要严于律己。

荀子　荀子（约公元前313—前238），名况，字卿，战国末期赵国人。荀子生活的时代秦统一的趋势已比较明显，故他提出“四海之内若一家”的主张，这种大一统思想反映了战国末期社会发展的潮流。

荀子主张“隆礼”“重法”，他对儒家的“礼”进行了改造，加入了尚“法”的主张，赋予“礼”以“法”的内容。荀子还提出“礼”是统治者的执政标准，君主掌握了“礼”，就有了无上权威，这就为专制主义思想开了先河。荀子的学生韩非、李斯发展了这种思想，并一直为后世历代帝王所沿用。

“天人之分”与“人定胜天”是荀子思想的精华部分。他说：“天行有常，不为尧存，不为桀亡。”荀子还进一步提出了“制天命而用之”的思想，主张人可以利用自然规律，达到改造自然的目的，有力地驳斥了宿命论。

荀子是一个“性恶论”者，他认为人性先天生来是“恶”的，“善”是后天加工改造而来；人生下来具有各种欲望，并没有孟子所说的什么“善端”。根据“性恶论”，荀子论证了“礼义”的必要性。因为人性恶，有各种各样的欲望，如果加以放任，就必然产生争斗，造成社会混乱。是故制礼义以分之，根据礼分出不同的阶层，满足不同阶层人的欲望，也就是要有等级差别。

法家　早期法家的代表人物有李悝、申不害、吴起、商鞅等，其思想伴随着变法的过程而产生，主要观点有“贵法”“尚刑”等。法家的集大成者是韩非子，他批判地继承了前人的思想，并将荀子思想中的法家成分理论化、系统化，从而成为专制主义思想的倡导者。

政治上，韩非子提出“废先王之教”“以法为教”，为保证中央集权，必须统一人们的思想。这一主张为秦始皇采纳，完成了一统中国的大业。韩非子还强调“刑不避大臣”“法不阿贵”，这是对过往“礼不下庶人”“刑不上大夫”等级制的否定，否定了旧贵族的特权。然而，他主张的严刑酷罚毕竟太过残酷，故秦王朝只传了二世就灭亡。

虽然秦二世之亡宣告了法家的失败，但其思想在战国末期适应了大一统的社会发展形势，催化了秦的一统中国，有一定的历史合理性。不过其专制主义和权术思想却为后世所继承，对封建中央集权制的发展影响深远。

2. 中国的统一

秦朝建立后，为了巩固统治根基，秦始皇采取了许多重要措施：

颁布《秦律》通行全国；下令收天下兵器，聚之咸阳以销毁；“徙天下豪富于咸阳十二万户”，清除尚存的六国反秦势力，防范地方坐大；统一文字、度量衡和货币，修驰道、直道。这些措施都促进了统一，对后世影响深远。为了统一思想，秦禁止百姓以古非今，实行“以法为教”“以吏为师”，甚至焚书坑儒。但这些专制手段并没有达到预期的目的。

在行政体制上，秦也进行了很多变革。首先，树立至高无上的皇权。为显示其至尊的地位，秦始皇废“王”号，采用“皇帝”这一称谓，“朕”为其专用的自称；他还规定了玉玺的制度和避讳制度等。这些措施为以后历代统治者所沿用。其次，确立“三公九卿”制度。“三公”，即丞相、太尉和御史大夫。丞相既为文官之长，又居三公之首；太尉主管军事；御史大夫，主要职责有承转皇帝诏令、监察百官、主治重大案件等。“三公”之下，有分掌国家各项政务的“九卿”，但其实际名额并不限于九，主要有奉常、郎中令、卫尉、太仆、廷尉、宗正、治粟内史、少府等。最后，设置地方行政机构。秦废分封，行郡县制。郡是秦代地方最高一级行政建制，长官为郡守；并设监御史，代表朝廷监察地方官吏。郡之下设县，县下设乡，乡又由里组成，里之下还有以十户编成的什和以五户编成的伍。户是男耕女织的个体家庭，而什伍则是秦王朝进行统治的最基层社会组织。由郡、县、乡、里组成的郡县制，是春秋战国以来逐渐发展起来的一种政治体制，它不同于西周分封制，郡守、县令不再世袭，通通由朝廷任免，接受朝廷的命令和监督。秦代郡县制的推行，是当时社会政治、经济发展的结果，它对维护国家统一有着积极的意义。

统一多民族国家的形成　中华大地早在先秦时期就民族众多，各民族间融合，是秦实现统一的重要条件。而统一的实现，又进一步推进了民族的融合，奠定了统一多民族国家的基础。首先，平定了江南诸越。越族分布在我国的东南一带，有于越、闽越、瓯越、南越、西瓯等，故又称“百越”。秦灭楚后，便开始平定江南，于前219年修成了灵渠。这一水利史上的创举解决了军粮转输的困难，秦军遂得以控制这一地区，也促进了中原地区与岭南的经济文化交流和往来。

江南平定后，秦又开始对匈奴用兵。匈奴是我国古代的一个游牧民族，主要活动于蒙古高原和南至阴山、北抵贝加尔湖的广袤地区。战国时，匈奴就常侵扰赵、燕的边境，对刚建立的秦朝北边造成了威胁。前215年，始皇命蒙恬发兵30万出击，收复了河南地，接着徙去大批刑徒，并鼓励民众移居边地。秦始皇又命蒙恬修建万里长城，虽然长城未能完全阻挡匈奴的南下，但还是起到了一定的防卫作用。同时，作为我国历史上最大规模的军事防御工程，长城也是我国古代人民智慧和创造力的见证。

最后是通西南夷。自先秦以来，我国西南的广大地区分布着许多少数民族，秦汉时期统称为西南夷，有且兰、夜郎、靡莫、巂、筰、邛都等。秦并六国后，通过开凿栈道、军事进攻等手段，将之纳入秦的统治。

秦的暴政与社会矛盾的激化　秦朝是通过兼并战争建立起来的，战后，众多将士又成为国家各级机构的官吏。由于靠战争发迹，他们极端迷信暴力，主张严刑峻法。所以，实行暴政、对人民极其残酷地压迫和剥削，为秦代政治最突出的特点。

秦朝的赋税十分繁重，有田租和户赋。并且还有大量的额外徭役，有的甚至不计役期。秦始皇修极庙和甘泉前殿，修阿房宫，为自己修墓。除此以外，还有不少大规模徭役征发，如筑长城，开灵渠，修驰道、直道等，每次都征发民众、刑徒几十万。短期内百役并兴，旷日持久，其结果必然给人民造成巨大灾难。另外，地方官府也无不征用民力为自己劳作。据统计，秦代全国人口约2 000万，而每年被迫服役的不下200万，以致丁男不足，又征丁女。

秦律的刑罚名目繁多，极其严酷，多轻罪重罚。秦始皇还往往滥施淫威，肆意刑杀。由于始皇如此，官吏也多苛酷贪残，嗜杀成性。秦始皇自以为如此可以巩固自己的统治，但是，“法逾滋而奸逾炽”“兵益设而敌逾多”，秦举措暴虐而用刑太极，得到的是恰恰相反的结果。

大泽乡起义　秦始皇第五次巡游时（前210年）死于沙丘平台（今河北平乡东北）。赵高与胡亥、李斯密谋，篡改了始皇玺书，然后胡亥袭帝位，是为秦二世。二世为了消灭异己，重订了更为苛酷的法律，继续大规模征发徭役，加紧修骊山墓，建阿房宫，并征发大批贫苦农民戍边。这些暴政大大激化了社会矛盾，人民饥寒交迫，无以为生，竟出现了“死者相望”之惨状。为摆脱苦难，人民唯有揭竿起义。

公元前209年，大批贫民被强征前往渔阳（今北京市密云西南）戍守。队伍中的陈胜与吴广被推选为屯长。行至大泽乡（今安徽宿县东南）时，遭遇大雨，道路被淹，眼看着无法按期赶往，按秦律，误期当斩。两人分析了当时的情势后决定起兵反秦，起义爆发。义军迅速推进，大军所至，人们纷纷“赢粮而景从”。义军占领陈（今河南淮阳）后，正式建立政权，陈胜“乃立为王，号为张楚”。

随着反秦力量的壮大，陈胜决定兵分数路向秦发起攻势。最主要的有两路，一是吴广率军攻荥阳，二是周文率军直入关中。二世大赦刑徒、戍众近40万，由章邯等统领，镇压起义。周文、吴广相继战死，两人的西征军是陈胜义军的主力，这两支大军的失利，是义军由胜转败的节点。随着战争形势的逆转，反秦阵线内部也出现分裂，先前参加起义的六国旧贵族的割据分立活动加剧，他们霸占故国，自立为王，或坐视秦对农民军的围剿而不施援手。章邯在攻破周文、田臧的西征军后，转而攻陈。陈胜大败，为车夫庄贾所杀，余部加入项梁起义军之列。大泽乡起义，前后只持续了6个月，虽以失败告终，但反秦事业为尔后的刘邦及项羽等人承续。

刘邦、项羽的反秦斗争与秦的灭亡 刘邦（公元前256—前195），沛丰邑（今江苏丰县）人，曾任泗水亭长，主要掌管邮传、治安、服役刑徒的征调及押送。陈胜、吴广起义爆发后，刘邦斩白蛇起义。项梁，下相（今江苏宿迁西南）人，其父乃为秦将王翦所杀的楚名将项燕。项羽为项梁之兄子，名籍。陈胜起义后，项梁见良机已至，迅速夺取会稽郡府，攻占薛地。后来刘邦部下雍齿叛乱，刘邦力量受挫，为了自身的发展，刘邦投靠项梁，两支义军遂联合。

陈胜死后，为稳定军心，项梁决定“召诸将会薛计事”，共商反秦大业。义军采纳范增建议，寻回流落民间的楚怀王之孙心，立之为王，也称楚怀王。项梁自号武信君，执掌军政大权，实为义军首领。薛城之会后两个月里，义军攻城略地，秦军的主力遭受重创。项梁因此"益轻秦,有骄色",被章邯在定陶设伏,战败身亡。项梁的败亡,给义军带来严重损失,使秦末农民战争遭受重挫。

项梁死后,前 208 年,秦军北上攻赵。秦将王离首先出击,赵王歇退至巨鹿(今河北平乡西南)。王离随即展开围城之战,随后章邯也率军 20 余万北抵赵地,为王离军提供粮草。而巨鹿城内食尽兵少,只得派使者至楚请援。楚怀王以宋义为上将军,于前 207 年十月率军北上,行至安阳时,竟下令停止前进。项羽提出:"今秦军围巨鹿,疾引兵渡河,楚击其外,赵应其内,破秦军必矣。"宋义拒不接受项羽的建议,项羽遂斩宋义头,亲自统领救赵大军。他首先派军截断章邯的粮草通道,使王离陷于缺粮的被动局面。接着,项羽破釜沉舟,统领全军抢渡漳河,对饥饿之中的王离军连续发起九次进攻,秦军破,章邯也被迫引兵退却。二世派人怒责章邯,章邯惶恐,遂投降项羽。不料项羽担心"秦吏卒尚众,其心不服",竟下令将 20 余万降卒坑杀。巨鹿之战是秦末农民战争中规模最大的一次战役,一举消灭了秦军大部主力,取得了反秦斗争的决定性胜利。

在项羽北上救赵的同时,刘邦西入关中。公元前 208 年九月,楚怀王曾与各路义军将领约定"先入定关中者王之"。刘邦一路进军顺利,先后攻占了陈留(今河南开封东南)、南阳、宛城等重镇。刘邦一路攻城,杀戮甚少,多是以约降方式不战而下,这样既减少了伤亡,又收买了人心,还扩大了自己的势力。前 207 年八月,刘邦取武关(今陕西商南东南),攻克了秦扼守关中的最后一道要塞。刘邦的西征之所以能取得如此巨大的战绩,与项羽牵制了秦军主力有很大的关系。另外,刘邦知人善任,从善纳谏,纪律严明,"所过毋得掳掠",这与项羽的滥杀无辜形成鲜明的对比。

项羽在灭章邯及王离大军之后,调军向西。与此同时,秦统治集团的内部也争斗不断。赵高先是诬告李斯,并将其腰斩,又"指鹿为马",排除异己,几乎完全掌握了秦的大权。随后赵高逼死二世,立公子婴为秦王。秦王婴与二子合谋,刺死赵高。就在秦王室混乱不堪之时,公元前 206 年十月,刘邦进军霸上(今陕西西安市东南),秦王婴毫无招架之力,只得"素车白马,系项以组,封皇帝玺符节",向刘邦跪降。秦朝从建立至灭亡,仅仅 15 年,是我国历史上最短命的统一王朝。

3. 汉朝中央集权的统一与巩固

西汉的建立、巩固与灭亡 前207年，秦王婴投降，汉朝纪年由此开始。公元前202年，刘邦称帝。期间，刘邦和项羽进行了长达五年的战争，史称“楚汉之争”。刘邦入关后，约法三章，“杀人者死，伤人及盗抵罪”。项羽知道刘邦欲称王，便率军40万进攻关中。刘邦听张良言，亲至鸿门向项羽请罪，项羽不听范增劝，放走了刘邦。数日后项羽兵至咸阳，杀秦王婴，火烧秦王宫殿，大火三月而不熄，劫掠百姓，大失民心。

公元前206年，项羽自立为西楚霸王，定都彭城(今江苏省徐州市)。他调整诸王土地，改封刘邦为汉王，利用其他诸侯王围堵刘邦。项羽已完全背弃怀王与诸将的约定，这一举动导致了地方割据的加剧。不久，诸侯王混战的局面再次出现，刘邦采用张良计，暗度陈仓。前205年，刘邦利用项羽率军伐齐之际，率诸侯兵56万人进攻彭城，项羽闻讯，率3万精兵回师反击，在睢水大败刘邦。刘邦退至荥阳，在荥阳、成皋一带与楚相持，双方争夺三年有余。待韩信背水一战，平定齐地后，刘邦封韩信做齐王，收韩信之兵攻楚。汉军破成皋，左右夹击项羽，汉军士气高涨，楚军却偃旗息鼓。刘邦借机与项羽和谈，双方约定以鸿沟(在中牟县)为界，其东归楚，其西归汉。公元前203年秋，项羽履约率军东归。刘邦采陈平、张良计，毁约乘胜追击，围项羽军于垓下，项羽无颜见江东父老，自刎而亡。至此，刘邦在统一中国的战争中取得了决定性胜利。

公元前202年二月，刘邦在定陶(今山东定陶县，属菏泽市)称帝，定都长安，创西汉王朝。他制定律令法仪，在机构和政区体制上继承秦制，并吸取秦亡的教训，又做出重大调整，即“汉承秦制”，主要包括两项：一是在官制上，三公九卿的设置与职能变化不大；二是实行郡县制，同时“编户齐民”，实行上计制度。面对当时社会经济凋敝的状况，刘邦除秦苛法、与民休息，颁布了一系列稳定政权和恢复社会生产的重要政令。公元前195年二月，布告天下，减少民众赋税，实行十五税一；同时，诏令全国推举贤能之士，为朝廷效力。这些措施体现了汉初轻徭薄赋、重视人才的治国方针。

为巩固政权，刘邦逐一消灭了此前分封的异姓诸侯王势力，并分封自己的子弟为王。前 194 年，刘邦死，子刘盈继位，是为惠帝。然而，大权却掌握在吕后手中，她大封吕姓亲属为王为侯，形成了吕姓外戚势力。前 180 年，吕后死，陈平、周勃荡平诸吕。后迎立代王刘恒（高祖子）为帝，是为汉文帝。文帝即位后，重视农业生产，减赋税，轻刑罚，倡导节俭。汉文帝之后，其子汉景帝继续推行薄赋劝农的政策，长期减免田租徭赋，使户口迅速增加，促进了社会经济的发展。文景二帝的励精图治为西汉鼎盛时局的开拓奠定了基础，史称"文景之治"。

汉初在行政体制上实际上是郡县制与封国制并行。因为刘邦分封同姓子弟为王，其实力增长之后，成长为威胁皇朝的新势力。贾谊提出"众建诸侯而少其力"，但文帝推行得并不彻底。藩国势力与中央的矛盾进一步恶化，终于在景帝当政时爆发了吴、楚七国之乱。前 154 年，景帝用晁错之策，分别削弱各藩国，是为叛乱爆发的导火线。景帝命太尉周亚夫领军平叛，三个月后叛乱平定，朝廷乘机削弱各诸侯王的权力。武帝继续削藩，先是迁徙郡国豪富，使之离开盘踞多年的故地；其次又实行"推恩令"，规定诸侯王把王国土地分一部分给子弟为列侯，这样诸侯的土地就越分越少；此外，还举行饮酎大典，要求诸侯王及列侯献"酎金"以助祭。公元前 112 年，武帝借口列侯酎金之斤两成色不足，削夺 106 位列侯之爵位，从此，地方割据势力几近瓦解。

连年的恢复生产及与民休息，使国家经济实力得到快速恢复及长足发展。前 140 年，汉武帝刘彻即位，其统治时期是西汉王朝的最鼎盛时期。武帝建立了郡国岁举贤良的制度，包括举茂材、孝廉等，此乃"举贤良"；还有"明教化"，以劝勉及倡导之法统一人们的思想；并兴太学和郡国学，整合教化与举贤良。武帝一改以往尊崇黄老之道的做法，采纳董仲舒的建议"罢黜百家，独尊儒术"，在官吏的选拔上以儒学为标准，并使其成为统治社会意识形态的绝对权威，对以后的中国社会影响深远。

在经济上,汉武帝实行盐铁官营、均输平准及统一铸币等措施。原先这些利权都集中于豪富、王侯及权贵,武帝均收归朝廷。盐铁官营,是在产盐、产铁区设盐铁官,由中央任免,改变了原来由盐铁商人充任的局面。均输,即中央派人到各郡国,对应上交京师的货物,不再运送至京师,而是沿途出卖,然后买进京师所需的货物运回。平准,则是设平准官统一调配各地运至京师的货物,根据市场行情卖出或买进,以平抑物价。如此一来,就避免了巨商的趁机囤积居奇。武帝还禁止郡国铸币,并铸五铢钱,流通全国。为打压富商巨贾及高利贷者,增加政府的财政收入,武帝还实行算缗和告缗:向大商人及高利贷者征收财产税,是为"算缗";鼓励揭发隐瞒不报或自报不实者,是为"告缗"。

国内的改革颇见成效后,武帝开始着手解决匈奴问题。匈奴自汉建立就一直威胁着中原。前200年冬,高祖率兵亲征,被冒顿单于设计围在平城七日。此后,高祖实行与匈奴和亲的政策,一直持续到武帝时期。武帝试图扭转被动局面,于是双方爆发了多次冲突,其中有三次重大战役。前127年,匈奴入侵,名将卫青出战,收复河套一带,匈奴对长安的直接威胁得以化解。前121年,武帝命霍去病带兵远征,直入匈奴境内千余里,沉重地打击了匈奴右部,匈奴浑邪王率四万余民降汉。前119年,卫青、霍去病率军分两路出击,匈奴单于的精兵在漠北被卫青击败,霍去病攻入匈奴二千余里,封狼居胥山而还。西汉对匈奴战争的胜利,基本化解了汉初以来游牧民族对北方农业地区的军事威胁。

在反击匈奴的同时,汉和西域的联系也得到加强。公元前138年,张骞出使西域,获得了大量前所未闻的西域资料,被称为"凿空",此后张骞再次出使西域。经过多年的交流,天山南北地区与内地联成一体,在中国边疆史上意义深远。西南方向,在秦的基础上,打通入滇通道,并设郡治理,加强了汉与夜郎及其周边民族的联系。东南方向,武帝通过战争以及其他办法,在闽越、东越、南越等诸故地设郡,并封越人贵族为列侯,密切了与当地各族人民的交往。

汉武帝时期虽然出现国力全盛的局面,但这是建立在耗费巨大社会财富的基础之上的。连年的征伐以及各大工程的修建,造成了国库空虚,加重了人民的负担。武帝还迷信鬼神,多次组织外出祠神、巡行及封禅活动,耗尽民力。晚年武帝颁布轮台罪己诏,坦承政策过失,实行重视生产、恢复民力的政策。后继者昭、宣继续节约民力、与民休息,出现"中兴"的局面。

宣帝被称为西汉的中兴之主。他从小长在民间,知民之疾苦,即位后诏令安置流民、减免田赋和赈济灾民,并整顿吏治。他继承了武帝的"王霸道杂用"的统治策略,即外施仁义而内尚法。可惜,宣帝晚年重用外戚和宦官,为西汉末期的动乱埋下祸根。宣帝死后,其子刘奭即位,即元帝。元帝及后诸帝,只用儒术治国,不尚法,政治上宽弛而致败乱。并且,重用外戚、宦官的问题也没有得到解决,皇权旁落之趋势日趋严重。然而,在民族关系上此时期却颇有成效。公元前33年,元帝以宫女王嫱(字昭君)嫁匈奴呼韩邪单于,促进了汉匈关系和平发展。

虽然宣帝的各项政策缓和了社会矛盾,但武帝时存在的各种问题并未得到根治,到元帝以后已是积弊深重,豪强的发展和农民的流亡,加上"盗贼"横行,都已难以遏止。至成帝时,大兴徭役,加重赋敛,民间已是怨声载道。而西汉王室内部,外戚王氏权势中天。公元前8年,王莽出任大司马,终成、哀、平三代掌握大权。王莽趁汉末社会矛盾尖锐,失去人心之际,以手中的大权为自己广造舆论。公元8年,王莽篡汉称帝,改国号为"新"。

为使天下大治,王莽施行新制。经济上,推行"五均""赊贷"及"六筦"等政策。在长安、洛阳、宛、邯郸、成都、临淄六大城市设五均官,管理商品经营和物价评定,是为"五均";百姓若需用钱,可向政府借贷,是为"赊贷";国家统一管理铁、盐、酒、名山大泽、五均赊贷等工商事业,是为"六筦"。这些措施本意是想限制大工商业者,使国家与百姓共获利,但因缺乏监督,各级官员为己谋私,其后反而演化成为摧残与勒索人民的酷政。

王莽以古法改制,本不合理,政策又朝令夕改,异常严苛。为抑制土地兼并,王莽试图恢复古代的井田制度,但这基本上是空想。土地兼并之势已不可扭转,王莽想从大土地占有者手中收回土地,无异于虎口拔牙。他改革币制和官制,重新划定地方行政区域,除了烦政扰民之外，并无积极作用。王莽还下令把对四方少数民族首领原来封的诸王称号一律改称为侯，激起了强烈的反抗，经过数次战争，国家更加疲敝。王莽改制没有使社会衰微破败的局面有所改善，相反却搞得天下骚动，民不聊生，富者不得自保，贫者无以自存。此前对王莽寄予厚望的民众彻底失望，于是各地爆发了反抗王莽暴政的大起义。

东汉的建立　公元17年，荆州灾荒，饥饿难耐的百姓无奈争食野荸荠。人多野荸荠少，为协调纷争，大家推举新市（今湖北京山东北）人王匡、王凤为首领。他们占绿林山（今湖北大洪山）为根据地，多次击败官军，实力不断壮大。还有一支义军起事于山东泰山，领袖为樊崇，他们以涂红的眉毛为标记，所以被称为赤眉军。义军的发展壮大，使部分贵族看到了恢复刘氏天下的希望，汉宗室、南阳大地主刘演、刘秀兄弟在春陵组织武装起义，他们与绿林军联合，取得了不少胜利。为整合力量，他们拥立绿林军内部的汉宗室刘玄为皇帝，以兴复汉室为口号来获取人民的拥护，史称更始政权。

刘玄称帝后，王莽集结42万人进攻义军，以王邑、王寻为将，向昆阳（今河南省叶县）进发。刘秀坚守昆阳，守兵虽仅有八九千人，却以少胜多，昆阳一战，王莽的有生力量被消灭。此后更始政权分兵两路讨伐王莽，攻破长安。王莽灭亡后，刘玄迁都长安，大封宗室及功臣。但他目光短浅，不知如何治理天下，在优裕的环境中很快腐化。更始的新贵们也不思进取，胡作非为，很快失去民心。此时，樊崇率赤眉军攻破长安城，刘玄投降。赤眉军占领长安后，重蹈更始覆辙，在长安内外抢劫财物，欺凌百姓。

当刘秀在昆阳取得大捷时，大哥刘演因为功高盖主被刘玄杀害。刘秀强忍悲痛，向更始政权提出到河北经略，借机摆脱控制。更始政权当时正和赤眉军作战，无力顾及刘秀，刘秀的实力借机不断壮大。公元25年，刘秀称帝，重建汉政权，史称东汉。公元27年，刘秀派征西大将军冯异出征，大败赤眉军，随后又逐个消灭了刘永、张步、隗嚣、公孙述等多个割据力量，完成了全国的统一。

刘秀吸取西汉皇权外落、诸侯坐大及外戚篡权的诸多教训，采取种种措施以加强皇权。首先，扩大尚书权力，凡机密之事交予尚书，三公仅是名义上的宰相，并无实权。在地方上，刺史不再为临时设置，而是常设，这样，州由监察区逐渐转变为行政区；地方的行政区划则逐渐由秦汉的郡县二级制，演变为州郡县三级制。还有一个重要的步骤即削弱地方势力。刘秀本人就是南阳豪族，他靠着自己的地主武装以得天下。统一后，仍存有许多拥有武装的豪强地主，他们横行郡县，与官府相抗衡。公元39年，刘秀下诏州郡“度田”，检核垦田顷亩和户口年纪，除了掌握最新户籍和耕田数据以增加赋税收入外，就是要通过检核，以压制并消解豪族武装。但是，州郡官吏畏惧豪族势力，不敢对他们度田，反而借机压迫农民，最后度田事件不了了之，终东汉一代，豪强问题并没有得到实际解决。

东汉政治上虽建树不多，但在文化建设上却有颇多亮点。首先，儒学进一步发展。东汉皇帝重视儒学，多信谶纬。汉章帝为使儒学与谶纬之学结合起来，于79年在洛阳白虎观召开会议，编成《白虎通义》，使儒家思想进一步神化，为其统治服务。白虎观会议之后，学者们纷纷整理经书并作注，还引发了古文经学、今文经学之争，促进了儒学的发展。文化的兴盛使东汉私人讲经之风盛行，当时出现了一批累世专攻一经的家族，他们以此标榜，以提高门第威望。而东汉察举日益重视门第出身，那些经世大族与地方官吏豪强互相依附，使他们的子弟顺利进入仕途。由此，产成了大量的“门生”及“故吏”，成为门阀大族的外围政治力量，如袁绍就自称袁家“门生、故吏遍天下”。这些力量对东汉末年的政治与社会都产生了很大的影响，甚至三国、魏晋时代都还见其影响。

在处理民族关系与对外交往上，东汉也颇有成就。公元48年，匈奴分裂为南、北两部，南匈奴内附，“奉藩称臣”，与汉人杂居；北匈奴则对汉朝不断骚扰。公元73年，汉朝派窦固北伐匈奴；公元89年，汉将窦宪、耿秉联合南匈奴，夹攻北匈奴于稽落山，汉斩首俘获甚众，先后接受归附计81部，合20余万人，化解了匈奴对东汉的威胁。在与匈奴作战的同时，班超奉命出使西域，经略21年有余，平定西域诸国的内乱，使西域再次隶属于汉朝。著名的“丝绸之路”正是在此时开辟，在以后的1 000多年中，始终是中西交通的要道。

东汉还积极和周边国家进行经济、文化交流，如朝鲜、日本等。

公元 57 年倭奴国奉贡朝贺，光武赐以印绶；97 年，甘英由陆路通使大秦（古罗马），因受安息（古伊朗）人的阻隔，到达波斯湾后没能继续向前。

东汉的衰亡 光武帝改革朝廷机构后，丞相一职成了徒有其名的空衔，尚书权重职卑，权力更高度地集中于皇帝。明帝、章帝之后，多婴儿即帝位，由年轻的太后临朝，她们重用亲族，易造成外戚窃权。皇帝成年后，结纳身边的心腹宦官，发动政变，除掉外戚，夺回大权。因此，外戚、宦官交替专权，是东汉政治的显著特点，他们操纵权柄，相互争斗，加重了政治的黑暗。

除宦官及外戚的专权外，士大夫结成的政治集团也在逐渐聚集。东汉重视儒学，加上后期举荐官员注重门阀，导致了累世公卿局面的出现。由于宦官身体不全，地位卑贱，士大夫们往往联合外戚，反对宦官。随着斗争的加剧，终于爆发了两次“党锢之祸”。公元 166 年，宦官方士张成之子杀人，司隶校尉李膺将其子正法，宦官集团乘机诬告李膺等与太学生共为部党，诽讪朝廷。于是，桓帝下令逮捕李膺等 200 多人，后又予以释放。169 年，宦官又诬告李膺、杜密等人结党，结果被捕者大都在狱中被折磨致死。两次党锢，正直官吏和太学生死伤殆尽，东汉政权完全由腐朽的宦官所把持，难以自救。

朝廷内乱的同时，边疆也不安宁。西北羌族人民先后三次起义，前后持续五六十年，直至 169 年才被彻底镇压。同羌人的战争大大消耗了东汉的国力，还对社会生产造成了巨大的破坏，人民普遍陷于饥荒，被迫流亡。而政府和地方豪强对百姓的搜刮却变本加厉，赋税、徭役更为残暴，逼迫人民起而反抗。东汉末年的经济大崩溃，远远超过了秦末和西汉末，因为东汉在经济制度上并没有什么创新，只是沿袭西汉。专制主义的集权国家建立之后，中国的政权和土地所有权的统一，使得统治者可以对经济进行干预，以稳固统治，但效果并不长久。自秦到西汉末，土地兼并的问题愈演愈烈，东汉自开国就没能缓和这种局面，最终矛盾无法调解，政权的腐败更是加剧了经济的崩溃。

公元 184 年，终于爆发了规模巨大的黄巾起义，领袖为巨鹿人张角,他创立了太平道教,利用宗教吸引群众,起义军头裹黄巾作为标识。黄巾军行军时往往携带家眷,这就给作战带来了不便。而东汉豪强地主遍及各地,所以黄巾军处处遇敌,仅几个月主力便被消灭。黄巾起义与先前的农民起义相比,有明显的进步:他们提出“苍天已死,黄天当立”的口号,第一次表达了建立农民自己政权的愿望;同时,黄巾军把起义与宗教活动相结合,也是首创。黄巾起义沉重打击了东汉政权,各地豪强为镇压起义招兵买马,割据一方。189 年,董卓入京,劫掠并焚烧洛阳城,此时东汉已名存实亡。

秦汉时期的社会经济制度　中国古代社会经济的基本格局在秦汉时期已大体成形,并在农业、户籍、行政、刑罚、军事等各方面都有所建树,对中国以后的发展具有首创之功,以后各个朝代基本上都继承并不断发展了秦汉时期社会经济方面所取得的成果。另外,秦汉时期的文化光辉灿烂,兼收并蓄,加上国力强盛,四方咸服,影响深远。China 一词即是“秦”的音译,而“汉族”“汉人”的称谓更能看出汉朝在我国历史上的地位。

经济权力和政治权力的不可分割,主权和土地所有权的不可分割,是中国古代社会的显著特点,而这正是在秦汉时期所奠定的。皇帝作为最大的地主,拥有最高的所有权,他将天下的土地作为私产,传给子孙,其下又有各级地主,都拥有一定的土地,这就形成了一套土地等级所有制。为了将人民框定在这样的体制下,建起了户籍制度,以便控制人口、制定法令、征发赋税徭役。商鞅变法之时,已确立了“什伍”的户口编制,并实行连坐制,借以控制百姓。西汉时,已有了系统的“编户齐民”制度,为以后各朝代所效仿,明朝的“鱼鳞黄册”即受其影响。

秦汉时社会经济制度最重要的是农业经济模式的建构。由于我国自然地理条件的特点,粮食生产在社会经济中地位极其重要。再者,统治者为巩固集权统治,也需要建立单一的农业经济模式,如重农抑商的推行。秦统一后,陆续向边疆移民,使中原地区的农耕经济向周边扩散,西汉时也曾推行移民和屯田,直至东汉仍在北方广开屯田。同时,农业经济在江南地区发展迅速。于是,在秦汉时期建构起了北起长城南至岭南的统一的农业经济区,从而完全确立起农业为主体的经济体系。在农业技术上,开始使用牛耕,铁农具更加广泛地被使用,以及利用水流为动力的水碓,还有灌溉用的手摇翻车,这些都大幅提高了农业生产力。另外,代田法和区田法的推广,是通过改造土壤环境以提高产量的重要创造。这时期还出现了《氾胜之书》《四民月令》等系统介绍农业技术的专著。

第五章

印 度

公元前六世纪之前，奴隶制已经在印度出现，种姓制度业已形成，印度完成了从军事民主的部落制向国家的转变。在恒河流域，最早出现了阶级和国家。此后，印度历史分别经历了列国时代、外敌入侵的时代、孔雀王朝、笈多王朝。这一历史阶段是印度文化的形成与发展时期，佛教、耆那教的产生以及婆罗门教向印度教的转化，对以后印度的发展有着深远的影响。

1. 孔雀王朝

列国时代的纷争 约公元前600年，印度进入列国时代。这一时期外敌入侵，社会分化剧烈，是印度国家普遍形成和发展时期。北印度大约有16个国家，另外还有不少小的城邦，它们为争夺领土互相征伐。最初迦尸比较强大，控制着恒河流域中部，它与邻居居萨罗为争夺恒河的控制权而不断征战。居萨罗最后战胜了迦尸，开始向南扩张，但在南方却遭遇到了强国摩羯陀。摩羯陀的地理位置优越，资源丰富，经过16年的战争，打败了居萨罗，成为印度唯一的强国。公元前364年，摩诃帕德摩·难陀杀了摩羯陀国王，建立了难陀王朝，都城在王舍城。

难陀王朝建立后，继续向南扩张，灭掉了多个国家，最后抵达德干高原，成为印度最显赫的国家。它领土广阔，通过横征暴敛聚集起大量财富，拥有最强大的军队，为以后孔雀王朝的建立奠定了基础。难陀王朝在继续强大的同时，还必须面对外来入侵者的威胁。

早在前516年,波斯国王大流士即率军征服印度西北部的旁遮普及其周围地区。后来马其顿强大了起来,灭掉了波斯帝国。前327年,亚历山大侵入印度西北部,他原本想渡过恒河继续征服,但是部队拒绝前进,因此马其顿大军没能直接同难陀王朝交战。欧洲的入侵加强了印度与西亚、欧洲的联系,希腊文明开始传入印度。

这一时期,农牧业、手工业及商业发展都比较快,城市数量增加,客观上促进了统一的进程。经济的发展使得各阶层分化严重,矛盾突出。刹帝利掌握政治权力,通过战争增强了实力,但是还要对居于自己之上的婆罗门进行宗教献祭;一部分吠舍通过经商等活动,使经济实力得到增强,但宗教地位依然很低;大部分吠舍和首陀罗仍然处于被压迫地位,他们的不满共同指向种姓制度及婆罗门教。在思想领域则表现为产生了代表各阶层的思想流派,其中影响比较大的有三个:顺世论派、耆那教和佛教。

各国的暴虐统治和外敌入侵导致各地起义不断。亚历山大撤退后,一个叫旃陀罗崛多的人在呾叉始罗组织当地民众,驱逐了马其顿撤退时留下的驻军,实力逐渐壮大。之后,他趁难陀王朝的统治者丹那·难陀统治苛酷、民众怨声载道之际,率军攻克摩羯陀的首都华氏城,建立了新的王朝,仍以华氏城为都。旃陀罗崛多并非来自高等种姓,因他属孔雀氏族,故其王朝名为孔雀王朝(公元前324—前187),也有人说他的家族原是为宫廷养孔雀的。前317年,他占领了旁遮普和信德地区,统一了整个北印度。但侵略者并不甘心失败,前305年,亚历山大的部将塞琉古再次进攻印度,结果大败,还割让了一部分领土给孔雀王朝,使帝国的西北边防得到巩固。在南方,旃陀罗崛多将孔雀帝国的势力推进到纳巴达河附近,这些扩张活动进一步促进了印度的统一(见图5-1)。

前300年,旃陀罗崛多逝世,其子宾头沙罗继位。宾头沙罗镇压了国内的起义,并继续向南扩张,势力达到德干高原。据说他杀死了不少国家的国君,夺得了他们的领土,因此被称为“歼敌者”。在他统治时期,只有东南沿海的羯陵伽还保持独立。宾头沙罗死于前273年,其子阿育王继位。据佛经记载,阿育王杀掉99个兄弟才夺下王位,虽然传说的真实性并不高,但表明他残忍嗜杀。前262年,

十六国 （公元前六至七世纪的印度）

图 5－1 孔雀帝国的统治

阿育王发起对羯陵伽的战争，这次战争极其惨烈，据阿育王的铭文记载，“俘虏 15 万人，10 万人战死”，最终征服了羯陵伽。经过连续三代的扩张，孔雀帝国成为印度历史上第一个空前的大帝国。

为了更好地统治通过战争征服的广大领土，孔雀帝国建立了较为完备的统治体制，许多史料来源于旃陀罗崛多的宰相乔底利耶所著的《政事论》。阿育王的统治是古印度最强盛的时期，他创立了很多强化统一的制度，对后世影响深远。首先，强化王权的神圣性。阿育王自称“诸王的宠爱者”，所有军政高官都由国王任命，国王的诏令即是律法。国王之下有宰相、司库、税务长、将军、祭司长等大臣，辅助国王处理政务；还有大臣会议，遇到紧急状况时召开会议，制定政策，供国王参考。帝国的行政区也很严格，都城华氏城及周围由中央直辖，其他地区划分为 4 个省，省的最高长官为总督，这种模式借鉴了亚历山大统治印度西北部的措施。总督虽由国王任命，但权力比较大，因为总督以下官员的任命权由总督掌握。省之下还有县、村两级，村是最基层的行政单位，是帝国税收的来源。军队方面,帝国拥有一支规模庞大的常备军,这是它维持统治的基础,包括步兵、骑兵、水军,还有战象和战车(见图5-2)。

图5-2 阿育王时代的印度(公元前250年)

军队和行政机构的开支巨大,因此需要充足的财政收入。帝国时期已形成了一套系统的税收制度,除土地税、森林税、矿山税外,连道路、商品都要征税,人民负担沉重。加上羯陵伽之战,让阿育王亲眼目睹了流血的惨状,产生了深深的懊悔与自责,因此决定改变统治策略。战争结束之后,阿育王就皈依佛教,决定不再施行暴力。佛教发展比较迅速,其宣扬的不杀生等和平的教义有利于缓和当时的社会矛盾。他广建佛寺佛塔,对寺院大量捐赠,并在华氏城举行了佛教的第三次集结,还派僧侣到外国传教,佛教的向外传播正是从此时开始的。但阿育王并没有把佛教立为国教，他总体上实行的是一种宗教宽容政策，并不排斥其他教派。

阿育王最主要的政策是提出了自己的“达摩”法，即一种宽泛的伦理教条，用以教化人民。帝国的成分复杂，教派混乱，难免冲突不断。为了建立和谐的秩序，消弭人民的反抗，阿育王大力宣扬“达摩”，要求全国人民学习和遵守。“达摩”的主要内容有孝敬父母、尊敬师长、提倡宗教宽容、善待奴隶和仆人、禁止残暴行为及杀生等。由此可见，阿育王非常重视思想统治，他经常通过石刻铭文向人民传递旨意，这些铭文成为后世了解当时社会状况的重要史料。

政治的统一为经济的快速发展提供了保障。农业是农耕社会最重要的经济部门，也是帝国税收的主要来源。据《政事论》记载，铁制农具的大量使用，使许多荒地得到开垦，帝国的战俘大都被安排开荒，国家鼓励兴修水利。畜牧业、商业、手工业、交通业的发展也比较迅速，但是税收也都比较高。当时中国的蚕丝传入印度，纺织业有了较大的发展，恒河流域的棉纺织产品非常有名。

孔雀帝国时实行的是土地国有制，国王是一切土地的所有者。但由于帝国疆域辽阔，各地区发展程度不同，除了国家直接占有的土地外，还有另外两种形式：婆罗门祭司和寺院占有的土地；农村公社占有的土地。国王赏赐给祭司和寺院的土地，赋税收入归他们占有，土地的所有权还是归国王所有。村社土地由农民世袭经营，但要向国家交税，一般是作物的1/6，可见税收是比较高的。帝国时期奴隶制也有了较快的发展，奴隶数量增多，主要来源有战俘以及负债破产的平民等。据《佛本生经》记载，奴隶没有自由，还经常遭受主人的虐待，但是主人没有杀掉奴隶的自由，并且奴隶的价格昂贵。这说明印度奴隶制经济并不发达，虽然奴隶社会地位低，但并没有处在社会的最底层。

种姓制度这时有了新的发展，由于帝国版图的扩大，被征服的居民要按照婆罗门教的教义划分自己的种姓。种姓制度有两个特征，即职业世袭制和内婚制，经济的发展导致种姓内部的分化严重，职业世袭被打破。在吠舍和首陀罗中间分化出许多从事不同职业的集团，被称为阇提。从事最低贱职业的人就是贱民，他们的地位比奴隶还低，他们从事的是收拾尸体和屠夫等职业。法律规定他们必须住在村庄外面，夜间不得在村庄和城市行走，必须穿死人的衣服等。

孔雀王朝的灭亡 公元前232年，统治印度近40年的阿育王去世，众子争夺王位，孔雀帝国一分为二，开始走向衰落。前206年，大夏国入侵印度西北部，帝国无力阻止。公元前185年左右，孔雀王朝最后一个皇帝哈德罗托被其将军普什亚密多罗·巽加杀害，孔雀帝国就此灭亡，巽加王朝建立。

孔雀王朝灭亡的原因很多，首先帝国是通过扩张而建立，各地的发展并不平衡，缺乏长久统一的基础；地方上，农村实行的是自给自足的自然经济，加上各地间的文化差异也比较大，语言无法交流，一旦出现分裂就会导致局面更加恶化。阿育王的崇尚佛教政策导致婆罗门集团的不满；维持臃肿的官僚体制及庞大的军事开支，导致帝国财政枯竭，行政效率低下；种姓制度作为印度文化制度的一部分，承担了大部分维护基层统一和教化的作用，这就极大地削弱了帝国的中央集权，助长了地方的分离倾向。

这时期印度文化也有突破性的发展。古典梵语开始形成，梵语文学及宗教文学是此时文学的主要特点。用梵语写成的著作有《政事论》《摩奴法论》《往事书》，它们都具有较高的文学与史学价值。《往事书》采用诗歌的形式，包含了大量的古印度神话传说，在民间流传很广。印度早期文学带有浓厚的宗教色彩，最具代表意义的是《摩诃婆罗多》与《罗摩衍那》两大史诗巨著。《摩诃婆罗多》描写的是公元前11—前9世纪发生在北印度两大部落之间的战争，包含了大量的宗教、政治、文化以及民俗等内容，被称为印度古代的百科全书。《罗摩衍那》描写的是恒河中游一个国家发生的宫廷阴谋和王子罗摩与妻子悉达之间的悲欢离合。两部史诗对此后印度的社会、文化、文学各方面都产生了深远的影响。

宗教的发展促进了雕刻艺术勃兴，希腊罗马艺术风格传入印度，与当地的风格相融合，产生了犍陀罗艺术流派。阿育王时，修建了大量的佛像、寺院，还有著名的石柱雕刻，艺术成就非常之高。

在自然科学上，古代印度也取得了卓越的成就。古印度人根据月亮的盈亏制定了历法，每年12个月，每月30天，还实行五年二闰。印度人在数学上对人类的最大贡献是“0”这一符号的发明，他们还计算出圆周率为3.141 6。

孔雀帝国灭亡后，印度再次陷入四分五裂，旧体制逐渐解体，来自北方的大夏人、塞族人先后入侵。在北方，先后经历了巽加王朝（公元前187—前75）、甘华王朝（公元前75—前30）；在南方，主要有原先被孔雀王朝征服而后独立的羯陵伽、安度罗等，彼此攻伐不断。社会的动乱也造成印度社会形态发生变化，原先具有奴隶制特征的社会逐渐解体。

公元1世纪以后，安息人和月氏人又开始侵略印度北方，安息人最初占领了印度西北部的旁遮普、犍陀罗等地区，最后被月氏人取代。公元前2世纪初，月氏被匈奴侵扰，被迫西迁。公元1世纪初，丘就却统一月氏各部，46年建立贵霜帝国，印度河上游的区域都归帝国统治。在阎膏珍统治时（105—130），帝国不断向东扩张到了恒河流域。到迦腻色迦统治时，帝国疆域进一步扩大，已和东汉接壤，其在北印度的领土包括俾路支斯坦、克什米尔、旁遮普、信德、犍陀罗。贵霜帝国将印度北方与中亚统一在一个国家之内，促进了这些地区的经济文化交流。贵霜帝国时期佛教的发展进入了新的阶段，传播的区域更广，于公元153年，在迦腻色迦的支持下，举行了佛教的第四次集结。公元3世纪时，贵霜帝国开始解体，4世纪时笈多王朝兴起于摩羯陀，贵霜帝国逐渐灭亡。

2. 笈多王朝

笈多王朝的兴盛及衰亡 贵霜帝国衰落之时，处于其统治下的北印度则分裂为许多小国家。原先摩羯陀故地的一个国家强大起来，在旃陀罗·笈多一世统治时期（319—325），开始向恒河流域扩张，占领了曲瑙季（曲女城）、钵逻耶伽等地区。旃陀罗·笈多一世自称王中之王，他是笈多王朝的实际开创者。他的儿子沙摩多罗·笈多（325—约375年以前在位）即位后，帝国领土进一步扩大，被称为“征服者国王”。在稳定了北印度之后，他率军转向南方，击败了德干高原上的数十个国家，并俘虏了它们的国王，一直到达帕那瓦（见图 5 –3）。鉴于印度南方遥远，难于统治，沙摩多罗·笈多便释放了这些统治者，让他们称臣进贡。他还建立了海军，锡兰岛、安达曼群岛、马尔代夫群岛上的国家也纷纷遣使来服。沙摩多罗·笈多死后，其子旃陀罗·笈多二世（约 375— 415 年在位）即位，他自称“超日王”。旃陀罗·笈多二世继续巩固和扩展帝国，他统治的时期是笈多王朝的极盛时期。他采用传统的联姻政策，将女儿嫁给南方的伐卡塔卡斯国王。后来伐卡塔卡斯国王在征战中死去，王子年幼，旃陀罗·笈多二世的女儿便以皇后的身份临朝听政，伐卡塔卡斯实际上归顺了笈多王朝。中国东晋高僧法显赴印求经正是在超日王统治之时，他于 401— 409 年在印度游历了 9 年，著有《佛国记》，是了解当时印度历史的重要史料。

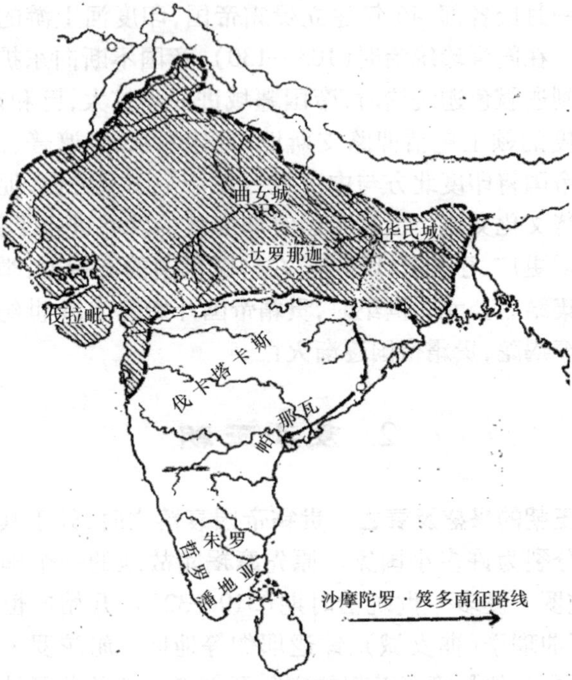

图 5 –3　笈多王朝

在统治制度方面,笈多王朝在很大程度上继承了孔雀王朝的遗产。官僚机构的设置上,有政务大臣、元帅等;地方行政区仍然划分为省、县、村三级。但其与孔雀王朝也有很大的区别,最主要的就是集权程度下降。除了首都周围的地区外,大部分地区实行的是藩国制;即使归中央直接统治,许多权力也掌握在地方手中。孔雀王朝拥有较强的中央集权,可以在此基础上实行"达摩"法来维护统一,但笈多王朝做不到这一点,各藩国并没有接受它的文化与制度,因此,笈多王朝只是一个松散的统一体。究其原因,孔雀王朝时,各地的经济发展水平还相对较低,有条件建立起强有力的统一;但近500年过去之后,印度各地有了新的变化,经济、文化、交往相对进步了,封建土地关系已逐渐形成,这些因素必然引起权力下移。

笈多王朝处在印度社会向封建社会转型之时,土地关系发生了重大变化。原先国王向祭司、贵族、寺院等赐予的土地,现已变成了世袭的私人领地。国王进一步将领地内的司法、行政、财政大权授予地方,这些地方统治者实际上成为封建领主,类似于西欧的采邑制。受封的领主也要向国王效忠,履行一定的义务。国王希望祭司通过宗教教化人民,以维持自己的统治。而原先村社占有的土地,在经过贫富分化之后,产生了拥有土地的富有地主和没有土地的贫农。这时候从事农业生产的大多是雇农、佃农等依附农民,已经没有了奴隶,农民的人身自由相对多了一些。

笈多王朝时期,婆罗门教逐渐演变为印度教,其发展势头超过了佛教。印度教减少了复杂的祭祀礼节,提高了吠舍、首陀罗这些下层民众的宗教地位,还吸纳了各地的民间宗教传统。由于印度教的适应性、包容性都要强于婆罗门教,因此很快壮大起来。

印度教的发展还促进了笈多王朝时期文学与艺术的进步,诞生了《沙恭达罗》《优哩婆湿》等优秀的文学作品。绘画及建筑也有很高的水平,阿旃陀石窟珍贵的壁画,以佛悟道的故事为主题。这时期印度教的雕刻艺术已有很大的发展,表现毗湿奴、湿婆造型艺术的雕刻大量出现。

戒日王国 公元5世纪晚期,笈多王朝开始衰落,并不断受到外族的侵扰。公元4世纪时,白匈奴因柔然人侵略被迫西迁,在我国文献中称这些白匈奴人为嚈哒人。484 年，嚈哒人打败了波斯，扩大了领土，便向印度扩展。嚈哒人的入侵沉重打击了笈多王朝，而南方的伐卡塔卡斯也不断向北进攻，加速了帝国的衰落。对外战争极大地增加了帝国的财政负担，并且加剧了地方的分裂，大约 570 年，笈多帝国灭亡了。

笈多帝国解体后，北印度再度陷入分裂局面，其中较大的国家有摩腊婆国（又称为后期笈多）、羯若鞠阇国（都城是曲女城）、普什亚布蒂家族的萨他尼湿伐罗国（都城在但尼沙）等十余个国家。这些国家互相攻伐，最后由萨他尼湿伐罗国统一了北印度。这个国家原来是臣服于笈多帝国的，经过日增王、光增王、王增王（即阿迪亚·伐弹那、波罗羯罗·伐弹那、曷罗阇·伐弹那、）三代人的努力，国力不断壮大。公元 606 年，喜增王（曷利沙·伐弹那）即位，攻下了羯若鞠阇国，并于 612 年合并两国，从此恒河中游都处于他的统治之下，历史上他还被称为戒日王。经过十几年的战争，在 630 年左右，戒日王初步完成了对北印度的统一，国家领土西起旁遮普西部，东至今天的孟加拉，南达纳巴达河。戒日王还打算南征，但并没有成功，象军也被击败，他的统治范围始终没有越过纳巴达河，所以严格地说，戒日王国并不能称为帝国（见图 5-4）。

戒日王国在统治上受到笈多帝国的影响，特别是在中央与地方的行政设置上没有太多的变化，也是一个较为松散的统一体，由许多封建藩国组成。所不同的是，这时期刑法较为严苛，甚至增加了伤残身体的刑罚，还有所谓的“神判法”（沉水溺不死，大火烧不伤，即无罪），以加强社会治安，但是并没有起到预期的效果。戒日王国也拥有一支强大的军队，有象军、骑兵、步兵等，其中象军是古代印度军队中的一大特色。战前将大象灌醉，让它们向敌阵冲锋，但经常弄巧成拙，醉象往往不分敌我乱冲一气。

戒日王最初信仰婆罗门教，晚年皈依佛教，对其他各种宗教都实行宽容的政策。中国高僧玄奘就是在此时来印度求经的，他受到了隆重的礼遇，643 年，戒日王邀请玄奘在曲女城主讲大乘佛教。据《大唐西域记》记载，戒日王每五年召开一次无遮大会。所谓无遮，意为宽容，不分教派、不分等级贵贱均可参加。戒日王还十分重视

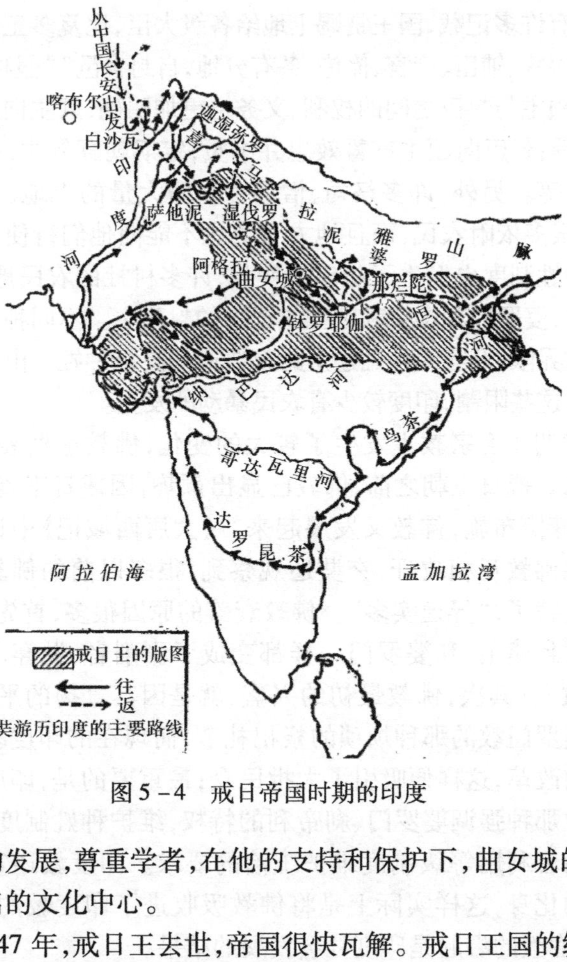

图 5－4　戒日帝国时期的印度

文学艺术的发展，尊重学者，在他的支持和保护下，曲女城的那烂陀寺成了著名的文化中心。

公元647 年，戒日王去世，帝国很快瓦解。戒日王国的统一犹如昙花一现，北印度又陷入分裂之中，这次分裂一直持续到13 世纪初，穆斯林在印度完成了新的统一。7 世纪初，阿拉伯帝国开始向印度扩张，先是征服了信德地区，他们强拆印度教、佛教寺院，强迫居民改宗，统治达三个世纪之久。11 世纪之后，突厥人侵入印度，他们也信仰伊斯兰教，经过 100 多年的扩张，1206 年，将首都迁到德里，建立了德里苏丹国。

经济、文化与宗教的发展　戒日王朝时期，印度的封建制度最终得以形成，土地分封以更大的规模进行。当时已实行食邑制，《大唐西域记》里有许多记载,国王赏赐土地给各级大臣,比笈多王朝时增加了不少。“宰牧、辅臣、庶官、僚佐,各有分地,自封食邑”“假种王田,六税其一”。领主与封臣之间的权利、义务也更加明确,领主向封臣提供保护、赏赐等;封臣向领主宣誓效忠并纳贡,定期朝觐领主,率军参加领主的战斗等。另外,许多祭司、僧侣也获赠大量的土地,并享有免税权,拥有很多依附农民,而且地方官吏也不能向他们行使行政权。这时候的种姓制度也发生了相应的变化,许多村社的农民地位下降,沦为首陀罗,婆罗门和刹帝利则变成了大的封建主。不同种姓之间还是有严格的界限,低等级种姓连走路都要避开高级种姓。由于种姓制度与宗教的这些限制,印度较少有农民暴动的发生。

这时期印度宗教也发生了较大的变化,佛教逐渐衰落,印度教兴盛起来。戒日王朝之前,佛教已显出颓势,因戒日王笃信佛教,广建佛寺,慷慨布施,佛教又发展起来。《大唐西域记》中记载当时印度大小乘佛教互相攻讦,玄奘还观察到,很多以前的佛教中心都被印度教代替了,“异道实多”。佛教衰落的原因很多,首先,僧侣们已经变为大封建主,和婆罗门一样都变成了剥削者,抛弃了原先安贫乐道的教义;其次,佛教最初的兴盛,就是因其宣扬的平等精神,以及没有婆罗门教的那种烦琐的祭祀礼节,而现在的印度教则是朝着这个方向改革,这样便吸引了大批民众;最重要的是,印度教继承了婆罗门教那种强调婆罗门、刹帝利的特权,维护种姓制度的传统,适应了统治者利用等级制度维护统治的要求。印度教还宣称佛陀是毗湿奴的化身,这样实际上是将佛教吸收进了印度教的体系之内。总之,印度教的崛起是印度社会发展的结果。

3. 宗教的传播

婆罗门教与印度教 约前9世纪左右,印度开始形成国家,受雅利安人原始宗教的影响,婆罗门教开始形成。它的主要经典是《吠陀》《奥义书》《薄伽梵歌》,认为梵我如一,梵是世界的主宰,创造万物,并存在于万物之中;人的灵魂不灭,会转世轮回,转世的依据是前世所造的业,当世的种姓安排即是前世造业的结果;祭祀礼仪极其烦琐,并且只有婆罗门才有资格主持祭祀。婆罗门教是一个很松散的宗教,保留了多神的崇拜,它产生之初维护了当时的等级秩序。但是,随着社会的发展,佛教、耆那教纷纷起来对抗婆罗门教,在很长一段时期内,佛教大为兴盛,婆罗门教则有所衰落。直到印度教的逐渐形成,才改变了这种局面。

印度教继承婆罗门教的教义,仍信仰梵,并坚持造业、果报和轮回的观点。印度教也信仰多神,但以梵天、毗湿奴、湿婆三神为主神。梵天主管创造世界;毗湿奴主管维持世界;湿婆主管破坏世界。其次,印度教吸收了佛教禁欲的主张,并把释迦牟尼吸收为其主神的化身之一。再次,印度教也普遍建立起僧团和寺庙。婆罗门教本无寺庙,公元1世纪左右才开始修建起极少量的寺庙。8世纪,商羯罗为印度教建构了一个完整的宗教理论体系,他认为除梵以外没有任何真实的物,梵和个人精神是同一的,并指出信众如何摆脱虚妄,达到真实的道路。这种教义的系统化为印度教最终击败佛教起了重要作用。

耆那教的产生与发展 耆那教产生于公元前6—前5世纪,大约与佛教同时。耆那教的第24祖筏陀摩那被尊为该教真正的创建者,又被称为大雄。耆那教批判婆罗门教的诸多教义,如否定吠陀天启、祭祀万能、婆罗门至上等,指出吠陀并非真知,祭祀杀生只会累加罪恶,婆罗门并无精通之业;耆那教反对种姓制度,强调人与人的平等;主张所有生命都有灵魂,灵魂在未解脱前为业所桎梏并不断轮回。若要得到解脱,唯有通过修炼,历经苦行和戒杀,才能摆脱"业"的束缚。禁欲及苦行这些底层民众所处的生活状态,被解读为获得解脱的途径,一定程度上反映出当时印度百姓的需求,从而吸引了部分平民,打破了婆罗门教一教独霸的格局。不过耆那教并没有突破婆罗门教的灵魂转世、轮回及因果报应等教义。

公元前3世纪,灾荒的连绵不断,令耆那教不得不放弃摩揭陀地区,向南转移至西印度地区及南印度德干高原。公元8—12世纪,在当地统治者的支持下,耆那教得到大力发展,修建了大量的耆那教寺庙,非暴力思想在当地传播开来。但是好景不长,到了12世纪,伊斯兰教的传入及阿富汗的入侵,沉重打击了耆那教,教徒被屠杀,寺庙被焚毁。至13世纪,耆那教日渐衰微,仅在南印度个别地区还有稍许的秘密活动。15世纪中叶至18世纪,耆那教开始着手改革,反对偶像崇拜,取消烦琐的祭祀仪式,耆那教逐渐得以复兴。由于耆那教与印度教的差别有所缩小,因此,在印度信耆那教的教徒,也可以被当作印度教徒,可以与印度教徒通婚。在今天的阿富汗、斯里兰卡、阿拉伯、伊朗等地,耆那教仍有一定的信徒。

佛教的传播 佛教产生于公元前6世纪至前5世纪的古代印度,创始人为乔达摩·悉达多(约公元前566—前486),他生于迦毗罗卫城(约在今印度、尼泊尔边境地区),佛教徒尊称他作"释迦牟尼",意为"释迦族的贤人"。乔达摩是迦毗罗卫国净饭王太子,属于刹帝利种姓,29岁离家,开始了探索和传道之旅。战争与动乱所造成的人间惨象,很可能促使乔达摩心生消极厌世理念。他坐于菩提树下,经七天七夜悟出"四谛"真理,此后他就一心致力于佛法的传扬,直至死去。

《杂阿含经》(卷34)记载,当佛被问及关于世间"常"还是"无常"、死后是"有"还是"无"等问题时,佛陀未曾正面回答,而是说,当前最紧迫的是人生解脱问题,讨论本体论徒劳无益。譬如人中了箭,不是马上拔箭治伤,而是先讨论箭是用什么做的,弓是什么形状等,那就是本末倒置,走入歧途。佛教的全部学说,基本集中在人之本质与人之解脱这一主题之上,围绕这一主题的解答又集中体现在"四谛"说中。所谓"谛",即是"实在"或"真理","四谛"亦即"四大真理",即苦、集、灭、道。苦、集二谛说明人生的本质及其形成的原因;灭、道二谛指明人生解脱的归宿和解脱之路。

苦谛,即生苦、老苦、病苦、死苦、怨憎会苦、爱别离苦、求不得苦、忧悲恼苦这八苦。这样的"苦"具有普遍性,只要是人,"苦"就是必然的。集谛,用以说明诸苦存在及人生变化的原因。佛陀认为,宇宙间一切事物和现象,都不是孤立的存在,而是由多种因素集合而成,因此提出了"十二因缘"和"业报轮回"说,用以解释人生和世间现象之发生和变化。一切缘起现象都是因果关系,这样,世间万物都被固定在一条因果链条上,没有任何偶然的可能。能够导致果报之因的行为,叫作"业","业"是梵文的意译,音译"羯摩",指任何思想行为都会给行为者带来一定的后果,即“报应”。“业”的概念也存在于婆罗门教,但差异在于,佛教不承认有梵天那样的创世主,不承认四种姓是梵天的意志,更不能以婆罗门种姓为优等,业报面前,人人平等。灭谛,提出了佛教出世间的最高理想——“涅槃”。“涅槃”是梵文的音译,意译作“圆寂”。涅槃是熄灭了一切“烦恼”,从而超越时空、超越生死的一种境界。佛教坚决反对把涅槃理解为死亡,因为按佛教教义,死与再生是联系起来的,死亡只不过是再生的途径而已,而涅槃就是要超越生死轮回。道谛,早期佛教规定的解脱之路,即通向涅槃之路,被总结为戒、定、慧“三学”,其中“戒”是用来制“恶”的,是约束徒众的纪律,后来扩大为极其繁冗的“律”。

早期的僧团,多半过着云游生活,他们在城市和郊区,或静坐沉思,或传教布道,流动乞食。后来出现了若干地方性的僧团,他们有各自的活动范围。早期佛教僧团不崇拜任何偶像,也没有对佛的偶像崇拜,但流行佛陀的遗物和法物崇拜。据说佛陀死后,有八国分其舍利,起塔供养。

早在佛陀在世时,佛教内部就出现了分裂;随着佛陀的逝世,分歧愈加严重,如此就产生了统一思想的需求。相传至阿育王的葬礼前,佛教共经历了三次结集。所谓结集,意思是聚会诵经,以消弭分歧。第一次结集是在佛涅槃后一年,由佛陀大弟子迦叶召集主持,在王舍城的七叶窟举行。这次结集,历时 7 个月,阿难受命诵读诸经,优婆离诵读戒律,早期佛教中“律”“经”的条款、内容等,大体得到固定。

佛陀逝世 100 多年后,由耶舍召集 700 僧侣在吠舍厘城举行第二次结集,再次统一经律,重点是讨论戒律。结集的结果,是以耶舍为首的西方僧侣所确定的“十非法事”,宣布接受金银布施、储存多余食品等为非法;东方的跋耆国比丘则主张僧众可以向施主化取钱财,并保留剩余财物。支持耶舍的是少数,但是耶舍地位高,所以强行通过了“十非法事”。跋耆比丘是多数派,反对这一决议,遂组织上万人的大结集,承认十事合法。早期佛教由此开始分裂,反映出大乘和小乘的最早分歧。

到阿育王时,又举行了第三次结集,地点在华氏城。“外道”为追求“利养”,大量混入佛门,以“外道”教化众人,致令佛法极大混杂。这次结集的目的,就是为了剔除掺杂进佛教的此类“外道”教义。当时,阿育王大力支持佛教的发展,并赞助了这次结集的所有费用。这次结集的过程反映了早期佛教发展的趋势:多数僧侣要求在民众聚居的地方布道,少数人则坚持远离世间;多数僧侣信奉的教义愈加含有“外道”的成分,少数地位较高的佛徒向帝王靠拢,力图在世俗的社会中发挥作用。这种趋势在以后愈加明显。

随着佛教的发展,部分信徒开始改变原先的信教方式,首先是生活的世俗化,并接纳俗家男女为信徒,同时积极参与或干预现实生活。这种思潮,从前1世纪至3世纪,在南方的安达罗王朝及北方的贵霜王朝等地纷纷涌现。随着思潮的逐步成熟,后汇集成了统称“大乘佛教”的教派。大乘思潮作为异端从早期佛教中分化出来,经过了相当激烈的斗争。它最初被攻击为“外道”,其信奉者被驱逐出戒律严谨的僧团或寺院。大乘的基本特征是力图参与和干预世俗生活,不仅要自渡,而且还要普渡众生。它的适应、包容能力强,传播渠道多、速度快,内容也比较繁杂,凡其影响所及之地,无不吸收当地的民族特色,这在客观上促进了佛教的传播。

到阿育王后期,佛教已遍及印度全境,而且西达地中海东部沿岸国家,北到克什米尔,南到斯里兰卡。佛教由此分为两条对外传播路线,从斯里兰卡开始并向东南亚传播的,称作南传佛教;从克什米尔向中亚各地以及东亚传播的,称作北传佛教。总之,从阿育王到前1世纪的200余年时间里,佛教僧侣的足迹已达西亚、中亚、东南亚及南亚的诸多地区,佛教开始成为世界性的宗教。而佛教又与后来形成的世界性宗教不同:它从来没有发动过宗教战争,它的传播主要靠和平的方式;它揭示人生的各种痛苦,并提出解脱痛苦的方案,容易拨动人们普遍存在的某些心绪;它提出的善恶报应极受统治者的欢迎;它有很强的包容性,允许吸收各种异说,可以适应古代不同的民族和社会条件。

约前2世纪到前1世纪初,继孔雀王朝之后,巽加王朝成了恒河流域新的统治者,它改变了阿育王利用佛教的政策,尊崇婆罗门教。佛教开始向南北两方做空前的转移,这一时期是佛教传播的黄金时期。约在公元前2世纪上半叶,佛教传入大夏,大夏后来被来自东方的大月氏征服，这样，大月氏也接受了佛教。佛教传进大夏后，继续向西北流动，约前1世纪进入我国新疆于阗（和田），约公元前后传入安息（帕提亚）。佛教传入中国内地，当在两汉之际，即公元前后，它是内地与西域长期交通往来和文化交流的结果。随后，佛教又通过中国传入日本和朝鲜。佛教向南方的传播，从斯里兰卡开始，在前1世纪传到印度尼西亚、泰国以及湄公河流域。但南传的速度、规模明显比不上北传。

公元320年，旃多罗·笈多一世创建笈多王朝，在华氏城建都。总体上讲，笈多王朝也是支持印度教的，不过笈多王朝包括它的许多藩属国，大都对宗教采取宽容政策，允许各种宗教并存，因此佛教发展的势头依然不减。婆罗门教的复兴，加速了佛教的转变。直到5世纪初，小乘势力仍然在佛教中占主要地位，但他们也做出改变，那种游街乞食现象已经少见了，对佛陀的偶像崇拜也在逐步增加。公元612年，戒日王统一了北印度。戒日王虽信奉婆罗门教，但他本人很喜欢佛教。在他的支持下，印度的学术中心那烂陀寺发展成为佛教教义学的中心。戒日王曾热情接待来天竺游学的玄奘，积极支持佛教的发展与传播，还迎取佛陀的舍利供养。戒日王朝衰亡后，印度陷入了连续几个世纪的混战之中，穆斯林军队乘机逐步开进了这个古老的国度，并改变着它的历史和文明。佛教不仅在自己本土上面临婆罗门教的竞争，还遭遇了日渐南下的伊斯兰教的威胁，大量的佛寺被摧毁，佛教的发展遭遇到了巨大打击。

这个时期，婆罗门教经过改革，逐渐发展壮大起来，而佛教则日渐衰落，至13世纪在印度几乎消失。佛教失势的原因很多，首先与其自身的发展有关。早期佛教的涅槃、四谛等学说，理论性比较强，并且在苦难人群中很有吸引力；而到七八世纪之时，佛教在理论上已少有创新，逐步向宗教实践、偶像崇拜的方向演化。其次，印度教采取了一系列措施来同化佛教，而佛教的很多实践措施则是来源于印度教的前身婆罗门教，这就方便了印度教的同化。例如，印度教宣称释迦牟尼是印度教神毗湿奴的化身。佛教虽然在本土衰落了，但它已经传入很多地方，对世界各地都有着深刻的影响，成了世界三大宗教之一。

第六章 古代希腊文明与希腊化文化

古代希腊文明的舞台主要是在爱琴海区域。爱琴海区域位于地中海东部,以爱琴海为中心,包括今天的希腊半岛、爱琴海中的诸岛屿、克里特岛以及小亚细亚西部沿海地带。此地区气候类型属于地中海气候,夏季炎热干燥,冬季温暖湿润。希腊半岛上山丘起伏,河流短促,平原面积小,海港良多。其北部和西部多为荒凉之地,喀尔巴阡山构成了北部屏障,使其所面临的北部威胁较小。北非的古埃及文明是它的南部邻居,古埃及人即使有吞并爱琴海区域之心,无奈山河湖海阻碍,也只能望洋兴叹。而古埃及的文明硕果却成了哺育希腊文明的乳汁。所以在这片区域,当其他地区走进了王国和帝国时代时,它却把不需要集权的城邦文明发展得登峰造极,为世界文明史的发展贡献了特有的遗产。

1.早期希腊文明

克里特与迈锡尼文明 克里特文明发祥于位于爱琴海南端的克里特岛,由英国考古学家阿瑟·伊文斯于20世纪初发现。7 000年前,克里特岛上就有人口繁衍。公元前2000—前1000年之间,克里特文明发展到顶峰时期,其影响也波及周围许多岛屿。从语言和宗教上看,克里特人不是希腊人,克里特文明与南方的埃及文明有很大的相似性。

经伊文斯的发掘,一个规模庞大的宫殿展现在世人面前(见图6-1)。该宫殿最高处有四层,房间有200多个。王宫内设有议政厅,厅中间设王座,左右摆放石凳。宫殿的存在说明了克里特文明已具备了早期国家的形态,雏形的王权形成了,可以调动相当大的人力和物力。这栋建筑既宏伟又精致,王族的私人起居室相当考究,室内饰以各种花瓶、雕像、绘画等艺术品,甚至建有配备了精巧排水系统的浴室。

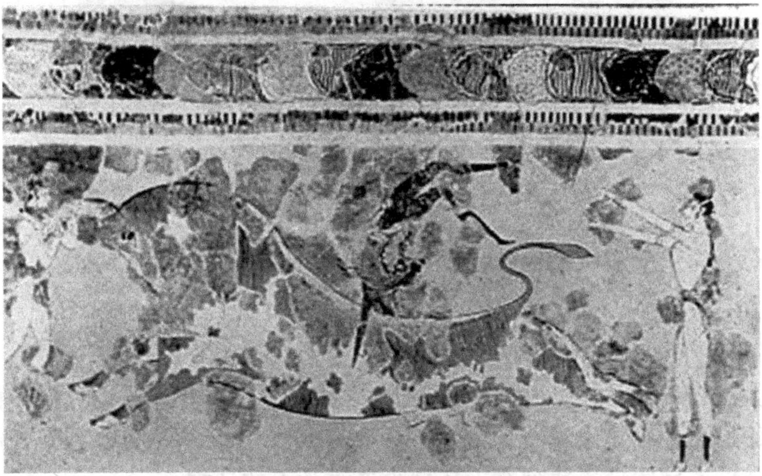

图 6-1　克里特宫殿壁画

公元前 1450 年前后,克里特文明突然崩溃了,许多学者把它归因于来自希腊半岛的迈锡尼民族的侵扰。迈锡尼人属于印欧语系的一支,于克里特文明兴起之时移居希腊半岛,到了公元前 1600 年前后兴盛起来。迈锡尼是当时的主要城市和贸易中心,故此时期被命名为迈锡尼文明时期。

迈锡尼人说的是希腊语,他们所用的“线形文字 B”已经被释读成功。根据线形文字 B 的资料,我们可以得知,迈锡尼文明和克里特文明有很强的一致性。尤其是在政体形式上,国王及武士贵族位于社会顶层,宫殿是国王所在地,是国王权力、财富的象征,也是王国的政治与经济枢纽。

可是到了公元前 12 世纪,迈锡尼文明遭到了沉重的打击,一个个王国相继消失了,宫殿被摧毁,王权也解体了(图 6-2)。人们称

图6－2　迈锡尼遗址

之后的300余年的间隔期为“黑暗时代”。关于迈锡尼文明崩溃的原因,学者们众说纷纭、莫衷一是,有人归结为传说中的多利安人的入侵,不过这种说法到今天还缺少考古学上的证据。

迈锡尼文明解体后,希腊确实进入了一个经济倒退和人口减少的时期,但这只是相比较而言的。与前段时期相比,从公元前12世纪到公元前750年间的希腊社会只是相对地衰落,政府组织的崩溃是造成这种相对衰落的主要原因。由于《荷马史诗》中保存了这个时代的社会画面,因此,该时期又被称为荷马时代或英雄时代。

荷马史诗和荷马社会　一般认为《荷马史诗》是荷马基于代代口传的故事整理润饰而成,他的《伊利亚特》和《奥德赛》两部伟大的史诗流传了下来。

《伊利亚特》叙述的是关于特洛伊战争的故事。战争起因于特洛伊王子帕里斯劫走了国色天香的斯巴达王后海伦。斯巴达王冲冠一怒,欲兴师问罪。希腊世界组成联军在斯巴达王的兄弟阿伽门农的统领下进攻特洛伊。经历10年,希腊人最终取胜并洗劫了这座城市。在这部作品中,荷马着重刻画了阿喀琉斯和赫克托尔两位英雄。《奥德赛》叙述的是一位希腊英雄奥德修斯在赢得特洛伊战争后，经历千难万险回到妻子身边的故事。

由于这一时期保留下来的文献资料极少，我们只能根据荷马的史诗推测此时期的社会面貌。在荷马所描述的社会中，迈锡尼文明的王权国家不存在了，政治上处于地方贵族割据的分裂状态。贵族首领拥有一定的权威，他们通过集体开会的方式讨论公共事务，贵族长老会议和民众大会成为集体讨论公共事务的主要机构。在社会生活方面，家庭是荷马社会最核心的组织，它除血亲成员外，还包括奴隶和财产。贵族阶层和平民阶层的分野也已十分明显。

在荷马社会，铁器已经得到应用。考古中发现了铁剑、铁斧、铁锄、铁矛头、铁刀、铁马衔等兵器和农用工具。

图6－3　公元前490—前470年希腊红绘瓶画：雅典娜给赫拉克利斯倒酒

优卑亚的繁荣　荷马时代后期，荷马社会开始走出衰退。优卑亚岛率先繁荣起来，因为这一地区接近富庶的东方，且处在通往东方的通衢大道上。考古学家在优卑亚岛的勒夫坎地遗址进行了发掘，证明了这种繁荣的存在。在发掘的墓葬中，考古学家发现了许多黄金饰品和从东方进口的商品。公元前9世纪的一座青铜铸造场也证明该地已经有了金属加工。

东方化与古风时代　从公元前750年至前650年,大约一个世纪的光景,东方文化对希腊文化的影响构成了这段历史最突出的特征,有学者把这一时期称为"东方化时期"。东方对希腊地区的影响主要表现在三个领域,即艺术、宗教和文字。在艺术方面,自然主义风格取代了几何陶风格,艺术的主题也丰富起来。不久,埃及的大型人物雕塑艺术也传入希腊。在宗教方面,很多西亚、北非的神话故事流传到希腊,丰富甚至改造了希腊人的神话内容。比如《神谱》中的诸神体系就是受到小亚地区库马比族人神话的影响脱胎改造而成。《神谱》的系统思维对希腊的哲学有重要影响,来自东方的文字符号更是深深地促进了希腊文化的发展。迈锡尼文明解体后,线形文字也失传了,荷马笔下的社会是无字无书的社会。直到公元前8世纪后期,文字才重新在希腊出现,这套字母系统主要采自腓尼基字母。

殖民运动与城邦的兴起　希腊人不但吸收了外部的文化成果,而且从公元前8世纪中叶起,他们还开始了走向海外的殖民运动。关于殖民运动的原因,学者们仍莫衷一是,有人说是希腊本土人口激增带来的人口压力,迫使人们开垦新的土地,不得不远徙他方;也有人归因于土地私有制的形成,认为人们受此激励去远方谋求经济利益。不管怎么说,希腊人在公元前750—前550年向海洋进军了,小亚细亚西海岸遍布他们的据点,整个里海沿岸也三三两两地罗列着他们的城邦,亚平宁半岛、西西里岛留下了他们的足迹,伊比利亚半岛也留有他们的身影。

希腊人在殖民地模仿他们本土的城邦体制。城邦不仅仅是一种政治制度,它本身是指集政治、经济、社会和宗教生活于一体的社会共同体。它的结构包括享有政治权利的公民(成年男性),没有政治权利的公民(妇女和儿童),以及非公民(奴隶和外邦人),界限赫然鲜明。

城邦的规模从几平方公里到几百平方公里不等,大一些的城邦即相当于我国的一个县,小的城邦甚至小到相当于一个行政村,面积差别很大。人口自然差别也比较大,大城邦的人口,比如雅典,鼎盛时期有25万人;而绝大部分是小城邦,它们的人口数从几千到几万不等。最具代表性的城邦是斯巴达和雅典。

斯巴达 斯巴达是位于伯罗奔尼撒半岛的一个著名城邦。根据传说,斯巴达在迈锡尼时代就已经存在了,后来赫拉多利斯的子孙率领多利安人南下,入侵希腊半岛,其中的一支入主斯巴达。他们原先居住在四个相邻的村落中,不久便联结为一个城邦。之后,随着实力的增强和人口的增长,他们不断向外发动战争,征服附近的居民。大约是在公元前735年,斯巴达人开始征讨美赛尼亚,这是伯罗奔尼撒半岛一块肥沃的土地。最终斯巴达获胜,把美赛尼亚人变成了黑劳士,即城邦的奴隶。

公元前7世纪中叶,不安于奴役生活的黑劳士发动了一场声势浩大的叛乱,被称为第二次美赛尼亚战争。斯巴达人为平定这次叛乱大费周折,历经30年才告完成。这一次战争暴露了斯巴达政治制度中的一些弊端。为避免发生类似的危机,他们决定进行一次制度变革。

莱库古改革 据传斯巴达人把这次改革的主要功勋给了一个叫莱库古的人,这次改革被称为莱库古改革。莱库古改革废除了贵族政治,使政府掌握在一个寡头集团手里。两名国王仍保留世袭的地位,且拥有军事统帅的权力,但斯巴达内外事务的最终决策权属于包括两名国王在内的由30人组成的长老会议。新法也规定了人民有权参与城邦的议政会议,可以自由发表意见。

莱库古还进行了一系列社会改革和军事制度改革。在征服了美赛尼亚地区以后,莱库古把美赛尼亚的良田沃土以份地的形式分配给了斯巴达公民。与份地制相应的是共餐制,它规定,包括国王在内的斯巴达男性都必须在城邦设立的公共食堂集体进餐。共餐制在公民群体中培养了一种集体精神和平等意识。另外,斯巴达公民在享有份地的同时,相应的义务是进行日常军事训练。军事训练异常残酷,然而,这种残忍的军事训练铸造了斯巴达人刚强的体魄和意志,所以,他们拥有了一支具有强大作战能力的公民士兵队伍。

斯巴达军营化的生活也带来了另一个影响,那就是本来发展得有声有色的工商业和文化衰落了。在莱库古改革之前,斯巴达的工商业在希腊城邦中并不落伍。根据地下发掘,公元前7世纪时,斯巴达的富贵之家能够享用一些从国外输入的琥珀、象牙、宝石和金银等珍贵饰物。斯巴达的工匠在希腊世界也颇负盛名。公元前9世纪以后,斯巴达人的抒情诗音乐也著称于世,涌现出不少艺术家。莱库古改革之后,这些繁荣逐渐衰退,与希腊世界的旗帜雅典比起来,不能不说是遗憾。

雅典的发展 梭伦改革在莱库古改革后不久,同样面临着多种危机的雅典人也开始了他们的变革,其领袖据说是梭伦。梭伦改革之前,雅典的社会矛盾异常激烈,少数贵族在政治和经济上占据统治地位,许多农民因负债而失去土地所有权,要么成为债主的农奴,要么被卖为奴隶。公元前594年,贵族阶层和平民阶层共同推举梭伦为执政官,赋予其改革立法的权力。

梭伦颁布了"解负令",废除一切人的债务,禁止因债务把雅典公民变卖为奴隶,并赎回被卖到异乡的雅典公民。另外,他按照财富多寡,将雅典人分为四个等级:第一等级为年收成在500斗以上者,称"500斗级";第二等级为年收成在300斗以上者,称"骑士级";第三等级为年收成在200斗以上者,称"双牛级";第四等级为年收成在200斗以下者,称"贫民"。不同等级的人享有不同的政治权利。前三等级能够分享官职,"贫民"则仅可以参加公民大会和法庭陪审团。这两个机构,后来证明,都拥有相当大的权力。

梭伦又建立了一个400人的议事会,其成员分别从当时的4个部落中抽签产生,每部落100人。由于四个等级的成员皆可成为议事会成员,无疑,它使雅典政治向民主化进程迈出了重要一步。梭伦还创立了另一个民主机构——陪审团法庭。另外,他还确立了第三者起诉的原则和上诉权。大约在莱库古改革和梭伦改革的同一个时期,或是稍早时期,中国的管仲在齐国进行了改革,帮助齐桓公"九合诸侯,一匡天下"。

庇西特拉图与僭主政治 梭伦改革并没有有效地解决雅典的内部矛盾,他愤然离去。在雅典集团新的斗争中,庇西特拉图几经周折,登上僭主之位。在他统治时期,他打击了贵族力量,支持普通民众,并推行了一些有利于民主政治发展的措施。庇西特拉图的贡献在于他利用手中的权力,让雅典繁荣起来。比如:他为了增进工商业的利益,加强了造船业,以便向海外发展;他还鼓励发展手工业,设立许多手工工场;许多大型建筑工程也被建立起来。这些都成就了雅典的荣耀。

庇西特拉图把僭主之位传给他的儿子,但其子在统治时期施以暴政,引起了雅典人的不满。民众推翻了他的统治,也推翻了僭主政治制度。随着雅典民主政治辉煌时期的到来,僭主制成了一个令人讨厌的东西。

克里斯提尼改革 克里斯提尼在僭主被推翻后不久得到民众的支持,成为雅典的领袖。为回报大众,他决意改革雅典的政制。他首先废除了以血缘为基础的氏族、胞族和四个部落的组织形式,把这些地区划分为沿海、内陆和城区三个区域,每个区域又划分为10个分区。从每个区域中抽出一个分区,各个分区不相联属,组成新的部落,称为"三一区"。整个雅典,共有10个"三一区",它们构成雅典的基本行政单位。新部落的划分虽然较之前复杂,但是能够破坏贵族间的联盟,弱化他们的势力,又能做到部落间的平等。另外,克里斯提尼依据他所新分的10个部落,把400人议事会扩大为500人议事会。新议事会拥有更多的权力,可以监督所有的行政机关和国家官吏。议事会的500名成员来自于每个部落用抽签选出的50人,扩大了民众参与政治的基础。他又建立了一个十将军委员会,由每个部落选举一个人组成,一年一任,作战时,他们轮流统率军队。后来,十将军委员会又管理国家政务,地位愈加重要。最后,克里斯提尼为了防止僭主政治沉渣再泛,制定了"陶片放逐法"。根据这条法律,雅典公民可以以投票的方式选出一名政治领袖予以放逐。克里斯提尼的政治改革奠定并确立了雅典的民主制度,他被誉为"雅典民主之父"。

2. 希腊世界的战争与国内政治发展

希波战争 克里斯提尼改革后不久,殖民小亚细亚的希腊城邦兵燹不断。波斯人在居鲁士的带领下迅速崛起于安那托利亚高原,先后征服了东方的许多文明古国,成为幅员辽阔、横跨亚欧非的伟大帝国。公元前547年左右，波斯人征服了小亚细亚的吕底亚王国，也占领了小亚细亚的希腊城邦。经波斯君主几度嬗变之后，到了大流士时代，不安于臣服的希腊城邦于公元前499年联合暴动，并向希腊本土求援，结果失败了。波斯人迁怒于希腊本土的雅典和埃特拉里亚两个城邦，兴师攻伐。

马拉松战役　公元前492年，大流士第一次派遣军队远征希腊本土，但天有不顺，人有不和，军队败退而归。两年之后，大流士重整军备，欲洗前辱，浩浩大军，势如破竹。雅典告急，举国震惊，一面动员全国之力进行抵抗，一面派遣长跑健将菲迪彼得斯前往斯巴达求援。斯巴达迷信良辰吉时，不到月圆之时绝不出兵。雅典只好在普拉提亚小邦的协助下，在马拉松平原阻击波斯大军。马拉松位于雅典城北约40公里处，地形复杂，易守难攻。雅典军队在米泰雅德的正确指挥下，击败了波斯军队。战争胜利后，菲迪彼得斯被派遣回雅典城报告喜讯，他一口气跑完42 195米后，到达雅典城，只喊了一声“高兴吧，我们胜利了！”即倒地而亡。现在，国际奥林匹克运动会的马拉松项目，就是为了纪念这位英雄而设立的。

萨拉米斯海战　波斯第二次远征希腊又以失败告终，这次失败伤了元气，直到大流士驾崩再未发动一次远征。太子薛西斯即位，在马拉松战役10年后进行了第三次远征。薛西斯御驾亲征，波斯军队压境，许多希腊城邦顶不住压力而纷纷投降，只有31个城邦站在雅典和斯巴达这边，坚决抵抗。波斯大军很快到达德摩比利，即温泉关。温泉关是希腊北部十分重要的关隘，斯巴达王李奥尼达率领重装步兵300人、其他城邦的军队4 000人以及相当数量的奴隶在此驻守。由于寡不敌众，李奥尼达和他的300勇士血洒战场。波斯军队长驱直入，如愿占领了雅典。雅典人撤退到萨拉米斯岛上，欲拼死一搏。希腊联军采用雅典军事统帅地米斯托克利的建议，利用希腊海军的优势和萨拉米斯岛附近海域的有利地形，与波斯海军展开决战。希腊联军同仇敌忾，取得大捷。翌年，以斯巴达为首的希腊军队在普拉提亚阻击波斯陆军，大获全胜。波斯军队狼狈逃出希腊，希波战争结束。

希波战争的胜利给希腊世界带来了深远的影响。首先，雅典对战争胜利的贡献最大，一跃成为希腊世界的霸主，改变了希腊世界的政治格局。战争的动员和胜利后的信心推动了雅典民主制度的进一步发展。另外，希波战争强化了希腊人的民族认同，从此，希腊人把世界分为希腊人和非希腊人（即蛮族人）两个对立的世界。

雅典帝国和雅典的繁荣 雅典帝国的军队挫败波斯之后，斯巴达等城邦提出退出希腊同盟，希腊同盟解体。为了给雅典工商业发展提供保障，雅典人组织成立了提洛同盟，又称海上同盟。从提洛同盟成立之初，它的领导权就掌握在雅典人手中。同盟的司令部设在提洛岛，可是，其主要官员，包括财政官和舰队司令官都是雅典人。最初，同盟内部尚能保持平等；后来，波斯的威胁彻底消退，一些成员欲退出同盟，雅典则以强权维持同盟的存在，并迫使成员国缴纳贡金。公元前454年，雅典干脆把同盟的金库从提洛岛转移到了雅典，并肆意动用同盟财产修建自己的神庙。此时，雅典把帝国主义发挥到了极致。

雅典民主制度 雅典人一边对外推行帝国主义，一边基于对帝国的剥削和管理，又把民主制发展至巅峰。埃菲阿尔特及其好友伯利克里为此做出了巨大的贡献，尤其是后者，简直成了民主政治的化身。在两人执政时期，古老的议事会的政治权被剥夺殆尽，公民大会成为最高的权力机关，它有权力对城邦的所有重大事务进行讨论和决策，并负责制定城邦的法律。20岁以上的雅典男性公民皆可以参加公民大会。全雅典的这种公民约两三万人。雅典的其他国家机构均隶属于公民大会之下，这些机构主要包括500人议事会、陪审法庭和十将军委员会等。

500人议事会是常设的政府机构，其主要职责是筹备公民大会和处理公民大会闭会期间的日常事务。议员的任期为一年，所有合格的公民未担任此项职务之前，任何人不得再选。在任职的一年之中，每50人组成一届政府，服务一年中约1/10的时间，共10届。陪审法庭是另一个重要的民主机构，法庭的判决完全由陪审团投票决定，而陪审团则从年满30岁的志愿公民中抽签选出。陪审团规模颇为壮观，审理私人纠纷的陪审团至少由201名公民组成，审理涉及公共利益的案件则须至少有501名陪审员，多则达2 001人。为了陪审团的成员能最大多数地出席，伯利克里推行津贴法，即为出席陪审法庭的陪审员发放津贴，以保障贫穷公民的参与。

古希腊人，特别是雅典人在爱琴海地区创造出的民主政治为古典文明的一大遗产，是现代政治文明的精神源头。其产生有历史合理性，特殊的地理环境和历史条件，为其产生提供了不可替代的土壤。另外，我们还应该注意到雅典帝国，尤其是奴隶制所扮演的重要角色。没有它他们的存在，我们可能会看到别样的雅典政治。那么，当时代变迁，帝国不复存在的时候，雅典和其他希腊城邦的民主政治就陷入了一种不能自拔的危机，这种危机始于希腊世界的大内战——伯罗奔尼撒战争。

伯罗奔尼撒战争 雅典咄咄逼人的霸权引起了素为强国的斯巴达的不安。提洛同盟的攻势似乎威胁到了斯巴达为首的伯罗奔尼撒同盟的存在。斯巴达恐惧伯罗奔尼撒同盟及其霸权的丧失，因为这可能会进一步丧失其奠国之基——黑劳士制度。所以，斯巴达总是待机阻遏雅典和提洛同盟的发展。公元前 432 年，在两大同盟之间摇摆的麦加拉重新加入伯罗奔尼撒同盟，雅典对其实行经济封锁，为斯巴达发动战争提供了良机。

阿基达摩斯战争 伯罗奔尼撒战争前后长达 27 年。第一阶段始于公元前 431 年，止于公元前 421 年的《尼西阿斯条约》。因率领伯罗奔尼撒盟军的斯巴达国王名为阿基达摩斯，故第一阶段的战争称为阿基达摩斯战争，战火前后绵延 10 年，又称“十年战争”。战争开始之后，斯巴达及其盟军凭借陆军优势，兵锋直指阿提卡。雅典人自知陆军敌不过伯罗奔尼撒的盟军，龟缩在雅典城内，任凭敌军在城外肆意破坏。鉴于雅典海军的强大力量，伯利克里命令雅典海军攻击伯罗奔尼撒的沿海地区，在那里报复伯罗奔尼撒同盟国。两同盟之间互有胜负。公元前 430 年，拥挤的雅典城爆发了瘟疫，一时间尸体相枕藉。人人感到不遑终日，纵情享乐，不恤向来被重视的一切荣誉和道德。年长体弱的伯利克里也感染瘟疫而一命呜呼。这些都给了斯巴达及其盟军绝佳战机，可惜这并没有被他们把握，反而因战术失误而连连失利。双方相持不下，都感到疲惫不堪，有意媾和，便于公元前 421 年签订《尼古阿斯条约》，约定保持和平 50

年，战争暂告一段落。

西西里远征及雅典战败 和约签订之后，双方基本上处于休战状态，同时又各怀鬼胎，在军备和外交上继续展开角逐。终于在公元前415年烽火又起。但是雅典此时的统帅却实施了一个冒险的计划，即派遣强大的远征军远征西西里岛。然而，由于战术频频错误和将帅迷信占卜，终致雅典大多数将士殒命西西里岛。从此雅典失去海上优势，一步步走向溃败。公元前404年，雅典投降，被迫接受了屈辱的和约，雅典的霸权也一去不返。

长达27年的伯罗奔尼撒战争是希腊文明的梦魇，给希腊造成了难以估量的影响。斯巴达虽然是胜利者，但实质上这场战争没有胜利者。斯巴达在这场战争中失去了大量的公民，无疑也削弱了其统治力量，唯一的胜利者是身在局外足在局内的波斯帝国。波斯帝国帮助斯巴达取得胜利，筹码是重新控制小亚细亚的希腊城邦。此外，大战加重了城邦内部的冲突，公民集体精神发生了蜕变，公民的素质也大不如前。由此，希腊世界的城邦面临着江河日下的困境。

希腊城邦的危机 斯巴达胜利之后，虽然没有严厉制裁雅典，但是依据自己的政治制度，扶持了一个由30人组成的寡头政权，此30人称为“三十僭主”。三十僭主的统治是残酷的，也许是情非得已。不管如何，“暴政”开始了。他们没收许多富商的财产，处决了1 500名民主派人士，并放逐了另外5 000名民主党人，禁锢知识的传授，扼杀了集会和言论自由，弄得天怒人怨。三十僭主内部不久也起了内讧，他们的力量遭到削弱。流亡在外的民主党人联合国内忍无可忍的公民，终于推翻这个寡头政治，重新返回民主时代。僭主政治为雅典人提供的是一种异于民主政治的政府形式，可以作为供雅典人备用选择的政体模式。可是寡头党人的残暴行径把这种政体彻底在雅典搞臭了。民主制是回归了，但已不是雅典帝国时代的民主了。

战争结束以后，斯巴达重新获得了残缺的霸权，此时它几乎忘乎所以，交恶于波斯，骄横于希腊世界。科林斯、阿哥斯和雅典等城邦在波斯的扶持下抗击斯巴达。公元前395年，战争正式开始。因主要战场在科林斯海峡，同盟指挥中心也在科林斯，所以这场战争被称为科林斯战争。战争双方不分胜负，斯巴达人转而又觍颜亲近波斯，战局变得有利于斯巴达。斯巴达最终获胜。

斯巴达得以继续在希腊世界中飞扬跋扈，这引起了希腊中部城邦底比斯的不满，两国兵戎相见。底比斯一方面得到其他城邦的支持，另一方面本国出现了一位杰出的将领厄帕米农达，他发明了一种新型战术。兼具天时、地利、人和，底比斯大败斯巴达，并进入了伯罗奔尼撒，解放了美赛尼亚的黑劳士。这一下彻底击垮了斯巴达，斯巴达从此一蹶不振。

底比斯的霸权也没有长久。厄帕米农达不久阵亡，底比斯迅速衰落。此时的雅典又蠢蠢欲动，于公元前378年重整第二海上同盟，欲霸海上，但是号召力远远不比从前。不久，一些主要成员叛离雅典。雅典无力镇压，第二海上同盟实际上瓦解了。

希腊世界已不能从内部解决城邦间长久的激烈冲突，到了国疲民病之后，北部兴起的马其顿轻易地收拾了残局。雅典人对外掠夺失败，转而开始掠夺自己的人民。内部的矛盾激化，冲突不断，公民所富有的积极参与政治、奉公守法和互助互惠的精神也一去不返，城邦内部到处充满了倾轧、欺凌、暴动和怨言。面临这样的混乱局面，各城邦却无力尝试新的制度，也不敢进行改革。那么，被征服就成了他们迟早要遭遇的命运。

在希腊城邦危机的时代，中国正处于战国时期。此时的中国，李悝、吴起、商鞅等杰出的改革家正领导着如火如荼的变法运动。

3. 希腊的社会和文化发展

社会结构和社会经济　希腊城邦的社会大体可以分为四个阶层，即成年男性公民、有公民权的妇女和儿童、外邦人、奴隶。以雅典为例，雅典有15万左右的公民，成年男性公民垄断了公共生活，这样的公民约有4.3万人，其余是妇女和儿童。女性公民虽然在名义上享有公民权，但实际上被排除在城邦的政治生活之外。在希腊人的观念里，妇女的位置是在家里主持家政，监督奴隶劳动。所以，妇女主要充当家庭主妇的角色。

外邦人也不享有政治生活的权利,他们是侨居异邦的自由人。由于雅典的工商业繁荣,外邦人多侨居雅典,人数在3.5万左右。他们受到法律保护,但要为公捐资和服兵役。因为没有公民权,所以他们不能娶公民女子为妻,不能拥有土地和房产,只能以商业谋生。剩下的阶级是奴隶,人口约在10万,相当可观。他们的地位最为低下,没有人身自由,不能组成自己的家庭,也没有财产,实际上他们就是主人的财产。奴隶不但要承担主要的家庭劳务,还要从事农业和工业劳作。从事矿井工作的奴隶最为辛苦,往往受到残酷的虐待。一般而言,奴隶的来源是战俘和买卖奴隶。斯巴达有一个特殊的奴隶阶层,即“黑劳士”。黑劳士本身也是多利安人,受到同为多利安身份的斯巴达人的征服而变为奴隶。

外邦人和奴隶是希腊文明的社会基础,然而他们与城邦公民之间有着赫然的界限。当希腊的历史驶进了城邦危机时代的时候,这种对立越发起到了负面的作用。保守的希腊公民不愿扩大公民权的基础,只肯享受既得利益,从而丧失了社会的活力,也丧失了他们的文明。

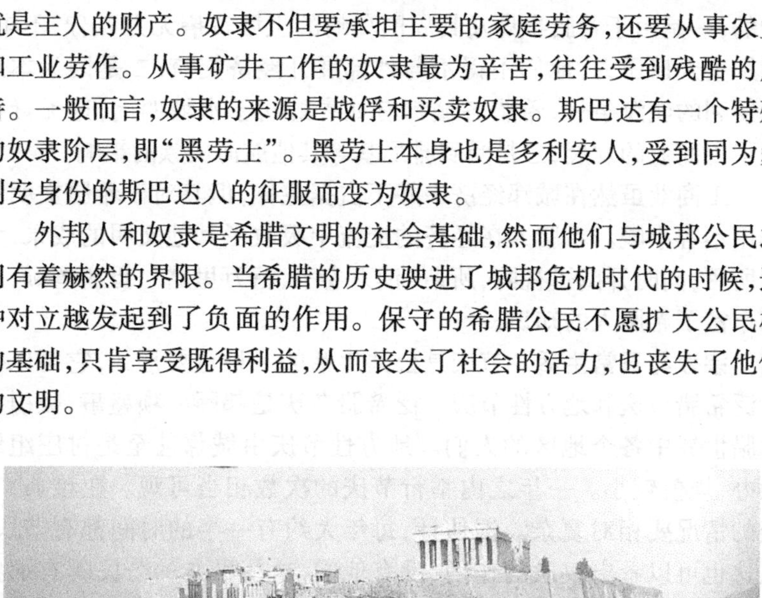

图6-4　雅典卫城

希腊城邦的经济　希腊文明的经济与其他文明相比有异同之

处。就相同点而言，农业是经济结构中最主要的部分，土地所有权被普遍看成是公民的特权。在人们的观念中，农业和土地所有者是希腊城邦社会的脊梁，换句话说，他们也“以食为天”。然而，希腊经济的特征也是明显的，就土地所有权来说，希腊私有制的发展要比很多其他文明深入得多，私有财产的观念也深刻得多。古风时代轰轰烈烈的殖民运动也许就是受到这种制度激励的结果。希腊经济另一个显著的特征是工商业的发达。造成工商业发达的原因是复杂的，一是由于希腊半岛及其周围岛屿的土壤贫瘠无力，出产不丰，为解决人口压力，他们不得不与外部展开经济交流；二是因为本地区便利的航海条件，希腊各城邦有如青蛙居于水塘四周，这无疑推动了工商业的发展；三是受到腓尼基等其他航海民族的影响。

工商业虽然在城邦经济中并不占据主体，但其对于希腊文明的作用不容小觑。希腊人在经济的交流中吸收了其他文明的成果，为我所用；同时开阔了视野，所谓“读万卷书，行万里路”，毋庸置疑，这都丰富了希腊人的知识。

宗教与日常生活 节庆是公共生活的一种重要形式，它可以分为泛希腊节庆和地方性节庆。泛希腊节庆是邦际一项盛事，吸引着希腊世界中各个地区的人们。地方性节庆由城邦甚至是村庄组织操办，规模较小。一年之内举行节庆的次数相当可观。在雅典，节庆的情况要相对复杂。据估计，每年大约有一半的时间都有节庆。从这也可以看出奴隶的作用，没有他们，这些雅典的公民哪有那些闲情和闲暇来欢天喜地？人们公认的作为全体希腊人参与的泛希腊节庆主要有四个：奥林匹亚赛会、皮提娅赛会、地峡赛会和内美亚赛会。四大赛会在每四年当中的不同时段举行，以奥林匹亚赛会最具盛名。

一般认为，奥林匹亚赛会创办于公元前776年，是为了祭祀奥林匹斯神宙斯而举行的，最初只有一天时间，后来超过了五天。第一天和最后一天是献祭，中间三天是具体的竞赛项目，包括赛跑、跳高、摔跤、赛马、赛战车和男子五项全能等。比赛奖品为野生橄榄花环。公元393年，罗马皇帝狄奥多西一世废除了这一赛事。

民间宗教 祭祀宙斯等希腊神话人物是官方的宗教。在官方的宗教之外，希腊各地区流行着一些来自东方的神秘宗教，比较著名的有狄奥尼索斯秘仪和俄尔甫斯教。狄奥尼索斯崇拜可能源于小亚细亚，后来传布到希腊。举行秘仪的人主要是妇女，她们被称为"狂女"。狂女们身着鹿皮或豹皮，头戴常春藤、橡树等做成的花冠，手持节杖，且歌且舞表演各种原始生活的情景。希腊的戏剧即起源于此。俄尔甫斯教是在狄奥尼索斯秘仪的基础上改造而成的，它的教义迥异于希腊的观念。根据希腊的观念，肉身的人是真正的人，灵魂只是一种无力的虚幻的影像；可在俄尔甫斯教的教义中，灵魂是永恒不灭的，而肉身则易逝，是不洁而可鄙的。这种肉体与灵魂、物质与精神、神与世界相互分离的二元论思想对古希腊的哲学和精神生活产生了重要的影响。

亚里士多德曾提出过思想文化繁荣创新的三个条件：一为天才人物对学问的真兴趣；二为充分的思想自由；三为充足的闲暇。任何地区、任何时代都不缺乏天才人物，也不缺乏天才人物对学问的真兴趣，而能否具备后两个条件则未必。对雅典而言，民主制度和奴隶制为天才人物备足了文化创新的条件，雅典人也真的成了希腊世界的骄子。

哲学和科学　在哲学领域，希腊人试图寻求有关宇宙的本质、真理的问题以及人生的意义和目的等问题的答案，他们所提出的一些命题启迪了一代又一代的思想巨人。希腊的早期哲学主要是自然哲学，探索宇宙的起源和本质，代表人物有泰勒斯、毕达哥拉斯和德谟克利特，他们分别以水、数和原子来解释自然界的起源与构成。随着城邦危机的到来，社会矛盾进一步激化，思想家们开始把关注的焦点放到了社会秩序和人生观上。三大哲学家苏格拉底、柏拉图和亚里士多德应时而生。

苏格拉底于公元前469年生于雅典，出身于中产之家。他好辩论，并向青年教授哲学，弟子众多。公元前399年，他被控以"毒化青年和传入新神"罪，饮鸠而死。他并没有留下文字著作，我们只能根据他的弟子柏拉图和色诺芬的记载分析他的哲学。柏拉图笔下的苏格拉底一贯地坚持说自己一无所知，这也是比所有人聪明的原因，这说明他批判性地思考宇宙、社会及人生。他认为，当理性成为支配和指导行为的唯一准则时，个人就达至品行的完善。他所论证的方法被称为辩证法，按其观点，运用辩证法进行交流展开对话，这是人们获取知识的基本源泉。

苏格拉底最得意的门生是柏拉图。柏拉图大约生于公元前429年，雅典人，贵族出身，卒于公元前347年。他一生著作繁丰，都是采用对话录的形式。他对哲学最主要的贡献是他的理念论，他认为相对性和变化是物质世界或感官世界的特征，但在物质世界之外还存在一个更高的精神王国，它由永恒的形式或曰理念构成，真理存在于理念世界而非感知世界。柏拉图是物质与精神、主观与客观二元论在西方哲学领域的开山鼻祖。他的另一主要贡献是他的政治哲学。在《理想国》中，柏拉图试图建立一个公平正义的社会。在这个社会中，由独具理性的贵族充任统治者，王者有特殊的哲学才能，被称为“哲学王”。从这里我们可以看出他的主张不符合雅典人所钟爱的民主制。

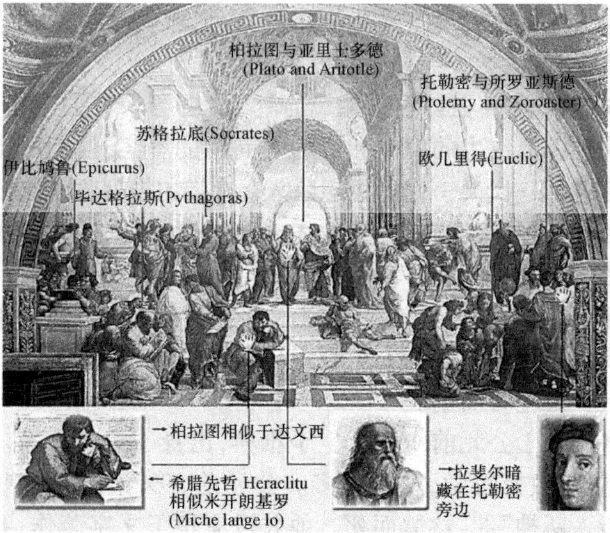

图6-5　雅典学院（拉斐尔作品）

亚里士多德又是柏拉图的学生。他并非生于雅典，但从17岁进入柏拉图创办的学园，在那里生活了20年。他曾受邀做过亚历山大的私人教师，后又返回雅典，直至公元前322年去世，晚于亚历山大一年。亚里士多德是古典希腊学术的集大成者，著作卷帙浩繁，包括逻辑学、形而上学、伦理学、自然科学、政治学等方面的著作，是个百科全书式的人物。亚里士多德的哲学成就主要是三段论和四因论。关于四因论，他认为只有把握四种原因才能认识事物的存在和变化，这四种原因是质料因、形成因、动力因和目的因。在政治学方面，他论述了六种政体，三种为正体，三种为正体的变体，即君主制及其变体僭主制、贵族制及其变体寡头制、民主制及其变体暴民政治。正体为多数人谋福利，变体只为少数人谋福利。

希腊早期的科学与哲学有着千丝万缕的联系，比如毕达哥拉斯用复杂的数论解释宇宙的生成，但我们更熟知以其名字命名的毕达哥拉斯定理，即勾股定理。很多哲学家同时又是生物学家和物理学家。医学起初也与哲学纠缠在一起，至公元前5—前4世纪的希波克拉底，医学才独立出来。他奠定了临床医学的基础。

历史学　希腊的历史学成熟甚晚，但成就不凡。第一个真正的历史学家是希罗多德，以其《历史》闻名于世，被后人称为西方的“历史学之父”。他游历甚广，到过波斯、埃及、希腊和意大利，广泛收集有关各民族的大量有趣资料。《历史》的主题是希腊与波斯之间的这场战争。在这部著作中，他热情洋溢地歌颂了希腊人的自由与民主，认为这是战胜野蛮人的主要原因。

后来的修昔底德用更为审慎的眼光记载了希腊世界的大内战——伯罗奔尼撒战争。他一改希罗多德逢闻必书的缺点，对史料进行了严格的筛选。他本人又是战争的参与者，所以其所著《伯罗奔尼撒战争史》的可靠性要高得多。他与希罗多德一样，讴歌民主制度和法治精神。他所记载的伯利克里的演说辞至今为人乐道。两大史学家之外，还有色诺芬，他是苏格拉底的入室弟子，是个多产作家，代表作品是《希腊史》和《远征记》，但他的历史见识和文学素养都逊于希罗多德和修昔底德。

戏剧　古希腊的戏剧代表了希腊文学的最高成就，分为悲剧和喜剧，皆起源于狄奥尼索斯秘仪。悲剧起源最早，一般讲述英雄的遭遇，并通常有不幸的结局。我们所知最早的悲剧作家是埃斯库罗斯，其第一部作品创作于公元前472年，名为《波斯人》，表现的是希腊人的自由和勇敢，以及波斯人败退的狼狈。埃斯库罗斯最著名的作品是《被缚的普罗米修斯》，他被誉为“悲剧之父”。

另一位伟大的悲剧作家是索福克勒斯，常被认为是最伟大者。与其先驱相比，他的作品雕琢得更加精致，哲学意味更浓厚。他热爱和平，尊重民主，深切地同情人类的弱点，所以他的作品至今仍给人以震撼。他最著名的作品是《安提戈涅》和《俄狄浦斯王》。

第三位希腊杰出的悲剧作家是欧里庇德斯。他经历过苦难，所以在他的作品中，我们能看到普通人甚至乞丐。在他的戏剧中，他对奴隶抱以同情，谴责战争的残忍和野蛮，并对将妇女排除在社会和文化生活之外而愤愤不平，这令他名噪一时。他最了不起的作品是《巴克哀》。

希腊的喜剧产生要晚一些。与苏格拉底同时代的阿里斯托芬被称为“喜剧之父”，他常用奇怪的化妆和低俗的玩笑取悦雅典观众，但在作品中也常辛辣地讽刺和攻击政客和学者。阿里斯托芬留下的作品甚多，代表作品是《吕亚斯特拉忒》。

艺术　希腊的艺术和其他地区的艺术一样反映了希腊文明的基本特征，建筑和雕塑是希腊艺术中的双骄。建筑方面，最集中的成就体现在祭祀神灵的神庙上，首屈一指的当属雅典卫城的帕特农神庙。帕特农神庙在希波战争中被毁，战后伯利克里直接领导了神庙的重建工作，菲狄亚斯是重建神庙的总负责人。新建的神庙宏伟又不失精巧秀美，不愧为希腊建筑的最佳典范。

希腊的雕刻琳琅满目，异彩纷呈。菲狄亚斯是该时期最著名的雕刻家。他的杰作是帕特农神庙内的雅典娜神像和神庙的浮雕，其作品的主要特征是构思宏大，人物形态匀称，风格典雅。另一位著名的雕刻家是米隆，他以《掷铁饼者》和对其他运动员精美的塑造著称于世。稍后一点的波吕克利特留下了他的《持矛者》雕像，这座雕像长期以来被奉为人体雕塑的楷模。古典时期所确立的艺术标准深深地影响了文艺复兴以后的西方艺术。

4. 希腊化时期

西方学者创造的“希腊化”这个概念，是为了与希腊的古典时代和后来的罗马帝国区别开来，认为这是一个希腊文化不断向东方传播，即东方在希腊人统治下不断希腊化的过程。确实，希腊人在统治西亚、北非大约300年的时间里，东方地区受到希腊文化一定的影响。亚历山大按照希腊城邦的模式在征服地区广建城市，作为统治的据点；在埃及、叙利亚等地，希腊语已经成为官方语言，上层人士学习希腊语蔚然成风；他们还争相仿效希腊的生活方式，尤其是希腊世界的文化中心由雅典搬到了埃及的亚历山大里亚港，这里显得更富有朝气。然而，希腊化时代绝不仅仅是希腊文化向东方传播的过程。亚历山大的征服尽管进行得风风火火，迅猛异常，但就其所征服地区的社会制度的本质而言，并没有发生什么变化。希腊世界尚处在半独立的状态，西亚和北非地区仍实施波斯式和埃及式的君主制。西亚和北非地区的许多文明成就也深深地影响了希腊世界。所以，这也是一个希腊文化东方化的过程。总的说来，希腊化时期是一个东西方文明相互融合、相得益彰的时期。

亚历山大帝国　正当希腊处于城邦危机不能自拔之时，北方的马其顿迅速兴起。马其顿的君主腓力二世即位之后励精图治，借鉴希腊等地区的经验，大力进行政治、军事和经济改革。他加强王权，统一马其顿地区，创建更具攻击力和更加灵活的马其顿方阵，大量发行金银币，展开与希腊和波斯的经济交流。他拥有的实力已经使他可以向希腊世界进军了。公元前338年，雅典、底比斯及其他希腊城邦的联军在科罗比亚与马其顿决战，结果联军一败涂地。翌年，腓力二世在科比斯召集希腊城邦开会，会上，他被尊为希腊联盟的盟主。科林斯会议稳定了希腊，腓力二世在科林斯会议之后，着手进攻波斯，但不幸被刺身亡。其子，年仅20岁的亚历山大继位。

亚历山大的远征　亚历山大自小就有征服世界的志向，且受亚里士多德的教诲，又年富力强，终成一代大帝。亚历山大刚继位就借故征服马其顿北方的部族，为征服波斯稳固后方。然而，大约两个月的时间里，希腊人和马其顿都没有关于亚历山大的消息，这引起希腊人的揣度，他们开始风传亚历山大战死的谣言，鼓动人们起来反抗马其顿的统治。底比斯人率先起义，雅典随后响应。亚历山大得知希腊人起义的消息后，马上撤军，把兵锋指向了中希腊。底比斯人进行了顽强抵抗，但城池被毁，成年男子尽数被杀，妇女、儿童被卖为奴隶。其他城邦望风归附，支持亚历山大东征波斯。

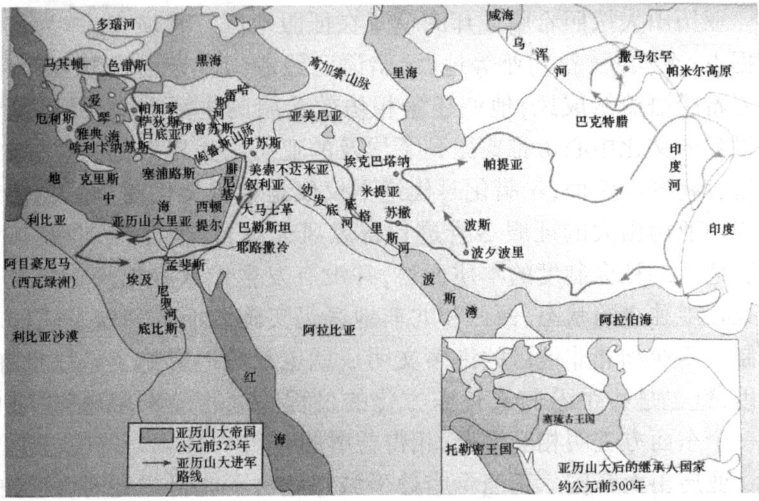

图 6－6　亚历山大帝国

公元前 334 年，亚历山大亲率精锐之师渡过里海海峡进入亚洲。此时，波斯帝国已摇摇欲坠，君主大流士三世怯懦无能，他初对亚历山大的入侵报以轻视，结果丧失了小亚细亚；然后他又两次阻击马其顿的军队，却都是虎头蛇尾，刚一接兵，便丢兵弃甲，抛妻弃女，狼狈逃窜，后逃至中亚地区被其部下篡杀。

亚历山大历经 10 年，筑起了规模空前的庞大帝国，统领了西起希腊，东至印度河流域，南达埃及，北抵中亚的广袤地区。当然，亚历山大的成功首先得益于波斯帝国的遗产。为了有效地治理这个庞大的帝国，他积极利用波斯帝国的各种制度乃至习俗。入主埃及后，他朝觐了阿蒙神庙，自封阿蒙神之子；在波斯，他以波斯帝国的继承者自居，处死篡杀大流士三世的部下，并国葬大流士三世；到了印度河流域，他自称正义之师，黜暴君，立明主，收买人心。另外为巩固其王位，他把自己打扮成天神的后代，神化王权，采用波斯宫廷仪式。更重要的是，他采用了波斯的行政制度，在中央建立了比较完善的官僚体系，在地方实行行省制。在亚历山大的征服过程中，他广建以他名字命名的城市，据说一口气建立了70多座。在这些城市据点中，他强力推行希腊化文明。亚历山大停止征服后，回到巴比伦城，不久暴疾而亡，年仅33岁，顷刻间帝国陷入混乱状态。

希腊化诸王国　当马其顿兴起之时，世界各地区或已经或正在或即将进入全球性的帝国时代。西亚北非地区文明起源最早，发展程度最高，率先进入了帝国时代，即波斯帝国的形成。波斯帝国至亚历山大征服时，已有200年的历史，一个王朝已经腐朽。东亚的中国进入了鲸吞蚕食的战国时代，各国争相变法，以图统一八荒之表。逐步形成的中央集权政治正是秦汉帝国政治制度的基础。希腊城邦的混战客观上也要求他们进入一种稳定的秩序，可他们努力的结果却是普遍地衰落，谁也无力达成这一要求。兴起于希腊北部的马其顿尝试着缔造一个统一的希腊地区，甚至更为庞大的帝国。在腓力与亚历山大两代君主的经营下，马其顿确实以迅雷不及掩耳之势征服了希腊和波斯帝国，然而其薄弱的统治基础，未完善的政治制度，令其又以迅雷不及掩耳之势瓦解。历经多年混战，三个波斯式的小帝国在亚历山大帝国的基础上形成，它们是统治埃及的托勒密王国，统治两河流域、伊朗、叙利亚等地的塞琉古王国，以及统治马其顿和希腊的安提柯王国。

希腊化诸王国的衰落　在希腊化的三大王国中，塞琉古王朝统治的区域最广，但由于其种族及地区差异巨大，其存在的时间却最短：先是印度河流域摆脱其控制，再是中亚脱离，最后是小亚细亚建立了帕加马王国。从帕加马独立起，四个国家相互攻伐。此时，西部崛起的罗马民族正觊觎四邻，先后定希腊，收帕加马，降塞琉古。公元前30年，托勒密埃及王朝的末代女王克里奥帕特拉被罗马打败后自杀，埃及被兼并，希腊化世界就此终结。

东西混融的科学和文化　古典时期的科学与哲学有着同根同

源的关系,并不是严格意义上的科学,它具有思辨性的特征。这可能与当时的精英很少从事生产实践甚至鄙视劳动有关。然而到了希腊化时期,希腊的思辨性科学与东方的实用性科学合二为一,终于,一个伟大的科学时代诞生了。

希腊化时期最著名的数学家非欧几里得莫属,其所著的《几何原理》在19世纪中叶之前,一直被公认为几何学研究的基础。这一时期最具创见的科学家是西西里岛的阿基米德,他最为重要的贡献是在几何领域和圆周率方面的著作,他确立了数学常数 π 的值,发现了浮力定律和杠杆原理。“给我一根足够长的杠杆和一个支点,我能撬动地球”是他的豪言壮语。他还是一个发明家,发明了许多机械对付入侵的罗马人。阿基米德最后被罗马人无情地戕害了。

医学是这一时期最为重要的进步。赫罗菲鲁斯是第一位对人体进行解剖的人,并发现了许多解剖学原理。同时期的厄拉西斯特拉图也久负盛名,被认为是生理学的创始人。天文学家有阿里斯塔库斯、希帕库斯、托勒密等人。托勒密的著作《天文学大成》,所依据的地心说一直流传到中世纪的欧洲,成为古代天文学的经典性总结。

贵我与大同思想 城邦理想的破灭以及现实领域的扩大,使人们的思想走向两个极端。一方面,他们对这个世界厌恶失望,退而只顾个人;另一方面,接触到更为广阔的世界后,由此而产生了贵我与大同的思想。犬儒学派、伊壁鸠鲁派和斯多葛派是前种极端理念的代表。

犬儒学派主张自然地生活,反对一切相沿成习和经过矫饰的事物。“犬儒”一词意即“像狗那样自然而随性地生活”,代表人物是第欧根尼。当亚历山大拜访他时,他正在晒太阳,并懒洋洋地说道:“别挡住我的阳光。”

公元前300年左右,伊壁鸠鲁派与斯多葛派兴起,前者的创建人为伊壁鸠鲁,后者为芝诺。两大学派存有不少共通之处:皆视个人利益为至上追求,同时也都包含世界主义或大同的理想诉求。他们之前的希腊思想家常把希腊人和非希腊人对立起来,认为希腊人是优越的、自由的,而非希腊人是蛮族,且统治者皆残暴,人民都具有奴性。这两个学派的人则认为世界各地的人都是一样的，希腊人与非希腊人之间并没有什么区别。

图 6－7　希腊化时期的工艺品

艺术的新高峰　在希腊化时代的文化成就中，艺术的成果常被人津津乐道，雕刻作品更是无与伦比。这一时期的雕刻一改古典时期追求朴素、克制的风格，而把自然主义风格推向了顶峰，所以这些作品栩栩如生、逼真动人。雕刻家非常善于捕捉最能表现人类复杂情感的瞬间，他们细致入微的观察着实令人惊叹。这一时期著名的代表作品有“拉奥孔”群像、“垂死的高卢人”、“米洛斯的维纳斯”以及萨摩色雷斯带翼的“胜利女神像”等，它们都成了让后人无法企及的艺术巅峰之作。

第七章

古代罗马文明

意大利是个伸入地中海中部的狭长半岛，亚平宁山脉纵贯其南北，把半岛分成了东西两部分。意大利半岛上有几处广阔的平原，是良好的农业区。罗马城就位于其中之一的拉丁姆平原上。此外，还有位于其南部的坎帕尼亚平原，以及半岛北部的波河平原。地理环境对罗马历史的发展有着很大的影响。意大利是个多山的半岛，但山脉并没有把半岛割裂成如同希腊那样的许多孤立的城邦。此外，意大利还拥有让希腊人羡慕的农耕环境，这使其能负担更多的人口，为罗马的不断发展壮大，最终从城邦走向帝国创造了条件。罗马城所处的地理位置也十分有利，它坐落在台伯河畔的七座小山上，非常易于防守；它距离台伯河入海口仅有25公里，这样的地理位置使它既有利于向海上发展，又能避免处于海上入侵者的视线之内。并且，罗马所在的意大利半岛也更有利于其向外扩张，因它位于地中海东西两个海区的中心位置，罗马统一了意大利后也便于把势力扩张到整个地中海。

1. 共和国到帝国政治

当罗马开始出现在历史的地平线上时，生活在意大利半岛上的还有许多其他民族。在这些民族中，对罗马的历史产生巨大影响的是从海外移居到此的两个文明的民族——生活在北方的伊特鲁里亚人和生活在半岛南端的希腊人。伊特鲁里亚人的起源并不清楚，但他们来自东方是毋庸置疑的。迁居到北意大利后，他们扩张到北至波河流域，南至整个拉丁姆的广大地区。公元前6世纪是伊特鲁里亚人的鼎盛时期，随后在高卢和罗马的侵袭下，他们的势力逐渐衰落，最后为罗马所征服。伊特鲁里亚人深受希腊文明影响，他们在意大利北部把乡村变成城镇，在这方面他们是罗马人的启蒙老师，罗马城就是伊特鲁里亚人的杰作。从公元前8世纪起，大量的希腊人移居到意大利半岛南部。随着他们的到来，希腊的橄榄树和葡萄的种植技术、艺术、字母文字和文学作品也传播到了意大利，以至于很多历史学家把罗马文化视为希腊文化的延续。

早期的罗马　很早就流传的“母狼哺婴”的传说中提到，罗马城是罗慕路斯和罗慕斯两兄弟建造的。实际上早期的罗马人属于印欧语族，他们可能是从多瑙河沿岸和喀尔巴阡山周围迁居到此的。考古学上的证据表明，早在公元前8世纪，罗马人已经在此以放牧为生，并在山顶结棚而居。

公元前8世纪至前6世纪为罗马的王政时代。罗马的历史学家认为，早期罗马处在七位国王的统治之下，其中前四位国王是拉丁人，后三位国王中有两个是伊特鲁里亚人。在王政时期的历史中，虚构的成分要多于真实的描述，前四位拉丁人国王可能是后来罗马人出于民族自豪感虚构出来的。不过有一点是确定的，在王政时代，罗马确实被伊特鲁里亚人统治了长达百年之久，并在伊特鲁里亚人的影响下逐步走向文明。他们在七个小山丘上建立了罗马城；他们从山顶的畜牧群落走向城市文明；他们又在城市里修建了道路、神殿、集市、商店、街道和房屋。这样，到公元前509年，当他们赶走伊特鲁里亚人，推翻君主制的时候，一个崭新的罗马——罗马共和国——便诞生了。

罗马共和国政治　西方人曾说“罗马不是一天建成的”。可以说，罗马的发展和强大是一个漫长的过程。在罗马历史的发展进程中，它总是面临着各种各样的来自内部和外部的威胁与挑战，而罗马正是在对这些挑战的回应中不断发展壮大的。面对重大的危机，罗马人既表现得坚忍不拔，又懂得灵活妥协，同时在处理各种问题时不断积累实际经验。罗马别具一格的政治、法律制度，行之有效的军事、外交策略，都是在这些经验的基础上不断完善和发展起来的，这些都表现了罗马人高超的政治智慧。

罗马共和国的最高行政长官是执政官,共两名,任期一年,负责管理行政和军事事务。公元前336年,罗马又设立了新的官职——执法官。执法官可以在最高执政官不在城市时管理罗马,也可以领兵出征。执法官的首要职能是司法审判权。当罗马扩张到整个地中海时,行省数量不断增长,罗马人修改了自己的行政体制,规定最高执政官和执法官任满后,将被作为省督到各行省赴任,他们在行政上的丰富执政经验将有利于新地区的治理,这体现了罗马解决紧迫政治问题的灵活与机智。此外,在罗马的政府里还有财务官、市政官等,他们都是在某一方面各负其责的行政官员,协助执政官和执法官共同进行政治管理。

元老院在罗马共和国里地位格外突出。元老院的成员完全由贵族组成,他们都具有很高的社会声望,因而元老院虽仅是一个咨询机构而不是一个立法机构,但其建议却不容忽视。实际上,到公元前3世纪时,元老院的建议就有了法律效力。而且,元老院经常召开会议,而执政官却每年一选,公民大会又运作缓慢,这些因素使得元老院在罗马政治舞台上具有非常重要的地位。罗马共和国实质上是贵族的共和国,而罗马元老院正是这一实质的具体体现。

共和国还有两个重要的民众大会,其中最重要的是森图里亚(百人队)大会,它实质上体现了罗马军队在政治上的作用。森图里亚是建立在按财产多寡划分的等级的基础之上的,这就使得最富有的公民在会议中常常占据多数。森图里亚大会选举主要官吏、批准法律。另一种是民众大会,这是作为秩序斗争成果的平民会议。

早期罗马社会由贵族与平民两大阶级组成。罗马贵族多是王政时代元老的后裔,他们凭借着手中的大量财富在早期罗马的政治生活中占据了优势地位,只有他们才有机会当选执政官、执法官和进入元老院。同时,由于罗马社会庇护制的盛行,他们大量蓄养门客,实际上也控制了森图里亚大会。

平民在早期的罗马社会处于无权的地位。他们虽然是公民,也有投票权,却没有机会当选政府官员。他们虽然也有签订契约和结婚的权利,但贵族与平民之间的通婚却被严格禁止。因此,在罗马共和国刚刚建立不久,为了争取平等的政治和社会权利,平民和贵族之间就开始了长达两个多世纪的斗争。在斗争过程中,平民团结合作,发起多次“撤离”运动,以集体退出军队及公民公社相威胁,逼迫贵族集团妥协退让。

公元前494年,平民斗争初见成效。负债累累的平民无力偿还债务,被迫发起首次撤离,外敌入侵的威胁也在此刻逼近,内忧外患的局势令贵族大为恐慌,不得不妥协让步。此后,为保护平民利益免受贵族损害,每年在平民中选出两位保民官,其人身不可侵犯。到公元前471年,平民会议的权力得到承认,保民官负责召集会议并在会议之前拟订建议,如果被采纳,该建议就成为平民大会的法律(“平民意志”之意)。但该法条仅适用于平民,不适用于贵族。尽管如此,平民会议还是使平民获得了一定的政治权利。

为进一步限制贵族滥用职权,避免其随意解释习惯法,平民对成文法的需求日盛,公元前451—前450年,《十二铜表法》应运而生。这样,法律被编订成文,有了明确的标准,部分限制了贵族集团的肆意妄为。公元前449年,在瓦列里乌斯和荷拉提乌斯任执政官期间,明确规定平民决议对所有公民都具有效力。公元前445年,坎努利优斯法允许贵族和平民通婚,使得两大阶级之间的界限不再明显。

图7-1 罗马市政广场遗址

经过长期曲折的斗争，平民最终取得了担任最高官职和其他官职的权利，并且两名执政官之一必须由平民来担任。同时，平民限制了贵族对公有土地的占有，并且实际上废除了债务奴隶制。尽管两大阶级之间的斗争持续了两个世纪之久，罗马人最终还是通过妥协而不是暴力解决上述问题。从理论的角度，到公元前287年，所有罗马公民在法律上已经完全平等，每位罗马公民都有资格当选最高官职。实际上，由于两大阶级的通婚而形成的新的元老院贵族主导着政府，因而从实质上看，罗马共和国仍是贵族共和国。

征服意大利　共和制建立之初，罗马不过是台伯河畔的一个小国，处于腹背受敌的境地，北方是虎视眈眈的伊特鲁里亚人和萨宾人，东边和南边是凶悍好战的埃魁人和沃尔斯奇人。拉丁姆平原上的拉丁族群也不是罗马人的好邻居。为了改变这种处境，罗马先和拉丁城市结盟，战胜了埃魁人及沃尔斯奇人。而后通过三次维爱战争，在公元前396年，罗马人征服了伊特鲁里亚人的城市维爱。这样，罗马的直接威胁得以解除，其控制范围扩至台伯河流域的广大地区。在此之后，罗马日益强大并逐渐向南扩张。罗马人又通过三次战争，击败了萨莫奈人，将意大利中部地区收入囊中。此后不久，罗马人又卷入了与意大利南部的希腊城邦的战争。随着公元前272年对皮洛士战争的结束，罗马先后收服了南意大利的城市和部落。至此，除波河流域以外被高卢人所占据，罗马已控制了意大利半岛的其余地区。

在征服意大利的过程中，结合被征服地区的具体情况，罗马统治者对各地分而治之。罗马允许一些民族拥有充分的公民权，其余的绝大部分族群则与其结为同盟。这些族群仍旧自主地管理其内部事务，罗马不做过多干涉，他们只是被要求向罗马提供一定的兵源。此外，罗马还许诺他们，忠于它的同盟者地位可得到提升，并且有机会成为罗马公民。这样，罗马人使被征服民族把自己的利益与罗马的成败休戚相关地联系在一起，这种策略在此后罗马帝国构建的进程中发挥了巨大的作用。

布匿战争和征服西地中海　迦太基原为腓尼基人在北非的商业殖民地，后发展成为完全独立的国家。该地区海外贸易发达，军队以雇佣兵为主。公元前3世纪,迦太基帝国凭借有利的地理位置,控制了北非沿海、西班牙南部、撒丁岛、科西嘉岛和西西里岛西部,并垄断了西地中海的贸易,成为这一带最有影响力的国家。当罗马人的势力发展到意大利南部的岛屿地区时,两国的冲突就不可避免了。终于在公元前264年,罗马和迦太基两国卷入了一场长达100多年的战争之中。

第一次布匿战争源于对西西里岛的争夺。罗马本是一个陆上强国,迦太基则掌握着海上霸权。罗马意识到要想战胜迦太基,必须建立一支足够强大的海军。罗马人几乎是从零开始组建海军的。他们在战舰上安装了一种被称为"乌鸦"的新式设备,其实就是一头固定在自己的船上,另一头则装上有抓钩的木板桥。当敌舰接近时,放下木板桥,用它来将敌舰的甲板连在一起。借助这种装置,罗马人把海战变成了陆战,避开了不擅海战的弱势,将近身肉搏的长处发挥到极致,从而扭转了战争的形势。公元前256年,罗马舰队在埃克诺穆斯海战中大败迦太基海军,把他们赶出了西西里岛。公元前241年,罗马舰队在伊盖蒂兹群岛附近再次击败迦太基。迦太基不得不放弃对西西里岛的所有权利,还被迫进行了赔偿。

第一次布匿战争结束后,迦太基在很短的时间内东山再起,并扩大了其在西班牙的领土。他们还组建了庞大的陆军,准备与罗马再战。出于对西班牙海滨城市萨贡图姆的争夺,两国再度兵戎相见,这就是第二次布匿战争。在这次战争中,迦太基的军事天才汉尼拔决心在罗马后方作战,借此把战争引向罗马本土。汉尼拔侵入西班牙,转而东进,率领3.4万人的大军翻越阿尔卑斯山,进入意大利半岛北部。从此之后,汉尼拔的大军在意大利本土纵横驰骋,连战连捷。汉尼拔将军事天赋展现得淋漓尽致,特别是公元前216年的坎尼一役,他以弱胜强,使罗马几乎损失了5万多人,罗马城也陷入了随时被攻陷的危险。但罗马人拒绝投降,他们采用费边的拖延战术和汉尼拔打起了持久战。尽管汉尼拔在意大利可以自由驰骋,但他们没有援军;而且,罗马重新攻占了那些继汉尼拔军事征服之后反叛罗马的意大利城市。更要命的是,罗马把迦太基赶出了西班牙,这就使得汉尼拔大军成了一支毫无后方支援的孤军。公元前

204年年末，罗马军队在西庇阿的率领下攻入北非迦太基本土。公元前202年的扎玛一役，西庇阿彻底打败了汉尼拔。战争结束后，迦太基再难组织强大的武装。战争的结果使西班牙与西西里、科西嘉和撒丁岛的命运一样，成了罗马的一个行省，罗马从此成为西地中海霸主。公元前146年，罗马又寻机发动了第三次布匿战争，给迦太基最后一击。最终，这一曾经的海上强国成了罗马的北非行省。

征服东地中海　布匿战争时，罗马已经敏锐察觉到来自东地中海希腊化国家的威胁，于是在大胜迦太基后，就把触角伸入亚得里亚海东岸。在希腊城邦的支持下，罗马战胜了马其顿和塞琉古，控制了希腊世界。此后，希腊人不满罗马的统治和压迫奋起反抗，却遭到了罗马的残酷镇压。结果，马其顿也在公元前148年变成了罗马的一个行省，而带头叛乱的科林斯城邦在公元前146年被罗马摧毁。这样，希腊被置于马其顿行省的罗马省督的统治之下。公元前133年，帕加马国王又把他的王国交给罗马，于是帕加马成了罗马在亚洲的第一个行省。至此，罗马也成了东地中海的主人。

共和国的危机和格拉古兄弟改革　公元前2世纪，元老院掌握着罗马的实际权力，并把持着首席执政官的任命权。此时的执政官和元老院逐渐被少数新贵控制，他们既包括贵族也包括平民。这些新贵组成了统治寡头，为自己的利益操纵政权。

传统上，罗马政府和军队的支柱是小农场主。但布匿战争以来出现的新经济形势日益削弱了他们的地位，特别是汉尼拔的入侵给他们的土地、财产造成了严重破坏。与此同时，资本性质的大地产迅猛发展，土地贵族通过接管国有地产和购买小农土地的手段发展成大地产（即大庄园）。大地主依靠廉价而众多的奴隶劳动，小农根本无法与之竞争，于是纷纷破产。而小农是罗马军队的基础，在兵源不断减少的同时，随着众多的破产小农涌入城市，特别是罗马城中，逐渐形成了一个以打散工为生的无产者阶层。这是一个为数众多而又极不稳定的群体，增加了社会危机时期的不安定因素。

面对社会危机，格拉古兄弟在出任保民官时分别进行了改革，其目的是要收回大地产者拥有的土地，把它们分给背井离乡的无地农民，并支持新兴的富人阶层——骑士团——分享贵族的政治权利。他们企图利用这些措施来拯救衰落的小农，恢复共和国的统治秩序。但改革遭到了许多元老的反对，这些元老贵族教唆一帮暴徒以血腥的手段杀害了格拉古兄弟。格拉古兄弟的改革尝试不但没有挽救罗马共和国的危机，还开启了更加不稳定、更为暴力的局面。

军人干政局面的形成 公元前2世纪末，罗马在对外战争中的连续失利引发了对元老院贵族的广泛不满，以此为契机，来自骑士阶层的马略以“获得胜利”作为口号竞选执政官。公元前107年，马略顺利当选执政官，统率军队在北非获得了朱古达战争的胜利，并战胜了入侵罗马北部边境的日耳曼人。

马略从公元前104年开始连续5年当选执政官，他征募了新的军队，并彻底打败了凯尔特人。在募兵过程中，马略进行了军事改革，带来了连他本人也意想不到的巨大影响。罗马军队传统上是由招募而来的小农场主组成的，马略征募的则是自愿入伍的城乡无产者，他们宣誓效忠将军而非元老院。这样，军队不再受制于政府而只听命于将军，职业型军队就此登上了罗马的历史舞台。将军征募军队，要以给予士兵土地为条件；而要拥有赐予土地的资源，需要以法律为保障；而要利用法律为征兵体系服务，则需要政治权力。如此一来，将军则势必参政。因此，马略开创了集政治、军事等各种权力于将军一身的征募制度。

苏拉是继马略之后第二个采用新征募制度的将军。代表元老贵族的苏拉在政治上与平民代表的马略发生冲突，内战随之爆发。在苏拉取胜并掌控罗马政局后，他迫使元老院批准他为独裁者并“重新改造共和国”。在实施恐怖统治扫除了所有政敌后，苏拉修正了国家体制，恢复了元老院原有的权力，但解除了平民拥有的人民大会的权力和保民官的职权。他试图以此巩固由强大的元老院统治的传统共和国的基础，但事与愿违，此举非但未能巩固共和国，反而彻底地颠覆了共和国。

共和国的灭亡 共和国最后50年的历史是军事枭雄角逐争斗的历史，这一时期内战频发，社会动荡，充满了血腥和残酷。这期间，有三个重要人物把持着军政大权，他们是克拉苏、庞培和尤利乌斯·恺撒。克拉苏是罗马最富有的人，他镇压了斯巴达克斯奴隶大起义。庞培是屡建战功的英雄。尤利乌斯·恺撒则被称作民众的代言人。公元前60年,为了和元老贵族斗争,恺撒联合克拉苏与庞培结成了同盟,史称前三头执政。这三人联合起来的综合实力无可比拟,他们控制了罗马政坛。后来,恺撒征服了高卢所有地区,赢得了声誉和财富,还有一支效忠于他的军队。公元前53年,克拉苏战死,角逐方只剩下庞培和恺撒了。元老院联合庞培,拟罢免恺撒高卢总督的职务。恺撒拒绝听命,率军越过高卢行省与罗马本土的界河卢比孔河,回师意大利,向罗马进军,开始了他与庞培的内战。在最终打败庞培后,恺撒独掌了罗马政权。公元前47年,恺撒成为独裁者,3年后又成为终身独裁者。为巩固统治,他展开一系列改革,还借鉴埃及365天的太阳历改革了历法(这成为现行公历的基础)。不幸的是,在公元前44年,憎恨恺撒、试图维护共和制度的当权元老谋杀了他。

图7-2 恺撒塑像

恺撒死后的几年中,罗马分成东西两部分,作为恺撒继承人的屋大维和安东尼之间最终爆发了冲突。公元前31年,在位于希腊的亚克兴海角一役中,屋大维击败了安东尼,这样,屋大维掌握了罗马世界的最高权力。内战结束了,共和国也覆灭了。

2. 罗马统治下的地中海世界

公元前27年,屋大维宣称"回到了共和"。元老院授予他"奥古斯都"——"可敬者"的称谓——但他更喜欢"普林斯"(princeps)这个称号,意为"第一公民"。因此,他所创造的政治制度被后人尊为"普林斯"制,也就是"元首"制,意为同元老院共治的制宪君主。表面看来,屋大维时期罗马共和制的各种政治机构和官职仍然得到保留,元首本人所拥有的各项权力皆由元老院和公民大会授予。然而,屋大维实际上是假共和之名,行独裁之实。他凭借崇高的威望和手中的权力,凌驾于元老院之上,成为罗马世界的至尊;他掌握着军队的领导权,更是确保其统治的最强有力的手段。因此,依实质而言,屋大维建立的元首制不过是披着共和制外衣的君主制,故而元首制的建立实际上标志着罗马共和国的结束和帝国的开始。

奥古斯都时代 奥古斯都改革了行省管理制度。共和国制度下,省督由元老院任命,如今省督的任命权则一部分由元首控制。由元首任命的省督大多来自贵族阶层,一旦被任命便一直在任。而且奥古斯都的权威使其能够制服元老院任命的其他省督,从而确保了帝国政令的统一。奥古斯都还稳定了罗马帝国的边界,把帝国在巴尔干半岛的边界扩张到多瑙河沿岸。

在帝国早期,罗马公民分为三大阶级:贵族、平民以及比平民地位更低的阶级。贵族是帝国的统治阶级,他们包揽了罗马的政治和军事的重要职位,个人财产需要达到100万塞斯特斯才能跻身贵族集团。平民阶级则要拥有40万塞斯特斯,他们可以承担军队和政府里不太重要的职务。平民之下的阶级中绝大多数是自由民,随着人民大会权力减弱,他们失去了以前在共和国时期拥有的许多权利,但可以通过挣得的财富在罗马军团中担任下级军官。

奥古斯都相信,罗马的道德在共和国后期就已败坏,因而他试图通过立法来重建道德风范。他认为,逐渐增长的追逐豪奢的风尚削弱了罗马的传统道德,诸如轻率地离婚、出生率降低、享乐主义宴会等都是道德堕落的表现。为此他限定宴会开销,还把通奸定为犯罪。

朱里亚·克劳狄王朝 奥古斯都的养子提比略继任元首以后的四个皇帝统治期间称作朱里亚·克劳狄王朝。这一时期,政治上的整体变化趋势是元老院的职权继续被削弱,元首的权力日益膨胀,中央集权更加完善,帝国逐步建立起完整的官僚体系。但此时统治阶级内部纷争不已,统治者愈发残暴,最终在公元68年引发了大规模叛乱,以骄奢淫逸闻名的末代元首尼禄被迫自杀。

"五贤帝" 公元2世纪初,在涅尔瓦、图拉真、哈德良、安敦尼和马可·奥勒留五位皇帝的统治下,罗马帝国进入了一段几乎持续100年的和平繁荣时期(公元96—180年)。此时帝国政局稳定,版图辽阔,罗马帝国统治了东起两河流域、西至不列颠、北起莱茵—多瑙河一线、南达撒哈拉沙漠的广大地区,使地中海成了它的内海。在"五贤帝"的统治之下,元老院与皇帝的权力延续此消彼长之势,帝国的官员逐渐地由皇帝任命和统辖。这一时期的帝国还热衷于大规模修建宏伟的建筑,以此展示罗马帝国的雄厚国力,哈德良的万神殿就是该时期的代表性建筑。

罗马帝国早期的社会经济 在公元2世纪的鼎盛时期,罗马帝国发展成为世界上最大的帝国之一,拥有350万平方英里的土地,人口估计达到5 000万以上。帝国政治统一,在对地方统治上又因地制宜,允许保留不同地方的习俗,罗马公民权扩及帝国里的许多民族。拉丁语是帝国西部的语言,希腊语则是帝国东部的语言。但罗马化还是有限的,大量当地语言依旧存在。

城市与罗马化 罗马帝国政府和文化的影响力主要依靠城镇的存在。行省政府中人员并不多,这样,主要由富裕阶级的成员担任的地方城市官员作为罗马代理者需要承担许多政府职能。帝国有许多大规模的城镇,其中最大的是罗马。东方也有一些大城市,如亚历山大城、以弗所、安条克等;而在帝国西部,城市往往规模很小,只有几千人。城市在推行罗马化方面发挥了重要作用,它使罗马文化、法律和拉丁语扩展至帝国各地。各城市中还修建了类似于罗马的建筑,诸如神殿、市场、圆形剧场以及各种公共建筑,这使得罗马帝国的城市具有了统一的外观。

各省罗马化进程反映在帝国统治阶级的变化上。公元1世纪，来自意大利家族的元老数量明显下降，从省级富有平民家族招募进来的罗马元老则持续增加。各省还为罗马兵团提供了大量兵源。从图拉真皇帝开始，来自各省的人士甚至也可以继任罗马皇帝。

农业是罗马帝国的经济基础。随着帝国的领土扩张和贸易增长，农业生产模式也发生了转变。大庄园主导着农业生产，所从事的谷物生产以出口为目的，不再是为了满足本地人的需要。在北非、埃及和西西里的大庄园里生产的谷物源源不断地流入帝国的大城市。商业化的农业在经营专业化和帝国一体化的过程中起到了非常重要的作用。同时小农继续存在着，他们主要集中在伊特鲁里亚和波河流域。

帝国早期相当繁荣。罗马的和平以及良好的道路状况为贸易带来了前所未有的发展机会，促进了地区之间的贸易往来。旧有的城市在商贸活动中获利丰厚；此外，罗马还在被征服的内陆地区建立了新的城市，从而把这些地区连接到整个庞大的地中海经济区内。意大利的主要港口城市挤满了来自帝国各地的商人，商业贸易范围还广及罗马以外的许多地区，中国的丝绸也出现在罗马市场。用以满足帝国西部上层统治者的奢侈品更是种类繁多，这造成了罗马金币和银币从意大利和帝国西部向帝国东部流动。

贸易的繁荣刺激了手工业的发展。在东部城市，希腊化时期的商品生产得以维持。在帝国的头两个世纪，意大利工业发展达到高潮。一些手工业开始在某些地区集中，比如铜器在卡帕，陶器在伊利亚的阿瑞提乌姆，其他工业如制砖业，集中在乡下的大庄园中。在1世纪时，罗马的手工业中心开始在各省形成，彼此之间的竞争激烈。

帝国的危机　在马可·奥勒留死后，长达200年的“罗马和平时期”结束了，罗马帝国进入了长达百年的动荡、内战和无政府状态，史称“三世纪危机”。这时期罗马皇帝多是依靠军队获得政权，军人常常主宰君主的废立，在193年，禁卫军竟然公开拍卖罗马帝国的皇位。因此，罗马皇帝取得政权后，不得不笼络军人，他们常常扩充军队，提高军人待遇，让军官担任要职，而这样的做法又常常激发新的军事领导人称帝的野心。这样，罗马帝国的君主专制常常演变为军阀混战。235—284 年，仅半个世纪的时间内竟然更换了 22 位皇帝。外敌入侵更是雪上加霜，萨珊人和日耳曼人频频入侵罗马。内战和外患不断侵蚀着中央政府，行省的分离倾向也开始出现。与此同时，贫民和奴隶的起义与反抗更是此起彼伏。

外敌入侵和饥荒把 3 世纪的罗马帝国逼向崩溃的边缘，帝国内一片衰败的景象：城市萧条，财政枯竭，通货膨胀，农业衰落，商贸萎缩，政治混乱。人口剧减至全盛时期的 1/3，饥荒造成的劳动力短缺影响了兵源和经济发展。由于兵员危机，到了 3 世纪中期，国家不得不依靠雇用日耳曼蛮族。整个 3 世纪，帝国统治都陷于摇摇欲坠、岌岌可危之境。

基督教的发展　奥古斯都时期，帝国官方的国家宗教主要是信仰万神殿里的诸神。同时，信仰多神教的罗马人极能容忍其他宗教，允许各省信仰当地的神灵，甚至接纳了一些当地神灵。但是，对更情感化的精神体验的渴望，使得很多人趋向于信仰东部希腊化世界的神秘宗教，这些宗教在帝国早期就已传入罗马西部。神秘宗教的秘密教义许诺其追随者以罗马宗教里不能获得的来世幸福。众多的东方神秘宗教（如密特拉教）竞相吸引罗马世界的注意，但比这些神秘宗教更具影响力的是来自犹太世界的基督教。

公元 1 世纪中叶左右，基督教开始在罗马统治下的犹太底层民众中流行开来，很快就遍及全罗马帝国。基督教在一开始被视作犹太教的其中一个支系或“异端”，它接受了犹太教的《圣经》并称之为《旧约》，同时继承了犹太教关于一神论及救世主等理念。但基督教与犹太教又存有差异，它信奉耶稣为救世主，认他作上帝之子。关于耶稣的言行后被写入《新约》，随后成为基督教的经典。基督教的特点在于突破了以往民族宗教的狭隘性，确立起一种全新的普世信仰，这正是它超越犹太教之处。因此，作为一种犹太人的宗教运动的基督教，经由保罗传教后能被非犹太民众普遍接受，并发展成为一种普世性的宗教。在基督教的世界里，没有民族与阶级之分，只要信奉耶稣，遵从教义，人人皆可成为教徒，人人皆可得到上帝的赐福与拯救。同时基督教还简化仪式，废除了原始宗教里的献祭习俗，有利于其在罗马的下层民众中广泛传播。

尽管基督教的一些基本价值观明显不同于希腊和罗马世界，但罗马人最初并没有怎么留意基督教，他们开始只是简单地认为它是犹太教的又一个支派。罗马帝国的统一和“罗马和平”的出现也有利于基督教的发展与传播，基督教最早的传教士们正是沿着罗马的交通要道踏遍整个帝国，传播他们的“福音”。

然而，随着基督教的影响日渐扩大，罗马对基督教的态度开始发生转变。许多罗马统治者认为基督教威胁到了罗马的公共秩序和公共道德，这是帝国所不能容忍的；基督徒秘密集会、不同地区基督徒的密切联系以及基督教的排他性特点更被视作国家的潜在威胁；基督徒甚至还拒绝参加尊奉官方神灵和帝国崇拜的仪式，这彻底激怒了罗马统治者。

起初，罗马对基督徒的迫害只是零星的和地方性的，但这并没有阻止基督教的成长。在2世纪和3世纪，随着基督教日趋组织化，一些罗马皇帝开始实施更大规模的迫害，但他们的图谋没能实现。戴克里先进行的最后一次大迫害始于4世纪初，但他也不得不承认，在3世纪中期基督教已经强大到不能用武力根除的地步了。

基督教的兴起标志着希腊、罗马世界中主导的价值观念基本被破坏了，因为基督教关于神灵、人以及世界的看法与希腊、罗马人差异巨大。

戴克里先和君士坦丁的改革　公元3世纪末4世纪初，在戴克里先和君士坦丁的努力下，帝国恢复了新的秩序和稳定，似乎又焕发了生机，但实际上这只是回光返照而已。

戴克里先认识到旧的国家制度已经不能适应国家的现实情况，因而有必要建立一种新的帝国统治制度，于是着手进行了一系列改革。针对帝国疆域过于辽阔难以统治的状况，戴克里先将帝国分成四个行政单元，分由四个行政长官管理。尽管表面上有四个统治者，但戴克里先仍然拥有最高的地位和权威。君士坦丁延续了戴克里先的独裁政策，这两位皇帝都加强并扩大了帝国的行政机构。从此以后，行政和军事作为两个不同的官员体制开始分离，而皇帝分别掌管着这两大官员体制。戴克里先还进行了军事改革,把军队扩大到50万人。君士坦丁统治后期,帝国的军队被分成两部分,一部分是驻守部队,驻扎在边界线上守卫边境;另一部分是机动部队,驻扎在前线后方,可以迅速开赴边境,支援受到威胁的边防军队,这就大大增强了军队的机动性。

戴克里先和君士坦丁的政治军事改革都大大扩充了两大机构——军队和行政,这耗费了大部分的帝国财政支出,但税收来源却无法扩大,因而戴克里先和君士坦丁所采用的新经济和社会政策来解决财困难,只能是通过高压政治和损害个人自由来实现。在罗马帝国后期,尽管劳动力短缺,但为了保证税收,维持帝国运转,皇帝签署法令,强迫人民从事指定给他们的职业并世代沿袭。这样,自由承租农不断减少,并且很快就被束缚在大地产的土地上变成隶农。

因而,无论戴克里先还是君士坦丁的经济与社会政策,都建立在空前的高压统治的基础之上,虽然取得了短暂的成果,但从长远来看却遏制了晚期帝国的生命力,这就使得他们的政策最终不能挽救罗马帝国覆亡的命运。

君士坦丁堡的建立 为了最终建立起绝对的专制政体,君士坦丁放弃了罗马。尽管财政困难,君士坦丁仍在位于博斯普鲁斯海峡的希腊城市拜占庭基址上建造起一个新都,最后改名为君士坦丁堡,并于公元330年正式宣布它为帝国的首都。罗马的元老院也随之迁往新都,一座座华丽的政府建筑物和神庙在新都矗立起来。从此,君士坦丁堡使罗马城的地位开始偏移,罗马城在帝国统治区内的重要性趋于弱化。

基督教变为官方宗教 313年,君士坦丁颁发了著名的米兰敕令,正式容忍基督教的存在。4世纪时,基督教教会管理体系已经形成。但随着基督教的传播,一些重要教义在解释上的冲突出现了。4世纪时一个主要的异端是阿里乌斯派。为了解决异端问题,教会需要一个更为正式的机构。325年,为了帮助教会统一教义,君士坦丁在尼西亚召集了318名主教举行会议,会议声讨了阿里乌斯派。经过尼西亚大会,基督教已具有统一的教义和组织,受到罗马帝国皇帝的庇护和控制。在狄奥多西统治期间,基督教成了罗马帝国的官方宗教,取得了最终的胜利。

西罗马帝国的灭亡　君士坦丁曾一度重建了帝国秩序。但他死之后,帝国却分裂为东西两个部分。到395年,它们事实上已成为两个独立的国家。5世纪时,在帝国东部,身居君士坦丁堡的罗马皇帝统治还相对比较稳定;但在西部地区,帝国的行政机构已经瘫痪,并为一系列日耳曼国家所取代。

在罗马帝国的边界北部居住着日耳曼人,靠放牧和耕作为生。罗马人和日耳曼人常常跨越边界进行接触,罗马人还雇用了一些日耳曼人与其他威胁罗马安全的日耳曼部落作战。在4世纪以前,帝国还有能力确保这些日耳曼人不危及自己的统治,并不断同化这些民族,但是到了4世纪后半期,衰落的罗马帝国已无力维持这样的局面了。与此同时,来自亚洲骁勇的游牧部落匈奴人在中国汉朝军队的打击下迁徙到黑海地区,迫使日耳曼人西迁。其中最大的部落——西哥特部落,越河进入德国境内,并作为罗马的同盟者定居下来。由于受到罗马的压迫,西哥特人起来反抗。公元378年,罗马人企图镇压叛乱,却以失败告终。不久西哥特人在国王阿拉里克的率领下,进入意大利并于410年洗劫了罗马。后来他们进入西班牙和高卢南部,在那里定居下来。此后,勃艮第人占据了高卢东部的大片土地,阿勒曼尼人则在高卢南部定居。汪达尔人跨越比利牛斯山进入西班牙,后渡过直布罗陀海峡,征服了非洲的行省。

公元455年,汪达尔人继西哥特人之后再度洗劫了罗马。这样,日耳曼的军事首领们逐渐控制了西罗马的各个地区,罗马皇帝成为他们的傀儡。公元476年,日耳曼的雇佣军首领奥多里克最后结束了罗马帝国徒具其表的统治,废黜了罗马皇帝罗穆卢斯·奥古斯都,开始亲政。这标志着西罗马帝国的灭亡。尽管罗马帝国在西欧的统治走到了历史的尽头,但它的政治和文化传统对中世纪的欧洲产生了深远的影响。

3. 罗马的社会生活与文化艺术

共和国时期的文化 罗马的官方宗教信仰万神殿诸神，包括朱庇特、朱诺、密涅瓦和玛尔斯等。随着罗马的发展，它与其他民族及神祇开始接触，又接纳了新的神灵，这里面最重要的是希腊宗教对罗马的影响，希腊宗教的神灵往往更换姓名便成了罗马的神祇。公元前 3 世纪时，希腊与罗马的宗教已完全融合。

罗马人崇拜神灵是出于非常实际的需要，仪式上的严谨被认为是与神建立良好关系的重要条件，这对个人是如此，对国家也是同样。严格的宗教仪式是由祭司和大祭司来主持的，他们被委以重任，负责维系国家与神之间的融洽关系。国家有国家的宗教（官方宗教），家庭有家庭的宗教，比如门神杰纳斯和灶神维斯塔都是罗马家庭所崇拜的神灵。家庭也要遵守缜密的宗教仪式以便和神维持良好的关系，而这一责任主要由作为一家之主的家长来完成。宗教节日是罗马社会活动的重要内容，其中的竞技比赛是为了纪念罗马保护神朱庇特的加冕。起初，竞技只包括战车竞赛，后来又增加了狩猎和戏剧的演出。

图 7－3 罗马竞技场

图 7-4　竞技场表演想象图

奴隶制的发展　奴隶制在古代社会是普遍存在的，但没有任何一个民族像罗马那样如此依赖奴隶劳动。罗马征服地中海给奴隶的使用带来了巨大变化，大量的外国奴隶被带回意大利。共和国时期，奴隶的主要来源是战俘，其次是海盗掠夺的人口。共和国后期，拥有奴隶的多少甚至是地位高低的标志。充当家庭教师、音乐家、医生和艺术家的昂贵的希腊奴隶的需求量很大，罗马在商业和农业上更是需要大量的奴隶劳动。

共和国制定了严酷的法律以维护奴隶制度，但是悲惨的处境还是激起了他们强烈的反抗。公元前 137 年和公元前 104 年，西西里岛爆发了两次大规模的奴隶起义。公元前 73 年，斯巴达克斯领导的起义更是席卷了整个意大利半岛。斯巴达克斯是一个来自色雷斯的角斗士，他领导的起义吸引了多达 12 万的奴隶参加。起义军曾经连续挫败罗马军队，但不幸以失败告终。

罗马的家庭　罗马社会结构的核心是家庭，实行严格的一夫一妻制。罗马的家庭包括所有的家庭成员，此外还有奴隶、仆人和他们的亲属。男性家长拥有绝对的权力，相当于政府官员对公民的权力。罗马的法律赋予家长安排子女的婚姻、决定子女的工作和责任的权力。子女犯错时，家长可以以自认为合理的方式惩罚他们。他有权把子女卖为奴隶，甚至可以处死他们。只要父亲活着，儿子就绝不会成年，必须听命于父亲，没有任何独立性。罗马的这种家庭观念为罗马发展成帝国提供了思想基础。

罗马男性认为女性是柔弱的，必须得到男性的保护。虽然父母也给他们的女儿提供教育机会，但往往是父亲决定女儿的婚姻大事。早婚现象在罗马社会十分普遍，但过早怀孕导致年轻女孩的死亡率较高。不过在家庭生活中，罗马妇女通常掌管着家庭的内部事务，当女人中年时，基本上能够在家庭里发挥重要的影响：她们帮助儿女们挑选合适的配偶，有时在家庭财政事务方面也会参与意见。

公元前3世纪到前2世纪，随着罗马在地中海地区的扩张，大量财富涌向首都，妇女也开始占有大宗财产。到公元前1世纪，尽管在法律上仍然是男性家长享有权威，而实际上许多妇女掌管着家庭的财政，甚至管理家庭生意和大地产。到了共和国后期，虽然男性作为保护人的权利仍然有效，但上层妇女还是获得了一定的自主权。公元前3世纪出现了离婚现象，离婚甚至在公元前1世纪非常盛行，而婚姻在这一时期常常作为政治联盟的一种手段。

文学艺术的发展 罗马文学和艺术受希腊的影响至关重要，正如罗马诗人贺拉斯所言："被征服的希腊人反而征服了他们野蛮的征服者。"

卡图卢斯的新喜剧和抒情诗是早期的罗马拉丁文学的代表。罗马散文的发展深受希腊雄辩术的影响，而西塞罗把其发展到了完美的境地，他的作品成了拉丁文的经典作品。罗马人的艺术也深受希腊的影响。罗马的雕塑和壁画都体现了典型的现实主义特色，罗马人擅长创造这种具有较高实用性的艺术，他们在借鉴希腊风格的基础上也有所创新。他们更多地使用了曲线造型，这体现在拱门、拱顶和圆顶屋的大量使用上。罗马还首先在大型建筑中使用了混凝土，通过混凝土和拱形造型混合使用，罗马人建造了宏伟的公共浴室和圆形剧院，最著名的就是能容纳5万观众的罗马大竞技场。

社会价值观 罗马人天生保守，他们非常注意维护传统法度、习惯，强调父权和对国家的义务，忠实履行对其他公民、神灵和国家的义务被认为是罗马社会的最高美德。但到了公元前 2 世纪时，传统价值观开始弱化，罗马人开始关注权力、地位和实际利益，他们转而注重个人主义，摈弃传统道德中使罗马不断走向强盛的集体主义精神。这可能与罗马不断扩张引起的社会经济环境的变化和外来文化的传入有关。

帝国时期的社会与文化 帝国早期，法的研究和法典的编撰有了很大的发展。公元2 世纪和3 世纪初期被称为“罗马法的古典时代”，在这一时期，罗马帝国的法律分为国家法与自然法，法律观念中包含了自然权利的概念。根据法学家乌尔庇安的观点，自然权利是指所有人生而平等，因而在法律面前也应当平等；然而实际上，这一原则并没有被贯彻。不过罗马确立了适用于所有人的司法原则，这在罗马帝国灭亡很久以后的西方文明中仍继续适用。

家庭生活和妇女的地位 公元2 世纪时，罗马家庭有了重大的变化，早在共和国后期已开始弱化的家长制现在进一步被削弱了，家长在孩子面前、丈夫在妻子面前都没有了绝对权威，这一进程开始于共和国后期。帝国早期，男性监护权更为弱化，到了 2 世纪晚期，监护权形同虚设。在这一时期，上层罗马妇女相当自由和独立，她们获得了拥有、继承和处置财产的权利，还可以出席一些大型活动。有些妇女还经商，但妇女仍不能参与政治。

罗马的城市生活 据估计，到了奥古斯都时代，罗马的人口已近 100 万，它是一个国际大都市，其居民来自帝国各地，城内设有各个民族专门的居住区。罗马城里贫富差距悬殊，富人住在舒适的别墅里，而穷人则住在被称为“孤岛”的公寓里，一般有六层，而且多是粗制滥造，经常倒塌，更有发生火灾的危险。政府为罗马居民举行大量娱乐活动，这类公共演出大多来源于对宗教性大型节日的庆祝。一年中有 100 天以上是公共节日，马赛和战车赛吸引着成千上万的观众，戏剧和其他表演也很丰富，而所有公共演出中最著名的则是角斗表演。

黄金时代的罗马文化 奥古斯都时代被称为拉丁文的“黄金时

代”。奥古斯都时代最著名的诗人是维吉尔，他的杰作史诗《埃涅阿斯纪》叙述了特洛伊王子埃涅阿斯在特洛伊城被毁后，带领族人逃出，在意大利建立罗马城的故事。埃涅阿斯被描绘成罗马人的一个理想形象，他的美德就是责任、虔诚和忠实。奥古斯都时代的另一位杰出诗人是贺拉斯，他使拉丁诗的韵律达到了完美的境地，运用丰富的诗歌语言体现其富有温情的人道主义思想以及对享乐主义的生活态度。奥维德是黄金时代的最后一位伟大诗人，喜欢嘲弄罗马传统的价值观。他早年的创造多是一些轻佻的爱情诗集，如《恋歌》《爱经》等，为娱乐大众难免哗众取宠。晚年的奥维德逐渐严肃起来，此时期创作的《变形记》是他最优秀的作品，这部叙事诗想象丰富，影响深远。黄金时代最著名的拉丁散文出自历史学家李维之手，《罗马史》是他的代表作。他重视历史的垂训作用，并认为人的性格是历史的决定性因素。李维是一个叙事高手，他在叙述历史之中还不忘歌颂罗马的伟大，其作品数世纪以来一直是历史权威著作。

白银时代的罗马文化 在拉丁文学发展史中，奥古斯都后的一个半世纪常常被称为“白银时代”。这一时期修辞术非常流行，塞涅卡的作品可视为代表。白银时代最伟大的历史学家是塔西佗，他的主要作品是《编年史》和《历史》，记述了从提庇留统治时期开始的历史。塔西佗重视历史的道德功能，认为应该把历史中的优秀事迹记述下来，同时认为恶人的“恶行”也坚决不能被忘记。

第三部分

中世纪

第八章

伊斯兰文明的崛起

公元7世纪初，在阿拉伯半岛的希贾兹地区，先知穆罕默德（约公元570—632年）创立了伊斯兰教。随后，他以传播伊斯兰教的名义率领穆斯林积极向外开拓，7世纪30年代初基本上实现了对阿拉伯半岛的统一。穆罕默德逝世后，在四大哈里发时期（632—661）及以后的倭马亚王朝（661—750）和阿拔斯王朝（750—1258）前期，穆斯林凭借强大的武装力量继续展开军事扩张，征服了阿拉伯半岛周围的广大地区。8世纪前半叶时，建立起了一个以中近东及地中海东岸为中心，横跨亚、欧、非的庞大帝国。自此，阿拉伯人以统治民族的姿态登上了中世纪的世界舞台，在政治、经济、军事、文化等领域创造出了举世瞩目的辉煌成就。

1. 穆罕默德与伊斯兰教

伊斯兰教的发源地在阿拉伯半岛。阿拉伯半岛位于亚洲的西南部，东接波斯湾，西临红海，南达阿拉伯海，北靠美索不达米亚平原和叙利亚。半岛虽幅员辽阔却十分贫瘠，沙漠覆盖着绝大部分的地表，只有西南部的也门地区适宜农耕。岛上的居民大多是从事游牧的贝都因人，他们逐水草而居，以肉类和奶制品为生。半岛的西边、沿红海一线是希贾兹地区，这里自古以来就是沟通地中海地区和印度洋沿岸的重要商道。6世纪后期，这里兴起了许多城市，最著名的便是麦加。麦加具有得天独厚的地理条件，加上当地居民古莱西人的不懈努力，因此成了阿拉伯半岛的宗教和商业中心，以及伊斯兰教的发源地。

伊斯兰教诞生前,阿拉伯社会还处于以血缘关系为纽带的氏族社会后期,此时的麦加处于原始社会末期,其主要居民是古莱西部落,他们分别生活在不同的氏族中。最初部落成员之间大体上保持平等的关系,实行原始公有制的财产关系。随着贸易活动在麦加的兴起,剩余财富不断增长,私有制财产关系出现,导致了古莱西部落内部的剧烈分化。新的商人贵族阶层唯利是图,凭借财富和权势剥削和奴役本氏族的贫苦成员,加剧了社会的阶级矛盾。

更糟糕的是,6 世纪时期波斯和埃塞俄比亚的入侵,进一步加剧了阿拉伯人民的苦难。外族统治期间,也门的水坝坍塌,农业荒歉。尤其是商路改走波斯湾,导致过去的商贸要地麦加城的商业严重萎缩,以往倚赖过境贸易为生的部落陷于穷困,整个阿拉伯社会危如累卵。这些渐趋尖锐的矛盾冲突,构成了推动阿拉伯半岛自野蛮状态向文明时代转变的最重要的社会动因。正值此刻,伊斯兰教恰逢良机应运而生。

穆罕默德 伊斯兰文明的兴起与一位著名的历史人物密不可分,他就是伊斯兰教的创始人和伊斯兰国家的缔造者——穆罕默德。"穆罕默德"在阿拉伯语里意为"声望很高的人"。大约公元 570 年,他生于麦加古莱西部落哈希姆氏族的没落贵族家庭,其父母早亡,由祖父和伯父相继抚养长大。穆罕默德早年曾为人放牧,稍长大后随伯父多次外出经商,从中积累了丰富的知识。25 岁时,穆罕默德为麦加的富孀赫蒂彻所雇佣,为其经商,不久二人结为夫妇。婚姻成为穆罕默德生活中的一个转折点,此后他的生活状况渐趋好转,并由此跻身麦加的社会上层,为以后创教和传教提供了条件。

据说在穆罕默德将近 40 岁时,常到麦加东北部希拉山的一个洞穴中静居隐修,沉思冥想,寻求真正的信仰。公元 610 年的某一个夜晚,穆罕默德在山洞过夜时梦到天使手捧经卷要他宣读,这是他首次得到安拉的启示。《古兰经》将这个夜晚命名为"高贵的夜晚",后来的穆斯林则称这个夜晚为"受权之夜"。据说不久之后穆罕默德在山洞中再次获得启示,这次降示明确了他是安拉的使者。自此,穆罕默德开始在麦加宣传新教:"安拉是独一无二的真神,穆罕默德是安拉的使者。”新教认为,天地万物皆属安拉,崇拜和认可其他神等同于邪恶,因此人们应放弃多神信仰和偶像崇拜,独尊唯一的真主安拉。穆罕默德在麦加时期传布的一系列启示,标志着伊斯兰教的诞生。

伊斯兰教教义 伊斯兰教是严格的一神教,安拉是唯一的最高神。“伊斯兰”在阿拉伯语里意为“和平”,后转意为“谦恭”“顺服”,指顺从安拉的教导和意志。《古兰经》里曾提到安拉的“启示”:“……我已选择伊斯兰为你们的宗教。真主所喜悦的宗教,确是伊斯兰教。”这一宗教因此被称为伊斯兰教。伊斯兰教的信徒,被称作“穆斯林”,意为独尊安拉、服从先知之人。伊斯兰教奉《古兰经》为唯一经典,它汇集了穆罕默德在多年传教过程中所宣读的“安拉启示”。《古兰经》共114章,详述了伊斯兰教之教义、教规以及身为穆斯林所须遵守的道德规范。伊斯兰教的基本信仰主要是指:信安拉、信使者、信经典、信天使、信后世、信前定。其基本宗教制度包括:念、礼、斋、课、朝,中国穆斯林将其概括为“五功”,至今未变。“念功”即念清真言:“万物非主,唯有真主,穆罕默德是安拉的使者。”当众念过一次名义上就成为穆斯林了。“礼功”指做礼拜,穆斯林要每日五拜。“斋功”指回历九月的斋戒,成年穆斯林从日出到日落不可进食,且不行一切享乐之事。“课功”即天课,指硬性的慈善捐赠。“朝功”指每个有能力的穆斯林一生至少要前往麦加朝觐一次。

穆罕默德的传教过程非常艰辛。当时在麦加,他并无显赫的地位,人微言轻。因此,最初他只是向他的至亲密友讲述启示的内容。刚开始三年的传教都是采取秘密的方式在极有限的范围内进行的,皈依者数量甚微。

大约在公元612年,穆罕默德颁布安拉的启示:“你应当公开宣布你所奉的命令,而且避开以物配主者。”这标志着穆罕默德开始改变秘密的传教方式,公开宣传一神教的主张。但这一公开立场却招致了古莱西部落贵族的反对,因为穆罕默德所坚持的安拉为宇宙唯一神的观点,与古莱西人传统的多神崇拜信仰相冲突。此外,如果穆罕默德的主张广泛流传,人们都放弃了各自的偶像崇拜而开始信仰独一无二的安拉，去麦加城的克尔白朝拜的人将大大减少，每年的定期集市贸易就无法进行，麦加城贵族的经济利益则会受到威胁，从而动摇其统治地位。因此，许多古莱西人拒绝承认穆罕默德是安拉委派的使者，抵制他所传布的启示。

在对穆罕默德劝说无果、收买利诱不成后，古莱西人开始了对先知及其信徒的迫害。他们多次对穆斯林施加暴行，在这种情况下，先后有两批穆斯林弃家出走，离开麦加。公元616年，抵制伊斯兰教的古莱西人联合起来共同制裁哈希姆氏族，企图迫使以阿布·塔里布为首领的哈希姆氏族不再保护穆罕默德。至619年，联合制裁自动撤销，古莱西人策划的抵制伊斯兰教的阴谋宣告失败。可惜，就在穆罕默德传教正值最困难之际，他最忠诚的支持者——妻子赫蒂彻和伯父阿布·塔里布相继过世，对此穆罕默德痛不欲生。哈希姆氏族的新首领阿布·拉哈布虽然是穆罕默德的叔父，却与抵制伊斯兰教的古莱西人来往密切，对穆罕默德心怀敌意，拒绝对他提供保护。形势的骤变使穆罕默德陷入了困境，初兴的伊斯兰教在麦加无法取得进一步发展，反而面临着夭折的危险。

穆罕默德出走麦地那 不久，穆罕默德结识了来自麦加以北338公里的叶斯里卜（麦地那）的阿拉伯人，他的境况出现了变化。叶斯里卜的居民分属于五个部落，三个犹太部落和两个阿拉伯部落，他们为了争夺土地及权力常年争斗不止。因此，深受战乱困扰的民众十分渴求和平与稳定，伊斯兰教正合其意。在穆罕默德迁往叶斯里卜之前，当地就已经有一批阿拉伯人皈依了伊斯兰教。当穆罕默德在麦加遭受迫害时，叶斯里卜的穆斯林派出代表，邀请穆罕默德前往叶斯里卜。传说在先知穆罕默德着手准备离开麦加时经历了一次神奇之旅，这就是伊斯兰教中引人注目的奇迹“登霄”，这一传说被记载在《古兰经》第17章中。据说，穆罕默德在天使的陪同下，在一个夜晚乘坐着“天马”从麦加奔赴耶路撒冷，并在今远寺（阿克萨寺）“登霄”，畅游七重天，至黎明时分顺利返回麦加。伊斯兰教由此将耶路撒冷视为圣地，并一度将其作为礼拜的朝向，伊斯兰教中的“登霄节”也由此而来。伊斯兰教认为，“登霄”预示着先知穆罕默德即将摆脱困境迎来转机。

公元622年9月的一个夜晚,穆罕默德在阿布·伯克尔等亲信的陪同下逃出麦加,9月24日,抵达叶斯里卜。从此,叶斯里卜改称为麦地那·乃比,阿拉伯语中意为“先知之城”,简称麦地那。伊斯兰教称这一迁徙事件为“希吉拉”,又称“徙志”。“希吉拉”是阿拉伯历史发展中最重大的事件,它标志着伊斯兰教初创时期的结束和开拓时期的开始,对伊斯兰教的胜利和阿拉伯统一国家的形成具有决定性意义。17年后,哈里发欧麦尔将希吉拉确定为伊斯兰教纪元,并以迁徙的这一年——622年作为伊斯兰教历元年。

至此,穆罕默德弘扬真主使命的传教生活基本告终。到麦地那后,他集合起从麦加迁来的穆斯林以及麦地那当地的穆斯林,建立起一个以宗教信仰为基础的伊斯兰权力中心——政教合一的穆斯林公社(乌玛),它是阿拉伯社会第一个突破血缘关系的新型社团,既是宗教社团,也是行政和军事组织。乌玛的建立为在麦地那建立政教合一的阿拉伯国家迈出了关键性的一步,成为后来哈里发国家的雏形。在公社内,穆罕默德集宗教、行政、司法以及军事最高权力于一身,在他之下有初具雏形的国家机器:由迁士和辅士组成的军队,负责户籍和征税的官员及初步的刑法等。此时,穆罕默德根据安拉的启示提出了新的口号:“凡穆斯林皆兄弟。”这在很大程度上打破了原来以血缘为纽带的狭隘的氏族关系,有利于消除穆斯林内部的血亲复仇战争,而代之以文明、和睦、团结的和平关系。此外,穆罕默德与麦地那的犹太人部落签订了协议,规定凡支持他们并协同作战者,皆为同族人;犹太人不受欺负也不受排斥,穆斯林和犹太人各自信仰自己的宗教。通过这些措施,穆罕默德开创了合作、团结的局面,穆斯林有了发展自己宗教的良好环境与条件,伊斯兰教很快传遍了麦地那的每一寸土地。

阿拉伯半岛的统一 麦地那作为伊斯兰国家的摇篮,代表了阿拉伯半岛的新兴文明。而麦加的保守势力则极力维护传统的宗教观念和氏族部落制度,成为伊斯兰文明进一步发展的首要障碍。因此,能否战胜麦加的保守势力对于新兴伊斯兰文明的存在和发展至关重要。到达麦地那一年后,穆罕默德便开始组织反击麦加贵族的战争,积极图谋发展和扩大伊斯兰教的势力。

公元624年3月，在麦地那西南的白德尔，穆斯林军队突袭麦加贵族的商队。在狂热的宗教信仰刺激下，穆罕默德的军队大获全胜。不过这次胜利却招致了麦加贵族的报复。625年3月，古莱西人阿布·苏福彦率兵北上，双方在麦地那东北8公里处的伍侯德山交战。穆罕默德军中奉命掩护后方的弓箭手擅离阵地，涌入战场抢夺战利品，使穆斯林军队腹背受敌，全线溃败。这是伊斯兰武装首尝败绩，教训深刻。之后穆罕默德以安拉的名义颁布启示，谴责了穆斯林军队中违背军令和擅离职守的行为，整顿了军事纪律。

伍侯德之战的结局并没有平息麦加的古莱西人对穆罕默德的愤恨。627年，他们联合贝都因等11个部落，组成了庞大的万人联军，发起对麦地那的围攻。穆罕默德利用麦地那三面环山的地理特点，再在城北加挖一条壕沟，据险固守，有效地遏制了麦加联军的攻势，史称“壕沟之战”。经过40天的围攻，联盟军一无所获，给养出现困难，被迫撤军，无功而返。穆罕默德乘势追击，大获全胜。麦加联盟的崩溃，基本宣告了古莱西人反对穆罕默德企图的破产。

壕沟之战是伊斯兰教在战略上由守转攻的节点。古莱西人丧失了进攻麦地那的能力，穆斯林开始获得了进攻麦加的主动权。从此，伊斯兰教的威望与影响与日俱增，周边贝都因部落相继皈依。多次剿杀的失败也令麦加古莱西贵族自认无法扑灭伊斯兰教的势力，于是双方在628年签订为期十年的休战协定。麦加人每年撤出城外三天，让穆斯林不受干扰地到麦加朝觐克尔白。这标志着麦加方面对穆罕默德及其宗教的初步承认，缓解了双方的敌对状态。不久，麦加的结盟部落攻击改奉伊斯兰教的一个部落，据说古莱西人介入双方的冲突，这违背了与穆罕默德之间的和约。因此，630年1月，穆罕默德兴师问罪，集穆斯林万人大军直指麦加，讨伐古莱西人。兵临城下，麦加贵族不得不降服于穆罕默德，接受伊斯兰教，穆罕默德以胜利者的身份重返故里。随着麦加及邻近部落的归顺，伊斯兰教在阿拉伯半岛的支配地位得以基本确立。

此后，穆罕默德又征服了其他许多地区及部落。伊斯兰文明的影响，此时已遍及半岛的各个角落，阿拉伯半岛大体上归于统一。632年，穆罕默德率10万穆斯林到麦加朝觐，在阿拉法特山上向穆斯林大众发表了著名的“告别演讲”，阐明了伊斯兰教的基本教义与社会准则。这是自征服麦加以来穆罕默德首次朝觐克尔白，也是他生前的最后一次朝觐，史称“辞朝”。返回麦地那后穆罕默德身染重病，于632年6月8日溘然长逝，葬于麦地那的先知寺内。

先知穆罕默德时代的阿拉伯半岛正处于社会剧烈动荡和重大变革时期，频繁的劫掠和激烈的仇杀日益加剧着部落之间的矛盾冲突，麦加贸易的兴起导致了古莱西人财产关系的剧烈变化和社会秩序的深刻危机，伊斯兰教正是顺应此时的社会政治经济发展的形势而产生的。信仰的转变和伊斯兰教的诞生，揭开了阿拉伯人形成国家和步入文明时代的帷幕。此时，统一的阿拉伯民族悄然崛起，并很快走上了对外扩张的道路，从而成为中东地区举足轻重的势力。

2. 伊斯兰教的征服与扩张运动

穆罕默德死后，麦地那政权出现了第一次政治危机——继任者争端，各派穆斯林为争夺继任者资格爆发了激烈冲突，有些部落甚至借机反叛，挑衅麦地那的统治权。阿拉伯半岛因此陷入混乱，穆斯林公社面临着瓦解的危机。然而在很短的时间内，伊斯兰国家就平定了各方叛乱，并开始了一轮令人为之惊叹的军事扩张。历经四任哈里发及倭马亚王朝的努力，至阿拔斯王朝时，一个地跨欧、亚、非三大洲的大帝国最终建立起来。

四大哈里发时期的扩张 穆斯林公社内部在新领袖的选择上出现严重分歧，最后经教内圣门弟子团的反复商议，决定共同推举一人任“哈里发”（意为先知的继承者），统掌穆罕默德留下的政教权力。哈里发在宗教、行政、立法及军事领域拥有最高统治权。从632年至661年先后产生了四位正统哈里发，他们是阿布·伯克尔、欧麦尔、奥斯曼和阿里。

阿布·伯克尔（632—634年在位）受命于危难之时，他力挽狂澜，平定了叛乱，拯救并巩固了伊斯兰政权，开创了伊斯兰的征服与扩张运动。633年秋，遵照哈里发的命令，阿拉伯军队向拜占庭统治的叙利亚发动进攻，西方史学家称为“民族大征服”的阿拉伯圣战正式开始。634 年夏,哈里发派出有"真主之剑"美誉的哈利德·瓦里德支援叙利亚。7 月,哈利德指挥穆斯林联军发动攻势,在耶路撒冷附近击溃拜占庭军队,叙利亚门户顿开,穆斯林扫清了通向历史名城大马士革的道路。此时,阿布·伯克尔已经病逝。根据他临终时的决定,欧麦尔出任新的哈里发。

欧麦尔(634—644 年在位)继承了阿布·伯克尔的遗志,统辖全军,发动了阿拉伯历史上空前的大征服运动,他执政的十年是伊斯兰教顺利扩张和巩固统治的时期。635 年,穆斯林联军包围大马士革,当地居民在拜占庭军队业已逃离的情况下固守半年,终因力不能支,于635 年 9 月投降。拜占庭皇帝希拉克略不甘心自己在叙利亚地区的统治受到侵害,因此调集重兵发动反攻。636 年 8 月,双方在约旦河支流雅穆克河展开决战,穆斯林大获全胜,拜占庭帝国在叙利亚的军事力量丧失殆尽。至640 年,拜占庭失去了其在叙利亚的最后据点,阿拉伯穆斯林实现了征服与扩张运动的一个重要目标——征服叙利亚,建立新区。

在叙利亚战役尚未见分晓时,哈里发即派出大军开赴伊拉克前线,开始了征服波斯萨珊帝国的战争。双方于 637 年 6 月在卡迪西亚决战,穆斯林取得决定性胜利,攻陷伊拉克,直入波斯腹地。642 年,阿拉伯军又在伊朗高原的尼哈温歼灭了重新聚集起来的波斯军队,波斯皇帝逃往呼罗珊地区。这次战争被称为"征服战中的征服战"(意为最大的征服战),消灭了拥有1 200多年文明的波斯帝国,从此波斯并入了哈里发帝国的版图,成为伊斯兰教政权管辖范围内的地区。正当征服波斯的阿拉伯军队频频获胜时,另一支阿拉伯军从已被占领的巴勒斯坦出发,向着拜占庭统治下的埃及挺进。在连克数座城市之后,阿拉伯军又围攻了当时埃及最大的城市亚历山大里亚。最终,拜占庭皇帝下令与阿拉伯人媾和,将军队撤出亚历山大里亚。这样,拜占庭帝国最富饶的行省——埃及也被纳入了哈里发国家的版图。

第三任哈里发奥斯曼(644—656 年在位)将扩张事业继续推进,相继攻克了呼罗珊、亚美尼亚、阿塞拜疆以及北非的利比亚等地。但由于政治上任人唯亲,经济上侵吞国库,实行贵族专政的统治,因此引起了人们的反对。最后奥斯曼自食苦果，被反对派分子杀死。至此，一个统一的伊斯兰教开始分裂，穆斯林分为各个帮派，掀开了内战帷幕。

656 年 6 月，阿里继立为第四任哈里发（656—661 年在位），他有心励精图治，但回天乏术，哈里发的权力名存实亡，内战代替了向外扩张。661 年，阿里被刺杀，正统哈里发时期宣告结束。叙利亚总督穆阿维叶趁乱夺取了哈里发之位，创建了阿拉伯帝国。

倭马亚王朝时期的扩张　穆阿维叶倚赖叙利亚及埃及的阿拉伯贵族的帮助，在大马士革建立倭马亚家族的哈里发政权，史称“倭马亚王朝”（661—750）。统治者首先镇压了反对派，消除了内部的不安定因素。待统治基本稳定后，又重新发动起一度中断了的对外战争。

在东方，以残酷镇压波斯居民而获得“屠夫”称号的伊拉克总督哈查只·尤素夫，命令手下将领兵分两路：一路向东攻取阿富汗首城喀布尔，尔后调兵北上，渡过阿姆河，进军中亚。他们相继攻陷布哈拉、撒马尔罕和花剌子模等地区，直逼大唐边境，至帕米尔遭遇大唐军队，这才阻挡了征服者不断推进的步伐；另一路军队则挥兵东南，打到印度河流域，占领了今印度西北的信德和旁遮普。

往西走，阿拉伯武装歼灭了拜占庭的北非驻军，之后从埃及出发，向西占领了利比亚，很快令北非西部的摩尔人（柏柏尔人）改宗伊斯兰教，并加入了阿拉伯人的远征军。这支大军沿地中海南岸一直攻到了大西洋边，以为这便是世界最西边的土地，于是把利比亚以西的地区称为“马格里布”（意为“阿拉伯西方”，包括了现在的摩洛哥、突尼斯和阿尔及利亚）。711 年，阿拉伯军从马格里布向北渡过直布罗陀海峡，攻入欧洲，征服了日耳曼人在西班牙建立的西哥特王国。732 年 10 月，从西班牙继续北进的阿拉伯军队穿越比利牛斯山，进攻法兰克王国，在普瓦提埃附近被号称“铁锤”的法兰克宫相查理·马特所击败，阿拉伯人势如破竹的攻势终于被阻挡在比利牛斯山以南。

在北方，倭马亚王朝对拜占庭帝国发动了猛烈的攻势。阿拉伯军队曾三次进攻拜占庭的首都君士坦丁堡，第一次发生于穆阿维叶在位期间,最后一次发生于阿拔斯王朝哈里发哈伦在位期间,而716年哈里发苏莱曼发动的进攻则是最具威胁的一次。拜占庭皇帝立奥三世据险固守,利用"希腊火"抵御穆斯林的攻势,征服君士坦丁堡的计划遂告失败。

此时,阿拉伯人大规模的征服与扩张运动基本上停止了。四任哈里发和倭马亚王朝时期的军事扩张,为阿拉伯帝国的辽阔疆域奠定了基础。至阿拔斯王朝时,阿拉伯人建立起一个东起印度河及帕米尔高原,西达大西洋的比斯开湾,南至尼罗河下游,北抵咸海和里海,地跨欧、亚、非三大洲的庞大帝国,这就是历史上著名的阿拉伯帝国。

3. 伊斯兰国家的政治与经济制度

在伊斯兰教兴起之前,阿拉伯半岛上的社会以部落为单位。穆罕默德统一半岛后,所有的阿拉伯部落组成了一个统一的民族,接受以穆罕默德为首的伊斯兰公社的领导。广大穆斯林唯穆罕默德是从,穆罕默德则根据安拉的启示做出决定。信仰的差异是确定社会地位和划分社会权利的基本准则,宗教资历(即皈依伊斯兰教的先后和对于伊斯兰事业贡献的大小)成为确定社会成员权利和地位的因素。但是,阿拉伯半岛毕竟才刚刚告别野蛮生活而进入文明时代,氏族部落的传统势力依然存在并深刻影响着穆斯林的政治生活,原始民主制的残余排斥着政治权力的集中。这些条件决定了麦地那伊斯兰国家必须实行共和政体。

麦地那哈里发国家的政治制度 阿布·伯克尔在位时间较短,且忙于平定叛乱和征服叙利亚的战事,因此无暇顾及政权建设,仍旧沿袭穆罕默德时代的国家体制。在麦地那,官僚体系尚未形成,协商的原则和长老会议的传统形式依然存在并发挥着重要作用。圣门弟子在政治格局中占据举足轻重的地位甚至可以左右政局,这明显地约束了哈里发的个人权力。此外,哈里发国家的行政区划分尚无法超越氏族群体的传统分布地域。在麦地那之外,阿拉伯人大都如以往一样生活在各自的氏族部落之中。尽管阿布·伯克尔试图向麦加等地派驻官员,但大都只能采用劝说和协商的方式,缺乏必要的强制手段,因此形同虚设。这些都反映了当时政治生活的原始色彩。

欧麦尔在位时,哈里发国家的政治生活出现了变化。他坚持阿拉伯人与伊斯兰教合二为一的设想,实行信奉伊斯兰教的阿拉伯人统治信奉异教的非阿拉伯人的政策。信奉伊斯兰教的阿拉伯人构成享有充分权利的军事贵族集团,是哈里发的主要社会基础;非阿拉伯血统的穆斯林称作麦瓦利,从属于阿拉伯人的血族群体;既没有阿拉伯血统又未信奉伊斯兰教的被征服者,被剥夺了原有的政治权利,是作为顺民依附于哈里发国家的臣属阶层。在阿拉伯半岛以外的被征服地区,欧麦尔基本上沿袭了拜占庭帝国和波斯帝国的行政区划,甚至保留了原有的机构和行政官吏。行省总督大都由征服该地的军事统帅担任,他们在长期的征战过程中形成了庞大的势力和相应的政治威望,因此常常独揽大权,各自为政。另外,穆斯林征服者保留了被征服者原有的法律、税制、货币、语言和宗教,不同区域之间差异巨大,由此助长了行省势力的离心倾向。哈里发虽然拥有任免总督的权力,但是缺乏控制行省事务的有效手段,往往只能听任总督各行其是。穆斯林公社的权力结构表现为明显的松散状态,几乎未形成集权政治。

奥斯曼统治时期,打破了此前阿布·伯克尔和欧麦尔在位期间所规定的倚重圣门弟子及重宗教资历的政治准则,改而启用倭马亚族成员并委以重任。圣门弟子本是哈里发国家的核心政治势力,他们强调伊斯兰教初期的民主传统和平等倾向,支持共和政体的统治形式。奥斯曼的行为损害了圣门弟子的利益,导致了圣门弟子的强烈不满。另外,他排斥部族势力,加强对行省的控制,试图削弱离心倾向,这又遭到了阿拉伯部落民的激烈反对。奥斯曼在麦地那和行省同时排斥圣门弟子和部族势力,逐渐促使后两者走向政治联合,哈里发则成为两者的共同敌人。656 年,奥斯曼被反叛者刺杀。他的遇难标志着伊斯兰历史进程的重大转折,体现了麦地那时代共和政体的深刻危机。

经济 阿布·伯克尔在位时坚持穆罕默德时期的经济政策,如他制定的俸禄制度以“人人平等”为原则。欧麦尔在位时，进行了一系列经济政策与制度的创新。首先，效仿萨珊王朝，创立年俸制度。每个人年俸的多寡，视其与先知的血缘关系及入教先后而定。这体现了一种按“资历”分配的方法，它是封建等级制社会的必然要求与体现，表明了阿拉伯社会正在向封建社会过渡。其次，强化土地“国家所有”的观念。欧麦尔禁止阿拉伯人占有土地，在攻克一个地方后，地主逃亡后留下的土地均归为“国家的土地”（即哈里发的土地），仍由当地农民耕种，缴纳地租。他不许阿拉伯人在被占领的土地上从事耕种，以免削弱战斗力。再次，征收人丁税与土地税。人丁税是对基督教徒、犹太教徒及祆教徒所征收的一种税，缴纳数额由其财产多寡而定。若信奉了伊斯兰教，则可免缴人丁税。至于土地税，是指耕种土地者应缴纳的课税。对土地税的征收各地不同，必须根据当地的具体收成来分别制定。最后，开始货币的伊斯兰化。阿拉伯人最初并没有自己的货币，而是使用拜占庭的金币和波斯的银币，穆罕默德时代因忙于传教和统一阿拉伯半岛的工作，无力顾及改造货币。事实上，当时阿拉伯人还没有铸造工业。到了欧麦尔时代，学到了新技术，开始铸造货币。640 年，欧麦尔发行了新的圆形银币，每枚重约 2 克，除了保存两种货币上原有的拜占庭和波斯的图样外，加上了反映伊斯兰意识的字样，如“感谢安拉”“穆罕默德是安拉的使者”等。

奥斯曼即位时，阿拉伯人已经占领了拜占庭帝国的属地叙利亚和埃及以及波斯帝国的大部分。这些地区早已进入了封建社会，阿拉伯人保存了这种既存的封建生产关系，并对其进行创新，最终形成了具有特色的阿拉伯封建制度。此时，阿拉伯贵族逐渐沾染了波斯、拜占庭统治阶级穷奢极欲的生活习惯，发家致富的思想急剧膨胀，土地私有的观念日益浓厚。奥斯曼逐渐废除了欧麦尔制定的各项制度，如放弃了土地国有的传统原则，允许穆斯林在叙利亚、埃及等被占领的地区购置土地和房屋；此外还废除了关于禁止古莱西贵族迁居半岛外的法令。于是古莱西贵族争先恐后涌到新扩张的土地上，广置房屋田庄，这引起了地产的集中和大地产的形成。另外，奥斯曼继续推行货币的伊斯兰化，新币加铸“安拉至上”的字样。

倭马亚王朝阿拉伯帝国的政治体制 661年，阿里的过世标志着麦地那哈里发时代（即伊斯兰历史早期时代）的结束。穆阿维叶出任哈里发后，开始了倭马亚人统治的时代。在新的时代，哈里发国家的政治体制由共和制迈向君主制。

穆阿维叶即位后，为适应哈里发国家很多臣民尚未皈依伊斯兰教的现实，改变了麦地那时代神权统治的政治原则，而实行非伊斯兰教化色彩的世俗统治。为使倭马亚家族独占至高无上的哈里发权力，679年，穆阿维叶宣布废除选举产生哈里发的传统原则，指定其子作为自己的继承人，首开哈里发家族世袭的先河。穆阿维叶因此区别于麦地那时代的诸哈里发，成为伊斯兰历史上的第一位君王。

初期，哈里发家族的世袭遭到穆斯林内部传统势力的强烈反对，伊斯兰世界的政治局面颇为动荡。到倭马亚王朝的第五代哈里发阿卜杜·马立克（685—705）时，哈里发国家重新统一，君主制得到加强。阿卜杜在位期间，辅佐哈里发治理国家的官僚机构主要有四个部门：税收部、档案部、军事部及驿政部。其中驿政部负责沟通首都大马士革与各地区之间的联系，并监察行省事务，被称作“哈里发的耳目”。各部大臣均隶属哈里发。此时，阿拉伯人几乎垄断了所有的军政要职，非阿拉伯人大都被排斥于国家权力的核心之外。地方行政依旧沿袭拜占庭和波斯帝国的原有制度，全国分为5个行省（初期为9个），哈里发任命总督（又称艾米尔）。行省的权力主要包括三个方面：军政、税收和司法。倭马亚王朝强化行省的权力分割原则，总督权力局限于军政领域；另设税务官，直接对哈里发负责，掌管全省税收。省下设县，总督有权任命县长，但需向中央报告。

哈里发国家幅员辽阔，遥远的距离和复杂的地貌限制了首都与各行省之间的联系，发达的驿政体系是沟通各个地区的重要方式。为强化集权统治，统治者对道路及通信建设十分重视，从大马士革到各行省都有大道相通，沿路配备驿站。一旦出现紧急情况，驻守各地的军队在接到哈里发的指令后，可迅速反应。倭马亚王朝初期，伊斯兰世界的语言差异巨大。哈里发国家在沿袭拜占庭和波斯帝国的原有体制时,往往任用被征服者参与管理,希腊语和波斯语充斥于各种官方文书,助长了政治生活的混乱。为强化阿拉伯语在政治上和文化上的优势,政府规定其为官方语言。凡官场交谈、官方文件以及伊斯兰教用语,通通使用阿拉伯语言。以上措施有力地推动了伊斯兰世界的阿拉伯语化进程,帝国内的部分民族逐渐被阿拉伯化,阿拉伯人政权的社会基础得以扩大,帝国的统治根基得以稳固。

需要注意的是,倭马亚王朝的集权是相对的,哈里发的权力仍然受到阿拉伯部落长老会议以及各行省总督的约束。尤其是在穆阿维叶时代,阿拉伯人并没有将他视作君主而是将其视为半岛古代的部落酋长,穆斯林几乎可以随意出入他的宫廷,向他诉说自己的疾苦并请他排解部族之间的纠纷。可以说,倭马亚王朝的阿拉伯帝国实质上是一个比较松散的政治联合体,哈里发只不过是各部落、民族和宗教等集团的共同首领而已。

经济 阿拉伯帝国的统一为社会经济的发展提供了保障。倭马亚王朝前期,哈里发政府采取了各种措施促进农业和商业的发展。

首先,农业方面:①倭马亚王朝大力发展农业,重视兴修水利。穆阿维叶奖励开荒并重视筑路造桥、开渠造河。欧麦尔二世时曾下令减轻土地租税,禁止农民服徭役,以减轻农民负担,促进农业发展。②封建土地制的发展。穆阿维叶下令把所征服的波斯帝国和拜占庭的国有土地、贵族土地及无主土地一律没收,发放给以哈里发为代表的全体阿拉伯穆斯林。被征服地区的农民在缴纳赋税的前提下,可以继续耕种原有土地。③伊斯兰“采邑制”的实施。哈里发将部分土地赐予本家族成员及其他阿拉伯贵族,据此收取地租,称作“卡塔伊”。卡塔伊地主又将土地交给农民和奴隶耕种,收取高额地租,而自己只向国家缴纳低额什一宗教土地税。由于卡塔伊允许自由买卖,后来实质上演变成了私有财产。④灵活的税收制度。由于阿拉伯帝国土地辽阔,各地的情况不一,所以没有全国统一的税收制度,大体说来分为三种:高额土地税、低额什一宗教土地税及人头税。阿拉伯穆斯林耕种公地者缴低额什一税;异族穆斯林免缴人头税,但需要缴高额的土地税及其他赋税;未改宗伊斯兰教而仍保持原有信仰的原住民,必须缴纳包括人头税和土地税在内的所有赋税。

其次,商业方面:倭马亚王朝统治阶级十分重视商业。哈里发下令修建桥梁、疏浚河流、开辟道路、整顿市场,极大地促进了商业的发展。为满足军需,政府鼓励开设商店,且修建商店所使用的土地一律免税。政府还十分重视商品的市价,不允许商人抬高物价,坑害人民,违法者轻则受刑,重则处死。在整个倭马亚时代,商业税都不算太高,小商贩则免税,因此商业活动十分活跃。

最后,货币的阿拉伯、伊斯兰化。欧麦尔与奥斯曼仅是在拜占庭、波斯货币的基础上进行伊斯兰化的。到了穆阿维叶时代,则仿效拜占庭货币,另铸伊斯兰新币,这是阿拉伯货币史上的重大变化。但是,穆阿维叶的货币在当时并没有统一流通,也没有流传下来。纯粹的阿拉伯—伊斯兰货币是 7 世纪末阿卜杜 · 马立克开始铸造的。马立克即位后,三次发行新币,新币在伊斯兰世界迅速推广,成为主要的流通媒介,使货币的伊斯兰化彻底完成。币制改革的成功体现了哈里发集权政治的发展,也为伊斯兰世界各地的交往提供了必要条件。

阿拔斯王朝的建立及其统治制度 倭马亚王朝后期,哈里发为了满足自己穷奢极欲的生活需要而对人民横征暴敛、残酷剥削,激起了人民的强烈反抗。帝国的各种矛盾再度尖锐,中亚、叙利亚、埃及等地爆发人民起义。公元 750 年,在什叶派和阿拔斯派的支持下,呼罗珊起义军击溃哈里发的主力,占领大马士革,颠覆了倭马亚王朝。阿拔斯开创阿拔斯王朝(750—1258),762 年迁都至巴格达。从此,伊斯兰世界的历史进入崭新的阶段。此时,阿拉伯血统已不再是决定人们社会地位的重要因素,非阿拉伯血统的穆斯林贵族开始崛起,成为伊斯兰世界的重要势力。哈里发国家不再仅仅代表阿拉伯人的利益,其统治基础发生了明显改变。此外,首都迁至巴格达后,波斯的专制传统及社会风尚对帝国也产生了重要影响。

阿拔斯王朝继承了倭马亚时代的行政制度,实行君主政治,历任哈里发皆是阿拔斯家族的成员。不过在倭马亚时代,哈里发的统治权力大都局限于世俗领域,较少干预穆斯林的宗教生活。阿拔斯王朝建立后,哈里发积极介入宗教事务,渐渐将统治权力伸向宗教领域。哈里发不仅负有保卫伊斯兰世界的神圣使命,而且成为全体穆斯林的宗教领袖。对于哈里发的任何冒犯,都被视作宗教意义上的亵渎。在此基础上,阿拔斯王朝建立起了一套高度发达的专制主义官僚体制。

哈里发是集宗教、政治及军事大权于一体的专制君主,他自称安拉的代理人,其权力是直接经安拉而授,神圣不可侵犯。他掌握对臣民的生杀予夺之权,成为国家权力的化身。哈里发集权政治的发展,导致了官僚阶层的膨胀。阿拔斯王朝沿用倭马亚时代的各官僚部门,又增设了审计部、警察部和平反院等机构,这便形成了规模庞大的官僚体系。新的官僚政体不再仅仅倚赖阿拉伯贵族,其官僚的构成既有阿拉伯贵族,也有波斯人,甚至还包括了具有各民族成分和各种宗教成分的人。由哈里发挑选亲信,担任最高行政长官,称作"维齐尔",即首相,辅佐哈里发处理各种事务。维齐尔的出现集中体现了官僚势力的增强和哈里发国家政治生活的深刻变化。首相之下设有各部大臣,掌管各部门的行政事务。地方上划分为24个行省,省下设县。各省总督往往由哈里发的亲信担任,执掌全省军政大权。总督任期不长,其频繁更替有助于削弱地方的离心倾向,使哈里发得以强化对行省的控制,从而保证了巴格达的集权政治。另外,哈里发严格控制帝国的财政,亲自挑选并任命派驻各省的财政总监及财政大臣。财政总监监督行省总督,直接对中央负责。

阿拔斯王朝建立后,进一步完善了倭马亚王朝时期建立起来的驿政体系,驿站遍布各地,驿道四通八达。行省设驿政长官,由哈里发直接任命,不受总督节制,主要负责管理全国的运输及通信事务,同时还兼有监督与侦察的权力。他们需向哈里发报告各地的财政税收、农业生产和农民的境况、钱币发行等,甚至监督军队和军事行动。法治也是哈里发实行统治的重要手段。阿拔斯王朝前期,在巴格达设立总法官,由哈里发亲自任命;行省法官则由总法官任命,独立行使审判权。各级法官大都由宗教学者担任,执行宗教法律。

军队是哈里发政权的强大支柱。倭马亚时代,哈里发国家主要实行民军制度,每个穆斯林平时各司其事,战时则驰骋疆场。阿拔斯王朝前期,新的职业化军队逐渐取代了原有的民军,成为哈里发集权政治的重要工具。它不再依赖阿拉伯部落,而是在各地征募,通过正规系统操练后,组成领受军饷的常备军和正规军。此外,哈里发还构建起了严密而庞大的警察组织,以维护社会稳定。直至9世纪中期,来自中亚的突厥奴隶(马木路克)在近卫军中占据了主要地位,逐渐取代了警察的职能,警察组织遂宣告解体。

到阿拔斯王朝后期,由于统治阶级千方百计地剥削人民,向人民征收名目繁多的税以维系帝国的专制统治,因此阶级矛盾不断尖锐,人民起义遍及全国;再加上统治阶级内部权力斗争激烈,哈里发集权政治逐渐被削弱,各行省总督则趁机扩大自身权势,拥兵自立,致使阿拉伯帝国分崩离析。公元1258年,蒙古军队占领巴格达,哈里发政权覆灭。煊赫一时的阿拉伯帝国走向灭亡,古典伊斯兰世界宣告结束。

经济 阿拔斯王朝建立之初,对前朝领地的没收政策,使哈里发一跃成为帝国的最大地主。第2任哈里发曼苏尔(公元754—775年)在位时开始实行土地分封,分封的土地分为两类:一是“占有的土地”,可以世袭,这占少数;另一类是“经营的土地”,只能用以经营,封建地主死后,必须将封地归还国家。分封制把大量荒地开辟为耕地,扩大了耕地面积;但由于封地主人只向国家缴纳低额税,自己却向农民征收高额税,这必然导致国家土地税收入大大减少,而封建地主的收入大大增加。到了王朝后期,哈里发的势力日益微弱,封建主的势力迅速扩大,以致形成了割据独立的局面。此时全国土地分为什一税地和贡税地两种,这改变了倭马亚王朝“按人定税”的租税制度而实行“按地定税”。阿拔斯王朝规定:不论何人占有土地,上缴赋税通通依据该地所应缴纳的税额,贡税地也改为按产额征税。此外,租税的形式则分为货币和实物两种。

阿拔斯王朝初期社会经济高度繁荣。此时,重商、轻农的传统观念得到了彻底改变,哈里发鼓励农业和手工业发展,帝国的经济模式开始转向包括农业、手工业和商业等在内的多元化经济模式。

阿拔斯王朝十分重视农业经济,重视兴修水利、开垦荒地。哈里发投入巨额财力改善农业环境,并且委派官吏专司水利事务和征收水利税。阿拔斯王朝时广泛地发展了灌溉事业,扩大了种植地的面积。全国各地兴农之风极盛,许多荒芜之地变成了良田,物产丰盛,主要农作物有棉花、小麦、水稻、大麦等。另外,帝国的园艺业也很发达,橄榄、苹果、西瓜、椰枣以及葡萄等都是普遍种植的园艺作物。各地区农业的迅速发展致使农业经济一度登上了国家收入的榜首。

另外,哈里发十分重视手工业的发展。游牧、商业出身的阿拉伯人曾视手工制作业为品味最低的谋生职业。因此,阿拉伯人在未跨出半岛大门之前几乎无手工业可言。而此时,手工业已受到王朝和阿拉伯帝国社会的普遍重视,尤其纺织业占有重要地位,布匹、绸缎、地毯、帽子等制品产销两旺;其他手工业如珠宝、玻璃、皮革及造纸等,也相当发达。8 世纪中叶时中国的造纸术传入阿拉伯地区,先是在撒马尔罕地区发展起造纸业,随后传入巴格达、埃及和西班牙,并由西班牙传播至整个欧洲。

重商的价值取向依然是阿拔斯帝国社会经济思潮的一个重要特点。工农业的繁荣以及帝国所垄断的连接东西的过境贸易,为商业的昌盛提供了便利。穆斯林商人活跃于三大洲之间,他们贩卖丝绸、宝石、金银、药材、香料、奴隶等。在我国的广州、扬州及泉州等地也留下了阿拉伯商人聚集的痕迹。繁荣的商贸带动了银行业的发展,至 9 世纪,帝国银行业已相当发达,大商人在银行里开有账号,交易往来都不用现金而是凭支票支付。

随着国内外贸易的发展,帝国的城市结构也发生了变化,由原来的军事城堡发展为市场和交易的中心。首都巴格达不仅是帝国的政治中心,也是世界的商业中心。巴格达水路交通发达,城里有繁多的专业市场,来自世界各地的产品如中国的丝绸和瓷器、中亚的红宝石等先被运到巴格达,再转销至世界各地。

4. 伊斯兰文化与其他文化的交流

阿拉伯人所进行的征服与扩张运动给辽阔的西亚、北非及西班牙地区带来了重要影响，即被征服地区和阿拉伯人之间发生了血缘和精神上的交融。各民族不同的思想、文化在阿拉伯世界中彼此影响、相互渗透和融会贯通，逐渐形成了一种兼容性很强的新文明——阿拉伯—伊斯兰文明。伊斯兰文明以巴格达为中心，向西传播到了北非和欧洲，向东则传到了印度、中亚、东南亚及中国，对世界文明的发展影响深远。

阿拉伯—伊斯兰文化的形成 阿拉伯—伊斯兰文化的形成与发展是一个不断吸收外来文化的过程，而其吸收外来文化的途径与他们的军事扩张是分不开的。经过长时期的"圣战"，至阿拔斯王朝时，阿拉伯穆斯林建立起了横跨亚、欧、非三大洲的大帝国，占领了叙利亚、埃及、西班牙等拥有灿烂古文明的地区，他们在与当地居民的交往过程中，接受了后者的物质和精神文明。帝国的政治日趋稳定、经济兴旺、交通便利，这一切为阿拉伯—伊斯兰文化的形成与发展提供了良好的保障。另外，为巩固伊斯兰政权和迎接其他意识形态的挑战，哈里发对境内五花八门的意识形态和文化传统采取了较为宽容的方针。当时，作为征服者的阿拉伯人的文化程度普遍较低，他们首先利用自己的统治地位向当地居民传播伊斯兰思想文化，定阿拉伯语为官方语言；而后则虚心学习被征服地区更高层次的文明，厚待那些学有所长的异族学者，尽力争取他们帮助帝国的经济、政治、宗教及各项事务的发展与协调。

帝国中央政府实施博采众长、兼容并蓄的文化政策，热心扶植科学文化事业。各种不同民族的文明在帝国得到深入交流和融合，其典型表现便是开展了把其他民族的优秀文明成果翻译成阿拉伯语的活动。这种翻译活动在倭马亚王朝时已经出现，但最初主要是个人自发的译述，缺乏系统指导和有序规划；到了阿拔斯王朝时期，帝国中央政府开始参与进来，组织策划了大量学术著作的翻译。许多阿拉伯人参与了这项文化活动，掀起了翻译古典文明成果的高潮，史称"翻译运动"。为集合全国之力更好地开展译述及科研活动，马门哈里发在巴格达创立了"智慧馆"，从各地搜集来的文化典籍被集中在这个帝国最高的学术研究中心。大量的译作中，对古希腊语著作的翻译占首位，其次是波斯语、梵语以及希伯来语著作等。

广泛的翻译运动使穆斯林学者受益匪浅，而翻译过程本身往往包含着文化的创造。通过这些高水平的译作，他们了解了希腊古典哲学、罗马法典、印度的数学与天文学、波斯的文学以及中国的印刷术、火药、造纸等，在此基础上创建了独有的伊斯兰艺术与法典、阿拉伯天文学、医学、哲学、化学、数学等，构建起了独特的阿拉伯—伊斯兰文化体系。

伊斯兰文化与波斯文化的交流 拥有古老文明的波斯地区很早便落入了伊斯兰教的统治，因此，波斯传统很快就在伊斯兰教社会中传播开来。在阿拔斯王朝迁都巴格达后，波斯专制主义的政治传统及社会风尚更是深深影响了伊斯兰教的政治和文化制度，穆斯林征服者的很多行政体系及经济制度都是仿照波斯萨珊王朝而建立的。波斯文化对阿拔斯王朝的文学作品也有显著影响，例如脍炙人口的《天方夜谭》（《一千零一夜》）就是在波斯的民间传说《一千个故事》基础上，再吸收埃及与印度等地的民间故事而写成的，它形象地再现了阿拉伯地区各族人民的民俗风情与社会风貌，批判了阶级社会的不公与晦暗，是世界文学宝库中耀眼的明珠，深深影响了其后的欧洲文学。

伊斯兰文化与希腊文化的交流 穆斯林对古希腊的哲学、科学和医学著作推崇备至，阿拉伯哲学便是在伊斯兰教教义学的基础之上，糅合了部分希腊先哲的理念而诞生的哲学体系。阿拉伯哲学家受亚里士多德、柏拉图的影响很深，一些哲学家比如金迪、法拉比力图调和柏拉图、亚里士多德和伊斯兰苏菲派思想。最后，调和希腊哲学与伊斯兰教的工作是由阿维森那完成的。可以说，穆斯林思想家汲取了古希腊哲学的精华，并对其进行了重新思考，使之适合自身的宗教信仰和特殊需要。除哲学之外，希腊的数学、天文学和医学也对穆斯林产生了强烈的吸引力。希腊人虽没有使用印度数字，却在处理代数和几何计算时提出了一些有力的推论，这对帝国的天文学和地理学的发展提供了支持。而希腊发达的解剖学则成为后来阿拉伯医学的基础。穆斯林学者很快便汲取了希腊的这些优良传统，将它们同从印度学到的知识融合起来，从而将这些学科的研究推进至一个新的阶段。

伊斯兰文化与印度文化的交流　印度的数学和医学对阿拉伯穆斯林的影响极大。9世纪上半叶，印度的零号及数字传至阿拉伯。第一个用印度零号及数字代替阿拉伯字母计数法的是花剌子密，他用印度数字编辑了最早的天文表，此后成为东西方各式天文表的范本。12世纪时，通过花剌子密的著作，印度数字符号，包括零传到欧洲，欧洲人因此称之为“阿拉伯数字”，后在世界范围内得到通用。穆斯林学者在印度数字的基础上发展出了令人瞩目的高等数学，在代数学、三角学和几何学方面都达到了很高的水平。比如，花剌子密所著的《积分和方程计算法》，是关于代数学的最早著作，直到16世纪一直是欧洲各大学的教科书，欧洲人了解阿拉伯数学、代数学都是以这本书为媒介的。阿拉伯人还极为重视医学，印度的医学因能治疗疑难杂症和其解毒药的优良功效而备受穆斯林推崇。阿拉伯医学家在吸收东西方古代医学尤其是印度医学成果的基础上，创造出了许多高水平的医学成就，对世界医学的发展做出了卓越的贡献。例如，阿拉伯医学的杰出代表之一拉齐斯在其著作《医学集成》中，便总结了印度、希腊的医学知识，并加入了许多新的医学知识，专业水准极高，可谓一部医学百科全书。阿维森那的《医典》则是当时世界上水平最高的医学著作，成为基督教欧洲的医学经典。

伊斯兰文化与中国文化的交流　在唐朝时期，阿拉伯帝国与中国在经济、政治、宗教及文化等方面来往密切。历史上，双方的来往主要是通过“两路”——海上的“香料之路”及陆上的“丝绸之路”实现的。随着阿拉伯商人的到来，阿拉伯—伊斯兰文化传入中国，并影响了中国文化的发展：郭守敬在修订中国历法时，参考了阿拉伯天文学家伊本·尤尼斯的观点；李时珍的《本草纲目》中也收录并记载了不少来自阿拉伯的药材与疗法。

在阿拉伯—伊斯兰文化在中国传播的同时，中国文化亦影响了阿拉伯—伊斯兰文化。8世纪中叶，中国的火药、指南针及造纸术传入阿拉伯帝国，再由阿拉伯传至欧洲，对欧洲社会产生了巨大影响。此外，在炼丹术中常常出现的硝石，被阿拉伯人称为“中国雪”。

以上不难看出，阿拉伯穆斯林经常性地与来自其他文明的民族相互交流，借鉴他们的文学、艺术、哲学和科学成就，并根据需要加以调整和改造，最终创造出异彩纷呈的阿拉伯—伊斯兰文化，为世界文化的发展做出了不可磨灭的贡献。

阿拉伯—伊斯兰文化的影响 阿拉伯—伊斯兰文化以伊斯兰教为核心，主动吸收外来优秀文化并加以整合，最终创造出一种独具特色的世界性文化，至今仍影响巨大。阿拉伯学者在哲学、艺术、科学及医学等领域成就卓著，他们的著作是世界文化宝库中的重要组成部分。

阿拉伯—伊斯兰文化继承了先圣的优秀文明成果，如古希腊、罗马文化；同时它通过发展与创新为近代文明的成长提供了借鉴与参考。因此，阿拉伯—伊斯兰文化在中世纪欧洲文化史上发挥了“承上启下”的重要作用。阿拉伯文化昌盛时期，西欧正处于“黑暗时代”，日耳曼统治者的混战和教会推行的愚民政策使古代希腊、罗马文明遭到毁灭，许多优秀的古典著作都被销毁，欧洲的科学文化在相当长的时间内处于停滞和落后状态。而阿拉伯学者却通过翻译运动保存了大量希腊学术著作，后来欧洲各国的学者又将这些阿拉伯文的著作译为拉丁文并传回欧洲，为欧洲学术界点亮了一盏明灯，奠定了欧洲近代自然科学发展的基础，同时也促进了文艺复兴运动的到来。

此外，阿拉伯民族的活动有力促进了东西方的文化交流及经贸来往，这也是阿拉伯—伊斯兰文化的另一大功绩，即“连贯东西”。所谓“连贯东西”，指的是伊斯兰文化在东西方文化交流过程中所承担的中间媒介功能。中国的重大发明如造纸术、火药、指南针等，印度的数学、棉花等，都是通过阿拉伯人传至欧洲的，这大大丰富了欧洲地区的经济文化生活，促进了当地的社会发展。虽然在传播过程中，难免有时仅仅是机械式的“搬运”，但更多时候则是经过了阿拉伯人创新改良后的传播，如十进位制、阿拉伯数字等。总之，阿拉伯穆斯林在沟通东西方文化的进程中，不仅是位高效率的文化使者，同时也在传播的过程中深化了伊斯兰教及其文化，并提高了阿拉伯人的国际声望，从而在中古文明史上留下了他们不同凡响的一页。

第九章

南亚与东南亚的文明发展

正如中国对于东亚一样，印度对于南亚和东南亚的文明发展也是至关重要的。在中古时代的印度虽然没有出现统一、强大的中央政权，但它却以强大的社会文化传统保持了作为一个民族的凝聚力，这也使得其历史发展具有了独特的色彩：中古时期印度的种姓制度和印度教决定了整个印度次大陆的文明进程与文化价值观的形成。到 11 世纪，伊斯兰教传入后，也与种姓制度和印度教一样，深刻地影响了印度社会。

在中古时代，博大精深的印度文化还促进了一个包括次大陆和东南亚在内的幅员广阔的大文化圈的形成。东南亚大部分地区的统治阶级都效法印度的政治体制和治国方略；印度商人将印度教和佛教传到了东南亚，后来他们又把伊斯兰教带入了东南亚，这对东南亚历史文化的发展产生了深远影响。而且在中古时代，整个印度洋地区经济联系日益紧密，逐渐形成了一个庞大的环印度洋经济贸易网。虽然这个区域内的国家大多保持了各自独特的政治文化发展模式，但是大规模海运的组织和发展却使得印度洋周边地区人民之间（甚至他们和中国的）的贸易交往达到了前所未有的繁荣程度。

1. 印度诸王国的宗教与社会制度

北印度的印度教诸王国　6 世纪中叶，印度的笈多王朝最终崩溃，从此北印度进入了漫长的政局动荡、混乱无序时期。期间，来自中亚的游牧民族频繁入侵北印度，并对当地经济文化发展造成了巨大的破坏,北印度的实际政治权力迅速转移到游牧入侵者和割据的地方政权手中。整个中古时代的北印度一直处于政治分裂的状态,直至16世纪莫卧儿帝国的建立。

但是在这一时期,印度人建立统一国家的理想并没有完全消失,在7世纪上半叶,戒日王曾在北印度大部分地区重新实现了短暂的统一。他的王国原来位于恒河下游的河谷地区,经过励精图治、发奋图强,他指挥大军在北印度东伐西讨,征服了大量的割据政权。戒日王笃信宗教并且乐善好施,虽身为佛教徒,却对其他宗教非常宽容。他曾多次在统治区内巡游,监督其政令的执行情况,并亲自主持所到之地的法庭,倾听申诉,伸张正义。他还建立医馆,为国民提供免费的医疗服务。中国僧人玄奘在戒日王统治期间曾游历北印度,他高度称颂戒日王慷慨施舍国民的行为。此外,戒日王还积极资助学者,鼓励学术研究,甚至自己抽出时间来写剧本。但是玄奘的记载也表明,他统治期间佛教正在衰落,印度教重新占据了优势。而且因为统治时间不长,戒日帝国的法律和秩序远不如笈多王朝完善,甚至戒日王自己也曾经两次在巡游途中被盗匪抢掠。

戒日王虽然声名显赫一时,但自笈多王朝垮台之后,印度地方割据政权的势力已经稳固,戒日王无法完全征服他们,而主要是依靠个人威望和勤于施政来维持自己对松散帝国的统治。所以,当他遇刺身亡后,他的帝国马上就瓦解了,北印度又回到地方领主割据的局面下。

伊斯兰教的传入和德里苏丹国的建立 在中古时代,伊斯兰教主要是通过通商和战争这两条途径传入印度的。穆斯林商人控制了印度与西方各地的贸易和海运网络,他们在印度沿海的各主要城市都建有穆斯林社区,并与当地人通婚,而且逐渐融入了以种姓制度为主要特征的印度社会。其中,自古以来就有经商传统的古吉拉特邦是穆斯林比较集中的地区,他们多聚集在港口城市坎贝从事贸易活动。

在穆斯林商人把伊斯兰教传播到南北印度沿海地区的同时,阿拉伯征服者也通过战争的手段把伊斯兰教传入了信德以及北印度的广大地区。早在7世纪中叶,阿拉伯军队已进入印度;711年,信德被不断扩张中的阿拉伯帝国吞并。信德位于阿拉伯帝国的边界，且印度教、佛教徒居多，伊斯兰势力比较弱。因而在与阿拉伯行政长官的长期斗争中，当地的政治精英逐渐在信德省的大部分地区重新确立了印度人的权威，但是伊斯兰教却在信德地区扎下了根。

来自中亚的、皈依了伊斯兰教的突厥语系民族的入侵与移民则更是充当了伊斯兰教传播的急先锋。阿富汗突厥人的领袖马哈茂德被称为“伊斯兰教之剑”，他利用北印度地方领主间的争斗，兼并了西北印度和旁遮普的许多地方政权。在进行军事掠夺的同时，他还强迫当地居民改宗伊斯兰教。12 世纪晚期，马哈茂德的继承者开始了更大规模的征战，他们先后夺取了旁遮普、印度斯坦（恒河流域）和孟加拉等地，并建立了一个伊斯兰国家——德里苏丹国。德里苏丹国定都于德里，这里是旁遮普通往恒河流域的交通枢纽。从 1206 年开始一直到 1526 年，德里苏丹国在北印度统治了三个多世纪。虽然德里苏丹国的建立者是伊斯兰事业最重要的推动者，其后继的统治者却比较宽容，不再强迫印度教徒改宗，而是要他们缴纳“异教徒”特别税。14 世纪，德里苏丹国是伊斯兰世界最强大的国家之一，然而它没有常设的官僚体制或行政机构；而且这个国家的统治者内斗不断，苏丹经常死于非命；一旦苏丹死亡就会被认为是争夺权力的绝佳机会，又引发出新的内斗。无休止的宫廷斗争不断削弱德里苏丹国的政治统治，以至于其国家权力仅能够在德里地区行使，它对南印度的多次讨伐皆无功而返；即使在北印度，其统治也仅是徒有其表，政策能否实施要取决于地方领主是否愿意配合。

南印度的印度教诸王国 尽管南印度也处于地方割据的状态，却没有像北方那样遭受外族侵略。这里的印度教国家往往领土狭小、管理松散，其国家政体多建立在半分封的统治状态之上，而且国家间时常发生局部战争。但是，南印度各国的冲突规模不大，破坏程度也比北印度小，所以能在大体上维持社会的和平和安定。但在南印度的这些割据政权中，却有两个王国通过扩张而崛起，并且获得了对南印度大部分地区的统治权，这两个国家分别是朱罗和维查耶纳加尔。

获利丰厚的海上贸易和强大的海军使得朱罗人在其统治的数

百年中具备了进行大规模扩张的力量。同时,朱罗陆军征服了从德干高原中部到半岛南端的大片领土。在1025年打败了东南亚室利佛逝帝国之后,朱罗海军成为邻近海域最强大的海上力量,尔后他们还侵入锡兰;同时,由贸易利润武装起来的朱罗海军还控制了从南中国海到阿拉伯之间的广阔水域。然而,朱罗统治者并未建立起一个高度集权的国家,他们允许地方和村镇管理机构拥有一定的自治权。到了12世纪,朱罗王国逐渐衰落,虽未完全覆灭,但到13世纪初,朱罗王国的领土和势力已经大为缩小了,和南印度诸多地区性小王国已无差别。

印度教的维查耶纳加尔王国兴起于德干高原。1336年它由从德里苏丹国叛逃的哈里哈拉和布卡两兄弟建立,曾在历史上盛极一时,其国王克里希纳·德瓦·拉亚曾把帝国的成功归因于赢得了众多少数派族群的爱戴。他们的统治者运用高明的政治策略安抚了印度教徒和穆斯林教徒,使他们和平共处。维查耶纳加尔王国的人口近50万,是南印度的霸主,兴盛于14世纪中叶至1565年。与帝国同名的首都是当时印度最壮丽的城市。维查耶纳加尔最终被北方袭来的莫卧儿人征服。

种姓制度的强化　在中古时代的印度,政治上的分裂、动荡和频繁的外族入侵也影响了印度社会关系的变化,这明显地体现在种姓制度的强化和它所产生的一些新变化上。同时,严格而又具有弹性的种姓制度也正是通过这样的适应性变化,更好地发挥着其维护社会秩序的作用。

笈多王朝崩溃后,印度一直处在政治分裂的状态。许多地区性王国的统治者并非刹帝利出身,夺取政权后,为了巩固统治,他们往往需要依靠婆罗门阶层为其编造家谱以便能跻身于刹帝利种姓(例如《大唐西域记》讲到,羯若鞠阇国、波里夜旦罗国国王是吠舍种姓,秣底补罗国、信德国国王是首陀罗种姓)。作为回报他们往往给婆罗门阶层优厚的布施,这样婆罗门的社会地位就陡然提升了。神庙则是婆罗门权力的集中体现,婆罗门往往不仅具有宗教特权,而且还因为经营地产和投资商业而获利颇丰。在南印度的朱罗王国等地,婆罗门还掌握了一些基层自治权,这就使得婆罗门不仅在精神文化层面保持特权,而且在经济和政治领域也享有特权。而那些获取了王权或地方统治权的、非刹帝利的统治者既然都要千方百计地跻身刹帝利种姓,也使刹帝利的统治权得到了确认,因而刹帝利的地位也大大提高了。这样,经济利益的一致性使婆罗门和刹帝利紧密地结合起来,他们都认识到种姓制与自己切身利益密切相关,所以共同热衷于维护种姓制度。

在此背景下,种姓制度被大大强化了,这集中表现在对首陀罗种姓的严格限制和贱民阶层人数的扩充上。这一时期,首陀罗虽然在一定限度内被允许参加宗教生活,但仍然被禁止听诵和学习吠陀,并且不许进入神庙。以往在婚姻、饮食方面的限制不仅被保留下来,而且更为严格。这一时期的印度法论把高级种姓接受首陀罗食物、与首陀罗同坐一条板凳都视作被玷污。随着种姓制度的严格化,不少被认为违背婚姻戒规的人受到惩罚,其所生的子女则沦为贱民,永世受苦。因而贱民的数量在此时也大大扩充了。

这样,不论一个人的经济及政治地位发生怎样的改变,其种姓地位却始终不能有任何变动。这就成了印度种姓制度最突出的特征,也是它加之于社会流动性上的桎梏。不过提升自己的社会地位是人所固有的天性,出身低级种姓的人自然不会甘心处于屈辱的地位。在别无出路的情况下,人们只好在种姓制度之内,通过它所许可的途径来寻求自己地位的向上提升,这就是"梵化"的途径。

"梵化"的理论是印度学者斯里尼瓦斯提出的,作为一种社会现象,它大量出现在近代以后,但其实在中古时代它已经开始了。"梵化"是指这样一种现象:许多出身地位较低的亚种姓人士出于改变自己社会地位的目的,有的宣称自己原本是从事其他种类的职业,地位也较高;有的直接宣称自己原来是高种姓的成员,只是由于种种原因,才沦为今天的种姓。这样返回原来的种姓就成了他们的目标,而达到这一目标的方法就是遵守种姓制度的规定,严格模仿目标种姓的生活习惯,服从该种姓的戒规,遗弃现有的与该种姓不相符合的生活方式。这样,他们实际上是希望以整个种姓成员的自我约束和不懈努力争取自己种姓社会地位的普遍提高,并使得这一改变被其他种姓所认可。在根深蒂固的种姓制度之下,既然个人努力不可能改变自己的种姓，低种姓的人们只能谋求以种姓为单位的集体改变了。从现有的材料来看，通过“梵化”的途径改变种姓的个别例子也是存在的，但这往往需要其他因素的配合。比如，他们的经济地位上升了，别人只能承认其改变种姓的努力。但总的来说，这种“梵化”的道路是很难成功的，往往仅是在原有地位上有所改变，变得与原亚种姓有所区别，从而成为原有瓦尔那之下的一个新出现的亚种姓。这是因为，在等级森严的种姓制度下，没有一个亚种姓愿意其他亚种姓的地位高于自己，高级种姓则更不允许低级种姓闯入他们的群体。所以，不论一个亚种姓在“梵化”的道路上多么用心良苦，要想得到所有其他种姓的承认是难上加难的。所以“梵化”的道路是很难走通的，而“梵化”这一社会现象的出现也体现了印度种姓制度的强化。

社会功能　中古时代的印度，在种姓制度强化的同时，也出现了外族入侵和移民、伊斯兰教的兴起、经济发展和城市化等一系列社会问题，这都对古老的种姓制度产生了巨大的挑战。因而，印度中古时代的种姓制度也不得不有所改变，以便能适应新的社会环境。种姓制度的这种调整和适应使其结构更加复杂并富有弹性，也使它最终能够逐渐扩展到南印度的广大地区。在印度没有强大的中央政权的环境中，种姓制度确定了每一个社会成员的社会地位和社会角色，并规范了其人际关系的形成，从而行使了维护特定地区社会秩序的功能。

中古时代的种姓制度深刻地体现了当时印度社会的巨大变化，这首先体现在它对新移民的接纳上。当突厥移民和穆斯林商人来到印度时，在种姓制度的规则下，他们作为一个特殊的族群建立了各种准则，并规范了自己族群内部的行为，同时也规范了其成员与其他族群的交往行为。经过几代之后，他们的后代便被印度社会同化了。所以说，种姓制度可以促进外来移民更快地融入印度社会。

种姓制度也适应了中古时代印度的社会变化。与政治上的分裂割据相反，中古时代印度的经济和贸易获得了很大的发展，这集中体现在商业贸易和手工业的繁荣上。印度具有弹性的种姓制度很好地容纳了这样的社会变化。种姓制度通过对大规模人群的职业、行为以及人际关系的约束来维护社会秩序,在由这种约束形成的社会秩序下,与个人身份更为相关的是被称为"阇提"的亚种姓,它是以职业行会的形式得以体现的。当商人和手工业者拥有了相当多的财富后,他们在社会经济中的作用就会大为增强,于是专门从事某一行业的商人和手工业者也就自成为一个独立的"阇提",他们建立了有很大影响力的职业行会,这使得他们甚至能够在政治和文化上发挥较大作用,并更有力地推动整个社会的经济发展。同时,作为行会成员的个人也在种姓制度内找到了自己的社会身份。

与此同时,中古时代印度种姓制度的地理范围也扩大了,这主要表现在种姓制度在南印度的确立上。经济发展加强了南北印度的商业联系,也使南印度了解了种姓制度。随着商业贸易和手工业的发展,南印度的商业和手工业者也组成了许多行会,形成了不同的"阇提"。同时,掌握了南印度地方基层政权的寺庙也鼓励这种种姓差别的发展,管理寺庙的婆罗门阶层更是种姓制度热情的鼓吹者。这样到大约11世纪时,种姓制度也成了南印度社会组织的主要基础。

2. 南亚次大陆的经济发展和环印度洋区域贸易

与政治上的分裂相反,中古时期的印度在经济和商业贸易上却稳步走向繁荣,农业产量持续增长,使大量人口从农业生产中脱离出来,进入工商业领域。贸易活动密切了印度次大陆不同地区之间的联系,同时也加强了印度和其他国家的经济交流并使环印度洋区域成为一个巨大的贸易网络。

南亚次大陆的经济发展 由于季风的存在,灌溉系统在次大陆的农业发展中起着重要的作用。北印度大地上河流密集,丰富的地表水有利于灌溉系统的修建。然而,南印度由于没有像印度河、恒河那样可用于灌溉的水源,所以修建灌溉系统至关重要。地方统治者往往把大量人力、物力投入到水利建设中,这些水利建设工程也确实对当地的农业发展发挥了巨大作用。

在整个中古时代,印度农业的发展不断推动其人口的增长。公元600年,即笈多王朝瓦解后不久,印度次大陆的人口数量约为5 300万人。到1500年,印度次大陆的人口已经约为1.05亿。人口增长推动了城市的发展,14世纪时德里苏丹国首都德里的人口达到大约40万人,其他许多城市——特别是港口和贸易中心如坎贝、苏拉特、卡里库特、奎隆和马苏利帕塔姆——人口一般也在10万以上。在南印度,由于农业生产的持续增长,城市的发展尤为迅速。

政治上的分裂并没有影响印度次大陆不同区域间的贸易繁荣。随着人口的增长,各种生产行业不断发展,各地区间和行业间的贸易不断增加。印度次大陆大部分地区的必需品和各种粮食都能自给,但特殊商品如铁、铜、盐、胡椒、香料和调味品等,则来自在广阔的次大陆各地区间不断发展的商业贸易。南印度和锡兰在这种贸易中获益颇丰。

朱罗王国政局相对稳定,其在东南亚的扩张也为印度商人和手工业者开拓了市场,卡里库特和奎隆正是在这样的贸易背景下繁盛起来的。

在南印度,经济的发展尤为迅速,朱罗王国在一定程度上对地方自治给予认可,这样村镇大都自己管理内部事务。寺庙在印度社会中也发挥了很大作用,寺庙曾组织生产、管理灌溉系统的运转以及收集余粮以备不时之需等。寺庙还为所在社区提供不同程度的教育服务。寺庙往往经营大量地产,拥有数以百计的雇员。寺庙主持们还维持所在社区的社会秩序,也为朱罗政府征缴税款。南印度的寺庙管理者同时也是财东,他们发放贷款、投资商业,带动了南印度的经济发展。商业行会也往往大量布施土地、钱财给寺庙,以密切双方的经济联系。寺庙管理者与商业行会的领导紧密合作推动经济和贸易的增长是南印度的一大特色,这对南印度的经济繁荣起到了非常重要的作用。

环印度洋的区域贸易　印度在中古时代的繁荣既来自于自身经济水平的提高,也有赖于环印度洋贸易区的形成。此时,自古以来就开辟的航线由于吨位不断增加的商船和规模不断扩大的商业组织而空前繁忙,使这一区域贸易的数量和价值都达到了前所未有的高度。最早的海上贸易是沿着印度洋海岸线进行的。在上古时代,航海者已经认识到了季风的规律。后来,人们建造更大的船只用于远洋航行,来自中国和东南亚的大型平底帆船甚至可以承载上千吨的货物。随着造船技术的提高,航海者可以凭借季风直航过阿拉伯海或孟加拉湾。但在帆船主导航运的时代,凭借季风航行的船只往往不得不在远方的港口等待数月,直到季风转向才能踏上归程。因此,当时的商人只能在海运航线间分段进行贸易。

由于贸易多是在航线间分段进行的,而印度又地处环印度洋区域的中央,所以印度自然就成了商品储运中心和贸易中转站,此时的印度出现了许多名扬海外的大型商业城市。来自东非和波斯的商人在印度的港口出售自己的存货,换取货物,乘冬季风西去。中国和东南亚的商人也在此交换商品,乘夏季风东归。印度以外的地区也出现了一些商业中心。波斯湾旁的西拉夫虽为沙漠所困,却因与中国、印度和东非的贸易而富甲一方。

在阿拉伯帝国以及中国的唐宋王朝统治期间,印度洋贸易空前繁荣。印度商人虽然也经常从事远洋贸易,但西印度洋的贸易却主要操纵在中亚的阿拉伯人手中。这时横贯印度洋的贸易也时有出现,中国宋朝的平底船甚至远航到东非海岸。在孟加拉湾和南中国海,马来人和中国人之间的贸易也异常繁忙。

环印度洋区域贸易的繁荣推动了市场导向型生产的发展。过去仅供应少数富有者的印度棉织品此时却因海外贸易而需求大增,为应对这种趋势,在高质量棉织品生产地周围兴建起了许多地区性手工业。而地区性手工业的繁荣又推动了印度的经济向市场化、专业化的方向发展,并加快了整个印度手工业的发展步伐。除纺织业外,中古时代印度的主要手工业部门还包括制糖业、制革业、采石业和制毯业。钢铁冶炼也是其重要的工业部门。各地商人也带来了各具特色的商品,如中国的丝绸、陶瓷,东南亚的各种香料,西亚的乳香、马匹和椰枣,东非的黄金、象牙等。而印度洋贸易网的繁荣又推动了各参与国生产的专门化和经济的发展,因而跨地域贸易推动了东半球大部分地区社会经济的发展。

3. 印度教的发展及其与伊斯兰教的冲突与融合

中古时代的印度在宗教领域经历着一场全面的变革。耆那教和佛教失去了众多的信徒,而到公元1000年以后,印度教和伊斯兰教完全在印度的文化领域占据了主导地位,这两大宗教分别在南北印度确立起绝对优势。

印度教的发展 在公元十世纪,印度教和伊斯兰教以许诺拯救虔诚的信徒为手段,逐渐吸引佛教徒改宗。突厥人在对印度的入侵中劫掠捣毁了大量佛塔和佛寺,这加速了佛教的衰落,尤其是1196年穆斯林武装摧毁了当时世界上最著名的佛教圣地那烂陀寺。从此,佛教在其诞生地迅速沦落为非主流信仰。

与佛教的衰落相反,印度教却因加强了虔敬仪式而日渐普及。印度教又名新婆罗门教,它是以婆罗门教为基础,融合了耆那教与佛教的某些理念,并吸收了部分印度的民间信仰,最终整合而成。印度教的形成是一个漫长的过程,始于4世纪的笈多王朝,经历了公元8至9世纪的商羯罗和罗摩奴迦等人的改革并最终成型。

在笈多王朝时代,婆罗门教就尝试着扩大其社会基础,摆脱其只属于某一特权阶层的狭隘性,这就使它具有了强大的包容性。但它仅是由许多宗教和信仰组成的大杂烩,并未形成像佛教和伊斯兰教那样完整的思想体系。因此,印度教没有产生公认的教祖,也没有形成统一的经典,甚至各个阶层的信仰理念及宗教实践也不完全一致。印度教有四大教派:即尸摩多派(传统主义派)、毗湿奴派、湿婆派和性力派。除这四大教派外,印度教还有许多较小宗派。总体而论,印度教的信仰大致涵盖以下要素:①信奉吠陀经典。②信奉多神教的泛神论。③相信业报轮回与灵魂解脱。虽然印度教以不同的仪式信奉着众多的神灵,却以信奉两位主神——毗湿奴和湿婆——的仪式为最多。印度教徒被许诺得到拯救,而且他们能接受许多新的仪式。这些仪式在南印度尤其普遍,个人或家族远涉千里祭拜他们所信奉的神灵。印度教徒认为在这些神灵背后还有一个最高实体,此谓“梵”。梵是超越时空的万物本原,亦是世间宇宙的至高主宰。印度教徒希望通过对这些神灵的信仰达到神秘的梵我合一境界,从而实现宽恕与拯救。随着信仰仪式的传播,印度教寺庙和神龛遍及整个南印度。此后,毗湿奴和湿婆崇拜在北印度的教徒中也像在南印度一样逐渐普及开来。

伊斯兰教与印度教的冲突与融合 印度教和伊斯兰教在各方面存在着明显的差异。从所信仰的神灵上来看,印度教是多神崇拜的宗教,崇拜众多的偶像;伊斯兰教则有着坚定的一神信仰,反对崇拜其他偶像。从救赎的途径来看,印度教徒把拯救视为从尘世轮回中解脱并达到梵我合一的境界,伊斯兰教则主张拯救源自先知穆罕默德的启示。从对生命终点的理解来看,印度教徒笃信轮回转世,穆斯林则期待末日审判。从习俗来看,印度教徒崇拜母牛,视其为多产的象征;穆斯林却有杀牛献祭的传统。印度教的宗教圣地是恒河和喜马拉雅山,而穆斯林每日却要向圣城麦加方向朝拜五次。印度教较多消极柔弱气质,伊斯兰教却极具进取刚健风格。此外,两教派在法律、典籍等方面也有诸多差别,这些都成为两大宗教激烈斗争的深刻原因。

同时,在征服次大陆的过程中,草创宏业的德里苏丹国为了稳固其统治,推行了非常严厉的宗教政策,他们常常一手拿剑,一手拿《古兰经》,逼迫次大陆的居民在死亡和改宗之间做出选择。此后,又对于不信伊斯兰教者征收高额特别税。统治者往往滥杀印度教徒,夷平印度教神庙。这些残酷的统治手段更加剧了两大宗教的矛盾。德里苏丹国的统治者还利用手中的政治权力大力传播伊斯兰教,而印度社会的贱民阶层和低种姓阶层为了改变自己的地位也乐意加入宣扬平等的穆斯林兄弟行列,这就使伊斯兰教在次大陆得以迅猛发展。到1500年,印度的穆斯林人口是2 500万——约为整个印度次大陆人口的1/4,这在印度教徒内心引起了极大的恐慌,印度传统文化的维护者更把这当作是对印度文明的致命威胁。

印度几千年来虽曾多次遭遇过骑马民族的入侵,入侵者虽强悍残暴,却大都没有高级复杂的信仰,所以很快就都被印度社会同化了。但这次的入侵者却不同,他们顽强地坚持自己的宗教信仰。印度教不仅无法同化伊斯兰教，反而遭遇到巨大的冲击，次大陆面临着伊斯兰化的危机。面对宗教迫害和贱民、低种姓阶层的改宗活动，印度教正统集团的保守性大大加强了，他们更严格地推行种姓制度，借助于注解传统经典以及在"法论"中制订新规，来更加严格地防范与非印度教徒的接触。这个时期这两大宗教的冲突与矛盾，一直影响到许多世纪以后印度历史的发展。

然而，两种殊不相同的文化传统自从在次大陆相遇以后，就不能不在彼此之间发生相互的影响，这种融合同时在印度教和伊斯兰教这两方面都有所体现。在印度教方面，一些具有神秘主义思想的穆斯林圣者越来越受到印度教徒的敬仰。印度教虔信运动的一些大师们，受伊斯兰教教义中民主、平等原则的启发，便像伊斯兰教苏非派的圣人一样宣传平等博爱思想。其中，受伊斯兰教影响最大的两个印度宗教领袖是卡比尔和那纳克。

卡比尔谙熟这两种宗教，虽然基于印度教的立场，但他具有坚定的一神论思想。他主张宗教宽容，其信徒既有穆斯林也有印度教徒。他认为，印度人和穆斯林突厥人是神用同一种黏土塑成的，湿婆、毗湿奴和安拉都是唯一宇宙主神的不同形象，这个神存在于每个虔诚的信徒心中。他对因种姓和宗教导致的偏见非常反感。他既批评印度教的祭祀仪式，也批评伊斯兰教的祈祷和斋戒，认为这不能使人的灵魂得以拯救。他认为唯一能使自已得到解脱的方式是虔信和使灵魂摆脱虚伪和残忍。作为卡比尔追随者的那纳克所创立的锡克教则更体现了伊斯兰教和印度教的融合趋势。锡克教强调要信仰唯一的真神，主张各种宗教本质归一。他们不拜偶像，宣扬业报轮回，并倡导修行；他们反对印度教的祭司制度以及任何形式的宗教仪式，更反对童婚及寡妇殉葬等陋习；他们希望穆斯林与印度教徒化解宗教冲突，并宣传"四海之内皆兄弟"的平等观念。锡克教公开批判种姓制度，反对印度教的"洁净""污秽"观念，在锡克教会里所有种姓在一起用餐。

从伊斯兰教方面看，由于接受了大批下层印度教徒的皈依，印度教的生活习俗和信仰也被带到了伊斯兰教之中，从而使印度的伊斯兰教也发生了许多变化。这样，本来反对偶像的伊斯兰教在印度教习俗的影响下也开始对圣者的墓冢巡礼和崇拜。印度教的神秘主义对伊斯兰教的苏菲派也产生了很大影响。德里苏丹国的统治者甚至鼓励学习印度教经典,并建立了梵语文献图书馆。一些穆斯林学者还钻研吠檀多哲学和瑜伽,另一些穆斯林则开始崇拜印度教圣者。更有甚者,有的穆斯林竟然接受了印度教徒的“萨提”和“乔哈尔”(拉其普特人的妇女集体自杀习俗)等风俗。而且,印度教的种姓制度也渗入了穆斯林群体之中,那些皈依伊斯兰教的印度教社会的低种姓阶层和贱民,仍分成互不通婚的集团;而且他们还保留了种姓制度的特点。

4. 伊斯兰教传入东南亚国家

一千多年来,印度曾对东南亚政治文化产生了重大的影响,东南亚人民借鉴了印度的政治制度和宗教形式并加以改造,以使之适应自己的需要。印度教、佛教、梵语著作和印度政治制度大多是由来往的商人介绍给东南亚诸国的。到了12世纪,以印度人为主的穆斯林商人在东南亚的重要港口城市建立了自己的商业社区,并传入了伊斯兰教。其后500年中,伊斯兰教逐渐在东南亚各地广泛传播,对东南亚的历史发展产生了深远的影响。

印度文化传入东南亚诸国　早在约公元前500年,印度商人就已经造访了东南亚。在公元后的最初几个世纪,印度商人已为整个东南亚所熟识,东南亚统治者也利用与印度的贸易获得的利润巩固自己的政权。与此同时,东南亚上层社会也逐渐熟悉了印度的政治文化传统,他们借鉴印度的政治经验,采取君主制作为政权的主要组织形式。虽然统治阶层对种姓制度并不感兴趣,仍然供奉东南亚本土的神灵,但他们接纳了印度教和佛教,同时印度文学和宣扬佛教世界观的论著也受到欢迎。

史书上所记载的第一个被印度影响的国家是扶南。扶南统治了湄公河流域的广大地区,同时还控制了克拉地峡,这就等于控制了中印两国间的贸易,从而为自己提供了巨额财富。随着与印度贸易的不断发展,扶南也受到印度政治、文化和宗教的影响。扶南的统治者使用梵语词汇“罗奢”自称，统治机构也模仿印度。同时，他们接纳了印度教，以更好地维护自己的统治。开始时印度的文化和宗教只是在统治阶层内部传播，一段时间以后，也被其国民普遍接受。6世纪时扶南王国毁于宫廷内斗和外族入侵。

此后，位于苏门答腊岛上的室利佛逝王国取得了东南亚诸国的霸主地位。室利佛逝是一个贸易王国，建都于苏门答腊岛的巨港，这里靠近东西方的交通枢纽——马六甲海峡。凭借着强大的海军，室利佛逝王国控制了一条不用通过克拉地峡而贯通整个中印两国的海运贸易路线，获利丰厚。随着中古时代海运量的扩大，室利佛逝王国富甲一方。大乘佛教很早就传入了室利佛逝，巨港因此而成为佛教的一个传播中心。直至11世纪，室利佛逝的霸权地位才被南印度的朱罗王国所取代。

室利佛逝衰落后，吴哥、新柯沙里和满者伯夷诸王国先后崛起并称霸于东南亚。这些东南亚国家各有特色：吴哥位于中南半岛上的柬埔寨，新柯沙里和满者伯夷都是爪哇岛上的王国。吴哥植根于陆上农业文明，其经济主要依赖于精耕细作的农业；而新柯沙里和满者伯夷则建立在海岛上，通过对海路贸易的控制，它们成为一方霸主。满者伯夷基本上是印度教国家，而室利佛逝和吴哥的王室则虔信佛教。不过东南亚的土著风俗依旧在每个国家中存在着。

在这几个国家中，吴哥的影响尤为突出。宏伟不朽的吴哥文明鲜明地体现出印度文化对东南亚的深刻影响。从9世纪起，高棉国王开始在吴哥建立首都。在来自印度的婆罗门顾问的协助之下，国王设计了宏伟的王城，其立意是要让所尊奉的神具有湿婆显圣的身份。整个城市的规划反映了印度教宇宙观所体现的宇宙结构，它的周围有城墙和护城河，因为宇宙被认为是被岩石和海洋所包围着。城市的正中央，在一个小丘上，建立了一座金字塔形的寺庙，代表着高高的喜马拉雅山中的神圣之地须弥山，据说湿婆在那里无休止地思考着如何维护宇宙的永恒秩序。大量其他寺庙成群地建筑在被视为宇宙中心的小丘上或其四周，整个城市建筑群的布局象征着国王和神之间融洽的关系，这也是人世和神界之间和谐的象征。它的意图是要保证王国和人民的兴旺，保证统治者的权威。当12世纪至

13 世纪高棉人逐渐接受佛教时，佛教寺庙也被添加进王城建筑群中。12 世纪时，高棉王又建造了一座规模较小但更为精巧的中心庙宇——吴哥窟。1431 年高棉人放弃了吴哥，因为该城已经毁于暹罗人的入侵。很快，雨林吞没了王城和吴哥窟。直到 19 世纪中叶，它们才重新展示在世人面前。

伊斯兰教对东南亚的影响 阿拉伯商人早在穆罕默德时代前就已经活跃在亚洲各地区之间的贸易中，他们把自己的商业网扩大到东南亚南部海岛的大部分地区，甚至向东远达中国沿海。但是在德里苏丹国建立后，皈依伊斯兰教的印度人成了在东南亚传播伊斯兰教的主力，这是因为对于长期沐浴在印度文明影响中的东南亚人来说，从印度人那里接受伊斯兰教感觉起来要比较容易一些。而以擅长贸易著称并皈依了伊斯兰教的古吉拉特商人更是这些印度人中的活跃力量。

在数个世纪里，传入到东南亚的伊斯兰教一直在外来商人组成的穆斯林社区里代代相传，而本地土著居民却对它没有什么兴趣。最终一些来自统治阶层、商业阶层的人士逐渐地接受了伊斯兰信仰。这些东南亚本土商人接纳伊斯兰教，与其说是为了至高的信仰，还不如说是为了方便与外来的穆斯林商人进行交易；而地方统治者对伊斯兰教抱有好感除了相同的原因外，还因为伊斯兰教的信仰使他们的统治获得了额外的、来自神授的合法性。这样到了 14 世纪末，东南亚南部的岛国首先变成了一大批伊斯兰教苏丹的集中地。15 世纪伊斯兰教在东南亚得到了大规模的扩张，这主要是由强大的马六甲王国推动的。马六甲位于马来亚西海岸，控制着通过马六甲海峡的航线。因为大多数从印度东来的贸易商船总是要避开苏门答腊岛和爪哇岛之间凶险的巽他海峡，这样选择通过马六甲海峡的航线就成了最短也最安全的路线。优越的地理位置使马六甲王国成为伊斯兰教向东推进的桥头堡。马六甲王国建立于 14 世纪末，优越的地理位置使之成为整个东南亚贸易网的枢纽，它建立了一支强大的海军以确保贸易航线的通畅和向来往船只课税。就这样，马六甲王国凭借着对海路贸易的控制而成为一大强国。建国初期的马六甲是一个印度教国家，但它很快就发展成为一个伊斯兰教国家,并资助了东南亚伊斯兰教的传教活动。到15世纪末,这门新宗教已将马来亚的大部分、爪哇北部沿海以及其他各岛屿沿海地区收归麾下,其中包括菲律宾最南边的棉兰老岛。在16世纪时,除了印尼的一些狭小、孤立的岛屿依旧保留着他们原始的精灵崇拜以及巴厘岛、东爪哇仍为印度教教区外,整个东南亚南部岛国普遍都接受了伊斯兰教。但是中南半岛上的大陆地区如缅甸、暹罗(泰国)、柬埔寨和老挝仍旧信奉佛教。

然而,处于东南亚独特文化环境下的伊斯兰教却不得不放宽某些原本严厉的教规,这一点特别表现在对待妇女的态度上,因为东南亚历来比其他文明地区更讲究男女平等。还有很多《古兰经》里的戒规在实行时也有了改变,其中包括饮食禁令、赖买丹月期间的严格禁食,甚至还有必须严格遵守的每天五次面向麦加方向祷告的规定。印度尼西亚如今已经成为世界上最大的伊斯兰国家,但是印度尼西亚人(还包括很多马来人)信奉的伊斯兰教被公认为是有别于沙特阿拉伯、伊拉克和伊朗的伊斯兰教的。

第十章

中世纪早期的西欧

“中世纪是欧洲历史上一个灾难性的时代”，这种说法曾流行一时。然而随着研究的深入，中世纪被称为“黑暗时代”的说法也被人们所抛弃。在蛮族的侵略下，西罗马帝国走到了生命的尽头。然而，一个生命的灭亡也意味着新生命的诞生。罗马帝国衰亡后，新的文明在其废墟上开始孕育成长。拜占庭的兴盛让西方文明在东方继续前行，西欧的土地上新的国家正在孕育，新的帝国时代即将到来。

1. 法兰克人国家

法兰克人属“蛮族”中的西日耳曼人，其语言属于印欧语系日耳曼语族，居住于北海沿岸和莱茵河下游地区。从4世纪起，在“民族大迁徙”浪潮的推动下，法兰克人开始向罗马控制的高卢地区（今法国）渗透。在法兰克人的部落中，萨利克法兰克人是其中重要的一支，其杰出首领克洛维统一了法兰克各部落，建立了墨洛温王朝（481—751）。在墨洛温王朝之后，法兰克人又建立了加洛林王朝（751—987）。查理大帝是加洛林王朝的第二代君王，也是法兰克人的伟大皇帝，他在位40多年，进行了50多次战争，将大多数西欧地区收入囊中，并为自己赢得了“罗马人皇帝”的桂冠。

墨洛温王朝　墨洛温王朝是法兰克人历史上的第一个王朝，因其创立者克洛维的祖父法兰克人部落的酋长墨洛温而得名。公元481年，克洛维的父亲希尔德里克去世，克洛维接替了他的统治。

公元486年，克洛维率军进攻苏瓦松地区的罗马残余势力。罗马的军事长官西阿格里乌斯率军抵抗，失败后逃到西哥特国王阿拉里克那儿避难。阿拉里克惧怕克洛维，将西阿格里乌斯套上镣铐交给了克洛维。至此，罗马在高卢的残余势力被彻底清除。

在分配苏瓦松战役的战利品时，一个被劫掠的主教请求克洛维归还一只圣瓶，克洛维答应了他的请求。但一个士兵却以战利品分成制为由反对，并且举起斧头砸碎了圣瓶。克洛维当时抑制住了怒火，但在一年后的一次阅兵中，克洛维以这位士兵的武器保存不当为借口，砍掉了他的脑袋，并说："你在苏瓦松的时候就是这样对待瓶子的。"此举树立了克洛维的威严，使士兵们对他更加敬畏。

法兰克人原来是多神崇拜者，树木、河流、飞禽、走兽等自然要素都是他们崇拜的对象。克洛维在建立墨洛温王朝后的很长一段时间里也是笃信原来的宗教。关于他改信基督教一事，格雷戈里在其《法兰克人史》中有这样的记载：克洛维的王后克洛提尔德是一位虔诚的基督教徒，她一直都在敦劝国王抛弃原来的偶像崇拜而信仰真正的上帝，但他一直没有答应。但情况在公元496年时发生了转变，这一年克洛维率军同阿勒曼尼人作战，交战中克洛维的军队节节败退。于是，克洛维高声向上帝发誓："耶稣基督……如果你赐予我胜利，那我就以你之名受洗。"在他说完这些之后，奇迹出现了，阿勒曼尼人迅速退去。事后，克洛维带领自己的全体战士皈依了基督教，法兰克民族也成为第一个皈依基督教的蛮族部落。当然，这段描述带有一定的神话色彩，但是这次皈依对巩固克洛维的政治和军事地位的意义是毋庸置疑的。

在克洛维的苦心经营下，他去世时法兰克已经成为日耳曼部落中最为强大、最富有活力的一支了。然而克洛维的英勇并未遗传给他的子孙，其后继者多是无能之辈，他辛苦创建起来的国家在其死后很快发生了分裂。后代为了继承问题无休止地混战，混乱的政局使得军事贵族的势力逐渐强大。蛮族的血液依旧在他们的身体里流淌，遗产平分的古老习俗使得王权越来越弱，王权甚至不如地方权力大。势力强大的军事贵族对王权日益离心，他们利用战乱从中谋利，甚至不断地变换立场，骑墙以左右政局。国王克洛塔尔二世

(613—629)就是在军事贵族的帮助下取得王位的,因此,他颁布了许多保障军事贵族权益的敕令,结果令其势力进一步壮大,其中宫相的实力更甚。宫相原本是管理宫中事物的服务人员,相当于宫廷的后勤总管。后来宫相的地位得到提高,集财产、军务、政务于一身。公元639年以后,墨洛温王朝彻底衰落,大权旁落宫相手中,国王成为不问政务、徒有虚名的“懒王”。因此,墨洛温王朝后期(639—751)也被称为“懒王时期”。

加洛林王朝 除王权和贵族势力的矛盾之外,墨洛温王朝还存在着宫相之间的斗争,具体表现在奥斯特拉西亚和纽斯特里亚两个地区的斗争。加洛林王朝的祖先梅斯的阿努尔夫和兰登的丕平(郝里斯塔尔·丕平),都是奥斯特拉西亚的显贵,之后两个家族通过联姻实现了政治联合。后来,丕平成为墨洛温王朝在奥斯特拉西亚王宫的宫相,掌握了行政司法实权,阿努尔夫则成为梅斯的主教。因为两人在墨洛温王朝的重要地位,阿努尔夫—丕平家族成了奥斯特拉西亚的主要政治力量,宫相一职为这一家族所垄断。公元687年,奥斯特拉西亚和纽斯特里亚发生军事冲突,丕平率兵打败纽斯特里亚贵族。这场战争使丕平成为法兰克王国的唯一宫相,为加洛林王朝的建立奠定了基础。

郝里斯塔尔·丕平的私生子查理(714—741)即位初期,法兰克王国的国内政局不稳,同时还面临阿拉伯人入侵的外部威胁。查理通过战争压制住了纽斯特里亚、阿奎丹和勃艮第的贵族,稳定了国内的政局。732年,查理·马特领导法兰克人击败了来自伊比利亚的穆斯林的入侵。战争的胜利不仅为法兰克人赢得了更多的领土和光荣,同时也使穆斯林认识到征服西欧是难以实现的,更重要的是这场战役为查理本人赢得了法兰克人的尊敬,由此他被称为查理·马特(铁锤查理)。加洛林王朝也遵循着法兰克人古老的习俗,领土也在男性子嗣中分割。上帝无疑是垂青于加洛林王朝的,接连几代加洛林王朝的男性继承人都只有一个人存活下来。741年,查理·马特死后,国土在两个男性继承人卡罗曼和矮子丕平之间瓜分。但是六年之后,卡罗曼隐退卡西诺山修道院,这样领土重新归于一人,历史在这一刻重新上演了。

尽管丕平拥有了全部的领土，但是一个问题同样困扰着他：因为他尽管握有实权，但并不是名义上的国王。如何改变这种尴尬的局面呢？教会进入了丕平的视野。早在克洛维时期，法兰克人就已经同教会建立了良好的关系。罗马帝国衰亡后，在几代教皇的努力下，罗马教会拥有了极大的权利，这也为双方的合作打下良好的基础。教皇扎加利一世收到丕平捎来的口信，询问一个没有权利的领袖能否被称为“国王”，教皇回答说丕平应该成为法兰克人的国王。751年，在苏瓦松，丕平接受了教皇的涂油礼，从此加洛林家族正式取代墨洛温的“懒王”，成为法兰克人真正的君主，加洛林王朝由此开始。

教皇的付出得到了很好的回报，公元754年，罗马的教皇领地遭到伦巴德人入侵，教皇斯蒂芬二世亲自前往法兰克向丕平求助。感念恩情，丕平在旁西昂的宫廷隆重接待了教皇，并欣然应允帮助教皇。斯蒂芬二世为示友好，赐给丕平“罗马贵族”的头衔。公元754年、756年，丕平出兵征讨伦巴德人，收回被其侵占的土地——罗马城及其原东罗马帝国在意大利的拉文那总督管区，并交由教皇管辖，史称“丕平献土”。世俗化的教皇国从此建立。

查理大帝　768年，丕平死后留下的是一个更为强大、面积更宽广的国家。他在临终前把自己的领土分给了两个儿子查理和加尔洛曼，法兰克王国出现了分裂的趋向。后来随着771年加尔洛曼的去世，查理成了法兰克王国唯一的君主，法兰克国家的分裂才因此得以幸免。

加洛林王朝的辉煌在丕平之后得到了更大的发扬，这个人就是查理大帝(768—814)。在历史学家的笔下，查理的形象高大威猛，有6.35英尺高(约1.9米)，脖子粗壮。延续着父辈的征服政策，查理凭借着杰出的军事才能南征北战，将法兰克王国扩大为一个囊括欧洲绝大部分地区的大帝国。

对阿奎丹的战争是父亲丕平发动的，也是查理所经历的第一场战争。查理取得了战争的最后胜利，兼并了阿奎丹的土地，完成了父亲未竟的事业。尔后查理应罗马教皇的请求于公元773—774年发动了对伦巴德人的战争。虽然当时的形势极为不利，法兰克人内部并不团结，一些首脑人物甚至极力反对查理，但是查理还是毅然发动了战争。774年，法兰克人彻底征服了伦巴德人。从此，伦巴德被纳入加洛林家族的管辖之下，查理也被称为“法兰克人和伦巴德人的国王”，教皇的权力也得以交还。

与德国北部萨克逊人的战争是查理发动的持续时间最长、最为重要、也最为残酷的一场战争。战火持续了三十多年（772—804），双方都损失惨重。这个野蛮的民族并没有轻易在查理武力的威胁下屈服。对于查理而言，与撒克逊人的战争意义重大，一来可以为法兰克王国的莱茵河地区提供保护，同时可以争取更多蛮族皈依基督教。在武力之下，撒克逊人接受了洗礼。但是接受洗礼并不意味着他们的臣服。只要法兰克人一走，他们就起身反抗。查理曾亲自指挥了德特莫尔德的奥斯宁战役和哈萨河畔的奥斯纳布吕克战役，这两次战争之后，被打败的撒克逊人不敢再公然挑战，甚至不敢反抗了。查理最终使萨克逊人真正臣服，并接受了他提出的条件，也接受了基督教的洗礼，融合成为法兰克人的一员。历史证明查理的努力没有完全白费，到了10世纪，萨克逊成了基督教势力最强大的地区之一。

紧接着，查理发动了对阿瓦尔人的战争（788—796）。在这场持续8年之久的战争中，阿瓦尔人伤亡惨重。法兰克不但人员损失很少，而且由于掠夺阿瓦尔人而大发横财，据传加洛林军队掠夺的财富用了15辆4头牛拉的货车才运完。这样，法兰克人加强了对东部边界地区的控制，确保了帝国在该地区的安全。查理还对德国南部和法国西南部进行征讨以巩固其统治。此外，为了确保法兰克南部边疆的安全，公元778年，查理发动了对西班牙的战争。虽然战争并未获得预期的成功，但却在西班牙北部建立起一个边境国——西班牙三月国，并迫使该国承认了他的主权。对北欧人的战争是查理进行的最后一场战争。因为他的去世，这场战争最终未能取得成功。

这样，在位的47年间，查理经过征战将法兰克国家的版图扩大了近一倍，今日的法国、德国、瑞士、奥地利、几个低地国家、意大利的大部分地区都统一归属于他的领导之下。法兰克国家也因此成为自罗马帝国衰亡以来欧洲领土面积最大的国家。

在位期间,查理一直与罗马教皇保持着密切的联系,对基督教态度虔诚并极力扶持,教皇也对他全力支持。公元800年11月24日,查理进入罗马。一个月后,也就是圣诞节那天,当查理身着罗马贵族式的斗篷和草鞋,跪在圣彼得教堂神坛前做弥撒的时候,利奥三世给他戴上了金色皇冠。罗马骑士们依照古代罗马君主加冕的仪式,三呼:"奥古斯都查理,承上帝之命,致和平的罗马人的大帝万岁!"查理因此被称为"罗马人的皇帝"。这一事件具有重要意义,首先此举暗示了拜占庭女皇帝艾琳的皇帝头衔毫无意义,同时也意味着查理的帝国重新延续了西罗马帝国的香火。这也标志着——自丕平和罗马达成协议之后——法兰克和教会之间的同盟终于有了圆满的结局。公元814年,拜占庭承认了查理的这一称号,"查理大帝"的称号由此产生。

然而,根据史料记载,查理本人对此并不乐意,他说:"哪怕他预料到教皇的举动,并且尽管这一天是盛宴之日,他也不愿意进教堂一步。"这种说法受到史学家的质疑,但此后查理确实一直保留着"法兰克人和伦巴德人之王"的头衔。813年,71岁的查理让儿子路德维希到达亚琛,亲自给儿子举行了加冕礼。而这一过程,教皇并没有参与。尽管利奥三世对此极为不满,但是当时查理大帝的权势让他也无能为力。

查理以武功见长,但他在文化方面的贡献也为人乐道。为了提升帝国的学术水平,查理到处招纳贤才。来自法兰克东部的查理曼的传记作家艾因哈德、圣卡西诺山的诗人兼史学家保罗、伊比利亚的诗人狄奥多夫都归于其麾下,其中最著名的学者是来自英格兰的阿尔昆。阿尔昆负责管理"宫廷学校",这里的学生不仅包括高级贵族和青年才俊,还有查理本人以及他的子女们。789年颁布的《法令集》规定:"必须建立学校,以便儿童学会阅读。"尽管很多修道院和教堂不能达到要求,但是这一举措切实提高了就学率和教育质量,在修道院中培养了大量人才。其中最著名的就是瓦拉弗里·史特拉博,他6岁就成为一名著名诗人,21岁应招入宫,去了亚琛,成为查理的孙子"秃头"查理的老师,并在其后的历史中扮演了重要角色。

除了基督教教育之外，阿尔昆还和其他学者为整理古典基督教文化典籍做出了重要贡献。新的书写体"加洛林书写体"使得阅读更为便利，这种书写体使用更多的标点，单词之间加了空格，还引进了大小写字母。这种改进使更多的人学会阅读，简便的写法也使它流传更快。尽管加洛林王朝重新发现了古典著作，但是他们并没有获得希腊和罗马的精神；这一时期学者们也没有进行独立的哲学思考，或者寻找新的知识。但是，加洛林王朝的文化复兴扭转了中世纪初大部分时期内文化衰退的趋势，这为12世纪文化复兴打下了坚实基础。

查理死后，其帝国被三个儿子瓜分。因其中的两子早亡，公元814年，虔诚者路易继承了全部的帝国遗产。然而，路易并无政治手腕，在军事上路易也未能像他的父亲一样继续开拓帝国疆土。因此，路易无法对这个庞大的帝国实行有效管理，他不仅要对付那些法兰克大贵族，同时还要应对三个儿子的叛乱。路易死后，加洛林王朝的局面越发混乱，三兄弟打得不可开交，日耳曼人路易和秃头查理联合起来，共同反对继位的罗退尔。在罗退尔被彻底打败之后，三兄弟于公元843年在凡尔登缔结条约，将查理曼帝国一分为三，罗退尔仍袭帝号，分得意大利北部、中部以及莱茵河和阿尔卑斯山以西，及埃斯科（斯海尔德）河、索恩河、默兹河和罗讷河以东地区，为中法兰克王国，即后来的洛林；秃头查理分得洛泰尔领地以西地区，为西法兰克王国；日耳曼人路易分得莱茵河以东地区以及巴伐利亚，为东法兰克王国。东、西法兰克王国分别发展成为德国和法国，洛林发展成为意大利。

2. 欧洲的封建制度

蛮族的入侵导致了罗马帝国的崩溃，西欧文化遭遇了毁灭性的打击，西欧历史呈现出了某种程度的倒退。然而，正是在中世纪，新的封建制度在罗马、日耳曼和基督教三种因素的相互作用下产生并发展壮大。墨洛温王朝和加洛林王朝时期是欧洲封建制度形成的关键时期，法兰克诸王所采取的一系列政治、经济措施适应并推动了封建化的历史进程。

罗马文明对欧洲封建制度的产生影响之巨大，表现在多个层面。首先，《罗马法》的精神和原则对法兰克人以及其他蛮族的法典影响巨大。其中，法兰克人的《萨利克法典》便是罗马文明与日耳曼因素相结合的典型。这部以法兰克人习惯法为基础的法律，如实地反映了法兰克社会的经济和生活情况。虽然没有关于土地私有制出现的记录，但是可以从中窥见法兰克从氏族公社向土地私有过渡的迹象，而公社——“马尔克”就是实现这一过渡的载体。其次，在罗马社会中，争取土地所有权历来是平民斗争的重要主题，土地的私有制是罗马社会传统的观念之一，这对法兰克人私有观念的产生影响很大。此外，由于公元3世纪的奴隶制危机，罗马奴隶制大庄园里的农奴丧失了人身和经济的独立，最终成为介于自由民和奴隶之间的依附民，这在一定意义上成为中世纪农奴的雏形。最后，罗马的行省制度对欧洲的封建制度也有很大的影响，因为行省的总督既是行省中的最高长官，又握有军事、民政和司法等大权，因此他们往往是导致地方分裂割据的重要因素，而分裂割据恰恰是封建社会的重要特征。

日耳曼的传统也是促进封建制度形成的重要因素。在日耳曼民族中存在着古老的个人忠诚的观念，其具体体现就是军队中的战士对首领的忠诚。这种忠诚理念成为封建制度中附庸对领主效忠的前身。此外，日耳曼人的马尔克公社制度及公社成员分得份地的传统也为法兰克自由小农的出现提供了条件。

西欧的基督教也是促进欧洲封建制度形成的必不可少的因素。在中世纪早期，欧洲的政局混乱，维护稳定为国家和人民所急需，基督教恰好起到了维持社会秩序、抚慰人心的作用。与此同时，基督教还是日后教化日耳曼民族的工具，因而也成为罗马古典文化和日耳曼文化之间的联系纽带。另外，国王们对教会和修道院的赏赐，也使得教会成为西欧最大的封建主。总之，在罗马、日耳曼和基督教三种因素的共同刺激下，欧洲的封建制度在法兰克国家中开始萌芽。

欧洲封建制度的形成过程始于罗马帝国末期，起初发展缓慢，后来法兰克人的入侵加速了这一进程。在征服高卢的过程中,克洛维没收了罗马皇室和部分奴隶主的土地,将之分给自己的亲兵,使这些亲兵成为新兴的封建地主阶级。于是,法兰克国家原来的马尔克公社逐渐被新的封建王国所取代。但后来随着法兰克人征服规模的扩大,国王们不断把新征服的土地连同土地上的人民赠给了自己的部下、主教及修道院长,这就是所谓的“赠地”。随着赠地规模的扩大,地方大贵族的势力逐渐增强而王权却日趋衰落。结果,墨洛温王朝的继任国王们纷纷沦落为没有实权的“懒王”。

为了削弱大贵族势力、巩固自己的地位,也为了维持法兰克国家的长治久安,宫相查理·马特开始实行采邑制。采邑制是一种附有义务的土地分封制,其主要内容是:查理·马特将没收来的贵族和教会的土地作为“采邑”(即“恩赐物”)恩赐给自己的臣属。这些采邑接受者应该向赐予者宣誓效忠,并承担一定的骑兵兵役。采邑分封所得的土地只能终身使用,不得世袭。这一制度的推行导致了封建领主土地所有权的巩固和扩大,因而推动了法兰克王国封建化的进一步发展。但是,封建化发展的结果却有违查理·马特巩固国家统一的初衷,因为这种制度促使了封建贵族势力的进一步强大,王权则被进一步削弱。

查理·马特的儿子矮子丕平为了缓和与教会的关系,改变了其父亲没收教会财产的做法,承认分封给教会的采邑为教会的财产(即“王命恩地”),但是教会的采邑仍然不能世袭。

矮子丕平的儿子查理改变了采邑的方式,使其性质发生了根本性的变化。在对外征战的过程中,查理常常以“特恩权”的方式将地方的行政、司法大权赐封给封建贵族和教会,以换取他们的支持。在查理帝国建立之后,为了巩固国家的统一和自己的统治,查理大帝对地方展开行政改革。一方面,他将帝国分成 90 多个伯爵辖区,从贵族中任命伯爵进行治理;另一方面,他在边界地区设边地侯以主持当地防务。这些官员在当地拥有行政、司法、征税以及指挥军队等特权。为提高边地侯的经济实力,以便能与当地大封建主们抗衡,查理将大片土地以“恩地”的方式无条件地赏赐给他们,但这却使他们发展成了拥有各种特权和大量土地的大封建主。这种措施原本旨在加强中央集权,却增加了地方封建主对抗中央政府的独立性,促成了查理帝国的衰落与瓦解。

军事封臣制与采邑制的存在也孕育了欧洲的新兴阶层:骑士贵族。8 世纪时期,马蹬的出现产生了意想不到的效果。马蹬的使用使骑兵可以保持身体平衡,其速度优势得以发挥,冲杀力极强,因此骑兵也被称为是“人体枪弹”。中世纪骑士是日耳曼亲兵制的封建化产物,他们将骑兵作为自己的终身职业。

查理·马特时期,为了维护自己的地位,查理·马特组建了骑兵,成为中世纪骑士制度的雏形。经过几代人的努力,骑兵逐渐取代步兵,成为作战的主力军。职业骑兵不仅要有食物和住房,还要有马匹、武器、防护用具等;同时,为了作战,他们还需要大量的训练时间。法国北部的许多骑士和贵族为领主提供军事服务,以此来换取土地。因此,“封建制孕育和鼓励了战争,培养了武士精神,也促成了骑士的产生”。作为封臣制最低等级的骑士,随着封建社会的发展,骑士逐渐成为贵族阶级的荣誉称号。

一名合格骑士是要经过数年的严格训练才能成长起来的。一般6,7 岁时就要到权势大领主家充当侍童,侍候女主人;到 14 岁时变为主人的侍从,在主人出去骑马、打猎、打仗时,他们需要随侍左右,送矛送盾,看守盔甲。少年时期的生活、训练和工作是非常艰苦的,但这些贵族子弟们没有丝毫抱怨,认真完成各项任务,听从主人的差遣。在经过严格考核之后,这些青年人才能被封为骑士,之后他们便参加比武大会和战争。比武大会是骑士提高战斗力的绝佳机会,随着比武规则的完善,比武便成了技巧的比拼。

然而,早期的骑士多与野蛮、嗜杀等联系在一起。作为中世纪精神的主宰,教会开始接纳骑士,并重新塑造骑士的品质。通过一系列的布道,教会教诲骑士们要对上帝虔诚,为信仰献身,捍卫教会的权威,为人要谦卑,要保护孤儿寡妇。作为回报,教会也称赞骑士是上帝挑选出来的最勇敢、最忠诚、最有教养的人,并给他们举行受封仪式。通过灌输教义,教会努力抑制骑士暴虐、嗜杀的倾向,同时使骑士养成为上帝服务、保护教会和弱者的意识。

伴随着大土地所有者壮大的是自由农的破产和农奴化。在墨洛温王朝和加洛林王朝时期，在国王们所实行的赠地、采邑、特恩权等一系列土地分封措施中，土地上的人们都是作为土地财产的一部分而被转移的，这就导致了一批依附农的出现。与此同时，墨洛温王朝和加洛林王朝的大规模对外征战使得农民长时间脱离农业生产，致使农业衰落、农民破产。与此同时，教会与封建贵族对农民的压迫和剥夺也扩大了破产农民的队伍，这些破产的农民为了生存不得不向世俗或教会的土地所有者发出请求，以获得一小块土地的暂时使用权。于是，这些农民也就依附于某一土地的所有者，成为向他们交纳代役租或为他们服徭役的依附农；除此之外，有些尚未失去土地的农民为了免受地主们的侵犯，也纷纷将自己的土地投献给封建贵族以求得到保护，这就扩大了依附农民的范围。

加洛林王朝时就已经出现了封建庄园，它以土地分封为基础，以封建地主对农奴进行劳役地租的剥削为基本特征，实行独立经营、自给自足。封建庄园一般是由一个或几个小村庄组成的，其土地一般可划分为领主自营地和农民份地两部分；除此之外，还有属于集体所有的森林、牧草场、池塘等公地。所有的领主自营地和农民份地都被划分为条块状，被称作“条田”。条田分为春耕地、秋耕地以及休耕地三部分，采用统一的三田轮作的耕种方式。中世纪初期，西欧国家的生产力低下，封建主主要依靠自己的地产生活，所以国王、教会和大封建主都建立庄园。农奴是这些庄园上的主要劳动力，除此之外还有依附农民。他们除了耕种自己从领主那里取得的份地外，还兼有为领主耕种自营地的义务。这种义务一般体现在每周为领主干 3 ~4 天的农活，农忙时劳动天数增加；并且必须在为领主完成耕作任务之后才能耕种自己的领地。除了强制性的劳役地租之外，农奴还必须交纳其他的各种捐税，如人头税、死手捐（遗产继承税）、专利税（使用领主的磨坊、面包坊时的交税）等。此外，封建庄园主还把持着地方的司法权，以从法律上掠夺和剥削农民和农奴。总之，到查理帝国后期，构成封建主义的两大基本要素即人身方面的依附关系和财产方面的封土制或称采邑制都已出现，封建制度在欧洲已正式形成。

3. 基督教对欧洲文明的影响

西罗马帝国灭亡之后，入侵罗马的汪达尔人、哥特人、法兰克人、盎格鲁人、撒克逊人以及其他民族开始在西欧定居，蛮族国家开始出现。汪达尔王国、西哥特王国、东哥特王国等持续的时间并不长，很快就消失了，法兰克王国却是个例外。蛮族的定居使欧洲社会出现了一种新型社会形态：高卢—罗马社会。

在民族大迁徙的过程中，蛮族的入侵几乎摧毁了所有的罗马文明，唯有基督教得以保存，并成为法兰克王国的官方宗教。因而，基督教成了联系法兰克王国中的罗马因素和日耳曼蛮族因素的纽带，促成了这两种因素的融合，并因此促进了法兰克王国封建化发展和封建制度的最终确立。

基督教的发展 法兰克的克洛维接受了洗礼，成为基督教的一员。克洛维的改宗为其赢得了教会和罗马基督徒的支持。克洛维的继承者以及加洛林王朝都延续了这一政策，他们在军事上、政治上都给予教皇以支持。作为回报，教皇也给予他们以支持。法兰克君主政体与教会的同盟也成为欧洲政治生命力最持久的力量之一。

早在公元4世纪早期，基督教就已经开始向日耳曼人居住区渗透。公元323年第一次尼西亚会议召开，会上所制定的“尼西亚信条”将阿里乌斯派斥为异端。为逃避宗教迫害，大量的阿里乌斯派的信徒逃往日耳曼地区，结果这一地区大部分民族都改信了阿里乌斯派。

法兰克人开始时也信仰阿里乌斯派，后来随着领土的扩张和国家的壮大，克洛维于公元496皈依了基督教。克洛维的这一举措产生了重要的影响，因为这不仅减少了罗马人的对立情绪，加速了法兰克人与罗马人的融合，有利于墨洛温王朝的稳固，基督教文明也由此得以延续和发展。在法兰克人之后，更多的蛮族纷纷皈依基督教。587年，西哥特国王雷克雷德改信正统派基督教；663年英格兰国王奥思维主持召开了惠特比宗教会议，确认了罗马教会的正统地位；伦巴德人于6世纪末皈依了罗马天主教。

在教义上，法兰克王国的基督教徒信奉“尼西亚信条”的基本原则，主张尊奉“圣父、圣子、圣灵”三位一体派为正统。在教会内部管理人员的划分上，法兰克王国沿袭了罗马的教阶制，在各城市设立主教区，派主教进行管理；在政治、经济较重要的地区设立大主教区，派大主教进行管理；在乡村设立教堂，派神父进行管理。做礼拜、过各种与基督教有关的节日等礼仪活动也都被继承了下来。

在其后的历史进程中，法兰克王国的历代统治者，包括墨洛温王朝的宫相查理·马特，加洛林王朝的矮子丕平以及其子查理大帝，都采取积极的措施支持教会，使教会成为自己统治的积极支持者。这样就促进了教会发展，促使教权与世俗王权的联合。最后，基督教渗透到法兰克社会的各个方面，成为人民的精神支柱。至此，基督教文明在欧洲的主导地位正式确立。

修道院　修道院制度最明显的特征是主张禁欲与修道，这是对基督教中禁欲倾向的发展，并最终发展成为“隐修制度”。罗马帝国晚期，整个欧洲社会风气日下，基督徒们为了寻求内心的安宁，逐渐转向一种超凡脱俗的修隐生活。其实，修道院制度并不是基督教独有的，在印度教、佛教中都有相应的组织。圣奥古斯丁和其他早期的基督徒都非常推崇禁欲生活，认为这是过基督教生活的最完美的形式。由于教皇和国王的支持，修道院成为中世纪早期西方社会中一个强大的力量。

公元3世纪，一些基督徒选择了一种苦行主义的生活方式，圣安东尼就是一个典型。在3世纪的时候，他退居埃及沙漠，在几十年的隐居生活中，他抵御住了各种欲望的诱惑，在他身边也聚集了一大批隐士。他复出之后开始组织追随者集体隐修，第一个基督教苦行者团体因此建成。其后，更多的人开始效仿圣安东尼，纷纷到荒野中去隐修，修道的方式也越来越极端。叙利亚人圣西默昂无疑是极端苦行主义的代表人物。他出生于公元390年，为了能更接近耶稣，他在一个60英尺的石柱上生活了30年，引发了更多人的效仿。

当隐修生活在罗马帝国东部出现之后，这种新型的生活方式就在基督教世界中迅速传播，尤其是在埃及、叙利亚地区尤为流行。尽管很多隐士独自生活，但他们的精神却感召了一批人聚集在他们的周围，并形成群体。然而，这种极端的苦行主义还是招来了人们的批评，一些人开始提倡温和的修道院制度。圣徒帕克米乌斯在埃及建立了几座修道院，320年，他的妹妹玛丽在埃及沙漠中建立了第一座女修道院。4世纪的时候，随着圣巴希尔的出现，修道士们的苦行主义才得以改变。圣巴希尔倡导一种温和的集体式的生活方式，同时他要求修士们艰苦劳作，并且禁止手下的修士们除衣物之外拥有任何财产。

但是，法兰克的隐修制度起初很混乱，各修道院相互独立，并没有统一的修道规章，修道生活也处于散漫的状态，直至本尼迪克特的出现。本尼迪克特出生于罗马斯波莱托的贵族家庭，皈依基督教之后由于不满教会追权逐势，在卡西诺山创立修道院。本尼迪克特不仅仅是一个苦行主义者，自身的才能也适合作一个组织者。他的姐姐圣思嘉也在附近的一所小的修道院中修行，他们经常见面探讨信仰的问题。圣思嘉也成为本尼迪克特为女性建立修道院的主要赞助人。

本尼迪克特于公元529年在那不勒斯附近的卡西诺山建立了第一座修道院，此后他又制定了修道院的院规即《本尼迪克特清规》，其内容大多是一些关于修道士应遵循的戒律，如强调修道士要过赤贫的生活、绝对服从院长命令以及严格遵守修道士每日程序的规定等。

由于教皇的支持，本尼迪克特教会的修道士们从很早就从事传教工作，他们到英国、德国等地传播宗教，使基督教得以在这些地区传播。教会的修道士们还需要从事手工劳动，比如挤牛奶、打谷、耕地等。这样，不仅增加了财富，使他们自己能自给自足，同时由于在文化上的优势，他们在农业管理方面也颇有心得，并且这种农业管理技术帮助提高了西欧经济的发展水平。本尼迪克特教会在文化传承方面做出的贡献更是无人能及的，除了劳作、布道之外，本尼迪克特教会要求修道士们将大量的时间用于阅读。然而，当时的书籍主要依靠手工抄写，因此誊抄手稿也成为他们的工作之一。通过这种方式，不仅培养了许多学者，同时也为欧洲保留了大量的古典著作。

图 10－1　基督教的人生轨迹

经过几个世纪的发展，修道院形成了自己的信条：清贫、纯洁和服从。修道士们摈弃私人财产，过着集体生活，他们献身于上帝。修道院院长由修士、修女选举产生并终身任职。修道士们的日常生活模式基本不变，祈祷、诵经、抄录经典、劳作等是每日的必修课。本尼迪克特修道院的清规不久被推广到其他修道院，成为修道院生活的榜样。很多修道院设有图书馆，保存了很多典籍，在这样的环境中，一些对欧洲文化有重要贡献的学者从中产生了。一般来说，中世纪社会中女性的地位不高，但女修道士在文化方面的贡献无法被忽略。甘德谢姆的女修道院院长赫罗斯维塔不仅写作宗教题材的拉丁诗歌，同时还写剧本，因此她被认为是古代以后欧洲第一位剧作家。德国宾根女修道院院长希尔德噶特在哲学、古典文学、医学以及音乐理论等方面的造诣亦让人惊叹。因此，修道院制度是西方传统文化的重要组成部分。

“教皇”也称“教宗”，最初是人们对基督教神职人员的一般性尊称，其意为“爸爸”。尽管教皇在欧洲历史上扮演着重要角色，但教皇并不是基督教一出现就有的。基督教在发展过程中,逐步形成了教阶制度,罗马主教们的特权也逐渐凸显。《马太福音》中记载,耶稣曾对他的弟子彼得说道:“我还告诉你,你是彼得,我要把我的教会建造在这磐石上。”彼得也被看成是基督教的继承者,而作为彼得殉道地的主教,罗马主教们也认为自己继承了基督授予彼得的权力。这样,罗马主教们越来越把罗马郊区视为基督教世界的首府。455年左右,罗马大主教开始自称教皇;756年,罗马教皇在法兰克君主的支持下建立起教皇国。

虽说罗马教皇在西欧教会中长期处于领导地位,但是在墨洛温王朝,教皇的实际权力十分有限。在日耳曼人入侵的过程中,基督教遭到严重打击,出于生存的需要,罗马基督教会便主动拉拢新建的蛮族国家的国王,而法兰克国家的克洛维成为他们的首要拉拢对象。与此同时,克洛维为了巩固自己的统治、消除种族之间的矛盾,也积极寻求教会的支持。于是二者一拍即合,公元496年克洛维率领部众一起皈依了基督教。从此,教权走上了支持和依附王权的道路,教皇和其领导下的教会成了世俗王权统治的工具。

公元751年,墨洛温王朝的宫相矮子丕平建立了加洛林王朝,这在很大程度上要归功于教会与教皇的支持。后来在矮子丕平继位时,教皇卜尼法斯又为他举行了“涂油”(表示这是上帝挑选的国王)加冕仪式,这就使得丕平的统治增添了神圣的色彩而更具合法性。为此,矮子丕平于公元754年和756年,两次攻打伦巴德人,将所得土地作为回报献给了教皇,建立了教皇国。“丕平献土”说明教皇和教会已经摆脱了完全依附于世俗王权的地位,两者走上了相互利用的道路。

到查理帝国时,教皇和教会的地位得到进一步提高。查理大帝非常推崇教会,声称自己的天职是用武力保护教会。为此,他于公元773年帮助教皇打败了伦巴德人的又一次入侵。公元799年,他又派人救出了被囚禁的教皇利奥三世,并惩处了教皇的仇敌。教皇则以加冕作为报答,使查理获得了“查理曼”的殊称。教权和王权的相互依存程度得到了进一步加强。

国王承认自己应由教皇加冕,也就是承认了教皇在世俗王权中不可或缺的地位。此外，由于土地的分封，教会获得了大量的封建地产，因而也成了国家的封建主，其经济实力不断增强。教皇格利高里一世在位期间，采取强硬措施，摆脱了拜占庭帝国对罗马教会的控制，并且实行了一系列的改革措施，加强教会机构的建设，加强对地方教会的管理。同时，他规范教会，统一教会礼仪，积极推广修道院制度。此外，他还强化自身的权力，使自己集宗教权力和世俗权力于一身。通过格利高里一世的改革，罗马教皇权力至上的雏形开始形成。

骑士文学 伴随着骑士阶层的成长，骑士文学也应运而生。这时期的骑士文学主要有骑士抒情诗和骑士传奇两类体裁。骑士抒情诗主要描述的是骑士和贵妇人约会的情形；骑士传奇则以骑士的传奇经历为主要描述对象，同时还贯穿着骑士与贵妇人的爱情故事。中世纪骑士文学中最出名的作品无疑是《罗兰之歌》，它也是法国文学史上的一个里程碑。它的主要内容讲的是法兰克皇帝查理大帝在出征西班牙的过程中，骑士甘尼仑被派往沙拉古索城探路。然而，甘尼仑为了自己的性命，和西班牙的马西理王达成肮脏的协议，使罗兰落入了甘尼仑的陷阱。但是罗兰同他的同伴们并没有退缩，而是英勇迎战。最终罗兰和他的同伴全部英勇战死，但是他们视死如归、忠君爱国的精神却在法兰西民族身上留下了永恒的烙印。查理大帝严惩了叛徒，并向西班牙人报了仇，罗兰也成为中世纪骑士的榜样和楷模。

骑士的比武、作战、爱情成为文学的创作素材，反过来骑士文学也影响了一代又一代人。骑士阶层随着采邑制的衰落而日趋瓦解，但是骑士文学却永远保存在人类文学的殿堂中，骑士精神也注入了西欧历史的长河中，具有浪漫、尊重爱护女性、风度翩翩的骑士风格的绅士依旧是女性择偶的首选。骑士文学和骑士精神是浪漫主义和英雄主义的完美结合，这也为人类留下了宝贵的遗产。

中世纪西欧早期的基督教会对文化的贡献首先体现在对古典文化的保护方面。在罗马，当大多数图书馆惨遭浩劫之际，许多教会的图书馆却得以幸存，因此大量的宗教书籍、教会的教科书、历史著作、诗歌、法律文献等免于被毁；与此同时，教士们还在抄写室里抄写了大量的古典文献。这些都为中世纪早期西欧的文化发展奠定了基础。

在文学方面，教士们用拉丁文书写了大量的宗教文学作品，主要包括圣徒传记、宗教故事、宗教戏剧、祈祷文、赞美诗、宗教叙事诗等。教会诗歌最早的代表人物是英国的凯特蒙，他将《圣经》中的故事改写成著名的《凯特蒙组诗》。诞生于公元9世纪末阿芒修道院的《圣女欧拉丽赞歌》，是法兰克教会文学最早的传世作品，也是古法语的最早文献之一。英雄史诗也是中世纪早期的主要文学形式之一，它形成的时代较早，主要是民间口头创造的产物，描写氏族部落建立的丰功伟绩和与敌人进行斗争等行为，主要代表作是《希尔德布兰特之歌》，这是现存的唯一用日耳曼语写成的英雄史诗。

在史学方面，图尔城的主教格雷戈里（约538—594）是墨洛温王朝时期历史学的主要代表人物，其主要著作有《法兰克人史》《教父列传》等。《法兰克人史》是他最出色的作品，是了解法兰克历史的必读之作。西方史学界对此书的评价很高，认为其是“基督教史学中最接近历史真实的著述”，格雷戈里也因此被后人誉为“重生的希罗多德”。艾因哈德（770—840）是中世纪欧洲最著名的传记作家，《查理大帝传》是其最著名的作品，该书对查理大帝的国内外事业、战争、功绩等进行了详细的描写。虽说书中充斥着对查理大帝的溢美之词，但仍不失为研究查理大帝时期历史的重要史料。

在教育方面，教会学校对中世纪早期教育的发展影响巨大。基督教建立教会学校的主要目的本是为了传教，但是因其继承了古代的教育体制和课程设置，因此也促进了当时文化教育事业的发展。“七艺”是基督教会学校的基础课程之一，“七艺”即是文法、修辞、逻辑、算术、几何、音乐和天文学。这些教学内容虽然包含浓厚的宗教色彩，但其中的某些世俗因素也为后来教育的发展和大学的产生做了一定的铺垫。

在手工艺方面，早在7世纪时，教会学校就开始开设课程，传授手工艺方面的知识，培养了大量的手工艺工人。在教会的作坊内，生产出奢侈的纺织物、珐琅制品、金属制品、玻璃制品、雕刻品等大量的手工艺品，其中能为教堂提供各种圣器的金匠工业和珐琅工业最为兴盛。这些成就为此后手工业的发展奠定了基础,这些手工制品也成为学习和研究当时基督教会的重要文物材料。

总之,基督教及其组织在一定程度上传承了欧洲古典文化,并推动中世纪欧洲文化向前发展。相较于古代希腊和罗马社会对奴隶和战俘的非人待遇及其心态,基督教给欧洲人带来一场精神和道德上的更新或“革命”,提升了他们的道德水准。经院哲学的兴起、发端于教会学校的欧洲早期大学也促进了欧洲哲学思维和理性精神。基督教在中世纪文化中的影响如此重大,以至于我们能在文化领域的各个方面找到它的烙印。

第十一章

中世纪鼎盛时期的西欧

历史学家通常把公元1050年至1300年这段时期称为西欧中世纪盛期。这段时期，西欧在经济、政治、文化、宗教各个方面都取得了巨大的进步，一扫此前的阴霾，初步展露出作为未来世界强大力量的端倪。

1. 地区性国家与神圣罗马帝国

12,13世纪时期，西欧形成了几个统一的君主制民族国家，如英国、法国、西班牙半岛上新的基督教王国，这是支配欧洲未来政治的新的政府形式。但是，曾经中央集权化最强的德意志却在这段时期无法维持统一，四分五裂。虽然定名为“神圣罗马帝国”，但用伏尔泰的话来说，就是“既不神圣，也不罗马，也不帝国”。

法国　中世纪中期，查理帝国西部领土逐渐形成了后来的法国。在10世纪时新的一轮侵略浪潮中，法国遭到了维京人（来自北方的斯堪的纳维亚）的入侵，法国分裂成许多小公国，没有按英国的模式确立强有力的王权。在维京人入侵前，法国人已实行了封建采邑制度，各地的领主只有司法裁判和征集军队的权力，还要受到中央派来的官员的监督，那时候国王还能对地方实行有效的管理。但是面对10世纪维京人的入侵，国王无法抵挡，所以，地方上的地主们只好自己设防。他们招募了自己的小规模军队，实施自己的法律，偶尔还发行自己的货币。于是，入侵结束时，法国出现了小公国林立的分裂局面。尽管如此，法国国王仍然存在，仍然被承认，中央政府机构也仍然存在。所以，到 11 世纪，法国分权现象比英国严重得多，要实现统一也困难得多。

987 年，加洛林王朝最后一位君主被巴黎伯爵休·加佩取代，新的加佩王朝一直统治到 1328 年。中世纪盛期的法国，一直处于加佩王朝的统治下。但在加佩王朝开始的时候，处境艰难，法国国王只直接统治着巴黎周围的一小块地方，通称"法兰西岛"。出了这块弹丸之地，全国各地诸侯几乎是完全独立的。据说，当法国国王要求诺曼底第一个公爵效忠时，公爵指使他的一个武士假装去吻国王的脚，但接着抓住国王的腿，把国王推翻在地，引起了所有在场人的讥笑。法国的王权太软弱了，因此不同地区遂形成了独特的地方传统及方言。所以，法国国王不得不从零开始谋略统一大业。

以下因素促使法王最终统一了法国。第一，在几百年内，法国有幸使直系的男性继承人成功地继承王位，结果，他们不会为继承王权发生致命的争吵。第二，大多数法国国王都活到高龄，他们的平均统治年限大约为三十年。这意味着当王子们登上王位时已经成年，因而王子未成年时，鲜有摄政者凌驾于王权之上。进而，虽然法国的国王有时并不庄严可敬，但也总是赫然可见。这样，当其他地区发生权力斗争时，法国周边地区的人习惯于把王权认作不稳定地区的一种稳定力量。第三，法国农业的昌盛以及国内贸易的繁荣，提供了重要的收入来源。第四，由于教皇在同德意志皇帝频繁的斗争中需要盟友，所以法国的国王能够得到教皇的支持。教皇赋予法国国王以威望，还允许他们取得对法国地方教会的许多直接权力，从中带给国王更多的收入与更大的影响。

统一过程 以下几个法国国王对法国的统一做出了突出贡献。"胖子"路易六世(1108—1137)征服了法兰西蠢蠢欲动的"强盗诸侯"，平定了祖业。完成了这一步，农业和贸易得以繁荣，巴黎的文化生活开始兴盛起来。路易之孙菲利普·奥古斯特(1180—1223)从英王约翰手里夺回法国此前失去的西部的大片领土。这些领土是他原来统治版图的近四倍，且每个新地区有其本身非常独特的地方习俗，若强制推行严格的、统一的政府管理模式根本行不通。于是，菲利普允许他的新省份延用原有的大多数行政管理惯例，但派驻称为检察官的朝廷官员。这些官员均不是来自他们任职的地区，在职时领取高额薪金，所以他们全都忠于菲利普。他们在管辖区域内掌管行政、军事及司法大权，根据国王的命令，他们不强求各地区的一致性，但给予指导，以对国王有利。因此，被征服地区没有出现反叛，王权得以增强。这种官僚政治集权化并结合地区差异性的模式一直为以后的法国政府所沿用。因此，菲利普·奥古斯特对法国现代体制的缔造贡献巨大。

在菲利普之子路易八世（1223—1226）统治时期，在反对宗教异端的大旗下，几乎整个法国南部都归顺于法王。路易九世（1226—1270）的统治强硬而公正（对犹太人和异教徒的不宽容除外），在全国发行统一货币，完善了司法制度，给法国带来了长久的、和平的黄金时期。由于路易九世为法国臣民所敬爱，此后许多年里，法国的君主制仍得益于他的威望。可是，这种威望被圣路易冷酷的孙子"公平者"菲利普四世（1285—1314）挥霍殆尽。为了收复法国西北和西南的领土，获得对法国教会的完全控制（而不是和罗马教皇分享控制权），菲利普四世即位后立刻发动了多次战争。所有这些活动，特别是企图筹集资金的目标，迫使他加速了中央集权化的进程。因此，他的统治加快了许多行政管理机构的形成，像同时代爱德华一世在英国的统治一样，使中世纪法国政府的发展接近完成。菲利普在位时期也召集了议会，但这些后来称为"等级会议"的机构在法国政府制度中形同虚设，从未发挥过中心的作用。在大多数的冒险中，"公平者"菲利普是成功的，他最重要的作为是把教皇实际上架空成法王的傀儡。他死后，法国也出现了对君主制的反对，但是通过他的统治，法国已经被公认为欧洲最强国，这种状况一直保持到19世纪，仅在16世纪有过短暂的中断。

英国　英国一直在法兰克王国之外独立地发展着，不受查理大帝的管辖。之前英国分裂为一些彼此敌对的盎格鲁-撒克逊小国，在9世纪末和10世纪，由于阿尔弗雷德大帝（871—899）和他的继任者的努力，英格兰完成了统一，英国国王建立起强大的王权。10世纪开始英国遭到北欧人的入侵，撒克逊的王权衰落了。1066年，诺曼底公爵要求继承英国王位，渡过海峡去征服英国。对他来说幸运的是，新登基的国王哈罗德刚刚在北方挡住了维京人的进攻，无法全力反击。在哈斯丁战役中，哈罗德带领着军队英勇战斗，但最后不能顶住诺曼底生力军的猛攻，全线溃败。诺曼底人占领了哈斯丁斯和整个英国，威廉公爵如愿地成为英国国王（征服者威廉），着手统治他的新王国。

封建制度 诺曼征服及时地保持并巩固了英国政治的稳定。1066年以前，那些被称为伯爵的、好战的贵族的虎视眈眈令英国倍受分裂的威胁，但威廉完全摧毁了他们的力量。他用分封制取而代之，将英国所有的土地通过采邑的形式直接或间接地重新分封。采邑的所有者拥有他们大部分的行政管理权，但威廉保留了征收土地税、铸币以及在重大案件中监督审判的特权，同时也保留了盎格鲁－撒克逊的地方政府长官（通称为郡守），并赋予他们管理国家和行政的权力。为了确保他的男爵们（大采邑领有者的英国称谓）不致太过强大，威廉小心翼翼地分散他们的采邑，使之分布于全国不同的地方。在训练有素的管理者不足而无法实现任何真正的行政管理职业化的时候，威廉就这样用封建方式来统治英国。但他仍握有相当大的王权，能使整个国家统一在国王之下。

君主制的成长 威廉去世后的两个世纪里，英国政治史的主要内容是国王为了自身利益而强化封建制度，直至创建了一个强大的君主制民族国家来取代它为止。征服者威廉精力旺盛的儿子亨利一世（1100—1135）朝着这个方向迈出了第一步，他最重要的成就之一是开始在王室法庭实行职能的专业化，一些官员开始对管理财政账目负起完全专业化的责任，这些官员渐渐被称为财政部的工作人员。他的另一项成就是制定巡回法庭的制度，作为国王直接代表的巡回法官在全国各地行使司法职能。

亨利一世的孙子亨利二世即位为国王，在英国的整个历史上，亨利二世（1154—1189）的统治肯定是最为关键的一段，一个原因是国王与傲慢的坎特伯雷大主教托马斯·贝克特在有关教会法庭和教会法地位的问题上吵得不可开交。在亨利二世的时代，牧师和其他神职人员要是犯了罪，都会在教会法庭中根据罗马天主教法律的条款而被审判。在这些法庭中，罪罚以畸轻出名，对谋杀犯的量刑通常仅仅是赎罪苦修和剥夺其教职。同时,对英国教会法庭下达的判决还可以向罗马的教皇法庭上诉。亨利二世希望国王的法律广布四方,对全国的所有臣民维持一致的司法标准,为此,他在1164年试图通过《克拉伦登法典》来限制教会。对于身为神职人员的被告,亨利打算做出妥协,允许他们在教堂法庭受审,但要在国王的法庭上宣判。可是,贝克特决意反对所有变革的尝试。国王和大主教曾是亲密的朋友,但却因这件事互不相让,导致关系恶化。吵到最后,国王大动肝火,斥责手下人无能,无法使他摆脱这样一个敌手。国王的抱怨使得忠于他的4个骑士做出反应,在坎特伯雷大教堂杀害了贝克特。这一罪行震惊了英国公众,贝克特很快被尊为殉教者,成为英国最著名的圣徒。迫于公众的压力,亨利二世不得不暂时放弃将王权凌驾于教会法庭之上的既定目标。

尽管遭遇了严重挫折,亨利二世在行政管理的其他领域还是取得了巨大的成功。一些历史学家坚持认为,亨利二世是英国历史上最伟大的国王。他最重要的贡献是在司法方面,他大力推广使用亨利一世设立的巡回法庭,要求在法官巡回期间,各郡郡长把了解当地民情的人带到法官面前。然后,这些人要在宣誓后如实报告他们所知的、自法官上次巡回以来发生的所有谋杀、放火、抢劫和其他重要犯罪案件。大陪审团即发端于此。亨利二世也第一次允许民事纠纷当事人有权要求国王法庭进行审理。在大多数普通的犯罪案例中,国王责令郡长把12个被认定对事件知情的人带到法官面前。然后,这12个人被要求立誓,就原告申诉的真实性做出回答,法官根据他们的回答做出判决。虽然陪审团直到13世纪才用于犯罪案件,但陪审团的制度就在这样的司法实践中成长起来。

亨利二世在法律上的革新影响深远。最为明显的是,他们在全国范围内令司法迈向了平等与统一;它们也使国王的审判工作广受好评,得以普及。特别是在当时最重要、最频繁的土地争执中,势单力薄的一方不再听凭不讲理的邻居的摆布。较弱的一方通常是骑士,此前国王和他们没有密切的接触。为了帮助他们维护自己的权利,亨利二世实行钳制大贵族的政策,从而赢得了有用的同盟者。最后,在亨利二世统治下,陪审团的普及,令实际参与国王政府运作的群众越聚越多，使他们对政府更加关心，更加忠诚。由于这些人的服务没有报酬，亨利二世也以很低的代价出色地扩大了其政府的权限和名望。

亨利二世死后，他的政府独立运转良好，这是亨利二世成功最具体的证据。从1189年至1199年，亨利二世的儿子、好闹事的“狮心王”理查一世统治了10年，但他实际上只在英国待了6个月，其他时间都参加到十字军远征或大陆属地保卫战中。在理查外出征战期间，由于能干的大臣们的努力，政府的行政管理变得更有效率。英国也通过征税为理查筹集了两笔巨额款项：一笔支付他去圣地的十字军远征，另一笔则是当他在返程中被敌人俘获时，为他赎身。但后来，当新国王需要更多钱时，大多数英国人都不愿意支付了。

新国王是理查的兄弟约翰（1199—1226）。自从征服者威廉统治以来，英国国王一直统治着当今法国的很大一块地方。但到约翰统治时期，法国的国王强大起来，足以收复大部分失地。约翰很不幸，遇到了能干的法国国王菲利普·奥古斯特。1204年，菲利普用兵收回了诺曼底及邻近的土地；1214年，他在军事上再获成功，巩固了这一胜利。约翰在英国治国、在法国打仗都需要钱，但他的失败令臣民不愿意再把钱给他，贵族尤其对约翰的财政要求感到不满。1215年，他们在后来以《大宪章》闻名的文件中迫使他放弃这些要求。《大宪章》这一文件也用来矫正贵族们所能想到的一切其他流弊。大多数关于《大宪章》的常见概念是错误的，它的本意既不是一部权利法案，也不是一部为平民谋利益的自由宪章。相反，它基本上是个封建文件，身为封建主的国王保证尊重封臣的传统权利。不过，在条文中它阐明了一些重要原则，即：非经贵族的大会议同意，国王不得征收大宗款项，任何自由人非经与他地位相同者和国家法律的判决，都不得由国王加以惩罚。最重要的意义是，《大宪章》表达了有限政府的原则以及国王受法律约束的观念。

在此后的一个世纪里，中央集权制政府得到迅速发展。在约翰的儿子亨利三世（1216—1272）统治期间，虽然贵族们为了控制政府和软弱的国王互相竞争，但他们仍然认定中央集权政府本身是件好事。整个时期，政府的管理者们继续完善法律和行政管理机构，使之更有效率。在亨利一世统治期间，财政管理已开始变为王室法庭的一个专门机构；而到亨利三世统治时，它变成了真正的司法管理机构（创建了永久性的最高法庭）和涉外事务管理机构（所谓的大法官法庭）。这样，英国的中央政府完全建构起了一整套有序高效的官僚行政体系。

议会是中世纪英国政府制度中最新颖、最著名的一个部门。作为政府的一个分支，议会在1300年前后逐渐形成，这首先应归功于亨利三世的儿子爱德华一世（1272—1307）。虽然议会后来成为反对君主专制主义的遏制力量，但若认为其首次会议是应“人民要求”召开的，那就大错特错了。实际上，议会的起源和公众议事代表权没有多少关系。爱德华一世是一个强势的国王，为了资助他的对外战争而频频召集议会，以尽可能快速、有效地筹集资金。那些出席议会的人在征税的问题上，只有同意的份。但当与会时，有人告诉他们征税的必要性，这样他们就会不那么吝啬地掏钱了，并且他们还得同意征税的具体安排。同时，爱德华还就要事听取咨询，对要案做出判决，考察地方的行政管理，颁布新法律。和大陆上类似的议会比较，爱德华的议会的代表最有特色之处是除包括高等贵族之外，还包括来自各郡和城镇中的代表。不过这些代表几乎不为“人民”讲话，因为当时大多数英国人是没有选举权的农奴和农民，议会根本不必征求他们的意见，妇女更是不在列中。爱德华主要是出于经济的动机才从“平民”中召集代表的。他大概也认识到了在给人以深刻印象的议会会议上用国王的威严压倒地方代表所产生的宣传价值——会后代表们在回家后会颂扬君主的美名。随着时间的推移，平民经常应召出席议会，以至他们变成了议会组织中公认的一部分。到14世纪中期，他们定期坐在他们自己的“议院”里开会，但他们仍只代表城乡的富人，并常常为国王及贵族所牵制。

爱德华一世统治期间，强大的君主制民族国家在其他方面的发展也达到了顶点。通过武力，爱德华差不多统一了整个不列颠岛，征服了威尔士，并且几乎降服了苏格兰。爱德华开始定期颁布成文法，就是把原来的公共立法确定下来，通行全国。作为一个立法者，爱德华有时也被称为“英国的查士丁尼”。最关键的是，爱德华通过限制贵族设立私人法庭,取消了贵族再往下分封采邑的权力,从而进一步压缩了贵族的权力。因此,到他统治结束时,征服者威廉一度有意授予贵族的许多独立权力也被收回了,对此的解释是:国王在中世纪盛期的几个世纪里创立了他自己的王室政府机构,使旧式封建主义不再有任何实际的用途。由于爱德华欲建立强大的政府以及他的财政举措在一定程度上超越了时代,所以在他死后遂出现了对君主集权制的反对。但有一点可以肯定:在爱德华的时代之后,贵族在发动反叛时总是认为英国应该维持一个统一的国家,由中世纪盛期的那种君主制度来统治。在中世纪盛期,英国以国王为核心基本形成了一个统一体,并以一个社会稳定、政治统一的国家实体延续了下来,直至现代。

神圣罗马帝国　查理曼帝国的东部地区发展成了后来的德意志。在10世纪的欧洲,德意志的国王是实力最强的君主,他统治着一个稳定的国家,除拥有现代德国的领土外,还统领着低地国家的大部分地区以及现代法国的东部地区。这一时期德意志最伟大的统治者是奥托大帝,他在930年成为国王。955年,他打败了匈牙利人,德意志最大的外在威胁得以化解。962年,他在罗马加冕称帝。通过这一行动,奥托巩固了他自查理大帝以来欧陆最伟大的君主的地位。

德意志的分裂和衰落过程　1050年的德意志毫无疑问是欧洲中央集权化程度最高的地区。但到1300年,它已变成了小国征战不休的乱七八糟的地方。正是在这一时期,欧洲的大部分地区则正在获得更强有力的统治,因而德意志的政治衰落是个令人困惑的历史问题。从政治的观点来看,德意志在19世纪末才赶上欧洲其他地区,而且迟至此时,它因在欧洲政治体系中谋求一个重要国家位置的努力所造成的困难直到我们这个时代才逐渐得以解决。

从奥托大帝统治的10世纪中期到11世纪后期,德意志的力量主要源自连续出现的强大统治者对政治分裂的抵制,以及王权和教会的紧密联盟。奥托通过给匈牙利人的沉重打击取得皇帝称号,使国家免于沦为被进一步入侵的牺牲品,为君主赢得了巨大威望。在此后的一个多世纪里,德意志几乎不间断地出现了一些像奥托一样能干和精力旺盛的统治者。他们身边的政治对手是诸侯们，即五大德意志领地（洛林、萨克森、弗兰肯尼亚、士瓦本和巴伐利亚）的军事首领，但绝大多数时间里，诸侯们都被皇帝的力量所慑服。为了统治广阔的疆域，包括瑞士、法国东部、低地国家大部以及名义上的意大利北部，皇帝们十分倚重与教会的合作。大主教和主教是皇帝重点倚赖的管理人员，他们由皇帝任命，不受教皇的干预，常常来自皇帝自己的家族。德意志的皇帝是如此强大，以至他们打定主意时，可以前往意大利直接任命亲信为教皇。在没有任何复杂的行政机构的情况下，大主教和主教们把德意志政府管理得相当好，并且可以与诸侯的力量相抗衡。至11世纪，君主开始试着发展世俗的行政机构。假如他们能把这种政策继续下去，则可能为未来奠定真正稳固的政治基础。但正在奥托大帝和他的继承者们谋划构建世俗行政体制的关键时刻，突然遭遇到来自罗马天主教会的猛烈反击。

对德意志政府的挑战在亨利四世（1056—1106）统治时代来临，它由教皇格列高利七世（1073—1085）指挥。格列高利希望把教会从世俗的控制下解放出来，因此发动了一场反对亨利四世的斗争。德意志的诸侯及其他王公也趁乱反对亨利四世，于是格列高利与之结成联盟，置亨利于被动防守的境地。当王公们借故亨利不服从教皇、以废黜他相威胁时，曾经强势的统治者被迫寻求格列高利七世的赦免。1077年的严冬时节，在意大利北部的卡诺莎城堡，亨利在教皇面前放低姿态，试图得到赦免。格列高利在给王公们的信中描述到："连续三天，亨利站在城堡外，放下王者的身份，赤足敝衣，痛哭流涕，哀求我的帮助和安慰。"虽然卡诺莎事件保住了亨利的帝位，但他至高的尊严荡然无存了。在他和他的儿子与教皇做斗争的时候，王公们已经从国王那里赢得了比以前多得多的权利。更有甚者，1125年，他们还要求确立选举新统治者的原则，并如愿以偿。此后，他们常利用这一原则挑选他们眼中最弱的继承人，或者使国家陷于内乱中。与此同时，国王也失去了对教会的许多控制权。当法国和英国逐渐强化中央集权时，德意志的集权基础却在削弱。

12世纪以来，来自霍亨斯陶芬家族的腓特烈一世（1152—1190）做了一次尝试，以抵挡反对德意志君主制的潮流。腓特烈被称作

"巴巴罗萨"(意思是"红胡子"),他把他的王国称作"神圣罗马帝国",试图据此重申其帝王尊严。在理论上,神圣罗马帝国是个大一统的帝国,秉承罗马并为上帝所保佑。既然自认为承袭罗马,腓特烈遂颁布旧的罗马帝国法律,这些保存在《查士丁尼法典》中的法律赋予了他许多理论上的权力,但他却不能指望推行这些法律,除非有物质基础的保障。所以,他为自己开拓能够攫取财富和力量的领地,来与王公们的权力相抗衡,这是他统治的主要政策。

对腓特烈不利的是,他祖传的土地位于士瓦本,那是德意志一个比较贫困的地区,甚至在今天仍然由相对贫瘠的山村和黑森林组成。所以,除了士瓦本,腓特烈决定使北意大利成为他力量的依托。在这一点上,他做出了一个更糟的决定。北意大利固然富庶,但同时也是相对独立的。面对德意志的入侵,由米兰领导的富裕城镇进行了强有力的反抗。罗马教廷不希望看到一个强大的德意志皇帝统治意大利,遂进一步给予反抗者以道义的帮助和支持。腓特烈差一点就制服了城市和教皇的联盟,但在最后,阿尔卑斯山脉这道过于巨大的屏障,使他无法实现同时统治德意志和意大利的夙愿。不论他何时征服这些城镇,一段时间以后他总要回家去。在教廷的怂恿下,这些城镇再次奋起反抗。最后,1176 年,力量不足的德意志帝国军队在莱尼亚诺惨败于北意大利城市联盟,即"伦巴德同盟"的军队,巴巴罗萨被迫退出已经独立的那个地区。与此同时,德意志的王公们继续积聚力量,特别是拓殖易北河以东肥沃的农耕地。腓特烈本人真该去占领那个地方,而且,皇帝和教皇的斗争进一步疏远了与德意志教会的关系,使德意志帝国在中世纪再也无法崛起。

巴巴罗萨的孙子腓特烈二世(1212—1250)同样出名,他的统治又是德意志失势的一幕。由于他的父亲亨利六世通过联姻继承了南意大利和西西里王国(后来成为两个西西里王国),腓特烈二世是在巴勒莫长大的,在那里他吸收了伊斯兰文化的成分(从 831—1071 年,阿拉伯人统治西西里达两个半世纪之久)。腓特烈二世在南意大利的自治王国里引入了东方专制主义的官僚政府形式:建立职业军队,颁布统一的罗马法,征收直接税。腓特烈二世还企图掀起对统治者的个人崇拜,他甚至宣布讨论他的法令或判决是亵渎的行为。统治南意大利的政策一度看来是成功的,但腓特烈二世把力量的基础放在意大利导致了他和教廷以及北意大利的城市重起冲突,这些冲突断断续续延续到他去世时为止。但此后,教廷决计不让霍亨斯陶芬家族在意大利统治下去,着手通过组织十字军的方式来消灭其家族余后的竞争者。由于被腓特烈二世无情地过度征税,加之接踵而来的战争,南意大利逐渐沦至落后的境地。

同样,腓特烈二世的统治也损害了德意志。由于不顾一切地追求实施其意大利政策,腓特烈二世把德意志的统治权让给了王公们。此后,虽仍然继续选出"皇帝",但王公们俨然已是这个国家的真正统治者,而他们相互之间也征战不断,使德意志几无和平可言;他们还把土地分派给后嗣,以至德意志的地图看起来像个拼版玩具。正如法国作家伏尔泰后来所说,德意志"神圣罗马帝国"变得既不神圣,又非罗马,也不是一个帝国。

2. 经济与社会发展

加洛林时代以来的农业工具发明显示,在最富裕的农村庄园里,金属工具也极为稀少,甚至木制工具也少得可怜,许多劳动者只能徒手和大自然做斗争。大约1050年至1250年,所有这一切都改变了。这期间的西欧发生了一次重要的农业革命,使农业产量得以大幅提高。

欧洲文明的重心开始从地中海向北大西洋地区转移。从英国南部到乌拉尔山脉的欧洲北部大部分地区,是广袤、湿润且肥沃的冲积平原。罗马人几乎没有开垦这片荒野,除了因它远离罗马统治中心之外,也可能因为他们没有合适的工具和方式去开垦。到了加洛林王朝时代,这块巨大的冲积平原才愈益吸引人们去移民耕种,加洛林王朝拓殖了整个德意志的西部和中部以从事耕稼。但是加洛林时代的和平太过短暂,不容许任何长足的发展。在10世纪被入侵之后,需要重新开始尝试,去利用北方的潜在财富。

气候史家认为,从公元700年持续到公元1200年,西欧出现了一个作物繁殖生长的"最适合条件",或者说是气候好转的一个时期。这不仅意味着在此期间平均气温较以前转暖,而且气候比较起来也干燥一些了。干燥对于北欧是个极为有利的条件,因为北欧的土地对于深耕细作来说,通常过于潮湿。

虽然最基本的新发明在1050年以前已经问世了,但是从那时直到大约1200年,在其他一些有利条件的配合下这些技术发明才开始广泛应用。一项重要突破是重犁的使用。其次,和重犁的使用密切相连,引进了庄稼轮作的三圃制。再次,是磨坊的使用。除此之外在1050年前后集中出现了其他重要技术突破。有几项技术为马作耕畜提供了条件:一种带衬垫的马轭,使马可做其全力拖曳而不会窒息;还有铁的马掌来保护马蹄;此外还有轮车和耙。这些技术发明中,重要的莫过于铁在中世纪后期的广泛使用,它增强了各种农具的强度,最关键的是它被用作翻耕土壤的重犁部件。伴随技术进步而来的,是可耕地数量的大幅增加以及已开垦土地得到更进一步的精耕细作。虽然加洛林人已经开始开垦耕种肥沃的西北欧平原,开垦土地的运动实际上始于大约1050年,在12世纪得到进一步推进,这一运动完全改变了北部欧洲的地貌。在12世纪的进程中,整个新的地区都被拓殖开垦耕种,比如在英国北部和荷兰,而首先是在德意志的西部地区。

农业革命的影响　农业产量得以大幅增加,下播的谷物种子的平均产量从加洛林时代的最多两倍增加到1300年前后的3~4倍。所以,欧洲人开始第一次过上了拥有稳定的食物供给的生活,它意味着更多的土地可派做他用而不是种植谷物。许多地区转而养羊,或栽培葡萄酿酒,或种植棉花和燃料作物。这些新产业的许多产品在本地消费,但有许多也用作长途贸易,或为新的工业提供原料,其中最重要的是织布业。而贸易及制造业的成长有助于城镇的发展。从1050年到1300年间,欧洲西部地区的人口增长了约3倍。更多的人和更多节省劳力的装置意味着,并非人人都得待在农庄里,一些人可以迁入新的城镇,促使城市的成长。在那里他们发现了一种新的生活方式:领主的收入增加,有助于贵族生活得越发精致;君主的收入增加,则强化了国家发展的物质根基;欧洲的普遍繁荣还有助于教会的发展,推动学校教育及知识产业的发展。

庄园制度 中世纪后期的许多地方，农村生活围绕着领主所有、农奴劳作的庄园制度周而复始。庄园作为一种经济体制，包含役使大量的农奴耕种。庄园最初出现在加洛林时代，直到13世纪，它一直是欧洲西北部大部分农村社会经济组织的主要形式。庄园主与罗马的大地产主相似，但和罗马大地产不同的是，庄园由农奴（有时候称为维谷）而不是奴隶耕种。农奴无疑是不自由的。首先，他们不能擅自离开土地，需要定期免费给领主干活，需要缴纳难以计数的赋税，需要无条件服从领主法庭的判决。但他们的处境比奴隶要好得多。这样，当农业改良发生的时候，农奴自己可以指望从中能稍许获益。更重要的是，虽然理论上领主有权随意摊派赋税，实际上农奴的赋税和劳役趋向于保持固定。因此，尽管大多数农奴生活得极其艰辛，但领主也很难随意支配他们。

敞田制 庄园的土地从数百英亩到数千英亩不等，它们分成属于领主的土地和分配给农奴的土地两部分。前者称作领主的领地，它一般包括1/3～1/2的可耕地，它们在规定的日子里由农奴耕种，大概一周三天。领地不是大地块，而是由狭窄的条地组成，这些条地和属于不同农民的条地交错在一起。农奴通常共用耕畜和农具，所以即使耕种自己的土地，他们几乎总是共同劳动的。同样的道理，共有的牲口在一块吃草，所以草地被称为公地。除了耕地和牧场，农奴通常有他们自己的小庭院。大多数庄园还专门留有主要供领主狩猎的森林，它对于养猪和打柴也是有用的。农奴被允许利用这些土地和生产设备，他们也就这样做了。庄园制度似乎都强调公共的事业和协同性。

农奴的生活 即使中世纪农奴的命运比罗马的奴隶要强得多，但他们的生活仍然是粗陋的、可怜的。他们的住处一般是破陋的茅棚，用糊上泥巴的枝条编成的篱笆搭成。大多数茅屋又湿又冷，几乎没有任何家具。据说，一顿好饭只包括两道饭菜：非常像粥的麦糊和非常像麦糊的粥。水果几乎没有听说过，肉食一年难得碰上几遭，要么在节日，要么是在隆冬。另外，总是存在歉收的可能，这对农奴的影响比对他们的领主要大得多，因为不论年景如何，领主总是要求相同的收入。在这种时候，农奴被迫倾其所有，眼睁睁地看着孩子慢慢地死于饥饿。在中世纪盛期，饥荒实际上已经比以前大为减少，而且，由于食物中增加了蛋白质（大多数是豆类蛋白），人们的身体更强壮了。给农奴以自由的现象也逐渐流行（即解放农奴），一旦地主开始开发新的土地，他们只有通过保证农奴的人身自由才能吸引劳动力。这些需要自由劳动力的地区经常吸引外逃的农奴，由此变成了一种新制度的雏形——地主开始舍弃无休无止的徭役，要求固定的租金。进入13世纪中期，农奴制因这些变化渐渐消失在欧洲的绝大部分地区。获得人身自由的农奴经常继续共同劳动，但他们现在的身份是自由农了，为开放的市场而不是他们自身的生计生产更多的农产品。

领主的生活　领主从农业革命中所得到的比他们的农奴多得多，这有几个原因。其一是领主只要给予农奴人身自由，他就将得到大量的现金，这通常是农奴的全部财产。这以后，领主主要倚赖租金过活。由于租金中有一部分从领主一度拥有但从未耕种的土地上征得，则领主的收入就大大提高了。更有甚者，一旦领主开始收租金而舍徭役，将发现租金是相当容易增加的。作为租金征收者，领主不像以前那样亲自监管他们的地产，而是更自由地到处巡游，有时候外出进行十字军远征，有时候则住在国王的宫廷里。结果，增加的财富使他们生活得更好，而流动性则使他们有了改善生活方式的新观念。

骑士制度的兴起　大约1100年前后，典型的欧洲贵族是粗野、残暴的武士，他们把大部分时间用来和邻人打斗和掠夺无助者。12世纪，由于基督教会的约束，新型的国家更有效地实现了地方和平，再加上贵族本身开始享受更为安定的生活，暴力减少了。贵族继续进行十字军远征跨区域作战，他们相互之间不再频繁进行小规模的寻衅斗殴了。作为过去战斗精神的无意识的替代，骑士制度的习俗发展起来，好战的行为过渡为相对温和的活动。骑士制度在字面上表示“骑马者阶层”，有骑士气概的贵族理应通晓骑马的艺术。为捍卫荣耀和履行职责，骑士也有战斗的义务。假如无仗可打，则有在马上比武的机会，虚拟的战斗初始相当激烈，但后来则变成一场精心设计的仪式。最重要的是，有骑士气概的领主，特别是一个不拥有上层贵族那样多地产的“骑士”，不仅应该勇敢忠诚，而且应该慷慨大方、诚实无欺、虔诚恭敬，蔑视不公平的好处和肮脏的利益。

贵族妇女地位的变化 贵族财富增加和骑士制度兴起的副产品是妇女待遇的改善。12世纪以前，除了一些女圣徒，妇女实际上为文学所忽视。典型的、讲述流血战争业绩的法国史诗要么不提妇女，要么只是将她们作为完全附属性的形象一笔带过。但就在1100年前后的几十年间，贵族妇女突然成了骑士故事及行吟诗人颂扬的主角。而且，在12，13世纪，当他们的丈夫或儿子或去世或无能时，确有几个王室妇女在事实上统治着她们的国家。从现代的观点来看，中世纪盛期的妇女无疑仍颇受束缚；但从过去的观点出发，对于上层妇女来说，中世纪盛期是一个进步的时代。

城市的兴起 农业革命、农奴的解放以及贵族生活的日益精致促进了贸易的复兴和城镇的发展。如果我们设想一下12世纪欧洲的景观，在清除森林和荒地之后，如雨后春笋般兴起的城镇是最为引人注目的景象。许多城镇聚居地是在中世纪盛期平地而起的，罗马时代遗存下来的很少几个城镇，此时也规模扩大。城市生活首先集中在意大利，它囊括了欧洲大城市中的大多数。13世纪，其中最大的几个城市威尼斯、热那亚和米兰的人口均在10万之列。鉴于城镇生活在750年到1050年的欧洲大多数地方几近消失，可以确定地说，中世纪盛期有一场城市革命。而且，从中世纪盛期直至现在，熙熙攘攘的城市生活一直是西欧乃至现代文明的重要特征。

中世纪城市兴起的主要原因是长途贸易的复兴，要是没有长途贸易，像威尼斯这样的重要城市的成长是不可想象的。但大多数城镇的兴起及其早期的经济活力更主要的是建立在它们周围地区的财富之上的，这些周边地区带来了剩余的农产品、手工制造业所需的原材料以及流动的人口。换句话说，经济生活的普遍活跃是城市成长的主要原因。当城镇靠剩余农产品生活，随着那些寻找更好生活的、过剩的农奴或农民的迁入而成长，城镇便通过提供市场以及工匠制造的产品而存在于和乡村的共生关系中。

行会制度 在中世纪的城镇中，最独特的经济和社会组织形式

图 11-1　法国中世纪古城卡卡颂

是行会。一般而言,行会是组织起来保护和促进特殊利益集团的职业团体。行会主要有商人行会和手工业行会两类。商人行会的主要作用是为其成员维持对地方市场的垄断,保持一个稳定的经济制度。为了达到这些目的,商人行会严格限制外地人在城里进行贸易,保证其成员同等的销售权利,强制实行统一价格,并且尽量保证任何人不得囤积其成员制造的商品。手工业行会对工匠的事务做了相应的规定。通常只有事业有成的,有选举权的成员才是所谓的行东,他们是所在行当的专家,经营他们自己的作坊。因此,假如这些行会和现代工会有任何相像之处的话,那就是这是老板的工会。手工业行会中的第二类成员是帮工,他们学会了手艺,但仍为他的行东干活。此外还有学徒,学徒的期限是有具体规定的,如果一个学徒希望成为一个行东,他得经常制造一件"杰作"供行会的行东们评判。手工业行会和商人行会一样,试图维持垄断,限制竞争。因此,它们规定了统一的价格和工资,禁止下班后继续工作,就生产的主导方法和原材料的质量制定详细的规章。除了它们全部的经济功能，这两类行会还承担着重要的社会功能，它们经常行使宗教团体、慈善机构和社交俱乐部的职能。不论可能与否，行会试图对其成员的种种需要提供帮助。因此，在一些城市里，它们几乎变成微型政府。

新兴的城镇是中世纪盛期经济发展的重要驱动力，它们提供市场，生产商品，维持经济体系的繁荣。城镇对政府的发展也贡献巨大。在许多地区，它们获得了独立，成为城市国家，行使自治权。意大利的城市国家在管理技术方面特别超前，使其政府的行政管理职能发育成熟，对欧洲产生了普遍的影响。城镇的兴起丰富了西欧的文化生活。由于城镇能提供校址，给学者以法律保护，所以新的学校均落户城镇。起初，学生和教师都是僧侣，但到13世纪，训练商人读写和计算的需要导致了无数世俗初级学校的建立。因此，假如没有商品的交换，就难得有激动人心的思想交流。

贸易的复兴 贸易的复兴有许多不同种类，最基本的是地方市场上的集市贸易，农奴或自由农在那里出售他们剩余的谷物，或者是几打鸡蛋。但随着专业化程度的不断提高，酒或棉花一类的产品可以用船运往很远的地方。在有条件的地方，河运和海运航线都被利用起来，但陆地运输也是需要的。同时，还出现了国际贸易，这类贸易的复兴需要新的支付方式和新的商业技术的发展。西欧重新返回货币经济，随着市场的发育，钱币变得不可或缺了。此外，长途贸易得到发展，出现了国际贸易集市。这些集市中最重要的是在法国的香槟地区举行的香槟集市，香槟集市在13世纪达到鼎盛。通过这些途径，一个统一的欧洲经济出现了。

3. 宗教与文化发展

公元1050—1300年西方在宗教和知识方面所发生的变化与这一时期西方在经济、社会和政治方面所发生的变化具有同等的重要性。在宗教领域，这一时期最根本的特点是教皇政体的确立。教皇成了西方基督教世界的最高宗教领袖，他们集中管理教会，挑战各国君主的权威，并发起十字军东征运动。教皇在获得权力以后，给基督教本身注入了新的活力，激发了人们前所未有的想象力。欧洲人先是在古代知识的基础上进行新的学术建构，继而在教育、思想和艺术领域做出重大贡献，使西方的知识与文化生活迅速从落后状态跃进到领先地位。

西欧宗教在10世纪到11世纪初势力衰微，各地区主教任免权都被当地封建领主所控制，教堂、修道院成了领主的私有财产，他们往往把教职赠送给自己的亲戚或者进行买卖。而大多数主教都是文盲，道德败坏。就连罗马的教皇也被操纵在罗马附近一些大家族的手里，教皇也多是道德败坏、放荡不羁之人。

隐修院改革　鉴于教会内部的腐败，许多僧侣认为其原因在于地方世俗权力的控制。于是，从公元910年开始，以克吕尼隐修院为首，开始了隐修院改革运动。改革的主要内容是宣布隐修院直接服从教皇，以摆脱地方世俗势力的控制。由于克吕尼隐修院各分院的院长都以虔诚和履行祈祷之职著称，而不是对地方权贵负责，因此隐修院在当地群众中拥有了较高的威望。公元1000年前后，类似的隐修院也进行了改革运动，到11世纪中叶前后，许多隐修院都摆脱了世俗权力的控制。于是，隐修院改革运动的领袖们开始策动教阶制的改革。

为了使主教、隐修院院长和教士的任命摆脱世俗权力的控制，隐修院改革运动的领袖们集中抨击了买卖圣职，并要求各级教士独身，使教士成为"纯粹"的、尽可能区别于世俗阶层的人。接着，教皇接手这一改革计划，开始了改革整个教会面貌的教皇制的改革，最终建立起了教皇专制。

教皇制的改革　从公元1046年开始，历届的罗马教皇进行了教皇制改革。首先，为了使教皇行动富有召唤力，并坚持自己万能的精神领袖的作用，这些教皇开始在整个教会公布反对买卖圣职、禁止教士结婚和各种伤风败俗行为的敕令。除此之外，他们采取的最重要的一个步骤是1059年颁布的有关教皇选举的敕令：赋予枢机主教提名新教皇候选人的权力，这就杜绝了德意志皇帝及罗马贵族干预教皇选举的可能性。因此，这一敕令维持了教皇选举的独立性。

格列高利七世（约1020—1085）担任教皇期间（1073—1085），教皇制改革开始进入新的和最重要的时期。除了继续他前任颁布的敕令之外，他还把各国国王和皇帝当作自己的下属，要求后者要驯服地执行他的命令，他希望在精神和世俗两方面都建立教皇的权威。在实际行动中，他发布反对“世俗主教续任权”的敕令，结果和德意志皇帝展开了斗争，直到格列高利七世去世后的1122年，双方在沃姆茨（德国的一个城市）签订了一项宗教协定，这场斗争才宣告结束。根据这一妥协方案，德意志皇帝不能授予教士圣职象征物，但可以作为世俗统治者授予教士世俗权象征物。这一斗争持久地打压了皇帝的权威，增强了教皇的威望。

格列高利七世的继承者以及12世纪大多数教皇为了实现教皇至尊这一目标，大大强化了对教会法律和行政的管理。在12世纪，基督教会基本形成了教会法。教会法规定教皇法庭——由教皇和枢机主教构成——应作为终审法庭。与此相一致，保存档案和征集税收的行政管理机关也有了发展。在这个关键的世纪里，教皇建立起比当时的绝大多数世俗机构更先进的官僚机构，这使得教皇变得更加富有与强大。最后，教皇们通过更严密地控制主教选举，通过在罗马召集宗教会议、颁布法律，凸显自己的领导地位，以此表明自己在教会内的权力。

英诺森三世（1198—1216）被认为是整个中世纪全盛期最有能力和最成功的教皇，他的主要目标是将所有基督教徒联合在教皇的霸权下，形成格列高利七世孜孜以求的“俗界的正当秩序”。他认为当国王和君主们犯“罪”时，他有权干预并训诫。不仅如此，他还自视为宗教及世俗双重世界的最终仲裁者。在实际行动中，英诺森三世寻求用许多不同的方式来实现自己的目的。首先，为了使教皇统治获得一块坚实的基石，他试图对罗马附近的教皇领地实行强权统治，加以有效和严密的管理。因此，英诺森三世常常被认为是教皇国的实际建立者。其次，为了增加收入，他迫使英王约翰同意英格兰成为教皇的采邑；他还获得了阿拉贡、西西里、匈牙利等地封建领主的身份，由此他便可以公然干预君主们的世俗事物了。最后，他首次对教士征税以支持圣地的东征。除了以上三项之外，英诺森三世在宗教方面的最大成就是1215年在罗马召开的第四届拉特兰宗教会议。这次会议明确了基督教信仰的核心教义,使教皇在基督教内的领导地位更加明确了。至此,教皇权威在西欧完全建立起来了,教皇可以通行无阻地训诫国王、统治教会了。

然而英诺森三世之后历届教皇越来越多地参与到世俗君主的纷争之中,还为了达到其政治目的而发动十字军东征,遂使教皇声誉扫地。到教皇卜尼法斯八世(1294—1303)时期,又陷入了和英王、法王的两次争执之中,使他失去了英法教士的支持。卜尼法斯八世去世后的14世纪的绝大部分时间里,教皇实际上成了法国世俗权力的走卒,逐渐结束了教皇专制的统治地位。

教皇专制的意义 首先,教皇对各地区的教会实施跨国统治,增强了宗教活动的一致性,并增进了国际往来。其次,教皇灌输教会法,令法律日益受到重视。再次,教皇在消除买卖教会官职的腐败、整顿教士风纪方面也取得了一些成就。最后,教皇专制的加强可促使世俗宗教保持强盛的生命力。

宗教复兴 11世纪的教会改革运动唤起了社会各界对宗教的兴趣,激发了旺盛的宗教活力。教会改革推动欧洲宗教复兴的原因有二:第一,纯洁教会活动实际上取得了高度成功,普通信徒越来越尊重教士,越来越多地被吸引加入教士的行列。第二,格列高利七世明确号召普通教徒帮助监督教士,这等于在欧洲许多地方掀起了自警运动。因此,从格列高利七世以后,基督教实际指导着人类生活的理想与实践。

宗教的复兴首先表现在12世纪西多会运动的传播。西多会最早形成于1100年左右,力图按最纯洁、最严格的本尼迪克派会规行事。为了避免受到世俗的诱惑,他们尽可能在远离文明的森林和荒地中建立新的修道院。他们的教堂力避所有不必要的装饰和浮华,放弃对烦琐礼仪的强调,强调更多地默祷和单独祈祷,并致力于繁重的体力劳动。在当时欧洲最具影响力的宗教人物圣伯尔纳(1090—1153)的超凡领导下,西多会发展迅速。1115年,西多会只有5所隐修院,但到1153年伯尔纳去世时,已不少于343所。其次,随着越来越多的人进入隐修院或为新隐修院提供资助,宗教信仰和宗教虔敬的性质也在发生变化,其中的一个变化是,人们从强调礼拜圣徒变为强调礼拜耶稣和尊崇圣母玛利亚,并不再强调对圣迹的祭拜,而侧重于举行仪式或礼拜圣主的圣餐。12 世纪,宗教仪式的参与成了维系基督教信仰的主要途径,新的圣餐仪式大大提高了教士的尊严,同时也鼓励信徒默记基督的各种遭遇,从而使许多信徒萌发了对基督的强烈认同感,并试图在各个方面模仿他的生活。除此之外,对圣母玛利亚的祭拜也盛行于 12 世纪的欧洲,当时很多新教堂都是为尊奉她而建造的,如巴黎圣母院以及沙特尔、兰斯、亚眠、鲁昂和拉昂大教堂,还有其他许多地方的"圣母院"。对玛利亚崇拜的兴起是同 12 世纪西方普遍兴起的充满希望和乐观主义的心态密切联系在一起的。

12 世纪文艺复兴 约公元800 年,查理大帝要求其统治下的所有隐修院及主教区都要兴建学校。直到 1050 年左右,西欧基础教育的范围仍然很有限,质量也不高。1050 年以后,基础教育开始快速发展,不仅学校数量在增长,而且学校的性质也发生了变化,并且随着时间的推移,课程表和生源也都发生了变化。除了教会学校,城市其他地方也兴办了学校,但是教会学校仍然是教育的中心。起初,教会学校几乎完全是为了教士的基本训练,其课程不外乎是教授学生阅读,教会祷告所必要的文字。但在 1100 年后不久,这些学校的课程有了增加,因为这时候的教会和世俗管理都有了发展,对训练有素的官员的需求日益增加。这些官员不仅要知道如何读一些祈祷书,还要知道其他的知识。其次,对法律的依赖使改进基础教育的质量、训练未来的律师显得尤为重要。特别是这个时候,学校开始灌输全面了解拉丁文语法知识和用拉丁文写作的技巧,常常要求学生研究一些罗马古典著作,如西塞罗和维吉尔的著作。恢复对这些著作的兴趣以及仿效这些著作的努力推动了学者们所说的"十二世纪的文艺复兴"。

经院哲学 中世纪全盛时期希腊和阿拉伯哲学与基督教信仰的交融导致了经院哲学的产生。由于中世纪的学者认为,希腊人是自然知识的大师,而所有关于自然的启示都记录在《圣经》中,因此,经院哲学就是关于古典哲学同基督教信仰交融的理论和实践。

经院哲学的先驱是思想家彼得·阿贝拉尔,他对经院哲学发展的最大贡献是他写的《是与否》和许多早期的神学著作。在《是与否》中,阿贝拉尔收集了教会神父从正反两方面对150个神学问题的详细论述,为经院哲学的经典论证模式奠定了基础。后来的经院哲学家仿效阿贝拉尔研究神学的方法,即:先提出问题,然后再罗列经典文本上的答案。阿贝拉尔是最早试图将宗教同理性调和起来的人物之一,就此而言,他是经院哲学的先驱。

阿贝拉尔死后,紧接着的两个方面的发展为经院哲学的成熟铺平了道路,一个是阿贝拉尔的学生彼得·伦巴第在1115年至1157年写的《名言录》。该书将所有最基本的神学问题按其重要性一一排列,每个问题都从《圣经》和基督教权威中寻找正反两方面的答案,然后再对每一问题做出判断。到13世纪,伦巴第的著作成为标准读本。在大学中建立正式的神学院之后,所有申请神学博士学位的人都被要求研究和评说《名言录》,神学家们在他们自己的著作中也仿效该书的组织程序,这样就产生了经院哲学研究方法的体系。

经院哲学发展的另一个推动力是1140年以后重新习得古典哲学。神学家们除了考虑基督教神学家的权威论述外,还纳入希腊和阿拉伯哲学的权威观点,这样做使先前独立的信仰和自然知识领域调和在一起,构筑成对世界的认知体系。在这方面,巴黎大学著名经院哲学神学家圣托马斯·阿奎那(1225—1274)取得的成就最大。托马斯提出理性为信仰辩护的准则,相信他提出自然科学以及研究上帝所创造的宇宙是理解神的智慧的合理途径,因为"自然"是"神恩"的完整体现。他还重视人类的理性及经验的价值。在他的两部巨著《反异教徒大全》和《神学大全》中,他用哲学方法探究神学问题,将亚里士多德哲学与基督教的原则相糅合,借之形成了自己独创的哲学和神学体系。他的影响一直延续到今天,因为他有助于恢复人们对理性和人类经验的信心。

大学 在中世纪盛期,教育繁荣的突出表现是大学的兴起。最开始,相比于一般教会学校,大学只是一所高级教学及科研的机构,致力于文艺、医学、法律以及神学的专业研究。意大利最早的大学是博洛尼亚大学,从12世纪创立到中世纪全盛期末,这所大学一直以欧洲法律研究的主要中心而著称。在阿尔卑斯山脉北部,欧洲最早、最著名的大学是巴黎大学。和其他大学一样，巴黎大学最初也是教会学校，12 世纪开始成为阿尔卑斯山北部公认的学术生活的中心。到 1200 年，巴黎大学发展成为教授文科七艺和神学的大学。13 世纪，牛津大学、剑桥大学、蒙彼利埃大学、萨拉曼卡大学、那不勒斯大学等著名大学或纷纷创立，或得到正式确认。德意志直到 14 世纪才出现大学，1385 年，海德堡大学建立，接着很快建立了其他大学。

图 11－2　牛津大学学位授予典礼

当代的大学体制源于中世纪的体系，但今天的学术探究与那时有很大不同。中世纪各大学并不讲授历史学这样的社会科学类课程。中世纪的学生（只限于男生）在进入大学前就要求精通拉丁文语法，入学后，要用四年的时间修习基础文科（修辞学及拉丁文语法），熟悉基本的逻辑规则。如果考试过关，则可修得人文学科学士学位。为了使自己在未来的职业中占据一席之地，学生们通常还得花几年时间攻读更高级的学位，如文学硕士，或法律、医学和神学博士学位。若要修得硕士学位，通常要用三至四年的时间钻研自然科学及哲学，还要研读经典古籍，如欧几里得、亚里士多德等大家的经典著作。学位课程在设置上强调抽象的理论讨论，没有实验科学。

若要修得博士学位，则还要通过更为严格的专业学术训练，因此很少有人能在40岁以前获得神学博士学位。事实上，校规也禁止授予35岁以下的人以神学博士学位。

艺术 中世纪盛期的文学也同样充满生气和令人难忘。教会学校和各大学语法研究的恢复促进了一些杰出的拉丁诗文的诞生，最著名的是不朽的抒情诗，尤其是一些所谓的行吟诗人在12世纪所写的抒情诗。他们的诗常常描写主人公对爱情的渴望而不是罗曼蒂克的实现。除拉丁文外，法国、德意志、西班牙和意大利的各种方言也越来越多地作为文学表达的媒介，绝大多数方言文学都写成英雄史诗的形式，其中著名的有法文的《罗兰之歌》、西班牙的《熙德之歌》以及德文的《尼伯龙根之歌》。在这些史诗中，英勇的战斗、荣誉和忠诚是主题。

12世纪法国重要的革新是写作更长的叙事诗，称作"传奇故事"。这些传奇是现代小说的始祖，描写的主题通常是爱情和冒险。一些传奇详细阐述了古典的希腊主题，但最著名并且写得最好的是关于"亚瑟"的传奇。除此之外，还出现了新的故事体——韵文故事或韵文寓言。尽管韵文故事源于伊索寓言故事，但很快就演变为娱乐多于启发和教诲的短篇故事。由于韵文故事非常"粗野"，有人曾经认为它们仅仅是为新兴的城市阶级而写的。由于它们是对日益增长的世俗性的一种表述，以及作为后来被薄伽丘和乔叟进一步完善的现实主义的第一次表达，因此其作用不可小觑。

在建筑方面，中世纪盛期产生了哥特式教堂。这种风格源于10世纪，但形成于11世纪和12世纪上半叶，期间的宗教改革运动推动了许多新隐修院和大教堂的建立。12世纪前后法国修建的大教堂，多为哥特式建筑的风格。哥特式教堂的基本特征是尖形的拱门、飞拱以及肋状的拱顶。其他特征还包括高耸入云的尖塔、多重的柱廊、圆形的花窗、考究的石质花窗格、雕工繁杂的浮雕及奇特的雕像。建筑上的装饰物一般都集中于教堂外部，除了彩色玻璃窗以及木结构和圣坛上的精致雕刻外，教堂内部相当简单，几近简朴。

图 11－3　14 世纪的机械钟

4. 西欧的扩张

十字军东征(The Crusades)是对发生在 1096 至 1291 年的六次宗教性军事远征的总称,是西欧基督教(天主教)国家发起的对地中海东岸国家的战争,它开启了西方殖民史的序幕。

第一次东征缘于 1095 年拜占庭皇帝阿列克塞·康尼罗斯向教皇的求援。阿列克塞试图从土耳其手中重夺小亚细亚地区,该地区原是拜占庭的属地。由于在战争中辅以西方雇佣军已成惯例,因此阿列克塞请求教皇提供军事支持。但令他惊讶的是,浩浩荡荡而来的不是一只单纯的军事武装,而是一场“圣战”军队。换句话说,西方不是派一帮雇佣军而是派大量志愿兵到小亚细亚作战,他们的目标是从伊斯兰教徒手中夺回耶路撒冷。参加“圣战”的人员的动机远不是单纯的。

公元 1095 年在位的教皇是乌尔班二世,他步格列高利七世的后尘,把对圣地的伟大东征看作是可以达到多个目的的手段。第一,让希腊东正教重回正轨。第二,置德国皇帝于困境,打压这个教皇最大的敌人。第三,为蠢蠢欲动的动乱势力找到出路,以帮助重塑教皇国内部的和平。第四,夺回耶路撒冷。此外,十字军战士中有许多穷人,他们可能希望在东部比在他们拥挤的土地上生活会好些。非长子的贵族子弟在长子继承权的环境下,希望到别处获得发展的空间,等等。但第一次十字军东征的主要动机仍然是宗教的,这种神圣的军旅和战斗经历对基督徒来说是心灵上的一种安慰。几个世纪以来,朝圣一直是基督教徒表达忏悔的最普遍的方式,而到耶路撒冷朝圣又被认为是表达忏悔的方式中最神圣、最有效的。显然,基督徒最大的精神报偿将来自武装朝圣耶路撒冷,并且为基督教赢得最神圣的圣地。乌尔班二世在克勒蒙会议上许诺,将赦免所有东征者的其他若干宗教苦行。这是一种非同寻常的赠予,此举激发着普通民众如潮水般地涌向东征队伍。

第一次十字军东征取得了极大的成功,1098 年攻下了安条克,接着攻下了叙利亚的绝大部分地区,1099 年,他们攻下了耶路撒冷。然而,基督教国家仅仅包括叙利亚和巴勒斯坦海岸人口稀少、狭窄的地带,被伊斯兰收复只是时间问题。到 1144 年,最北部的公国陷落。当法国国王和德意志皇帝率领基督教战士进行第二次东征以挽回损失时,十字军内部正好四分五裂以至于无法赢得任何胜利。1187 年,萨拉丁苏丹重新占领耶路撒冷,这一地区的伊斯兰土地很快同埃及连成一片。来自西方的力量再一次试图挽回损失,这便是由英国“狮心王”理查、德意志皇帝腓特烈·巴巴罗萨和法王菲利普·奥古斯特主导的第三次东征。然而,即使如此庞大的军队也不能获得胜利,因为领导者内部发生了争执。当英诺森三世成为教皇的时候,他的主要愿望便是收复耶路撒冷。为此,他发动了第四次十字军东征,但从基督教的联合这一角度来看,这次东征遭遇了前所未有的灾难,教皇无法控制东征的方向。1204 年,东征军不再进军圣地,而是攻下了东正教的君士坦丁堡。正如我们看到的,这次东征的最后结果是破坏拜占庭帝国,使东欧向奥斯曼土耳其人敞开门户。为了打击穆斯林力量的根基,第五次十字军东征首先从海上对埃及发起进攻,在取得最初的暂时成功后,这次东征也以失败而告终。只有腓特烈二世领导的1228年至1229年的第六次东征取得了胜利,但这次东征取得成功并不是由于任何军事原因。腓特烈懂阿拉伯语,可以毫不费力地同埃及苏丹进行交谈,双方没有进行交战,而是巧妙地缔结条约。根据条约,将耶路撒冷以及西方到耶路撒冷的狭窄通路还给了基督徒。这样,战争未能获得的东西通过外交手段获得了。但基督教徒不能维持自己的成果,1244年,耶路撒冷得而复失,直到1917年,西方人才重新夺回这一地区。现在的基督教"国家"只剩下巴勒斯坦阿卡城周围很小的一块土地,到1291年,在没有任何西方帮助的情况下全部陷落。至此,历时近两百年的十字军东征运动宣告结束。

十字军东征的意义 从有利的方面来说,第一次东征以几乎难以置信的成功大大提升了中世纪西方人的自信。东征者长途跋涉经过外国的土地,基督教徒和穆斯林之间进行了有益的文化交流。十字军东征激发了西方对神秘东方的兴趣,为传说及文学的发展提供了丰富的素材。从经济的角度来看,第一次东征的成功使东部地中海向西方商业敞开了门户,尤其是意大利的威尼斯和热那亚市开始垄断这一地区的贸易,因而有助于促进整个西方的繁荣。同时,远途携带金钱的不便也促使了早期银行的出现。在政治上,为东征筹款而向教士征税的做法,不仅使西方君主获益匪浅,也刺激了各国税收的发展。更重要的是,为给国王的东征提供物质支持,通过国家组织资金的募集以及物资的供应,进一步刺激了新兴的民族国家行政机构的发展与完善。

但十字军东征的负面作用也是显而易见的。十字军对国内犹太人及国外的穆斯林进行了灭绝人性的杀戮,可谓惨无人道。同时,十字军还大大恶化了西方同拜占庭帝国的关系,使拜占庭帝国的历史基本终结。事实上,十字军东征只是西方社会延续到现代的长时间殖民历史的开端。

第十二章

欧洲的文艺复兴

“文艺复兴”(Renaissance)一词的意思是“再生”,它指的是14世纪中叶到17世纪初发生在欧洲的思想文化运动,被用以指称中世纪末期西方文明发展过程的一个崭新时代。在14至16世纪时期,意大利的人文主义学者已开始使用这一概念,他们认为,在古希腊罗马时代,文艺曾经光芒夺目,但在中世纪“黑暗时代”却黯淡无光;直至进入14世纪,文艺才得以“再生”和“复兴”。因此,文艺复兴的学者们强调尊古典为师,但它并非纯粹的复兴古典,而是在一定程度上有所创新,导致了思想解放和文化创新,促成了社会体制的重构。

1. 文艺复兴运动的起源

文艺复兴时期的时代精神是人文主义。人文主义是一种以人为核心,为争取世俗的幸福而积极努力的精神。其主要特征是:强调人是生活的主导者,倡导充分挖掘人的智力及创造力,反对无所作为的消极人生观;重视现世的世俗生活,轻视天堂和来世,反对宗教禁欲主义;重视科学实验,主张探索自然,重视实践,反对先验论。

文艺复兴主要表现在文艺与科学的发展与进步上,但因各国民情及历史的差异,在各国各具不同特征。意大利作为文艺复兴运动的发源地,对推动西欧文明的发展做出了巨大的贡献。文艺复兴之所以首先出现在意大利,与其优越的政治、历史以及地理条件密切相关。

第一，政治上的分裂有利于各种新思想的产生和发展。中世纪两股占主导地位的强大势力是教廷和皇帝。但到13世纪后半期，帝国的统治衰弱了，意大利分裂为十几个小国，它们各行其道，社会局势动荡不安。教皇对世俗国家和城市的控制力也大为削弱，在佛罗伦萨、威尼斯等独立的城市共和国，自由气氛较为浓厚。同时，由资产阶级主政的政权，支持反教会、反封建斗争，保护文艺复兴活动，有助于新文化的成长。

第二，意大利具有得天独厚的地理优势，其商业和海外贸易发达，城市发展迅速，经济繁荣，这就为文艺的发展提供了一个优越的物质基础。在新航路开辟前的很长一段时期内，地中海一直是东西贸易的联系纽带，而意大利正好位于这条纽带的核心，特殊的地理位置促进了当地海外贸易的兴旺。因此，像米兰、威尼斯、热那亚等城市率先在12世纪时崛起，进入中世纪后期更是拥有全欧最先进的城市社会。贵族们通常居住在市中心，从事银行业和商业经营，与富商阶层关系紧密，不似法国或德意志的贵族那样依靠地产收入生活。意大利人长时期从事手工业及商业贸易，在长时间与外界的密切接触中铸就了开放的文化心态，比较容易接受新兴的思想。

图12－1　14世纪的意大利锡耶纳

第三，市民阶层的兴起。随着城市工商业的繁荣发展，市民阶层的力量不断壮大，其政治地位亦日渐提升。市民意识觉醒，其典型的表现是“市民异端”方兴未艾。作为刚刚登上历史舞台的政治力量，市民阶层亟待建构起异于宗教禁锢传统的思想文化体系，以此与自己的政治经济活动方式相符合。

第四，意大利留下了不少古代罗马的建筑遗址，这里保存着最大数量的古代遗迹，如古罗马的纪念碑、大道以及手稿等，使意大利人同古罗马之间的联系比较紧密，也使意大利人具有更为浓厚的怀古情结。在整个中世纪，意大利人始终把自己看成是古代罗马人的后裔，而且，在意大利一些城市的学校里，也一直延续着古罗马的教育制度。

第五，中世纪晚期的罗马教廷和意大利一些特别富裕的大商人，爱好文化事业，对来自各方的诗人、学者、艺术家进行赞助并加以庇护，这在一定程度上促成了文艺复兴文化在一些大城市中得以蓬勃发展。中世纪晚期，教廷首脑和各级教会机构的头面人物普遍对世俗事物有浓厚的兴趣，在追求物质生活奢华享受的同时，教会也积极鼓励宗教文化朝世俗方向发展。

2. 意大利的文艺复兴运动

早期文艺复兴　意大利文艺复兴的主要表现之一，是具有人文主义精神的新文学的出现。但丁、彼特拉克和薄伽丘被誉为意大利早期文艺复兴的“文坛三杰”，他们的文学创作以及对希腊、罗马古典著作抄稿的探求，对意大利早期文艺复兴的发展影响很大。

但丁（1265—1321）是意大利佛罗伦萨人，其代表作《神曲》是一部带有强烈现实主义意义的伟大作品。作品采用中世纪梦幻文学的形式，使用隐喻象征的手法抨击了教会的贪婪腐化和封建统治的黑暗残暴，歌颂了自由的理性、个人的情感和求知的精神。然而，在但丁思想深处还保留着关于来世和禁欲等不少传统观念，因此，恩格斯称“他是中世纪的最后一位诗人，同时又是新时代的最初一位诗人”。

彼特拉克（1304—1374）是意大利著名诗人，他首先提出以“人学”反对“神学”，被誉为“人文主义之父”。他擅长十四行体的抒情诗,《歌集》是其代表作。《歌集》共有366首诗歌,其中多数是爱情诗,摆脱了教会禁欲主义的束缚,表现了诗人对他向往中的情人劳拉的炙热爱情,宣扬了人文主义者个人幸福至上的爱情观。《歌集》也包括一些带有强烈政治倾向的诗篇,抨击了教会腐败,表达了作者渴望意大利统一的爱国主义思想。彼特拉克被后人尊作“诗圣”,他所创立的十四行诗深刻影响了欧洲抒情诗的发展。

薄伽丘(1313—1375)也是佛罗伦萨人,堪称意大利民族文学的奠基者,其代表作是短篇小说集《十日谈》。小说的背景是,为躲避黑死病,10名来自佛罗伦萨的贵族青年男女来到乡间别墅。为消磨时间,10个人轮流讲了100个故事。小说猛烈抨击了教会的贪婪与腐朽,无情揭露了教士的丑陋与伪善,同时,作者还讴歌了市民及下层民众的智慧与勇气,颂扬了他们之间美好的爱情。《十日谈》有“人间神曲”之称,描画的是世俗生活,被视为欧洲文学史上首部现实主义文学作品。这部作品也奠定了近代散文的基础,成为16,17世纪西欧短篇小说和现实主义文学的奠基之作。

意大利文艺复兴时期,也迎来了西欧近代史学的诞生,人文主义史学家以古希腊、罗马的史学巨著为范本,对已知的文献史料进行编纂加工。他们强调历史记载的真实性,关注“人”和“人的活动”的历史记录下来,并且借古喻今,用历史来论证当代社会的发展。佛拉维奥·彼昂多(1388—1463)在《罗马衰亡以来的千年史》中,第一次提出了“历史学”这一专有名词,用以指称5至15世纪的西欧历史。佛罗伦萨人列奥纳多·布鲁尼是人文主义史学家的杰出代表,著有《佛罗伦萨史》(12卷本)。他大胆宣称:历史是人自己的历史,人性和人的心理是历史发展的原因所在,必须排除上帝决定人类历史的观点。

意大利文艺复兴时期的艺术成就也十分令人瞩目,创作题材虽大多仍然来自宗教故事,但作品已经昭显出现实主义风格,影响最大的是被誉为“欧洲绘画之父”的乔托(1267—1337)。他突破中世纪的绘画传统,以写实的技法描绘人物,令人物形象栩栩如生,富有立体感。他给宗教人物注入世俗的思想感情,赋予他们现实性。例如,他为佛罗伦萨金圣徒教堂绘制的《圣母像》,其圣母的面容明显

图 12－2　文艺复兴之都:佛罗伦萨

带有农家主妇的痕迹。他开启的人文现实主义的创作技法,极大影响了欧洲近代现实主义流派的发展。其代表作有《哀悼基督》、《逃亡埃及》及《犹大之吻》等。

马萨乔(1401—1428)继承了乔托所开启的人文现实主义传统,为文艺复兴时期的绘画创作打下了坚实的基础。他最先探索人体结构,尝试了透视法,并掌握了远近透视的基本规则。不幸的是他在罗马遭人暗害致死,与他同时代的建筑大师布鲁内勒斯基痛惜此乃“时代的重大损失”。

波提切利(1445—1510),佛罗伦萨著名画家,被誉为“异教世界的礼赞者”。他采用一向被教会所反对的异教题材,即希腊神话题材,从而冲破了以往《圣经》题材的束缚。他的作品注重表现情绪,富有想象,人物形象优美柔和,线条流畅,有一种超凡脱俗的仙气。其代表作有《三王来拜》、《维纳斯的诞生》和《春》等。

除绘画外,早期文艺复兴在建筑、雕塑方面也小有成就。实际上当时一些画家同时也是杰出的建筑艺术家或雕塑艺术家,代表人物是布鲁内勒斯基(1377—1446) 和多纳太罗(1386—1466)。费利

图 12－3 《春》（波提切利）

波·布鲁内勒斯基是文艺复兴风格建筑的创始人，完成了当时世界上最大的圣母玛利亚大教堂穹顶的设计和建造，展示了文艺复兴时代人们的进取精神以及追求宁静与和谐、优雅与庄重的审美理想。同时，布鲁内勒斯基发明了运用一点透视二维平面以展示三维空间的绘画技法，引发了绘画革命。多纳太罗是近代现实主义雕刻的奠基人，其代表作是创作于 1432 年为装饰美第奇官邸而作的《大卫》青铜像。

盛期文艺复兴　经过长时期的发展，到 15 世纪末和 16 世纪上半叶，早期文艺复兴的中心佛罗伦萨在政治和经济上逐渐衰落，意大利文艺复兴的中心转移到威尼斯和罗马等城市。意大利文化艺术中心的转移，标志着文艺复兴进入了一个新的发展时期——文艺复兴盛期，艺术家的创造性才能在这个时期得到了淋漓尽致的展现，其中“艺术三杰”的表现最为突出。

“艺术三杰”是指被誉为意大利文艺复兴“三杰”的达·芬奇、米开朗基罗和拉斐尔。他们在全面总结和继承 14 世纪以来前人成就的基础上，开创了现实主义艺术的新时代，成为文艺复兴盛期最杰出的代表。

列奥那多·达·芬奇(1452—1519)才华横溢,集绘画、物理学、数学、机械学各项才能于一身,是“文艺复兴时代最完美的代表人物”。他对透视法、解剖学、明暗法以及人体比例等在绘画中的运用达到了完美的境界。达·芬奇的绘画细腻,擅长表现人物内心活动的丰富、和谐、精深,其中最享盛名的是《岩间圣母》、《最后的晚餐》和《蒙娜丽莎》。《蒙娜丽莎》是佛罗伦萨一位贵妇人的肖像画,是达·芬奇艺术创作水平高超的体现。画中,他把人物的外在与内在统一起来,其对于人物的内心世界刻画入微,具有永恒的审美价值。

图 12 – 4　达·芬奇画“蒙娜丽萨”

米开朗基罗(1475—1564)是继达·芬奇之后,意大利文艺复兴盛期的又一位艺术天才。由于米开朗基罗的人生经历十分坎坷,因而他的作品一扫意大利宁静和精巧的艺术风格,以雄浑、豪放、宏伟、强健和充满激情而著称。他不仅在绘画、建筑和工程等方面造诣极高,还是一位杰出的诗人,但他自称主要是雕塑家。他的大理石雕塑《大卫》,塑造了一个舒展自如、昂然挺立的裸体青年形象,被作为佛罗伦萨共和国的象征竖立于市政厅前的广场,佛罗伦萨人称之为“保卫诸国的市民英雄”,成为鼓舞和教育人们的艺术珍品。另一座雕像《摩西》是他雕塑人体美的又一杰作。《摩西》的形象是一位公正无私、执法如山的人民利益的维护者,作品将疾恶如仇和刚毅坚定的人物形象刻画得栩栩如生,被美术史家誉为“近代雕刻的最高成就”。米开朗基罗绘画艺术的代表作包括为罗马梵蒂冈西斯廷教堂创作的天顶画《创世纪》,以及祭坛后方的大壁画《末日的审判》。《创世纪》由 9 幅主体画组成,颂扬了人类的善良及力量,以及对邪恶的仇恨。《最后的审判》取材于《圣经》,整个画面充满一种阴暗的恐怖气氛,描画了世界末日来临之际,基督审判众生,善者入天堂、恶者入地狱的景象。全画共塑造了 200 多个人物形象,通通以现实人物为原型,体现了现实主义的风格。

图 12－5 《圣母怜子》(米开朗基罗)

拉斐尔(1483—1520)在西方美术史上有“画圣”之誉,其风格以秀美、典雅著称。他一生有三百多幅创作作品,尤擅长画圣母像。

他以现实生活中的母亲形象为模特，将圣母还原为日常生活中的平民女性，淳朴、温柔、慈爱、宽容，讴歌了普通女性的美，充满了人情味，表现了世俗性。在他的众多圣母画中，《西斯廷圣母》最为著名，描画了圣母怀抱天使降临人间的场景，表现了人们希望圣母下凡给予世间幸福的美好愿望。正如普列汉诺夫(俄国马克思主义政党的创始人，早期俄国著名的马克思主义理论家)所言："拉菲尔的圣母像是世俗的理想战胜基督教修道院的最突出的艺术表现之一。"此外，拉菲尔那体现时代精神的壁画也堪称世间杰作，其中为梵蒂冈宫绘制的《雅典学派》最为著名，它塑造了古希腊雅典学派的柏拉图、亚里士多德、苏格拉底、毕达哥拉斯等50多位哲学家、科学家、艺术家济济一堂的场景。整个画面成功运用了空间透视法原理，背景的肃穆和人物的热烈形成鲜明对比。拉菲尔的绘画风格影响了17，18世纪的古典主义。

正如一位美术史家所言，如果把达·芬奇的作品比作深不可测的大海，米开朗基罗的作品则是耸入云端的高山；与此相对照，拉菲尔的画就是广阔展开的明朗的原野。这个比喻形象、生动，简明扼要地道出了三位大师的艺术特点。

威尼斯画派 16世纪初的威尼斯，社会安定，宗教信仰自由，在这样的人文环境中诞生的威尼斯画派崇尚色彩，带有鲜明的世俗享乐基调，并且善于将人物形象融入自然风景中，营造出华丽优雅的艺术效果。其前期以乔尔乔内与提香等人为代表，后期涌现出委罗内塞、丁托列托等大家。

乔尔乔内(约1477—1510)，架上绘画的先驱。他创作于1510年的《酣睡的维纳斯》开创了西方绘画中一个历久弥新的题材：裸体的躺卧的女神像。提香(1482—1576)，堪称威尼斯画派最杰出的艺术大师，因擅用金色，故有"金色提香"之称。其早期(1518年以前)作品多受乔尔乔内影响，至16世纪二三十年代，形成了自己独特的艺术风格。他笔下的人物表情安详、欢快，形象华丽、健美，色彩绚丽、奔放。其作品主要是为上流阶层创作，多以酒神和裸体女神为主题，享乐主义特征明显。《浴后的维纳斯》是提香裸女画中的代表作。

委罗内塞(1528—1588)是提香的学生,也是一位色彩大师,擅用银色色调,有"银色委罗内塞"之称。他的艺术在透视构图和用色瑰丽上大胆突破,深刻影响了17世纪的巴洛克艺术。丁托列托(1518—1594),名为其绰号,意为"染匠之子",也是提香的学生。他立志要"把提香的色彩和米开朗基罗的形体结合起来",善于通过多视点透视塑造构图效果的戏剧化。其作品色彩梦幻,光线飘忽不定,人物造型夸张。主要代表作包括《最后的晚餐》、《圣马可的奇迹》和《天国》等。

政治理论和社会理想 文艺复兴时期,意大利出现了共和国、君主国等多种政治实体,各国之间矛盾重重,纷争不断;同时各国还面临着抵御西欧强国侵略的共同任务。在这种情况下,一些政治思想家开始摆脱神学的影响,用"人"的眼光,从"经验和理性"出发去研究国家、解释社会,提出了一系列具有开创性价值的政治观点。在政治上,人文主义表现为政治现实主义和理想主义,其代表人物分别是马基雅维利和康帕内拉。

尼科洛·马基雅维利(1469—1527)是著名的政治学家、历史学家、军事学家和诗人。他出生于佛罗伦萨一个没落的贵族家庭,父亲是律师,尽管家境贫寒,但父亲竭力为他提供接受教育的条件。马基雅维利23岁时曾参加推翻美第奇家族统治的起义,也曾担任佛罗伦萨共和国最高执行委员会的秘书,主管外交和军事方面的工作。多年的政治生涯,不仅使他洞悉了政客间的阴谋诡计,积累了丰富的政治外交经验,也使他深深体会到祖国由于分裂所造成的衰败,从而激发了他的爱国热忱,积极寻求救亡图存之路。1512年,美第奇家族的专制统治在佛罗伦萨复辟,马基雅维利涉嫌参与策反事件而入狱。出狱后他隐居乡间,专心于政治学研究,写成了著名的《君主论》,赢得了"政治学之父"的美誉。

《君主论》主要论述为君之道,认为君主要善于伪装,为达目的可以不择手段。同时君主既要遵循法律,又不可避免利用暴力。他以狮子和狐狸做比喻,"因此一位君主必须是狐狸,以便认出那些陷阱;同时又是狮子,以便使豺狼恐惧"。

马基雅维利的政治学说以人文主义为基础,以意大利和佛罗伦萨的历史经验为依据，抛弃了“君权神授”的观念，以“人”的眼光看问题，主张依靠强而有力的王权来实现意大利的统一。他的权术思想反映了新兴资产阶级的需求，迎合了时代潮流。他将政治学从传统的宗教神学中分离出来，不再将道德作为衡量政体优劣的标准，使政治学从此成为一门独立的社会科学。

16 世纪，由于西欧城市的发展和手工业的进步，城市中产生了早期的无产阶级，他们受到残酷的压迫和剥削，其遭遇引起了主张平等和博爱观念的人文主义思想家的关注。康帕内拉是最早在意大利提出空想社会主义政治理想主义的代表人物。

康帕内拉（1568—1639）出生在意大利卡拉布里亚省斯提罗附近的一个贫苦农民家庭，长期在修道院工作。1598 年他组织反对西班牙侵略者的起义，后被捕入狱。在艰辛的环境下，他创作了《太阳城》《论最好的国家》《捍卫伽利略》等著作。《太阳城》是他最重要的代表作，这部著作以对话的方式通过热那亚航海家叙述环球航海的经历，向人们描绘了一个乌托邦之国“太阳城”。在书中，康帕内拉强烈地抨击私有制，认为私有制是社会一切灾祸之根源。太阳城是一个消灭了私有制、没有剥削压迫的人间乐园。

康帕内拉在《太阳城》一书中描绘的没有私有制、由社会组织生产和分配、注重发展教育等理想成为西欧 16 世纪最宝贵的思想财富之一，对后来的空想社会主义者影响巨大。但由于康帕内拉所处的时代从中世纪脱胎出来不久，他的思想中难免夹杂着中世纪的封建残余，带有一定的宗教迷信色彩。

3. 西欧诸国的文艺复兴

意大利曾是文艺复兴运动的中心，它向其他欧洲国家提供了一种与禁欲主义相对抗的生活态度，把古典拉丁文的教育作为新的市民道德教育的基础。从 15 世纪后期开始，肇始于意大利的文艺复兴运动逐渐传播到德意志、法国、英国、西班牙、尼德兰等欧洲其他国家。

德意志的文艺复兴 德国文艺复兴开始较早。早在 15 世纪 60

年代至70年代,人文主义小组已经出现在纽伦堡等地的大学校园里。进入16世纪上半叶,德国的文艺复兴运动逐渐步入高潮,其主要特点是:①热衷于探讨宗教、道德和哲学问题。德国人文主义学者对《圣经》以及教父作品做了大量的翻译、研究以及注释工作,并创作了许多“讽刺文集”。②人文主义活动以大学为中心。③作品反映出对国家统一和摆脱罗马教皇黑暗统治的强烈要求。同时,部分作品还表达了对底层人民疾苦的关切。④各地文艺复兴运动的发展程度不一,南部受意大利影响较大,开展活动较早,成果丰盛;西部科隆等地,因天主教会势力过大,思想保守;北部与尼德兰的人文主义学者联系紧密,比较关注宗教及教会改革。人文主义思想家的代表人物主要是约翰·勒克林、伊拉斯谟;艺术家的代表人物主要是丢勒和小汉斯·霍尔拜因。

约翰·勒克林(1454—1522)是一位语言学家,精通拉丁语、希腊语和希伯来语。留学意大利时,他接受了人文主义思想,成为欧洲第一个希伯来语学者。1506年,他所著的《希伯来语原理》,使他卷入了同经院哲学家的争论。1516年,他著有《希伯来语提要》,1517年完成了《卡巴拉哲学论》。勒克林及其朋友在反对科隆的多米尼克会教士支持下的“焚毁《圣经》以外的一切犹太书籍”的斗争中,形成了勒克林学派。

伊拉斯谟(1466—1536)出生在荷兰鹿特丹,是精通希腊文和拉丁文的人文主义思想家,曾游学于法、英、德、意等国。1514年以后,他长期定居于德意志的巴塞尔城,在此生活了22年。因此,德意志人习惯把他和约翰·勒克林称为文艺复兴时期“德意志的两只眼睛”。他将大量古希腊文献译成拉丁文,使当时的欧洲人有机会读到古希腊的作品。1509年他写下了传世名作《愚人颂》,采用讽刺的手法,将斗争矛头直指经院哲学和天主教会,辛辣地讽刺了国王、教皇和主教等的荒淫无耻、贪婪欺诈。

伊拉斯谟是文艺复兴时期宗教改革运动的思想先驱,对欧洲各国的人文主义运动有很大影响。后人在评价他的功绩时这样比喻:“伊拉斯谟生了蛋,路德孵出了小鸡。”由于历史的局限,他不否认上帝的存在,对天主教持宽容态度。在德国宗教改革中,伊拉斯谟同路德的思想产生了极大的分歧,最终倒向了保守的一派。

丢勒(1471—1528)出生于纽伦堡,是著名的版画家、油画家、建筑家和雕塑家。他曾游学意大利,回国后,在汲取意大利艺术成就的基础上,创作了许多风格独特的作品,其中最著名的是木版组画《启示录》(共16幅)(1498年),其中尤以《天使斗恶龙》以及《四名骑士》最具代表性。这一组画为丢勒赢得了巨大的声誉。1513—1514年,丢勒创造了一批铜版画,轰动了整个欧洲艺坛,获得“版画名手”的美誉。

小汉斯·霍尔拜因(1497—1542)擅长肖像画、版画以及水粉画。在美术史上,他是第一个以画肖像画为主的画家,1536年成为亨利八世的御用宫廷画家。霍尔拜因的作品继承了前人求真求实的传统,将德意志艺术和意大利艺术的表现手法融为一体,形成了自己独特的绘画风格。他非常注重人物性格的塑造,将德意志民族严肃、刚毅和缜密的性格演绎得十分传神。

法国的文艺复兴　16世纪,法国资本主义虽然有了一定程度的发展,但由于与封建制度联系密切,因而民主性与贵族性这两种矛盾的倾向在法国文艺复兴中都有所表现。并且此时正逢法兰西民族国家形成之初,民族意识强烈,因而作品以反映爱国主义和民族观念的内容为多。

弗朗索瓦·拉伯雷(1494—1553)是法国文艺复兴运动的杰出代表人物。他出生于法国中部一个富裕的地主律师家庭,从小在修道院学习,通晓医学、法律和文学等,知识渊博,对法国社会有深入的了解。他发现了封建法律制度的腐败以及经院教育制度对人才的摧残,这为他后来创作《巨人传》提供了大量的素材。《巨人传》是一部长篇讽刺小说,形象地刻画了16世纪上半叶的法国社会。小说以民间故事为蓝本,用极其夸张的艺术手法和讽刺文风塑造了三位巨人,对蒙昧主义和禁欲主义进行了尖锐批判,表现了人文主义的理想。拉伯雷主张个性解放,深信人的智慧和力量能够战胜愚昧和黑暗,主张通过教育发展人的潜能,提出培养“全知全能的人”的人文主义教育思想,倡导依靠知识改造现实社会。

《巨人传》是一部带有浓厚浪漫主义色彩的现实主义作品,小说语言生动、幽默，富有表现力和感染力，是西欧文学史上一部经典的讽刺小说。拉伯雷和他的讽刺艺术对以后的莫里哀、伏尔泰等大作家都产生了不同程度的影响。

法国文艺复兴的另一位杰出代表人物是政治思想家博丹(1530—1596)。他出生在安吉尔的一个贵族家庭，当过律师、检察官、省议会代表、三级会议中第三等级的代表。博丹一生著述颇丰，最主要的代表作是政治思想方面的《国家论》(六卷)。在这部著作中，他吸取亚里士多德的政治思想，探讨以国家主权学说为中心的一系列君主专制问题。他给国家下的定义是："国家是主权力量对无数家庭及公共事务的公正处理"，认为国家是民族利益的集合整体，主权是国家的本质特性。"主权是一个国家绝对的和客观的权力"，主权是统一的、不可分割的，具有永久性和不可转让性，凌驾于其他权力之上。博丹还极力维护私有财产制，声称任何君主都无权侵占他人的私有财产，无权擅自征收捐税等。

博丹的政治思想带有明显的反封建倾向，在承认君主拥有一切权力的基础上，又主张限制君权。他对国家主权的性质、特点和内容等所做的阐述，反映了欧洲民族国家正在形成的事实，并为其奠定了理论基础。

西班牙的文艺复兴　15世纪末期，由于大量的海外掠夺，西班牙的经济获得了快速发展。但到了16世纪中叶以后，西班牙的经济和国际地位逐渐衰落。与国运相反，这个时期西班牙的文学和艺术却进入了黄金时代。

塞万提斯(1547—1616)是杰出的现实主义文学家。他生于没落贵族家庭，有过复杂的社会经历。得益于此，他的人文主义思想更多地来源于其丰富的社会阅历和对人生艰辛的体验，代表作是长篇小说《堂吉诃德》。该小说以虚构的穷乡绅堂吉诃德和他的侍从桑丘的游侠经历，全面真实地反映了16至17世纪初西班牙封建社会的政治、经济、宗教、道德、风俗和文化各方面的现状。《堂吉诃德》思想内容深刻，艺术手法卓越，它不仅开创了西班牙民族文学的新时代，也深深影响了欧洲近代文学的发展。1855年西班牙人民为了纪念塞万提斯，在首都马德里建立了一座纪念碑，雕塑出堂吉诃德和桑丘两个人的文学形象。

洛卜·维加(1562—1635)是西班牙文艺复兴时期伟大的戏剧家、诗人和小说家,西班牙民族戏剧的开创者和奠基人。他流传下来的剧本约有400多部,形式多样,有历史剧、喜剧和宗教剧等六大剧种。在所有戏剧作品中,《羊泉村》是他1619年创作的最杰出的代表作。剧本大胆取材于西班牙羊泉村1476年的一次农民起义,揭露了封建王权下地方官吏的专横和残暴,热情讴歌了农民群众英勇斗争的英雄气概。维加为后世留下了大量丰富多彩的剧作,热情讴歌了西班牙民族的伟大,作品充满了现实主义理想,渗透着人文主义精神,他因此被誉为“西班牙戏剧之父”。

英国的文艺复兴 英国最早的人文主义作家是乔叟(1342—1400),他出生于伦敦一个富裕的酒商家庭,曾任宫廷外交要职,多次出使意、法等国。他较早接触到欧洲的文艺复兴,因而受到人文主义思想的影响。《坎特伯雷故事集》是乔叟的代表作,也是英国文学史上第一部现实主义力作。它围绕着一群伦敦香客前往坎特伯雷的朝圣旅行展开,包括24个短篇故事。这批香客有骑士、律师、商人、学者、地主、厨师等,代表了社会各个阶层,人物形象栩栩如生,反映了14世纪英国社会的整体风貌。故事大多取材于民间传记和口头文学、骑士文学等,大部分以爱情和婚姻为题材,无情地批判了腐朽的封建制度、教会对人民的压迫和金钱的罪恶,体现出强烈的反封建及人文主义倾向。乔叟的作品在人物塑造、叙事和语言运用等方面都体现了现实主义精神,并第一个把伦敦方言提炼为英国文学语言,开创了英国诗史之先河,因而被誉为“英国诗歌之父”。

文艺复兴时期英国的文学成就以戏剧方面最为突出。16世纪末,英国涌现了数十位卓有成就的剧作家,其中以莎士比亚名气最盛。威廉·莎士比亚(1564—1616)是英国最杰出的戏剧家及诗人,伟大的人文主义者。他的作品,是文艺复兴时期人文主义文学迈向顶峰的代表。莎士比亚生于英国中部沃里克郡的斯特拉福镇,来自富裕市民家庭。他一生勤奋,共创作了37部戏剧,154首十四行诗,两部叙事长诗以及其他诗歌。他的戏剧作品深刻反映了16世纪至17世纪初资本主义原始积累时期英国社会的状况。莎士比亚的创作大致分为三个时期:早期充满乐观主义,主要作品是历史剧、戏剧和诗歌,如《亨利四世》《亨利五世》《查理三世》等;中期是艺术创作的辉煌时期,主要作品是悲剧,代表作有《罗密欧与朱丽叶》《哈姆雷特》《奥赛罗》《李尔王》等;晚期充满了浪漫和幻想色彩,主要作品是传奇剧。莎士比亚在其大量的悲剧和喜剧中,将现实主义和浪漫主义结合起来,借古喻今,塑造了众多栩栩如生的人物形象,达到了整个西欧文艺复兴时期文学的最高成就。他的同时代的文坛好友、著名诗人和戏剧家本·琼森称他为“时代的灵魂”,赞誉他的艺术价值“不属于一个时代而属于所有的世纪”。

托马斯·莫尔(1478—1535)来自伦敦富裕市民家庭,曾就读于牛津大学。1510 年他担任伦敦市的副执行官, 1518 年后,相继担任枢密顾问官、财政副大臣、下院议长以及大法官。后因在宗教问题上与亨利八世发生分歧,被迫辞职。1534 年,他因拒绝承认国王为教会最高领袖遭到监禁,翌年被处死。莫尔和伊拉斯谟是挚友,其思想深受后者的影响。莫尔是英国著名的人文主义者和空想社会主义者,对欧洲思想史的最大贡献是其代表作《乌托邦》,该书被同时代人和后世公誉为空想社会主义学说的杰作。“乌托邦”是希腊语的译音,意为“没有的地方”。全书共分为两部分,前半部分主要是猛烈批判现实社会,后半部分则是无限憧憬理想社会。莫尔采用对话的形式,无情揭露了资本主义原始积累时期英国社会的弊病,并指出私有财产是导致一切罪恶的根源,故而他主张完全废除私有制,这是莫尔同当时其他思想家的根本区别所在。在批判残酷的社会现实的同时,莫尔为英国人民设计了一个美好的理想社会——乌托邦岛国。在那里,废除了私有制,实行生产资料公有制,人人参加劳动,共同享有劳动成果;建立民主政治,在政治上人人平等,人民选举公职人员,重大问题交由乌托邦全体居民商讨决策。

由于时代的局限,莫尔的学说带有明显的空想性质,他所描绘的社会制度“一开始就注定要成为空想的,它愈是制定得详细周密,就愈是要陷入纯粹的幻想”。但他在英国大多数人民面临苦难之际,提出摈弃不合理社会、建立一个美好社会的伟大理想,在一定程度上鼓舞了受压迫、受剥削的人们为争取解放而斗争。他的思想为后人对社会发展的探索提供了丰富的养料，特别是为马克思主义科学社会主义的创立提供了极为宝贵的资料。

4. 文艺复兴时期的科学

文艺复兴时期，随着对人性和人的自然本质的揭示，人文主义者也开始对自然界及其运动规律进行新的探索。人文主义精神的重要体现便是自然科学的推进，这是地球上从未经历过的最伟大的一次革命，是一次科学的伟大复兴。站在这次科学革命潮头的是哥白尼、开普勒、伽利略等科学巨匠，他们在天文学上突破了托勒密的“地心说”，创立并发展了“日心说”，由此揭启了近代自然科学革命的序幕。

中世纪最流行的天文学观点是古罗马天文学家托勒密的“地心说”，这与上帝造人等宗教神话相吻合，成为欧洲教会维护其统治的精神支柱，否认该学说就等于反对教会权威。但是托勒密体系的错误日益显露，这就在客观上要求用新的理论体系来代替它，首先推翻这个理论的便是哥白尼。

尼古拉·哥白尼(1473—1543)是一位波兰教士。基于对天文学的浓厚兴趣和孜孜不倦的钻研，他在《天体运行论》一书中否定了托勒密的“地心说”，提出了“日心说”，认为在教会看来宇宙中最神圣的地球，不过是广大宇宙中围绕太阳运行的一个普通星球。这个观点相悖于上帝选地球为宇宙中心的千古谬论。哥白尼体系的建立对宗教神学造成了巨大的冲击，罗马教皇将该书列为禁书。

布鲁诺(1548—1600)是意大利哲学家，他宣扬哥白尼学说，后被教会处于火刑。他发展了哥白尼的“日心说”，认为宇宙是无限的，宇宙中不止一个太阳系，因而太阳不是宇宙的中心，只是太阳系的中心。布鲁诺恢复了太阳作为普通恒星的面貌，这是对哥白尼“日心说”的重要纠正与发展。

16 至 17 世纪物理学也有很大发展。列奥纳多·达·芬奇在物理学方面的成绩并不逊色于他的绘画，他讨论过杠杆原理以及阿基米德发现的液体压力原理，还研究过波浪在水面的传播，将波的理

图 12－6　哥白尼

论扩展到空气动力学、声学和光学之中。伽利略作为一名物理学家则以他的自由落体定律而闻名遐迩。同时，他在实验观测的基础上，发现了物体的"钟摆定律"和"惯性定律"等，为近代经典力学的发展打下了基础。伽利略的一系列科学成就引起了天主教会的警觉，教会对伽利略进行了审判，判处先是异地囚禁，后软禁在家。然而，正是在伽利略之后，真正意义上的近代实验科学才开始快速发展，最终摧毁了经院神学对人们思想的束缚。

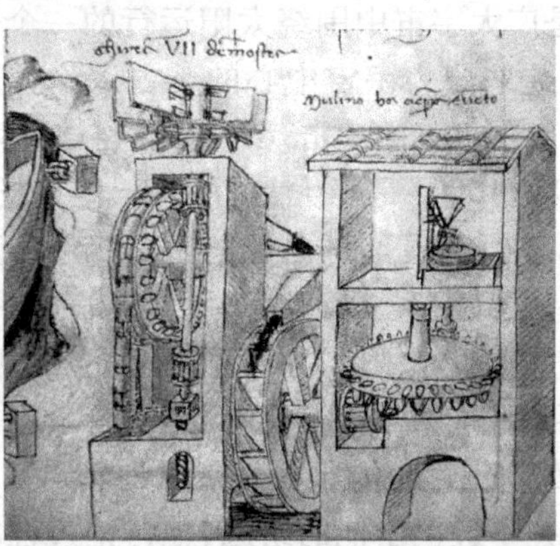

图 12－7　达·芬奇绘制的机械制图

在文艺复兴后期，人文主义思想的影响深入到生命科学领域，刺激该领域发生了反叛传统观念的变革。比利时医生维萨里(1514—1564)结合多年的解剖实践，于1543年写成《人体结构论》一书。他在书中对人体骨骼、血管、神经和各个器官做了详尽描述，用比较系统的并配有精致图解的解剖学说明了人体的构造，纠正了此前由古希腊学者盖伦所创立的解剖学中存有的诸多错误，推动了近代医学科学的发展，他因此被尊为近代解剖学的奠基人。

西班牙医学家迈克尔·塞尔维特在1553年完成的《基督教的复兴》一书中提出了关于人体结构的又一创新学说：心肺循环说。但他却因此招来杀身之祸，被加尔文派当作异端处以火刑。塞尔维特未竟的事业，最终由英国医学家威廉姆·哈维(1578—1657)完成。他于1628年提出了"心血运动论"，发现了人体血液循环系统，并论述了心脏在血液循环过程中的作用。"血液循环说"奠定了近代人体生理学的基础，从此人体生理学成了一门科学。

5. 文艺复兴对欧洲文明的影响

文艺复兴是人类探索未知的精神世界的一次勇敢进军，这次进军在艺术、文学、政治学及自然科学等领域收获了累累硕果。文艺复兴孕育了近代文化——不论是艺术的观念，对个人在社会及自然界中之地位的看法，抑或是社会的、政治的以及外交的理念都可谓近代思想的滥觞。它也是欧洲近代文明的起步阶段，是"人类从来没有经历过的最伟大的、进步的变革"。

首先，文艺复兴时期的人文主义思想对教会的禁欲主义是一大冲击，它把人们主要是有教养的人们从中世纪基督教神学的禁锢中解脱出来，促使生活从以宗教崇拜为中心过渡到以人为中心，使关注的重点从来世转移到现世。其次，文艺复兴倡导的科学精神，打破了中世纪理论与实践相脱节的局面，开创了探索现实世界的新风气，为近代以来自然科学的发展打下了基础。再次，文艺复兴时期诞生了大量文化巨匠，他们所创造的精美艺术品、文学巨著及自然科学成就等，成为人类文化宝库中的无价珍宝，泽被后世。最后，文艺复兴终结了经院哲学一统天下的局面,推进了思想进步。在此后的几个世纪里,自由资本主义社会的“自由”“平等”“博爱”等核心价值观都可以在文艺复兴中找到其思想源泉。同时,它也促进了政治学的发展,“三权分立”学说、“社会契约论”和“自然权利学说”等理论,为启蒙运动和资产阶级革命做了充分的思想铺陈。

从历史发展的眼光看,由于当时的社会状况、生产力发展水平、社会制度等都还处于较低的水平,大规模的全球贸易体系尚未形成,各国之间的联系也不甚紧密,这一切都制约着人们对人类自身和外部世界的认识,因而,文艺复兴的影响也是有限的。这个时期的人文主义学者尽管都着力宣扬人文主义精神,鞭挞教会的腐朽,但他们还是难以拒绝教皇及教会的保护和豢养,思想中充满了大量自相矛盾之处。其次,许多人文主义思想家要求民主自由,但在思想解放程度和政治要求等方面还有许多不成熟的地方。再次,大多数人文主义者还保留了部分流行于古代的迷信落后的思想,如占星术、魔法以及巫术等。一言以蔽之,许多人文主义者思想内部充满了自相矛盾的地方:科学精神与神秘主义共存,新时代观念与旧时代残余共存,这也是身处过渡时代所难以避免的现象。

第四部分

近代

第十三章

地理大发现与全球贸易网络的形成

大多数历史学家认为,世界文明真正具有"全球性"是从公元1500年前后开始的。在此之前,地球上已知的各大洲文明基本上是孤立的,区域性文明之间基本上彼此互相隔绝,这个文明里的人们与另一个文明里的人们老死不相往来,世界文明也就不能真正称之为"世界"文明,或者说只能界定为狭义的世界文明。至1500年左右,地理大发现的完成——哥伦布发现美洲、麦哲伦等绕地球一周、达·伽马开创绕过非洲南端的新航路,这一系列事件打破了此前世界相对闭塞以及新旧大陆之间相互隔绝的状态。也正是在这一时期,新大陆的发现,标志着世界历史从此步入全球性阶段。从此,西欧人迈向海外,开始殖民征服,欧洲贸易也走出地中海通往全球,为资产阶级的兴起开辟了道路。1500年因此成为人类历史上的关键时刻。

1. 海上探险与各大洲海路联系的形成

在整个中世纪,欧洲都笼罩在基督教教义和福音之下,各封建国家都无一例外地尊奉基督教为正统思想。有些国家政教合一,王权即神权;有些国家虽有独立的王权,但王权也臣属于神权。中世纪后期(14,15世纪),资本主义因素已经在生产力发展的基础上开始在西欧各国萌芽,城市的工商业主反对封建主的斗争,以及各国内部经济联系的日益紧密,促使了国家中央政权即"王权"的加强,这便加速了欧洲统一民族国家的形成。这一时期，地处欧洲西南伊比利亚半岛上的葡萄牙和西班牙相继建立独立和统一的中央集权的君主制国家。国家的统一、市场的扩大、自然资源的匮乏再加上内部资本主义萌芽的发展，迫使这两个并不起眼的国家把眼光投向了广袤的大西洋，企图通过航海探险寻求强国之路。

地理大发现的动因　在欧洲历史发展各种因素的促进下，西欧人实现了地理大发现，而经济的发展是欧洲海外扩张的一个重要动因。

首先是因为欧洲与东方贸易的扩大但商路受阻。16 世纪以前，欧洲与东方的贸易早已往来许久，其中欧洲市场上最需要的商品，如香料、樟脑、檀香、丝绸等主要来自于东方国家，如中国、印度及东南亚等国，特别是昂贵的香料已成为当时人们生活的必需品。贩运这些商品令商人们赚得盆满钵满。可观的利润刺激了对外贸易的发展，到 13 世纪末，从东方贩卖到欧洲的商品比 12 世纪增长了 10 倍。然而，到 15 世纪中叶，东西通商的陆上要道被奥斯曼帝国所控制，海上商路又为阿拉伯人所把持。因此，为了获得充裕的东方商品，同时免受阿拉伯人、土耳其人及意大利人的敲诈与盘剥，欧洲的商人迫切需要开辟通往东方的新航道。

其次是对黄金的狂热追求。随着欧洲商品货币关系的日益发展，黄金成了封建贵族购买奢侈品以及商人和手工场主扩大经营的重要资本。哥伦布深深地迷恋着黄金："黄金是一切商品中最宝贵的，黄金是财富，谁占有了黄金谁就能获得他在世上所需要的一切，同时也就取得了把灵魂从炼狱中拯救出来，并使灵魂重享天堂之乐的手段。"13 世纪末的《马可波罗行记》将东方特别是中国描绘成遍地黄金的乐土，这引发了大量欧洲人对东方的无限向往。

再次，完成基督教的全球性传播成为一种精神动力。相较于其他宗教，基督教带有强烈的普世主义。部分激进的基督徒甚至主张，只要能够普及基督教，即便使用武力，也在所不惜。此外，西欧自中世纪以来一直流传说，祭司王约翰是一个来自东方的基督教君主，西欧的基督教徒期待与他合作，联合攻打穆斯林。

最后，人文主义思想的兴起促进了西欧人走向海外，谋求发展。

14世纪中叶至16世纪末叶的文艺复兴运动,使人们从封建神学的束缚中慢慢解放出来,开始从宗教外衣之下慢慢探索人的价值。人文主义思潮的兴起塑造了资产阶级积极进取的人生观以及物质至上的价值观,成为开辟海外冒险事业的精神动因。

地理大发现的条件　在客观条件的促成下,西欧人完成了地理大发现。这些条件主要有如下几点。

第一,造船和航海技术的发展以及海军装备的进步。进入12世纪,欧洲人已尝试制造大型船只。1200年至1500年间,欧洲普通船只的吨位普遍提高1~2倍。他们从阿拉伯人那里习得并改进了罗盘、航海图、三桅帆船、三角帆、六分仪、艉舵等工具及技术;中国的罗盘针也于12世纪末13世纪初传入欧洲;早在14世纪西欧已开始出现标明海岸线及港口位置的航海图。航海技术的发展提高了欧洲人的远航能力,为地理大发现以及海外殖民扩张提供了技术保障。

15世纪,欧洲人的船舰已配备有火炮,但火炮炮筒短,口径不大,仅能射出小型石质弹头,虽能置人于死地,却无法击毁船舰。16世纪以后,随着铸炮技术的发展,火炮不但更易操纵,而且火力巨大,击毁300码射程内的船体已不再是难事。战斗方式也随之而变,从在甲板上的贴身战,过渡到用炮轰击敌舰。海上武器的改进以及作战方式的进步极大地提升了西欧诸国的海战能力,使其在海外扩张时所向披靡。

第二,经贸技术的发展。最值得关注的是复式簿记法的出现。1494年,方济各会修道士路卡·帕乔利出版了《数学概论、几何学及比值比例》,这是一部专论复式簿记的经典论著,曾作为教科书通用于全欧洲。在书中帕乔利建议商人们应将每笔账分别在借贷双方各登记一次,以此清楚地掌握商业经营的财务状况。

第三,金融业的进步。通用于各地的标准货币与硬币广泛使用,合股公司激增,还出现了银行以及信用票据。同时,基督教也不再强烈谴责和排斥商业利息,这些都有利于商业的发展。

第四,以单一民族为基础的君主国的崛起。15至16世纪,西欧诸国形成中央集权的专制制度,君主们能够快速动员人力物力以从事海外冒险事业，从而大大促进了西欧的扩张。

各大洲海路联系的形成 在各种因素的驱动下，航海家们开始向着神秘的海洋进军。一条条新航路的开辟和一块块新大陆的发现，让各大洲海路紧密地联系在一起，最终使世界连成了一个整体。

通往印度的新航线 15 世纪，西班牙与葡萄牙相继完成了政治统一，并建构了中央集权，两国把开辟通往东方的新航路、获取东方的香料及黄金作为国家在这时期的头等大事。如此一来，跃跃欲试的封建主与商人就成了世界上第一批殖民航海者。1487 年 8 月，葡萄牙航海家巴托洛缪·迪亚士率队出发，原本打算沿非洲西海岸南下，绕过非洲，开辟出通往印度的航路，但出发后不久，船队便遭遇大风失去了控制，随风漂泊了 13 天。因祸得福的是，他竟然在不知不觉中越过了非洲最南端而进入印度洋了。这次航行虽没有顺利到达目的地，但却发现了非洲最南端的地角，迪亚士将其命名为"风暴之角"，后来，葡萄牙国王改称为"好望角"。

葡萄牙人并没有就此放弃。1497 年 7 月 8 日，达·伽马从葡萄牙里斯本出发驶往非洲的黄金海岸。12 月 10 日，船员们看到了当年迪亚士返航中绕过好望角时立下的石柱，此后船只便进入了在欧洲航海纪录上仍是空白的水域（东非沿岸）。在东非肯尼亚的马林迪港，他们遇到了福星——富有经验的舵手伊本·马吉德。1498 年 5 月 20 日，马吉德带着狼狈不堪的达伽马船队穿过了陌生且变幻莫测的海域，顺利地到达了印度马拉马尔海岸的卡利卡特港。1499 年 9 月，达伽马回到葡萄牙，经过 80 多年的苦苦寻觅，执着的葡萄牙人终于开辟了去往印度的新航路，两位伟大的航海家——迪亚士和达·伽马居功至伟。

哥伦布与新大陆 作为最早进行海上探险国家之一的西班牙，在葡萄牙人沿着非洲海岸探险时，西班牙的航海家们也扬起风帆向另一个方向驶进。克里斯托弗·哥伦布（1451—1506）生于意大利的热那亚，他相信大地球形说，认为从欧洲西航可达东方的印度和中国。1492 年 8 月 3 日，哥伦布开始了他的第一次航行。10 月 12 日他发现并登陆巴哈马群岛的圣萨尔瓦多岛，这一天后来被定为西班牙的国庆日，足显哥伦布这次探索发现之旅对西班牙的重大影响。1493 年 3 月 16 日，哥伦布的第一次探险以顺利返航到西班牙的巴塞罗那港而告终。此后的 1493—1504 年，哥伦布又循着先前的航路横渡大西洋，来到了今日的加勒比海域。除去在首次航行中发现的巴哈马群岛、海地及古巴外，又陆续发现了多米尼加、牙买加、特立尼达、波多黎各，还有中美洲的巴拿马与洪都拉斯，以及南美洲的东北角，这是欧洲人未曾到过的“新世界”。

紧随着航海探险而来的就是利益分配问题。对于海洋的探险和对新陆地的征服从来都不是按照先来后到的顺序安排的，葡、西两国的海外扩张向来未曾受到有效力量的规范和压制，此刻迫切需要一个超国家的力量出面调解并制订出分配方案。1494 年 6 月 7 日，在教皇亚历山大六世的主持下，两国在西班牙的一个小镇——托尔德西拉斯签订条约，规定在西经 48 度到 49 度之间或佛得角群岛以西2 056公里处，从北极至南极划出一条分界线，线西归属西班牙的势力范围，线东则归属葡萄牙。这条著名的“教皇子午线”硬生生地把当时已知的世界划归两个国家所有。

麦哲伦的环球航行　葡萄牙人打开了绕道非洲去东方的新航路并由此获得了丰厚的经济利益，这激发着更多的航海家投身这项回报颇丰的冒险事业。出身于葡萄牙没落贵族家庭的麦哲伦在向葡萄牙国王曼努埃尔申请组队航行未果的情况下，成功游说了西班牙国王查理五世并获得赞助，于 1519 年 9 月 20 日整装出发，在大西洋中航行了 70 天，11 月 29 日到达葡萄牙的领地巴西海岸。第二年的 10 月 21 日，船队想象中的连接大西洋和传说中的“南海”的海峡终于出现在船员的视野中，麦哲伦以自己的名字为该海峡命名，并将海峡南岸的陆地命名作“火地”（今日智利的火地岛）。

驶出麦哲伦海峡后，船队进入“南海”，历经 100 多天的航行，一直风平浪静，麦哲伦便将“南海”改名为“太平洋”。1521 年 3 月，船队在一个海岛（可能是关岛）补充了食物，再往西行了 10 天，来到了今日的菲律宾群岛。此时，麦哲伦的舰队终于完成了首渡太平洋的壮举，这是人类历史上的第一次环球航行，历时三年。不幸的是，麦哲伦却在与菲律宾群岛某部落的一次冲突中，为掩护队友撤退而身亡。

欧洲航海家经过海上探险开辟了西方与东方的新航路，各大洲海路联系由此形成，东西方贸易新网络得以建立，促进了东西方的贸易往来。随之而来的便是葡萄牙和西班牙的对外殖民扩张。

葡萄牙在东方的殖民征服 15 世纪，葡萄牙就已经占领了北非的休达、亚速尔群岛，非洲的保加尔多角、佛得角和塞内加尔、塞拉利昂等地，并从摩尔人手中夺得了丹吉尔及摩洛哥的部分领地。此外，葡萄牙于 1482 年攻陷刚果，此前在伊斯兰人手中的蒙巴萨、莫桑比克等地也落入葡萄牙人手中。

至 16 世纪，葡萄牙的势力已经扩张至阿拉伯海一带，他们在 1506 年登陆锡兰，并吞并了索科特拉岛；1511 年，葡萄牙控制了马六甲海峡，扼制了东南亚的交通咽喉。此后，葡萄牙又征服了印度西海岸的孟买、第乌与达曼，并在爪哇、加里曼丹、苏门答腊及摩鹿加群岛设立了商站；还夺取了中国的澳门作为经营东亚贸易的中心据点；甚至连新大陆也难逃魔爪，1500 年葡萄牙人霸占了巴西的塞古罗港作为巴西红木的贸易站。东西征战令葡萄牙帝国一跃成为垄断欧亚贸易的霸主。

人口仅约两百万的葡萄牙缘何征服了高度文明的、人力物力资源优厚的亚洲诸国呢？原因之一是巨大的金银供给。劫掠自美洲的金银，给葡萄牙提供了通商所需的必要资金。二是在于印度次大陆长时间的四分五裂，内部的纷争令当地无法整合起抵御外侮的力量。三是葡萄牙强大的海军。葡萄牙人凭借着先进的海军火炮和射击技术，击垮了穆斯林海军。

西班牙在美洲的殖民征服 1519 年，赫南多·科泰斯征服北美大陆上的阿兹特克帝国，开始了大陆的殖民征服。到 1550 年，西班牙已征服葡属巴西以外的整个南美与中美地区，以及部分的北美地区。1565 年，西班牙又攻占了佛罗里达，这是它在北美建立的第一个殖民地。

随之而来的是对新大陆的具体管理，西班牙内部就如何对待印第安人的问题出现了分歧。征服者及其后裔要求拥有封建领主统治权，对印第安人施行高压统治。天主教传教士则主张欧洲殖民者自食其力，印第安人与西班牙移民一道享有同等的权利。争吵的最后结果是采取折中的解决办法，双方各退一步。君主授予大地主向指定的印第安村庄征收贡物之权，并可享有征集强迫劳动的权利。与之相应的，大地主需要支付教区牧师的薪水，并承担兵役。

对西班牙帝国而言，最令人欣喜若狂的是当地土著的无数金银以及在墨西哥和玻利维亚发现的丰富的银矿，这令金银滚滚而来。此外，大庄园的农业以及牲畜业，还有沿海地区的单一作物种植业，成为西班牙在拉丁美洲的主要产业。

2. 欧洲列强在亚洲的贸易和竞争

自从西欧国家开辟了新航路和扩大了视野后，区域文明之间的交流就屡见不鲜，其中商业往来是一个重要组成部分。按照今天的国际贸易秩序来看，各国应实行经济上的互惠和贸易地位的平等，可掀开近代早期的经济史，实际情况并非如此。

早期葡西两国在亚洲的贸易　葡西两国的君主和冒险家梦想着去东方发财致富。新航路开辟后，葡萄牙率先与东方开始了贸易往来，可从一开始这些远道而来的冒险家就暴露了他们贪婪、狰狞的丑陋面目。早期葡萄牙人运往殖民地的商品只是一些廉价的日用品或小商品，比如说玻璃球、鞋帽、镜子、乳酪、腌鱼等，利用印度和锡兰岛当地人们的无知来骗取其珍贵特产如珠宝、胡椒、肉桂、蓝靛、丝绸、大米、乌檀木等；在印尼用武力强买胡椒、豆蔻、樟脑、丁香。当葡萄牙人在印度的德干半岛和锡兰岛建立起殖民地后，这里便成了东西方贸易的一个中转站和控制点，展开了印度、东南亚和中国的三角贸易：将东南亚的香料贩往中国，中国的商品贩往东南亚、印度、日本，印度、日本等地的商品再贩往中国。这样，葡萄牙人不用“回家”便可赚得盆满钵满了，省去了远洋航行的人员流失和经济成本。

西班牙则受惠于麦哲伦的环球航行，于1516年在菲律宾建立了殖民统治。但在这一时期，美洲对于西班牙的诱惑似乎比亚洲要大得多，究其原因，西班牙人懒得从贸易中获利，而是要直截了当地用暴力掠夺最纯粹的财富，即金和银。因此，西班牙人把在菲律宾的精力仍然放在了寻找和攫取金矿上，尤其是在美洲发现大量金银矿后，西班牙人便对东方殖民地没有热情了。

西班牙、葡萄牙的衰落和荷兰的崛起　从17世纪开始，西班牙和葡萄牙已渐渐无力维系对东印度和西印度（美洲）拓殖贸易的优势地位了。西葡两国殖民贸易的萎缩和殖民体系日趋乏弱的原因，主要是当时西葡两国还处在封建统治之下，国内工商业基础薄弱，掠夺或经过转手贸易得来的财富并没有转化为能够再生产再盈利的资本以增强国家的经济实力，而是普遍用于王室和贵族奢侈生活的消费。1580年葡萄牙被西班牙吞并，做了西班牙整整60年的附庸国，多年经营起来的殖民体系趋于崩溃。1588年，西班牙曾经称霸海洋、不可一世的"无敌舰队"被英国和荷兰击败，海上霸权开始衰落。继起的荷兰、英国和法国成了海外掠夺和殖民的新主角。

荷兰原是尼德兰北部的省份，16世纪尚处在西班牙的统治之下。从16世纪开始，尼德兰北部发生了独立革命，这是一次民族解放性质的早期资产阶级革命。到了16世纪70年代，北方诸省先后宣布独立，并且在1581年成立了联省共和国，1609年荷兰摆脱西班牙获得独立。此后，荷兰的航运、殖民扩张和海外贸易迅速发展起来。

早在1602年，荷兰就成立了自己的东印度公司。1605年，荷兰人把葡萄牙人的势力赶出了安波那岛，并建立起第一个东方据点，接着在暹罗、苏拉特等地设立商行。1619年，荷兰人又在爪哇岛上建立了巴达维亚城（即今雅加达），并以此作为拓展亚洲殖民事业的中心。1641年，荷兰人最终打败了盘踞在马六甲的葡萄牙人，控制了马六甲海峡，1656年又抢占了锡兰岛。从17世纪起，荷兰开始了向印度西海岸的扩张。通过一系列的商业战争，东南亚商圈和印度洋商圈的主要商业利益由葡萄牙人手中转移到荷兰人手中，葡萄牙在东方仅保留了果阿、第乌、澳门等少数几个殖民点。所以，世界历史在整个17世纪都是属于强大的荷兰的。

荷兰的东印度公司（VOC）在亚洲的殖民掠夺与贸易中地位举足轻重。东印度公司是国家垄断公司，1602年由国家出面将荷兰在东印度经营贸易的几家大公司合并组成。其虽然名为商业公司，但它不但可以在殖民地经商、采矿、征税和发行货币，甚至还配有军队，能够代表国家签订条约，宣布战争与媾和，以及制定和颁布条令法规、开庭审判等。

荷兰人的贪婪和凶狠可以在东印度公司的殖民贸易行为中被一一窥见。为达到彻底垄断东南亚贸易商品(主要是香料)的目的，东印度公司派舰队到自己无法插手和控制的其他小岛，将当地的香料作物悉数烧毁，而对自己控制的殖民地上的香料作物则完全垄断。此前东南亚各邦的农业生产还是多元化的，如今只有按荷兰人的规定生产香料、甘蔗等暴利作物，至于产品的收购价格则是由公司单方面决定的。就这样，荷兰殖民者就可以用最低廉的价格来掠得大量的东方产品，然后再以高昂的价格在欧洲销售。虽然东印度公司每年都要支付庞大的军事行政费用，但对东南亚地区贸易的垄断使其能够给一般的股东至少20%的红利，有的年份则更高，例如1606年的75%，1610年的162%；至于居于领导地位的大股东，其经常的红利往往高达100%。

但依靠商业资本而建立起经济优势和霸权地位的荷兰却未能维持太长时间，从17世纪末到18世纪初，荷兰的殖民霸权逐渐衰落，英法等国成了对亚洲贸易的主体。

英法海上力量的崛起　英国在亚洲的殖民贸易集中表现为对印度的影响和渗透，通过对其他欧洲殖民国家和对印度土著势力的商业贿赂，精明的英国人以“阴柔”的姿态渗入到印度这块后来成为大英帝国的福地中，而印度则成了英国发迹的“牺牲品”。

英国与印度的联系始于1600年，它在印度创办了垄断性公司——东印度公司。同荷兰的东印度公司一样，英国的东印度公司是其侵略印度的大本营，全权负责对印度的各项事务。但是17世纪成立时的东印度公司并不属于英国，此时的荷兰正处在全盛时期，握有世界殖民霸权，西、葡两国虽然已经衰落，但仍在海外占有广大的殖民地。1650年，英国通过对葡萄牙作战，夺得了在葡属殖民地的贸易特权。1650年至1663年，英国连续颁布了几个航海条例，借此打破荷兰在海路运输及殖民地市场的垄断地位。1652年至1674年，英国先后与荷兰发生了三次战争并都取得了胜利，成功地排除了荷兰在印度的势力。18世纪中期，英国取得了英法七年战争(1756—1763)的胜利。1757年，在印度，英国东印度公司发动了普拉西战役，占领了富庶的孟加拉省并逐步排挤法国在印度的殖民势力。至18世纪中叶，英国完全控制了印度与东南亚的贸易乃至印度的对外贸易。

东印度公司主要垄断了印度出产的棉织品、丝织品以及香料，并运往欧洲贩卖。同时，英国王室还特许公司每年可以运出总值3万英镑的外币、黄金以及白银，用以购买印度商品。当然，如其他殖民地商人一样，强取豪夺亦是东印度公司商人的惯用伎俩，如在印度收购商品时，他们常常只支付1/4的货款，而在欧洲高价售出。再如，印度一磅胡椒的收购价为2便士，到了欧洲其售价却常常涨至20便士。通过这种贱买贵卖的贸易，东印度公司的年利润率高达200%~300%。

法国走向殖民扩张的道路在时间上与英国相当，大致都是在16世纪末。国内重商主义的盛行使得法国的海外扩张更加疯狂。17世纪末，法国的殖民扩张达到极致；到18世纪初，法国成为仅次于英国的殖民主义强国。由于综合实力不如英国，特别是七年战争中法国遭受了重创，失去了在印度及加拿大的大部分殖民地，其殖民贸易规模与英国相比一直处在下风。

3. 全球性交流及其影响

地理大发现和新航路的开辟，对世界历史影响深远。政治上，它刺激了欧洲近代大规模的海外探险和扩张活动，提升了西欧逐渐称霸于近代世界的力量；经济上，它深刻影响了欧洲经济的发展模式，随之而来的“商业革命”和“价格革命”促成了资本主义的发展以及资产阶级的成长；文化上，它推动了近代西方文化向世界的传播，促进了文明一体化的发展。

随之而来的便是全球性的交流。哥伦布打开了大西洋的航线之后，海洋在人类文明中的地位迅速上升，世界的范围空前扩大了。与此同时，随着各地区及民族间经济联系的密切，故步自封的状态不再可能,分散的世界逐渐成为一个初见其全貌的整体世界。世界的真实面貌开始得以呈现,人类开始以全球性的眼光来观望世界。

全球性交流是我们当代人看待这一段历史而赋予其的评价。反观历史本身,似乎在近代开始的殖民主义和资本主义并不具有交流这一属性的含义,这就涉及殖民主义的双重使命。“殖民主义的双重使命”,最早见于马克思在分析英国侵略印度问题的文章中。他提出,英国在印度要完成双重的使命:一个是破坏性的使命,即消灭旧的封建社会;另一个则是建设性使命,即在亚洲殖民地为西方式的社会奠定物质基础。

破坏性的使命,是指殖民主义者在殖民地国家所造成的深重灾难,以一种几近残忍的方式构建起以欧洲为中心的世界近代史格局。建设性的使命,是指殖民者在殖民地的统治,为资本主义社会在殖民地国家的建立创造了物质条件。拿近代英国在印度的统治为例,首先,和后来的资本主义对东方社会的入侵一样,破坏了其落后僵硬的社会结构;其次,殖民主义和资本主义为了维护其在东方国家的利益和势力范围,也不得不在客观上促进了当地生产力在一定程度上的发展;再次,随着 19 世纪的印度在经济上被卷入世界交往的狂潮和纳入资本主义的世界经济体系,其在政治思想方面也出现了新的变化。

第十四章 宗教改革运动与近代国家体系的出现

中世纪的欧洲在缓慢前行的过程中孕育着不少勃兴的力量，市民阶层的兴起以及城市自治运动的发展，都预示着新时代的即将到来。新航路开阔了欧洲人的视野，新大陆上的财富诱惑着欧洲人。然而，传统的宗教理念却阻碍着市民阶层对财富的渴望。因此，新兴的工商业主急需在政治上获得权利，而宗教成了重要的突破口。

宗教改革具体是指15至16世纪旧教与新教之间的争论、分裂和冲突。新教各派称之为改革时代，意为通过改革恢复基督教早期的传统；天主教方面则把这段历史称作“新教反叛时代”，意指背叛了伟大的教会组织及其教义与传统。宗教改革运动的实质是，欧洲新兴资产阶级披着宗教外衣所进行的反封建政治运动，它包括一系列的革命浪潮，其中最重要的是三次宗教冲突，即德意志内战、胡格诺战争、三十年战争。在宗教战争的混战之中，国家的权力得到加强，一些国家发生了剧烈的社会变革，近代国家由此形成；与此同时，宗教改革也影响了人们的思维方式，用理性来影响宗教信仰，成为支配人们社会思想的主要原则。

1. 宗教改革运动

文艺复兴动摇了基督教在思想领域一统天下的局面，人文主义思想冲击了对一切神的信仰，对人和自然美的发现逐渐成为一种时代精神，为欧洲社会的发展铺平道路。但是文艺复兴只是少数文化精英的运动，占人口大多数的平民并未涉足其中。16 世纪在德国爆发继而席卷西欧的宗教改革运动是一次规模庞大、影响深远的资产阶级反封建斗争，它瓦解了封建体系的精神支柱，进一步确立了新兴资产阶级在经济、政治以及文化领域的统治地位。

宗教改革不仅是大规模的反教会反封建抗争，也是剧烈的社会政治变革运动。西罗马帝国灭亡后，西欧出现了一系列软弱、松散的日耳曼国家。在很长一段时间里，能把西欧和中欧维系在一起的只有天主教会（即罗马天主教会）。天主教会的组织严密、等级制度森严，有自己的辖区、教堂、神职人员和独立的司法系统等。同时，天主教还拥有天主教世界 1/3 的地产和其他财富。不仅如此，神职人员往往本身就是封建领主，他们直接参与本国政治，担任政府要职，并出席等级会议。同时，遍及城乡的教堂和修道院，充当了当地唯一的文化教育中心和社会救济机构。宗教节日与日常的宗教活动也给广大居民提供了社交、娱乐、参加集市交易的机会，人们的生老病死和婚丧嫁娶更离不开教堂和牧师。天主教会俨然已是中世纪西欧封建体制的权力中心。因此，恩格斯强调，“要想把每个国家的世俗的封建制度成功地各个击败，就必须先摧毁它的这个神圣的中心组织”。同时，教会所宣扬的“原罪”以及“救赎”理念，在进入 15 世纪后已无法满足社会的需要；再加上教会自身的腐败堕落，令民众对天主教的不满情绪溢于言表。

综合来说，16 世纪宗教改革爆发的原因是多重的，其根本原因，是以资产阶级为首的人民大众要求挣脱封建神学思想的牢笼，获得思想及政治解放；其时代原因，是建立统一的民族国家并加强君主权力的需求，王权的控制亟须凌驾于教权之上；最直接的动因，是天主教会的弊端丛生，造成社会各阶层的不满日盛。另外，文艺复兴运动也推动了宗教改革运动的发生，这主要是因为人文主义者以各种形式无情揭露并批判天主教会的腐败，同时阿尔卑斯山以北的人文主义者发掘出的基督教的原始教义，为宗教改革家提供了反对天主教会和实行改革的有利证据。此外，14 世纪末英国兴起的威克里夫运动以及 15 世纪捷克爆发的胡司战争也在一定程度上催化了宗教改革的产生。

德国独特的经济与政治条件也为宗教改革率先在此爆发提供了基础。1500 年前后的德国正是“山雨欲来风满楼”的时期。德国在中世纪很长一段时间里都处于政治分裂之中。15 世纪末 16 世纪初，资本主义萌芽虽然已经在德国产生，但是分散式的经济态势使其难以成长壮大；加之罗马教皇对德国的巧取豪夺，贵族对平民的层层盘剥，令底层民众民不聊生。尽管德国资本主义未能充分发展，但是令人欣喜的是，文艺复兴的浪潮已经波及德国。经济、政治的发展和民族意识的增长使得德国的民族主义思潮达到一个高峰。伴随着资本主义时代的到来，德国人对精神世界的至诚追求与腐朽、严苛、堕落的天主教会所产生的矛盾益发尖锐；民族主义的兴起要求民族教会的独立，并对教会和教义进行改革，而教皇的统治是这种独立和改革的首要障碍。为此，德国人同以教皇为首的天主教会进行了广泛的斗争。

首举德国宗教改革运动大旗的先驱是马丁·路德，他出生于富裕的市民家庭，父母都是虔诚的基督徒。路德从小就生活在一个宗教气氛很浓厚的环境中，受到了正统的天主教教育，并在 18 岁时进入艾尔福特大学攻读法律。他经历了几次奇遇，最离奇的莫过于“雷电”事件。1505 年的夏天，他从父母家返回艾尔福特，途中遭遇了暴风雨，一个大雷在他身边炸开。在极度恐惧中，路德突然大喊一声：“我要当修士！”话一落地，心里的恐惧荡然无存，于是他明白自己得救了。此后路德便放弃法律，进入奥古斯丁修道院学习神学。

1510 年他被派往罗马朝拜，期间他目睹了教廷的腐败，对教会的赎罪得救制度产生了怀疑。1512 年，路德获神学博士学位，被聘为维登堡大学的神学教授以及维登堡修道院副院长。通过对《圣经》的研读，他认为信徒只要凭借个人对耶稣的信仰便可得到救赎，“因信称义”的理念就此形成。如此一来，路德便在理论上打破了教皇的权威。

1517 年，德意志的免罪运动违背了路德“因信称义”的主张，于是在 1517 年 10 月 31 日，这位最热诚的神学家为他维登堡大学的同僚提出《九十五条论纲》，反对天主教免罪的教义。这次行动通常被视作新教改革运动的开端。马丁·路德提出的《九十五条论纲》中的几条如下：

(27)那些说钱币一叮当落入钱桶灵魂就超脱炼狱的人，是在捏造。

(36)每一个真悔改的基督徒，即令没有赎罪券票，也完全脱离了惩罚和罪债。

(76)反之，我们认为教皇的赎罪票，对最小之罪的罪债也不能除去。

(86)教皇的财富今日远超过最富有者的财富，他为建筑一个圣彼得教堂，为何不用自己的钱，而要用贫穷信徒的钱呢？

(93)那些向基督徒说："十字架，十字架"，而自己不背十字架的先知，永别了！

图 14-1　马丁·路德挑战罗马教皇

1519 年，路德在莱比锡的一次辩论会上，又公开否定了教皇的神权，宣称教皇也可能犯错。1520 年是路德宗教改革过程中的关键年份，期间他发表了三篇文章：《致德意志民族的基督教贵族书》、《论基督徒的自由》和《教会被囚于巴比伦》，驳斥了教会的权力至上论，详细阐述了"因信称义"和他的宗教改革理论，打破了教皇的权威，并否定了教权高于君权的教义。这三篇文章构成了新教的大纲，被誉为"宗教改革三大论著"。

路德写的小册子经大量印刷后，广为传播，使他获得了广泛的支持,在德国触发了一场全国范围内的对罗马教会的抗争运动。1530 年,路德派起草信仰纲要,将其提交给奥格斯堡帝国会议,正式确立教会从属于世俗政府的原则。至此,被称为"新教"的路德教派建立起来。

尽管路德的宗教改革思想是以宗教诉求为主题,但实际也反映了新兴的市民阶层的愿望。"因信称义"的核心是市民资产阶级宗教个人主义的思想,以信仰上帝为基础,承认个人的力量、权力和价值;路德倡导信仰自由以及信徒之间彼此平等,体现了反封建依附关系的进步性;路德公开反对教皇的至上权威,提出《圣经》才是最高权威,每个人都可研读《圣经》。这些理念为民族教会的建立奠定了理论基础,民族国家的思想萌芽初现端倪。

路德发表的《九十五条论纲》引发了宗教改革,最终促成了新教的诞生。在路德之后,宗教改革运动在欧洲许多国家迅速铺展开来。由于路德教对于在位的英格兰君主来说过分激烈,一种妥协的宗教信念和习惯的变种便产生了,这个变种后来成为英格兰圣公教会。在另一个极端,新教更加自发地在瑞士的几个城市里传播,在那儿很快采用了比路德教更为激进的形式。

在英格兰,国王亨利八世(1509—1547)因个人的离婚问题开始走上与罗马的公开决裂之路。1527 年,亨利八世以没有男嗣为由与凯瑟琳离婚,并与宫廷女侍官波琳(Anne Boleyn)结婚。因遭到教皇反对,亨利八世随即宣布断绝与罗马教廷的关系。教皇保罗三世(Paul Ⅲ)宣布开除亨利的教籍,大主教克里默(Crammer)也声称其离婚无效。不久,波琳生下了王位继承人伊丽莎白(Elizabeth),议会确认离婚有效。1534 年颁布《至尊法令》(Act of Supremacy),宣布"国王陛下是英格兰教会的最高首领,有权纠正一切错误、异端邪说和陋习",英格兰教会与罗马相联系的最后纽带被割断了。这一法令可以看作是英国宗教改革的开始,也可以看成英国国教(Church of England 或 Anglican Communion,安立甘教,圣公会)建立的标志。从 1529 至 1536 年,亨利七次召集议会(史称宗教改革议会),陆续通过法令限制牧师的收费标准、禁止兼领圣俸、迫使约克和坎特伯雷两位大主教缴纳罚金 10 多万英镑,并无条件禁止把首年圣俸上缴罗马。到 1547 年,修道院 2/3 的土地被转让给乡绅(Squire,其社会地位比贵族低一等,没有爵位),这些乡绅大都雇佣自由工人,产品面向市场,后被称为新贵族。

图 14－2　亨利八世

然而,这些法律还不能使英格兰成为一个新教国家,因为英格兰教会的教义仍是天主教教义。可此时国内新教的影响正在扩大,且在亨利的儿子爱德华六世(1547—1553)统治期间新教占了优势,英格兰教会的教义和礼仪很快便有了很大的改变:允许牧师结婚;礼拜时用英语代替拉丁语;废除崇拜偶像;制定新的条款,摒弃除受礼和圣餐以外的一切圣礼,并承认仅凭信仰证明的路德教义。因此,在年轻的爱德华于 1553 年逝世时,英国似乎已确定进入新教的阵营了。但天主教继承者亨利八世与凯瑟琳所生的玛丽一世(1553—1558)倾向于天主教,试图倒转历史的车轮,反对亨利八世和爱德华六世的宗教改革，对新教教徒进行迫害。然而“血腥的玛丽”的政策失败了。此后伊丽莎白即位，宗教改革又继续下来。伊丽莎白恢复了《至尊法案》和《教会统一法案》，修订了《公祷书》，保留了新教思想。英国教会在改革后称安立甘教会，又称国教教会。

加尔文教 约翰·加尔文出生于法国里昂的一个律师家庭。1523 年，他进入巴黎大学学习神学，其间获得了礼拜堂的牧师之职。1528 年，他前往奥尔良学习法律，之后又去博格斯(Bourges)继续深造。1531 年，他继续学习神学，次年出版《赛涅卡仁慈论注解》，这使他从一位具有人文主义思想的天主教徒转变为宗教改革的积极倡导者。1536 年，他在前往斯特拉斯堡的途中，成为日内瓦市议会的实际领导人；1541 年，他成为日内瓦的实际领袖，并把这个城市改造成为基督教社会的模范，吸引了大批法国等地的新教难民。

图 14－3　加尔文

加尔文建立了长老制，利用长老会管辖国家事务。他主张《圣经》是信仰的唯一依据。相比于天主教的穷奢极欲，加尔文更提倡对财富的积累，他倡导节俭，鼓励市民经商。加尔文把天主教的禁欲主义从修道院扩展至社会生活，把劳动、节俭、放贷生息以及聚集财富视作教徒获得上帝恩宠的主要方式，即“致富者即为上帝的选民”。在加尔文的改造下，天主教变成了为资本原始积累提供理论道德支柱的新教。对于财富的追求使得加尔文教受到了资产阶级的欢迎，英国、法国、德国的西部和南部经济发达地区的工商业精神

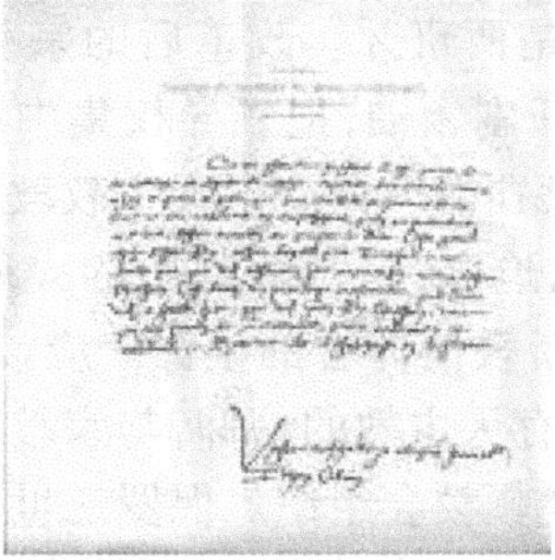

图 14－4　加尔文手稿

得到发扬。加尔文教传入法国后,被称为胡格诺教,在法国历史上发挥了更大的作用。

宗教改革之后的欧洲天主教已不再一统天下:从 16 世纪下半叶起,天主教和新教的阵营已经明确,基督徒新教内部出现了三大主要派别,即路德宗(信义宗)、加尔文宗(归正宗)和安立甘宗(英国圣公会)。其中,路德宗主要散布在德国北部和中部地区,后传入北欧的挪威、丹麦、瑞典等国。因为其思想具有对世俗封建主的妥协性,不适合资本主义较发达的地区。而加尔文宗,它摒弃和改造了路德与封建主妥协的思想,形成了较为激进的神学理论,在资本主义较发达的法国、瑞士、荷兰、苏格兰、英格兰等国和地区得到广泛传播。

在宗教改革的压力下,天主教会内部也进行了一系列的改革,因其改革的目的在于应付宗教改革后出现的新局面,故又称反宗教改革运动。反宗教改革运动始于 16 世纪前后,但是罗马教会自救运动的呼声最早出现在 15 世纪上半叶。15 世纪上半叶,罗马教会内部出现了一股提倡“公会议至上”的改革势力,他们主张用公会议制取代已经腐朽的教皇的权力,以集体的意志统治和管理教会,以挽救天主教,恢复教会的生机和活力。最终道德和行政改革没有取得任何进展,尽管公会议高于教皇的思想还在,但是使教廷由专制制度转为立宪制度的希望完全破灭了。

天主教的改革运动主要发生在阿德里安六世到西克塔斯五世在位的 70 年时间里,教会的改革大致包括以下几方面的内容:第一,改组宗教裁判所。1542年6月21日，保罗三世诏令普遍改革宗教裁判所，改革的模版是西班牙。改革后的宗教裁判由教皇亲任领袖，从红衣主教中选任副领袖，把领导权集中在教廷。同时扩大了惩治的范围，加重了惩罚的手段。同天主教教义稍有不同的人就被列入异端的名单加以迫害，宗教裁判所的火刑柱遍及欧洲许多国家，火焰吞噬了无数新教信仰者的生命。应该承认，西班牙和葡萄牙之所以能完整地保存天主教的信仰，与宗教裁判所的严酷镇压有很大的关系。第二，整顿教会组织。保罗三世勒令闲住在罗马城的主教和大主教约80人返回各自的教区，而保罗四世也采取强制手段，于1558年8月下令关闭罗马城，清查闲居的教士，再次勒令他们返回自己的教区，否则不发薪俸。这样在一定程度上净化了教会的风气。第三，恢复和创建修会。在反宗教改革的整个过程中，最重要的两大事件是：特兰特宗教会议的召开以及耶稣会的正式成立。

16世纪中叶，天主教会的高级神职人员断断续续地在特兰特小镇召开了持续近20年的会议，其主要目的是反对新教，统一罗马教会内部意见。会议毫无例外地重新肯定了所有被新教改革者提出质疑的信条，宣布教会地位不可动摇，一切主张包括七圣仪、圣物、圣像、炼狱，甚至出卖赎罪券，都是正确的。此举导致天主教与新教的彻底决裂。会议认定关于基督教信仰的正统来源问题，《圣经》和使徒教导的传统有同等权威；会议不仅明确地宣称保持教皇对每个主教和牧师的最高权威，而且教皇也想当然地拥有对宗教会议本身的最高权威，只要不干扰政府对教会的管辖。会议还决定成立专门机构严格审查出版物，强化宗教裁判所的权力，大力打压新教，并视巫术及民间宗教为异端加以残酷镇压。

特兰特会议给社会带来了复杂的影响：一方面，教会所发展的福利事业以及反腐运动在一定程度上重振了罗马天主教会的声誉。同时，新教的分裂以及宗教战争爆发，令人们对教会的分裂心生恐惧。在罗马教会的煽动下，天主教的阵营收回部分地区。另一方面，会议正式宣告了新教与罗马教会的决裂，标志着世界统一教会的瓦解。罗马教会的势力再也恢复不到宗教改革之前那般强大了。

如果说特兰特会议是以被动和防御的姿态捍卫天主教会，那么耶稣会的建立则是以主动进攻的态势扩张天主教的势力范围。耶稣会的创始人是罗耀拉(Ignatius Loyola,1491—1556),他倡导铁的纪律与服从,从基督教内部进行整顿,清除腐败。在罗耀拉的努力下,耶稣会成为世俗教育的主要机构。耶稣会的神学院是培养神父的最佳阵地;耶稣会士成为天主教改革运动所扶持的一个最有战斗性的宗教团体,它不仅是一个僧侣集团,而且是聚在一起为捍卫信仰而战的一群士兵。他们的武器不是长矛和子弹,而是用正确的教义进行辩论、说服和教育,而且在需要时,可以用更为世俗的方法施加影响。它的组织形式仿效一支战斗的连队,有一个将军任总司令,对成员实行铁的纪律,使其个性受到压制,要求普通成员像士兵一样服从。耶稣会的将军有时被称为"黑色教皇"(从集团的衣着得名),任职终身,不必接受任何其他成员的劝告。耶稣会的活动,主要在于不仅改变异教徒的信仰,而且改变基督徒的信仰以及创办学校。

耶稣会原来建立的主要目的是在外国从事传教,早期耶稣会会士并没有放弃这个目标,他们在印度、中国和西属美洲对异教徒传教。通过布道和外交手腕,耶稣会会士在 16 世纪后期遍布欧洲,直接与加尔文教派对抗。耶稣会在许多地方成功地使统治者和臣民都忠于了天主教;在另一些地方,他们以身殉道;又在一些地方——主要是波兰、德意志和法国的部分地区——他们实际上恢复了曾经在短时间内被新教信仰占领领域的信仰。

耶稣会急于向海外布道的原因主要有两方面:一是为了传教。罗马教会在欧洲失势的同时,期望在美洲及亚洲扳回逆势;二是资本扩张的需要,促进西欧海外殖民逐渐步入高潮,传统的天主教国家西班牙又是殖民扩张的先头部队,西欧的海外殖民运动在一开始就见到了罗马教皇的身影。最突出的表现是"教皇子午线"的划定。罗马教会既要从海外殖民地运动中获得经济利益,又要通过海外传教扩大其思想影响。因此,天主教的海外传教活动从一开始就矛盾重重。

猎巫运动　特兰特宗教会议之后,加大了对新教的镇压力度,同时把各类巫术与民间宗教视作宗教异端,发起了残酷的猎巫运动。究其严酷打压民间宗教的原因,需要了解当时的社会背景。

首先,从中世纪末期开始,欧洲经常处于动荡不安的状态:“巴比伦流亡”(1309—1376)及“教会大分裂”(1378—1417)令教会威信扫地;英法百年战争(1337—1453)、宗教战争(1562—1598)、三十年战争(1618—1648)等兵乱频发,令民不聊生;加上14世纪初的农业荒歉,以及使人闻之色变的“黑死病”(1347—1350)的肆虐,使欧洲的经济及社会处在崩溃的边缘。生活的艰难往往令人们缺乏安全感和信任感,很容易轻率地认定当下的苦难乃由魔鬼(撒旦)与其同路人——巫师或女巫共同作乱所致。

其次,有学者提出,近代初期西方社会宗教信仰环境的严酷导致了“猎巫运动”的发生。随着“宗教改革”的推进,天主教与基督新教双方的对抗愈发激烈,个人必须有一个明确的信仰立场,天主教或是基督新教,毫无“宗教宽容”可言。由于前述的历史背景,1480到1520年以及1580至1670年先后两次爆发了大规模的“巫师追猎”运动,这期间,约有11万人因有巫师之嫌受到审讯,其中约有6万人最终被送上绞刑架或是被烧死在火刑柱上。在镇压女巫最为惨烈的16世纪,仍有部分有识之士为此发出正义呼声。经过漫长的两个世纪,反迫害的声音渐渐为人们所接受,到了18世纪,理性终于战胜迷信而深植人心,随着自然科学的发展与启蒙思想的深入,血腥的“猎巫运动”终告结束。这场惨剧的发生也显示出欧洲近代早期社会的不安与浮躁。

宗教改革是一场披着宗教外衣的反封建的民主革命,它摧毁了封建体系的思想基础。第一,宗教改革沉重打击了罗马教廷,打破了罗马教皇独霸西欧的局面。第二,宗教改革没收了教会的土地与财产,剥夺了教廷的特权。这不仅有助于强化王权,为新兴资产阶级的成长提供经济保障,同时也造成封建土地所有制的松动。第三,新教尤其是加尔文教的教义还为新兴资产阶级的发展与成长提供了精神动力。可见,宗教改革催化了西欧向资本主义的过渡,为迎接资产阶级革命的到来吹响了号角。

2. 近代国家的形成

宗教改革的影响不单单限于宗教领域，也影响了欧洲政局的变化。16 世纪，随着欧洲由封建社会向资本主义社会的过渡，在一些国家中先后出现了君主专制制度，其大致可以分为两种政体：一是专制主义国家，以法国、俄国、奥地利和西班牙为代表；二是宪政国家，以英国和荷兰为代表。

专制主义国家 1651 年至 1789 年被称为专制主义时代。在专制主义政体下，统治者有意识地强化其法律和行政权力，对臣民进行严厉的管控。18 世纪西欧的这些统治者所实行的专制主义还不等同于独裁，专制君主们虽竭力去巩固他们的权威，但也不能发布不负责任的法令和迫使臣民永远屈从。贵族、教士、神职人员、商人和企业家在他们各自的领域内仍保持强大的力量，足以使国王或女王们对他们的行为采取负责的态度。再者，统治者不仅要尊重他们的政治顾问的权力，而且也要尊重法律程序；只有在特殊情况下，他们才公开背离传统。不管帝王们怎么希望“专制”，他们都受到交通和政令传达不畅等方面的限制，不可能始终有效地干预其臣民的日常生活。

法国 15 世纪末叶，法国通过百年战争消除了中世纪以来的封建割据，完成了国家的政治统一，促进了工商业的发展和生产力的进步，资本主义的萌芽开始在国家内部滋长。新兴资产阶级通过购买公债、向政府贷款、充当包税人等手段积累了大量财富，通过购买破落贵族的爵位以及与之相连的企业，跻身于贵族行列，从而在经济和政治上与王权发生了密切联系。他们出于维护自身利益的需要，也极力主张加强王权。新航路开辟以后，受工商业发展和“价格革命”的冲击，贵族地主的固定地租收入减少，经济地位下降，但他们仍然拥有各种政治特权，并需要强大的王权来维护封建秩序。

从路易十一开始，法国走向了君主专制统治的道路。到法兰西斯一世时期，专制制度已趋于稳定。法兰西斯一世铲除割据势力，停止召开三级会议，国家的一切大事都由他和少数近臣来决定；通过与利奥十世订立“教务专约”，使法国逐渐摆脱了罗马教廷的控制，实现了教会的民族化,并使教会成为专制统治的工具。从16世纪20年代起,路德教开始在法国传播,随后加尔文教接踵而来,且流传更为广泛(加尔文教在法国被称为"胡格诺教")。法国南部的封建贵族企图利用宗教改革的力量与专制君主对抗,由此在1562年爆发了"胡格诺战争"。1572年圣巴托罗缪节之夜(8月23日),天主教徒在王室的支持下大肆屠杀巴黎的胡格诺教徒,被杀者达2 000多人,并延及省外,使南北矛盾更趋激化,法国已经处于分裂的边缘。

1589年法王亨利三世遇刺身亡,胡格诺集团的波旁·亨利即位,即亨利四世,从此法国进入波旁王朝时代。为了平息胡格诺教徒的愤怒,结束长时间的内战,1598年,亨利四世颁布"南特敕令":天主教为法国国教,同时授予胡格诺教徒信仰及传教的自由,在担任国家官职上享有与旧教徒同等的权利。到其子路易十三时期,专制王权得到进一步加强,任命黎赛留为首相进行改革。

图14-5 黎赛留

黎赛留担任首相期间,在政治上加强中央各部门的职能及中央对地方的控制;在经济上,推行重商主义政策;在对外政策上,以打击哈布斯堡王朝为目标。黎赛留的政策使法国在意大利、尼德兰、德国和瑞典树立起自己的势力，为后来路易十四在欧洲的霸权奠定了基础。

黎赛留在《政治遗嘱》中写道："我的第一个目标是使国王崇高，我的第二个目标是使国王荣耀。"

图 14－6　路易十四

到了路易十四统治时期，法国的专制王权发展到顶峰。在政治上他大权独揽，自称为"太阳王"，开创了不任用首相而亲自管理朝政的先例，进一步剥夺大贵族的实权，并且恢复了对胡格诺教徒的迫害。在经济上，大力实施重商政策，并将其与保护关税和殖民扩张结合起来。但是到路易十四统治晚期，由于连年对外征战以及凡尔赛宫廷的铺张浪费，使国家财力枯竭。到路易十五统治时期，国内矛盾加剧，专制制度的根基开始动摇；封建贵族对国王专制统治的反抗越来越有力；城乡人民反对封建专制统治的斗争也持续不断。法国的封建专制统治制度陷入了全面危机。

西班牙　欧洲宗教改革开始后，西班牙日益成为欧洲天主教反动势力的堡垒。腓力二世在位时期为专制的全盛时代，主要表现为：在对内政策上，他实行残酷的民族压迫以及宗教迫害；在对外政策上，他以正统天主教卫道者自居，经常以消除"异端"为借口，任意干涉别国内政，不断对外进行战争。专制的声势在腓力二世时代的西班牙盛极一时。

图 14－7　腓力二世

奥地利　在奥地利，情况比较复杂，因为在这个地区存在着种族和语言的差异，在最南端的是德意志地区，就是大致构成今日奥地利国家的地方；北部是说捷克语的波西米亚和摩拉维亚；说德语的是西里西亚、匈牙利等地区。在上述差异很大的土地上建立一个专制主义的国家任务异常艰巨。奥地利的专制主义改革经历了两个阶段。

第一个阶段是玛利亚·特蕾萨的改革。在军事上，建立起一支拥有稳定财政支持的常备军；在经济上，统一了国境关税和国内关税，建立了较完善的国内交通网，奖励新生产方法的发明和新企业的开办，颁布限制贵族地主权利和部分减轻农民对地主从属地位的法律，取消宫廷领地的农奴制；在文化教育方面，创立了奖学金。这一时期的改革奠定了新兴国家的基础。

第二阶段是约瑟夫二世的改革，他在废除农奴制的问题上比玛利亚更进一步，在捷克等地废除了农奴制，同时废除了贵族的审判权。约瑟夫二世还改革了国家机构，实行中央集权制，使教会绝对服从于国家。他还建立了军队骨干队伍，提高了军队的战斗力。在经济方面，继续奉行重商主义政策，成立国家工场，努力发展工场手工业。宗教方面，实行宗教宽容政策，使大批外国移民涌入奥地利，促进了经济的发展。通过玛利亚·特蕾萨和约瑟夫二世的努力，奥地利的专制统治得到了极大的加强。

俄国　在近代早期专制主义的历史中，最有生气的一段时期，无疑是俄罗斯彼得一世的统治(1682—1725)。1689 年，彼得颠覆了其异母姐姐索菲娅的摄政政权，建立起了专制王权。接下来的十年里，他远赴荷兰和英国学习造船术，并聘请技术高超的当地工人。这件事使贵族和教士们都大为震惊。彼得回国后，宣布他要在俄国实行“西方化”，并用剪刀剪掉贵族们的胡须和宫廷里高级贵族飘拂的长袖。从此西方化运动开始启动，俄国也开始呈现出生机勃勃的景象。

1533 年伊凡四世即位时，再现封建割据。他为了缓和阶级矛盾，维护国内秩序，加强中央集权，改组国家机关，彻底废除旧机关和总督制，成立政府新的官僚机构，颁布“兵役条例”，取消了大贵族的军事特权，推行“特辖领地制”，使割据势力遭受沉重打击。为加强集权，伊凡四世还成立了“特辖军团”，残酷镇压反对特辖领地制的大贵族，伊凡四世因此获称“伊凡雷帝”或“可怕的伊凡”。为进一步巩固其统治，伊凡四世推行扩张政策，一方面通过陆地蚕食，大肆扩张领土；另一方面，为争夺波罗的海沿岸地区及出海口，发起了立窝尼亚战争。

宪政国家 由于工商业起步较早,尼德兰早在16世纪以前就已发展为欧洲最为发达的地区之一。地理大发现之后,随着贸易中心向大西洋沿岸的转移,进一步促进了该地区工商业的发展。信奉加尔文教的新贵族与资产阶级,强烈要求扫除资本主义生产发展的障碍,推翻西班牙的封建专制统治。而与西班牙有经济联系的南方商业资产阶级和封建贵族大多信奉天主教,虽然反对西班牙专制统治的某些措施,但却不想同它彻底决裂。广大农民和城市平民则大都信奉再洗礼教或加尔文教,且由于受到阶级和民族的双重压迫,强烈要求改变现状。

经济繁荣、政治发展以及宗教改革的合力导致了尼德兰革命的爆发,其中,革命爆发的直接原因源于西班牙的专制统治。1566 年 8 月 11 日,反天主教的圣像破坏运动的爆发,拉开了尼德兰革命的序幕。1572 年,北方各省举行大起义,先后摆脱了西班牙的统治。北方的胜利也推动了南方的斗争。1576 年 9 月,布鲁塞尔爆发起义,颠覆了西班牙在南方的统治。1581 年成立联省共和国,简称荷兰共和国。1609 年西班牙国王腓力三世被迫签订《二十年停战协定》,荷兰独立获得实际承认。1648 年的《威斯特伐利亚和约》正式给予联省共和国以独立地位。尼德兰革命是一场高举加尔文教大旗、新贵族与资产阶级联盟领导农民与城市平民的资产阶级革命,它推翻了西班牙的专制统治,建立了世界上第一个资产阶级共和国,开启了资本主义革命的先声。

英国 英国在都铎王朝、早期斯图亚特王朝以及奥利佛·克伦威尔时期,曾有专制主义集权的经验。但英国有西欧各国中最悠久的议会传统和最发达的代议制政府。17 世纪后期的英国政治史,和当时欧洲大陆的专制主义比较起来,形成了非常强烈的对比。

1485 年,红白玫瑰战争结束之后,英国进入了都铎王朝的专制统治时期。都铎王朝的统治者采取了一系列巩固王权的措施。伊丽莎白女王统治的年代,是英国专制王权的极盛时期。同时,这段时期资本主义经济迅猛发展,向外扩张的需求强烈。1588 年,英国打败了西班牙的“无敌舰队”,从此确立了海上霸权,为海外殖民扩张提供了保障。与此同时,资产阶级的力量与日俱增,逐渐打破了两大对立阶级力量的均势。他们与专制王权的矛盾和冲突不断加剧,大规模的革命风暴处于酝酿之中。

1603年,詹姆斯一世继位,从此进入了斯图亚特王朝统治时期。16世纪末17世纪初,英国资本主义经济发展迅速,但斯图亚特王朝的封建专制统治却严重阻碍着其发展。詹姆斯一世及其后继者查理一世推行了一系列的反动政策,在政治上公开宣扬君权神授思想,在经济上推行工商业垄断政策,在对外政策上联合西班牙天主教,激化了资产阶级新贵族与封建贵族之间的矛盾,最终导致了1640年英国内战的爆发。1645年国会授权克伦威尔组织"模范新军","模范新军"在纳西比战役中彻底击垮了王军的主力。1648年,处死查理一世,成立英吉利共和国。克伦威尔去世后,斯图亚特王朝复辟,直至1688年11月1日的"光荣革命",签署《权利宣言》,英国立宪政体得以确立。

1688年的政变确立起了君主立宪政体,这在英国历史上具有划时代的意义。尽管这个政体掌权者是金融资产阶级、大地主和大商人,这次革命却没有彻底废除封建关系。然而,这次革命打击了王权专制倾向,为英国资本主义的发展扫清了障碍,为18世纪60年代的工业革命创造了政治前提。革命后,英国便逐步进入到代议制资本主义社会。

英国革命对于欧洲甚至世界有深远的影响。革命后所建立的资产阶级议会制度成为欧洲政治体制的一种模本。其后各国资产阶级在组建国家政权时,大多以英国的议会制度为蓝本。在革命中产生的资产阶级的自由思想和唯物主义思想也意义深远。例如,平等派倡导的民主思想与普选权要求对于英国和欧洲一些政治思想家有巨大影响;托马斯·霍布斯在其所著的《利维坦》一书中,阐明了国家起源的契约学说,否认了君权神授,打击了教会神学;约翰·洛克在其所著的《政府论》一书中,充分发展了资产阶级国家学说,他倡导天赋人权,极力推崇君主立宪制度。洛克是"1688年阶级妥协的产儿"。霍布斯和洛克的思想对于后来法国的启蒙运动和美国革命都起过很大的作用。

3. 宗教战争和欧洲国际体系的形成

宗教对抗是导致欧洲1560年至1660年战争的最大原因。事实上，早在16世纪40年代，当天主教的神圣罗马帝国皇帝查理五世发动军事攻势讨伐那些在其领地内提倡路德教的德意志诸侯，以在德意志恢复天主教的一统天下时，天主教与新教之间的战争就开始了。自那以后，由于他被卷入了与法国的战争之中，所以他无法对德意志的内部事务倾注全力。因而，直到双方达成妥协性的《奥格斯堡宗教合约》(1555年)之前，宗教战争一直此起彼伏。这一合约立足于“有什么样的统治者，就信奉什么样的宗教”的原则，这意味着在路德教诸侯的领地，路德教将成为唯一的宗教，而在那些天主教诸侯的领地内情形亦是如此。尽管《奥格斯堡宗教合约》是天主教统治者首次承认新教会合法地位的历史性里程碑，但它却对未来埋下了凶险的伏笔，因为任何面积比一个自由市大的主权国家都不能容忍宗教分裂。更有甚者，和约将加尔文宗排除在外，使加尔文教徒变成更咄咄逼人的敌手。虽然在1560年前欧洲也发生过以宗教名义进行的战争，但此后盛行的战争更加酷烈。这一部分是因为交战者变得更为狂热，另一部分是因为后来的宗教战争为政治和经济上的不满所激化。

三十年战争　这场新教与天主教之间的战争由狂热的宗教信仰所引发，但在战争结束时，已难寻其宗教痕迹。1618年，捷克爆发了反哈布斯堡王朝的起义，三十年战争自此开启。为了反抗斐迪南二世对新教的迫害，1618年5月23日，愤怒的布拉格群众冲进王宫把皇帝的钦差从皇宫窗口抛入壕沟，制造了“掷出窗外事件”。这一事件使累积已久的宗教矛盾急剧升温，从而引爆了持续长久的三十年战争。

这场战争大致分为四个阶段进行：第一，捷克—普法尔茨时期(1618—1624)。捷克得益于“掷出窗外事件”脱离了哈布斯堡王朝的统治。1620年，斐迪南二世依靠德意志天主教同盟军大败普法尔茨与捷克联军，奥地利重新统治捷克。第二，丹麦时期(1625—

1629)。1625年,丹麦攻入神圣罗马帝国境内,后被捷克贵族瓦伦斯坦的雇佣军打败。1629年5月,丹麦被迫签订《吕贝克和约》,保证不再干涉德意志事务。第三,瑞典时期(1630—1635)。1630年7月,瑞典国王古斯塔夫二世阿道夫攻占波美拉尼亚,并联合萨克森与勃兰登堡选帝侯,在德意志西部和南部进行征战,捷报频传。不过战争的天平并未偏向瑞典,1634年,瑞典战败。第四,法兰西—瑞典时期(1635—1648)。瑞典与法国联合,大败哈布斯堡王朝的西班牙军队。长年累月的战争使双方损失惨重,困难更为突出的神圣罗马帝国首先求和。参战各方在1648年10月24日签署《明斯特和约》与《奥斯纳布吕克条约》,统称《威斯特伐利亚和约》,战争结束。

以宗教纠纷为导火索的三十年战争,本质上是一场几个大国扩张争霸的战争。战争的结果是法国成了最大的赢家,取代西班牙成为欧洲大陆的新霸主——这一霸主地位法国此后又保持了两百多年。由于获得了大部分的阿尔萨斯地区,法国把其东部边界直接推进到德意志境内。瑞典控制了德国主要河流进入波罗的海的入海口,将波罗的海变成了“内湖”,称霸于北欧。英俄两国倒是坐收渔翁之利,前者的资产阶级革命获得了良好的国际环境,后者则在推行“西进”政策和夺取波罗的海出海口的关键时期觅得良机。德意志所遭受的战争损害超过20世纪以前的任何一个时期,许多城市被包围和劫掠的次数达到九至十次之多,部分地区损失了一半以上的人口。惨重的代价换来了德国诸侯完全独立并获得承认,分裂割据局面就此固定下来。奥地利哈布斯堡家族成了战争最大的输家,被迫割让了其在德意志的全部领土,并放弃了利用神圣罗马帝国皇帝的头衔统治中欧的企图。另外,与1618年时的德意志非常相似的状况再次重现,即在北方的新教公国与南方的天主教公国相对峙,而德意志如此无望地处于四分五裂之中,以至于直到19世纪的欧洲历史中一直不能形成一个统一的整体。在“三十年战争”中,比哈布斯堡的奥地利更惨的输家是他们的姻亲西班牙,因为西班牙在这场斗争中所投入的代价自身完全无力承担,战败的结局令其自此以后彻底退出了争霸行列。

《威斯特伐利亚和约》的缔结再次沉重打击了天主教义的权威,

也摧毁了罗马教会的政治权威。和约还开启了借由国际会议解决国际问题的先河,从而成为18世纪法国资产阶级革命前所有国际条约和协定的范本文献。从此,欧洲局部地区的事务往往为全欧洲所关注。

除了上述宗教战争之外,在16,17世纪还发生过许多次非宗教主题的国际战争,例如,英西战争、英荷战争和奥格斯堡同盟战争。其中前两次战争都起因于争夺海上商业霸权。新航路开辟以后,西班牙长期垄断着大西洋的贸易,这必然阻碍英国海外贸易的发展。随着英国工商业的发展,西班牙日益成为其发展的障碍。早在英国工业发展过程中,英国政府所支持的海盗活动和其他因素就已经使两国关系势同水火。1588年,腓力二世派遣西班牙“无敌舰队”进攻英国舰队,结果以失败告终。但西班牙“无敌舰队”的失败,并不是英西战争的结束,这场战争一直持续到斯图亚特王朝建立为止。不过,1588年的英西海战在世界海军战争史上却具有重大意义,它是跨越海洋的商业战争中第一次重大的海战,在这场战争之后,西班牙逐渐走向衰落。

西班牙衰落之后,荷兰成为英国在海上的主要竞争对手。英吉利共和国建立后,为打压荷兰的海上贸易,以争取英国在海上贸易的优势地位,1651年英国颁布了针对荷兰的《航海条例》,规定出入英国殖民地的商品必须由英国船只运输,这对荷兰海外航运业是个沉重打击。1662年,英荷两国之间的矛盾演变为战争。在经历了三次英荷战争之后,荷兰连续落败,被迫接受了《航海条例》。

奥格斯堡同盟战争缘起于路易十四的扩张野心。路易十四时期,法国工商业有了初步的发展,当时的国际环境也有利于法国的对外扩张:德意志和意大利四分五裂,西班牙和葡萄牙走向衰落,英荷相互交战。1667年至1668年,法国对西班牙发动战争并取得胜利后,法国得到了弗兰德尔德部分地区。法西七年战争之后,法国又取得了法郎什—孔代和佛兰德尔德的一些要塞。之后,1688年至1697年法国又与荷兰、奥地利、勃兰登堡等国组成的奥格斯堡同盟进行战争。由于法国在历次战争中树敌太多,加之连年征战国库告罄,路易十四不得不谋求媾和。1697年,签订《里斯维克条约》,法国交出西属尼德兰的要塞等地区。法国的野心并没有得逞,欧洲基本上维持了战前的政治格局。但是西班牙王位继承问题仍然悬而未决,因此引发了四年后的“西班牙王位继承战争”。

欧洲国际体系的形成 16 世纪时使欧洲发生分裂的宗教因素,到 1700 年仍旧是一个国际问题。但是逐渐地,王朝和宗教都被更新的“利益”所取代,这种新利益就是商业、国际军事和安全,其结果就是国家体系的出现。虽然各个不同君主的成就是有限的,但这些成就足以促使外交家更多地用专用语言去讲话,这与过去代表单个特定的国家利益时不同。过去的国家具有某种集团的个性,它们的利益可能与另外国家的利益一致或冲突。现在随着情况的改变而带来的后果是,对外交和战争意义的理解要做重要修正。

外交部门的建立是专制君主制的一项重大成就。大多数外交部部长(大臣)和大使都希望建立一套能够在国际关系中带来理性和秩序的规则。当然,在实践中,理性和秩序往往让位给贿赂和任意行事。不过,使外交过程合理化,在欧洲各国的首都设立大使馆,以及随之而来的人数不断增加的职员和官员,均反映了各国在国际关系中的一种愿望,即以秩序来代替困扰着欧洲的混乱状态。17 世纪 60 年代后期国际关系和其他事务一起成为一部外交合作的历史,在各种复杂的合作关系构建的过程中,欧洲的国际体系渐渐形成了。

第十五章 欧洲的科学革命和启蒙运动

文艺复兴让欧洲人重新发现了人存在的价值，由此突破了传统宗教思想的束缚。在此基础上，科学技术也得到了前所未有的发展。哥白尼做出了开创性的工作，在他之后，经过开普勒、伽利略等人的努力，最后牛顿在前人的基础上建立起经典力学体系。至此，近代欧洲科学体系形成，史称“科学革命”。

1. 科学革命

开普勒 约翰·开普勒(1571—1630)首先在天文学上做出重要贡献。他是德意志天文学家、物理学家及数学家。1609年，开普勒出版了《新天文学》，阐述了关于行星运动的两条定律。第一定律：行星绕太阳运转的轨道是椭圆形的，而不是圆形的，太阳位于椭圆的一个焦点上。这打破了自亚里士多德以来就始终为人们所接受，并且也为哥白尼所坚持的那种认为行星是沿着正圆轨道运动的传统观念。这是对哥白尼日心说的重大突破，具有划时代的意义。第二定律是相等面积定律，即在相等的时间内，连接行星和太阳的直线所扫过的面积是相等的。后来开普勒经过十年的钻研，终于在1619年推出了他的《宇宙和谐论》，认为行星绕太阳公转周期的平方与行星轨道半径的立方成正比，这是他发现的第三定律。开普勒发现的行星运行的三大定律，进一步发展了由哥白尼、布鲁诺奠基的近代天文学。

三大定律的提出，在科学史上的意义十分重大：椭圆轨道的提出，打破了一千多年来天文学家墨守的“宇宙是完美的，而圆形象征完美，因而行星轨道是圆形的”思维逻辑，具有革命性的意义；运动周期的平方和行星平均距离的立方成正比的思路则直接影响了其后几十年的天文学研究，为牛顿发现万有引力定律奠定了基础；更重要的是，开普勒用三条数学定律概括出行星运动轨道的自然规律的做法，不仅在数学上证明了哥白尼日心说的正确性，而且深深地启发了后人——用数学关系统领宇宙。这种思路很快为天文学界、物理学界乃至整个科学界所采纳，从而在实际上渐渐确立了数学方法在现代科学研究中的地位。

伽利略　开普勒从数学的角度进一步描绘了宇宙体系，利莱伊·伽利略(1564—1642)则用其制造的天文望远镜所观察到的景象和物理实验论证了日心说。伽利略1564年出生于比萨，是意大利伟大的天文学家和物理学家，被称为近代科学之父。青年伽利略曾进入比萨大学学习医学，但他自己比较喜爱物理学和数学，学习期间便表现出杰出的数学才华，毕业时比萨大学聘请他为数学教授。他是世界上第一个用自制的望远镜观测天体的天文学家，并用观测天体的新发现进一步丰富和完善了哥白尼学说。此外，他还发现了木星和太阳黑子。

除了在天文学上支持哥白尼体系外，伽利略在物理学，尤其是力学上也做出了突出贡献，为牛顿经典力学体系的建立奠定了基础。在伽利略以前，人们对于落体运动仍然信奉亚里士多德的信条，认为物体越重，下落得就越快。伽利略于是做了一系列实验打破了对权威的迷信，发现物体下落速度与其质量无关，而与下落时间的平方成正比，这就是著名的自由落体定律。

从哥白尼提出日心说，到开普勒以数学方式构造天体运行轨道的特征，再到伽利略对哥白尼学说的支持以及对力学的探究，17世纪上半叶，展现在欧洲人面前的天体运动和地面运动的图景越来越清晰。可是，这些图景为何会是这样，是什么促成了这些运动的发生，对当时的人们来说仍然是个谜。人们渴望着从绚丽多彩的谜面当中寻求最终的谜底。这个笼罩在欧洲大陆将近1个世纪的谜，最后由一个英国人揭晓了谜底。

图 15－1　伽利略展示他制作的望远镜

牛顿及其经典物理学体系的建立　1642 年的圣诞节，一个孱弱的小孩降生于英国林肯郡的伍尔索普。他是个遗腹子，接生婆抱着这个几乎“可以塞进瓶子”的婴儿，断定他活不过一个星期。可她没想到，就是这个婴儿，竟然活了足足 85 岁，这在 17 世纪的英国无疑是高寿。这位奇迹般生存下来的婴儿，后来建立起了经典力学体系，他就是艾萨克·牛顿。

1661 年，牛顿以公费生身份考入剑桥大学三一学院。在剑桥学习期间，牛顿接触到了首任卢卡斯数学讲座的教授巴罗先生。在巴罗的影响下，他基本了解了 16 世纪中叶欧洲科学的基本状况。牛顿的数学天赋也渐渐为巴罗所察觉，尤其是牛顿二项式定理的发现，令巴罗称赞不已。1669 年，巴罗把他的卢卡斯讲座教授的职位让给了牛顿，从此牛顿获得了其后 20 年科学研究的基本保障。

1665 年至 1667 年,伦敦爆发了鼠疫,剑桥大学停课,牛顿在伍尔索普老家待了 18 个月。这期间发生了后来家喻户晓的苹果落地事件,不管此事件的可信度有多高,有一点是可以肯定的:在这 18 个月里,牛顿潜心研究,头脑中已经酝酿出一幅包括天文学、力学、数学、化学和光学的全景蓝图。

1671 年,应英国皇家学会要求,牛顿把他制造的第一台反射式望远镜送给了皇家学院,引起学会的轰动,不久他就被皇家学会接纳为会员。次年,他发表了首篇论文《关于光和色的新理论》,提出光由红橙黄绿蓝靛紫七色组成的颜色理论。在 1703 年出版的《光学》中,他又提出了著名的光的"微粒说",影响了其后 100 多年的光学研究。

虽然牛顿在光学和数学上取得了很多成就,但他最重要的贡献在于其巨著《自然哲学的数学原理》的完成以及经典力学体系的建立。这部巨著的出版还有一段曲折的经历。早在 1666 年,牛顿根据惠更斯的向心加速度公式和开普勒第三定律已经推导出天体轨道运行时的向心力与其运行轨道的平均半径的平方成反比(即平方反比定律:$f \propto 1/r^2$)。然而,究竟这个向心力是如何产生的,行星在符合平方反比关系的力的作用下,运动轨道又是怎样的,在当时仍然是个谜。牛顿想以地月体系为例进行实验,可当他把相关数据代入运算时,却发现计算值与实际有相当的差距。他认为是自己的方法有误,只好把此问题搁置起来。

直到 1682 年,他偶然了解到法国天文学家皮卡尔对地表一纬度的精确测量值是 69.1 英里,而非他原来计算时用的 60 英里后,经过严密的计算,他终于证明了地球对月球的引力是由于地球和月球双方的质量而产生的,完全符合平方反比定律;而在此力吸引下的月球围绕地球做椭圆轨道运动。而且,由于引力是由质量产生的,所以任何物体都能对其他物体产生引力。既然此引力具有普遍性,那么宇宙天体在此引力下做的椭圆运动,自然也就具有了普遍性。开普勒定律由此得到了物理和数学上的解释和证明。有意思的是,牛顿却并没有兴奋地将这一具有划时代意义的发现公之于众,而是把那叠验算的草稿纸随手扔进了抽屉里,然后又埋头于别的研究上去了。

与此同时,英国科学界也注意到了平方反比关系。1684 年 1 月,胡克、哈雷和雷恩在伦敦的一家咖啡馆里进行了讨论,三人都声称发现了平方反比定律,并认为服从该定律的轨道是椭圆,但没人能提供证明。于是三人打赌,两个月后交出答案。可两个月后,谁也没能拿出答案。哈雷此时想起了默默待在剑桥的牛顿,他于是前往剑桥大学向牛顿请教。牛顿告诉他自己已经证明出遵守平方反比定律的轨道是椭圆。哈雷喜出望外,连忙向他索求证明过程,牛顿这时却没找到当初证明的草稿。他答应哈雷3 个月内重新求证一遍。3 个月后,牛顿将证明稿交给了哈雷。在哈雷的鼓励下,牛顿经过 18 个月的艰辛写作,于 1687 年出版了《自然哲学的数学原理》。

《自然哲学的数学原理》(以下简称《原理》)阐述了著名的万有引力定律:一个物体对另一个物体的引力,与两个物体的质量成正比,与两个物体之间的距离的平方成反比($F=GmM/r^2$,其中 $G=6.6720\times10^{-11}$是引力常数,为后来英国天文学家卡文迪许所测量出来)。此外,牛顿还在伽利略研究的基础上,结合万有引力的思想,在《原理》中提出了后来以他名字命名的三大定律:

(1)在外力作用处于平衡状态时,每一个物体都保持静止或匀速直线运动状态。(惯性定律)

(2)物体运动的改变率(即 ma,其中 m 为物体的质量,a 为物体的加速度)与其所受合外力成正比,且方向相同($F=ma$)。

(3)作用力和反作用力大小相等,方向相反。

万有引力定律和牛顿三大定律共同建构起了经典力学体系,从此,宇宙运动的秘密被揭开了,天体运动和地面运动连成了一片。随着《原理》的问世,持续了几乎两个世纪的欧洲科学革命基本完成,近代科学体系从此得以建立。

自然观念的革新 科学革命使得近代科学体系得以建立,同时还改变了人们对传统自然观念的认识。这些古代自然观念命运各不相同,有的在中世纪继续得到信奉,有的则由于不符合教会支持的托勒密体系,在中世纪就几乎被湮灭了。近代初期的科学家们对包括亚里士多德学说在内的古希腊科学遗产进行了清洗批判,使它们得以为当时的人们所接受。原子说和以太说就是最好的例子。原子说是古希腊学者伊壁鸠鲁提出的,他认为宇宙万物都是由原子构成的。此观念最先为伽利略所采纳,然后由伽桑狄所继承并进行修改和发挥,一直影响着以后科学的发展,并最终由于显微镜的出现而得到了证实。而以太观是另一个古希腊观念,开普勒用它来解释行星的运动,笛卡尔则对它改进后提出了天体漩涡理论,吉尔伯特用它描述磁力的作用,甚至牛顿也曾用它解释万有引力的作用。

科学革命也产生了一些崭新的观念,尤其是经典力学体系的建立,既给旧观念赋予了新的含义,也在推翻旧观念的同时,带给人们许多新的看法。最典型的要数运动学的观念。直到中世纪晚期,质量和重量两个概念还总是含混不清。牛顿在伽利略学说的基础上首先给质量以明确定义:"用物体的密度和体积的乘积来量度的、该物体中含有的物质的量",令两者的概念泾渭分明。中世纪的人们一直坚持亚里士多德的学说,认为力是维持物体运动的原因。伽利略用实验证明物体的继续运动不需要力的作用,一经启动,物体就会继续运动下去。牛顿在此基础上明确提出:力是指一个物体受到的、足以改变或倾向于改变该物体的静止状态或匀速直线运动状态的作用。还有,惯性、加速度、椭圆轨道、日心说等观念的出现都得益于科学革命的发生。这些新的观念虽然并非全是正确(如质量的定义)的,有的在后来甚至被证明是错误的(如以太),但它们冲破了中世纪亚里士多德学说和托勒密体系的禁锢,开阔了人们的视野,给人们以新的观察和思考的维度。

新的科学研究方法论 科学革命给西欧带来近代科学观念,同时还更新了科学研究方法论。中世纪的经院哲学虽然也含有理性思维的成分,但它主要是对天主教的教义进行烦琐的论证。13 世纪以后,牛津和巴黎大学出现了新的逻辑思维方法,以及新的科学研究方法论,这些方法论中最突出的莫过于后来培根和笛卡尔提出的归纳法和演绎法。

弗兰西斯·培根(1561—1626)是近代归纳法的开创者,在哲学史和科学史上都堪称是划时代的人物。他出生于伦敦一个富有文化教养的家庭,12 岁时进入剑桥大学学习,23 岁就当选为英国下院议员，先后担任大法官、掌玺大臣、上议院议长等。1597 年，培根出版了《论说文集》，用资产阶级的观点阐述了政治和伦理道德方面的一些问题。1620 年，代表作《新工具》问世，提出归纳法，以此革新了自古代及中世纪以来广泛使用的亚里士多德的演绎法。培根认为：科学必须是实验的、归纳的，一切真理均须以大量确凿的事实材料为依据。人类要客观地研究自然，实践经验是主要的认识手段。这种以实验和归纳为主体的科学研究方法为欧洲近代自然科学及哲学的发展开辟了新途径。

与此同时，法国的勒内·笛卡尔（1596—1650）却提出了与归纳法相反的逻辑形式——演绎法。笛卡尔认为，一个人不能完全相信观察（包括实验）能揭示宇宙的秘密，应该从几条最基本的公理或原则出发，经过严密的逻辑论证，推导出一条条原理，直至建立起一个完整的知识结构体系。关键在于，作为演绎的出发点的基本公理和原则，必须保证正确；同时，每一步论证都必须明确无误，这样得出的结论才可能是正确的。虽然笛卡尔在哲学和数学上做了许多贡献（如提出著名的哲学命题“我思故我在”和创造出解析几何学），但由于他坚持从不为观察所得到的几条基本原则出发，他不可能获得对物理世界的一致描述。

培根的归纳法和笛卡尔的演绎法各有长短。归纳法从大量的观察和实验出发，自下而上地归纳出自然科学的规律，但观察和实验的不全面性可能会导致归纳不全面的偏差，得出的自然规律未必具有普遍意义；演绎法则从具有普遍性质的几条公理出发，经过逻辑论证，从上而下地演绎出具体的科学知识，但论证过程的正确性往往难以保证，因此演绎得出的具体知识也可能会与客观事实不相符。幸好，科学革命中，归纳法和演绎法相互结合，长短互补，得到了综合的运用，进一步推进了科学革命的进程。

2. 启蒙运动

17 世纪牛顿经典力学体系的建立充分展示了理性的强大力量，使得人们希望能借助理性的力量来分析和改造社会，于是，从英国开始掀起了一股理性主义的浪潮。这股浪潮不久便传及法国。于是,以法国为中心,欧洲出现了许多理性主义思想家,他们批判传统的文化和宗教观念,并在此基础上提出了新的思想以及对未来社会的新构想。这场席卷欧洲的理性主义浪潮被后世称为“启蒙运动”。

对传统文化和宗教观念的批判 启蒙运动遵循理性主义原则,追求人的自由和平等,自然要对传统的文化宗教观念展开猛烈的批判。法国科学作家、典型的自然神论者丰特奈儿(1657—1757)对宗教持怀疑态度,他认为,宇宙无需上帝的作用,依靠机械论就可以自行运转。但为免遭法国政府的迫害,他没有公开表达这一观念,而是另辟蹊径,在《神谕的历史》一书中借批判异教徒的迷信来影射基督教的野蛮,同时讽刺了教士的愚昧。托兰德、廷德尔和柯林斯等自然神论者虽然尊重上帝的概念,但也攻击基督教的教义。他们敢于把《圣经》纳入理性的范围,让基督教接受理性的考验,正统的三位一体论也受到了质疑。到18世纪中叶,自然神论者已经做了大量批判性的工作,这种怀疑和批判精神直接影响了孟德斯鸠和伏尔泰。

法国启蒙思想家孟德斯鸠在《波斯人的信札》中,讲述两个波斯人在法国的经历,并在彼此的通信中将法国的传统和自己国家的传统做了比较。书中讽刺了法国君主专制的腐朽,揭露了天主教会的虚伪,表达出强烈的反教权倾向。在孟德斯鸠笔下,修士成了“癫狂的苦行僧”,教皇则成为魔法师,所有的宗教活动都是迷信的表现。由此表明,宗教神学不是得救之道,理性和宗教宽容才是正确的选择。同时,伏尔泰也激烈批判了法国的天主教会,认为天主教教义是烦琐哲学,但其批判的矛头更多是直指教会的不宽容,而宗教宽容的观念则在18世纪渐渐落地生根。

在伏尔泰用笔讨伐教会不宽容行为的同时,狄德罗也对传统的宗教观念发起了攻击。狄德罗通过主持编写《百科全书或科学、艺术、技艺详解辞典》(简称《百科全书》),以启蒙思想的眼光重新诠释世界,以替代此前传统宗教的解释。在《百科全书》中,科学技术得到重视,正统的基督教则成为讽刺的对象。狄德罗的行为无可避免地与法国当局产生了冲突。1749年法国政府逮捕了狄德罗,将其投入监狱,数月后方得出狱。之后狄德罗继续从事编写工作。1766年,经过多年的斗争,17卷的《百科全书》终于完成。《百科全书》出版后,立即成为法国社会名流争相购买之物。后世公认,它在传播启蒙运动思想方面产生了巨大的影响。

启蒙运动新思想　自然法理论源于古希腊,通常是指人类的共同权利和原则体系。在中世纪,经过经院哲学家的改造,自然法和宗教神学很好地糅合在一起,其中阿奎那贡献最大。他认为,自然法的主要原则是要敬爱上帝,遵循教会的规定,服从教会的权威。很明显,中世纪的自然法成了宗教信条的附庸。随着文艺复兴和科学革命的到来,人的理性力量得到彰显,新的自然法学家把眼光重新投到人的身上,借助理性建立起新的自然法体系,荷兰的格劳秀斯是其首要代表,他在《战争与和平法》一书中对自然法做了系统阐述。他认为,自然法源于自然,自然给予了生物以生存的权利;但人和动物的区别在于,对人而言,自然法是理性的法则,人的行为要遵守自然法则,也就是要与理性相符合。只有符合理性的行为才是正义的行为。虽然格劳秀斯也承认神的存在,但他认为神不能改变自然法的规则,而且神所遵循的神祇法也要以自然法为根据。格劳秀斯在自然法理论的基础上还首先提出了"社会契约"的观点,进而提出国家主权说。但他所谓的国家主权,实质上是由君主掌握。后来"社会契约"的观点得到了不断的完善和发展,霍布斯、洛克和卢梭都是社会契约论的重要支持者。

霍布斯(1588—1679)是英国著名的思想家,他于1651年发表了代表作《利维坦》。该书从人性论出发,阐述了作者对社会契约论和国家主权论的看法。霍布斯坚持性恶论,认为人性是自私的,人的欲望永无休止,为了保护已有的的东西,人需要拥有更多的东西。在原始状态下,由于没有人或者机构出面维持和管理,人们就没有了约束,为所欲为,社会则会陷入混乱的状态。为了避免这种状态,就必须建立起人人都服从的公共管理机构。而这种管理机构能得以存在的前提,是全体人民愿意交出自己的一部分权力,一起订立"契约",使其拥有足够的权力和权威来管理社会,以保证每个人都能"保存和发展"自己。在社会契约论的前提下,霍布斯也提出了自己的国家主权论。他把社会契约变成了主权国家无限权威的来源和依据，由此建立起理想的利维坦国家。在利维坦的国度里，人们遵守契约，服从国家的命令，即法律，并在法律和理性的支配下过上理想的生活。但他强调，人民把权力交给统治者后，就要理性地履行公民的职责，服从独裁者的管理；而得到权力的独裁者则成为人民的代表和国家主权的拥有者。显然，霍布斯虽然阐述了社会契约论，反对君权神授，却仍和格劳秀斯一样，是集权政治的支持者。

约翰·洛克(1632—1704)是英国著名的政治思想家和哲学家。和霍布斯不同的是，他反对君主专制，支持共和政体。洛克在他的《政府论》中提出，任何拥有理性的人都能理解，生命、健康、自由和财产是人的四大自然权利。要保护这些权利，光靠自然法是不够的，因此人们需要通过订立契约组织国家，由政府承担保护的职责。但与以往思想家不同，洛克认为，政府所获得的权力是有限的，同时政府是契约的产物，因而要受契约的约束。如果政府侵犯人们的自然权力，不能满足保护自然权利的需要，人民就有权推翻它，而权力又回归于人民。洛克的思想表现出对政府保护人民生命、财产和自由的职责的要求。

英国的启蒙思想不久传到了法国，法国涌现出伏尔泰、孟德斯鸠、狄德罗和卢梭等一大批思想家，成为启蒙运动后期的中心。而此时，社会契约论思想也正是经由卢梭最终走向成熟的。卢梭是法国启蒙运动时期著名的民主主义思想家，他青少年时期的生活漂泊不定，历经挫败，这让他对社会有深刻的理解。他反对封建君主制，写下《社会契约论》《论人类不平等的起源和原因》《爱弥尔》等名著。在1762年发表的《社会契约论》中，卢梭指出，良好的社会不应建立在个人主义之上，而应该建立在人民共同体之上。在社会中，人人生而平等、自由，这是自然赋予的权利。天赋人权，为了确保人们的自由，国家权力要通过人民之间的契约而形成，它源于人民。他明确提出了"社会契约""主权在民"的口号，并提出了自己对理想国家的构想：国家由公民在平等的基础上以契约形式组成，国家权力源于人民，立法机构是公意(即全体意志)的体现，是最高权力机构。执政者如果违反人民意志，人民有权将之推翻。卢梭的国家构想反映出他的民主共和思想。

除了自然法理论、社会契约论以外，法国启蒙思想家魁奈还提出了他的重农思想。魁奈在1758年发表了他的经济学著作《经济学》，阐述了重农主义理论。他否定了工商业的价值，认为只有农业才生产出剩余价值，因而只有农业才是生产部门，工业生产仅仅是对农产品进行再加工，商业不过是交换而已。与此同时，重农主义者还提倡自由贸易体系，建议放手实行自由贸易竞争；主张取消一切税费，仅保留一种土地税等。

对未来社会的构想 启蒙思想家在提出新思想的同时，也阐述了他们对未来社会的构想，其中最主要的是三权分立学说和以立法形式构建起来的理性王国。分权思想早在古希腊时代就曾出现，柏拉图和亚里士多德都曾提及分权的概念。到了17世纪，洛克从英国的实际出发提出了将立法权、行政权和对外权三种权力分开，其中立法权是最高权力，行政权和对外权均从属于立法权。但真正确立三权分立学说的是孟德斯鸠。孟德斯鸠(1689—1755)是法国著名启蒙思想家，早年曾到英国进行考察，对英国君主立宪制抱有好感。1748年，他在代表作《论法的精神》中提出了著名的三权分立学说。他认为，为了防止暴政的出现，应该把国家权力重新划分，具体是把立法、行政、司法三权分开，并保证它们互相制约；其中，立法权归议会，行政权由作为行政首脑的国王掌握，司法权则由法庭控制。三权分立原则体现了资产阶级建立自由、民主社会的探索。后来，启蒙思想传到了北美，杰弗逊和富兰克林等深受影响，他们按照三权分立原则在北美土地上建立起世界上第一个资本主义民主共和制国家——美国。启蒙思想家对未来社会的分权构想最终成为现实。

18世纪以后，近代科学体系的建立，使理性主义得以彰显，启蒙思想家们对未来充满了信心。伏尔泰曾试图借助理性进步观以实现对基督教神学史观的完整替代。在他的著作里，不仅积极主张用进步的观念来观察和认知历史，而且还对未来充满信心，深信人类能掌控自己的命运，历史的发展必将不断迈向理性、公正、物质与精神世界不断完善的方向。孔多塞则在《人类精神进步史纲》中，视社会进步为自然规律。赫尔德在《人类历史哲学要义》中把整个宇宙和人类历史看作是不断进化的过程,肯定人类历史是“向着更高方向的进步和发展”。而在康德的心目中,进步观念“能提供给人们一种不是建立在基督教来世基础上的新信仰,同时也有助于推进人类社会的进步”。

在这种社会进步观的作用下,启蒙思想家们对未来社会充满了憧憬:自由是完善的文明社会的特征,理想的社会是一个经济进步、社会和谐、政治稳定、开放的可变社会。在康德看来,理想的社会是一个“具有普遍立法的公民社会”和各国人民的“国际联盟”。在这种状态中,人性得到全面发展,每个成员“享有最大的自由”,又不妨碍他人的充分自由。社会中将存在对抗,但是会受到“完善公正的民法”的限制;国与国之间将处于“永久和平”的状态。孔多塞在其著作中断言,法国革命将开创人类精神发展的最高阶段。在这个阶段,人类将达到其最终目的,建立完美的理性王国;各民族文明进步的差距将缩小,尊重彼此的“独立”、自由和安全,共同分享资源和财富;遵守“政治和道德准则”,战争将永远消失;人人勤奋劳动找到可靠生活来源,履行自己的权利和义务。人类将“劳动得更少,生产得更多,需要得到更充分的满足”。医疗卫生保健、食物、住房、劳动条件将得到保障和改善,人的体力、智慧、精神、道德水平乃至平均寿命将得以极大提升和提高。

康德和孔多塞等人的这些思想被后现代主义称为“启蒙运动构想”,他们的这种构想塑造出理性时代社会的典范,为18,19世纪欧洲各国的社会革命和改革设计了蓝图,促进了欧洲社会向资本主义模式的转型。

第十六章 欧洲的工业化与帝国主义

1. 工业社会的形成与扩散

18 世纪晚期生产力有了惊人的进步,形成了一个机械化的工厂体系,新动力能源的开发带来了机器的广泛使用,促进了工厂制度的产生。这种机械化的大生产有效地提高了产品的质量和工人的生产效率,而工业化的进程又刺激了技术革新,提升了大多数人的物质生活水平。同时,机械化和工厂制度使得工业化的影响不止停留在经济领域,同时带来了广泛的社会变化。机械化的出现构建了一个新的工作环境——工厂,从而让大批的工人集中起来操作复杂的机器。工厂的出现进而促使管理者制定劳动纪律,并严格检查工厂里产品的质量。工业化的出现刺激了人口的增长,促使社会由农业社会向工业社会转变,带来了城市化和移民的快速发展、财富的增长和女性新角色的出现。但是,工厂的出现也带来了负面影响,在一定程度上扭曲了家庭关系。

早期工业社会的一些问题,曾引起批评家的关注,但这并没有影响到工业化的发展,资本主义和工业化以前所未有的速度繁荣发展,并迅速从英国扩展至整个欧洲大陆、北美洲和亚洲。虽然整个世界范围内的工业化水平高低不一,却对整个世界范围内的社会和经济产生了很大的影响。

工业化的前提 18 世纪中期,英国、中国的长江三角洲、日本等一些地区都出现了经济的持续增长,而且在很多方面这些地区都呈现出类似的特征。农业的高产、人口的增加、生产的专业化以及运输网络的完善加快了商品的流通速度,同时在城市里也聚集着一些成熟的银行和金融机构。

煤炭在英国工业化过程中处于重要的地位,直到18世纪,木材始终是最主要的燃料。但是巨大的木材消耗导致森林减少,木材短缺。幸运的是,大量的煤炭资源以及发达的挖掘技术,使得煤炭很快成了木材的替代品,从而为英国的工业化奠定了基础。这也是为什么中国的工业化没有任何的突破,因为中国的地理因素不利于实现工业燃料由木材向煤炭的转变——中国的经济中心集中在长江三角洲,而其主要的产煤地区则在西北地区。

到18世纪,欧洲所需要的大量的初级产品都是由美洲殖民地所提供,如加勒比海诸岛、巴西东北部以及后来的美利坚合众国的南部,这些地区以奴隶为基础的种植园为欧洲提供了大量的蔗糖和棉花,使得欧洲新出现的纺织业得以顺利发展。在18世纪后期,美洲还成为欧洲过剩人口的接受地。因此,和美洲之间独特的经济联系缓解了英国经济所面临的一些生态问题。

大量的煤炭开采保证了工业所需的必要能源,英国的工业首先从纺织业起飞。从18世纪中叶开始,消费需求刺激了英国棉纺织业的变革。19世纪之前,羊毛制品一直比较受欢迎,但印花棉布易洗、易干的特性,使得羊毛制品开始在与棉布的市场竞争中处于劣势。为保护毛纺织产业,国会通过法律要求丧葬时使用羊毛裹尸布,1720年至1721年颁布《印花布法案》,禁止印花棉布进口,而且限制私人贩卖印花棉布。但是这些法律都不能阻止消费者对于棉布的喜爱,强大的市场需求,使得英国的棉纺织业飞速发展起来。

棉布的盛行,刺激着工场主致力于劳动生产率的提高,新的生产技术不断涌现,棉纺织业也很快机械化了。18世纪30年代,棉纺织业从基本的手工劳动的羊毛和亚麻工业中分离出来。首先出现的新技术是1733年曼彻斯特机械师约翰·凯伊发明的飞梭,提高了织布的速度。接着的几年,新技术层出不穷,其中最为重要的是1779年塞缪尔·克朗普敦发明的“骡机”。到1790年,骡机成了普遍应用的纺纱机器。

但是新技术的出现引起了产业内部的不平衡,织布工人的速度始终跟不上棉纱的速度,因此新的发明又出现在织布方面。1785年,教士埃德蒙·卡特莱特发明了水力织布机,从而进入了机械织布的新时代。然后,在很短的时间内,蒸汽机代替了水力。到19世纪20年代,棉纺织业中的蒸汽织布已经取代了绝大部分的手工织布。到1830年,棉纺织业已经成为曼彻斯特的主导产业,其产品中的40%用于出口,从业者达50万人。

工业社会早期技术突破的最重要的部分是1765年苏格兰格拉斯哥大学的机械师詹姆斯·瓦特改良了蒸汽机。在此之前,简单的蒸汽机仅仅用于水泵把煤矿的水抽出来,改良后的蒸汽机则可以应用于各个方面。到19世纪,已经有超过1 000台的蒸汽机在英国使用。

然而,技术的发明不仅仅停留在棉纺织业和蒸汽机的改良上,钢铁工业也迎来了新技术的应用。1709年,英国冶铁业的燃料开始用焦炭代替木炭,一方面使得英国的森林资源得到保护;另一方面,焦炭除了价格便宜之外,还促使生产者制作更大的鼓风机从而提高了钢铁的产量,而钢铁领域新技术的应用又促进了机械化的发展。结果在18世纪,英国的铁产量大大增加。这种价格低廉的材料很快在建筑、造桥以及造船业得到广泛应用。

到19世纪,钢代替了铁。1740年到1850年,一系列的技术改进简化了炼钢的过程。1856年,亨利·贝西默制作了改良的鼓风炉,即贝西默转炉,使得钢的制造成本大幅降低,产量迅速增加。而且,钢比铁更坚固也更有弹性,在机械行业很快代替了铁制器械。

蒸汽机和冶金方面的发明促进了交通技术的进步,1815年,英国人乔治·史蒂芬森发明了世界上第一辆蒸汽机车。虽然这种蒸汽机车比瓦特的蒸汽机的效能要高,但是消耗的煤量太大,用于航海不太现实。由于帆船的出现,使得到19世纪中叶,帆船很快成了海上主要的交通和运输工具,随后又出现了蒸汽机式帆船。铁路和轮船技术的发展,加上运输网络的建设,使得无论是偏僻的内地还是遥远的海岸都不再遥不可及,各个地区的联系都比以前更为紧密。1830年至1870年,英国的实业家修筑了20 000公里长的铁路,将全国的工业中心、煤田、铁矿、港口等紧密地连接起来。新的发明和创造,造就了铁路和轮船,而铁路和轮船的出现又加速了工业化的进程。

工业化的成果　工业化最显著的成果是造就了巨大的物质财富——生活水平的提高和人口的增长。但是工业化同样也带来了巨大的社会变化:大量人口从乡村涌向城市。欧洲人涌向美洲寻找更好的生存机会,掀起了移民浪潮,促进了新的阶级——劳工阶层和中产阶级的产生,推进了城市化进程。

财富的增长　工业革命在世界范围内有效地利用了人力资源和自然资源,促进了生产力的提高。以英国为例,资本不断增加,从1750年的5亿英镑到1800年的15亿英镑,再到1833年的25亿英镑和1865年的60亿英镑。在整个19世纪后半叶中,整个世界的生产率都得到极大提高,全球的经济财富获得极大增长。表16－1中的数字表明了19世纪后半叶工业生产在欧洲和世界发展的速度。

表16－1　工业生产的上升(1913年=100)

	德国	英国	法国	俄国	意大利	美国	世界
1860年	14	34	26	8	—	8	14
1880年	25	53	43	17	23	17	26
1900年	65	79	66	61	56	54	60
1910年	89	85	89	84	99	89	88
1913年	100	100	100	100	100	100	100

同时人们的物质生活水平也得到提升。例如,工业生产的机械化使得服装生产成本降低,工业化也使得食品的种类增多,价格降低。早期工业化时代,欧洲的消费者已经有能力消费家具等一些装饰品,从而提高了生活质量。但是近年来,关于工业革命期间的财富分配问题也有一些分歧,一些人认为是不同阶级的人在不同程度上都有所得;另一些人认为,少数人获得了财富,大多数人都在被无情地剥削,生活水平并没有得到提高。不可否认的是,工业社会时期存在着大量的剥削,一些人成了雇佣劳动者,除了自己的劳动力以外一无所有。但是当时工人的处境也不应用现在的眼光来审视,

那时出现的一些类似于剥削工人、雇佣妇女和童工等现象并不适用于整个英国工业。到19世纪后半叶,生活水平得到大大提高,因为工业化使得生产率大大提高。海外投资的一些利润也加大,从而逐渐地使西欧下层阶级得到利益。西欧工人共享这种普遍的繁荣和不断提高的生活水平,直至第一次世界大战之前。表16－2中的数字说明了在1850—1913年,英国和法国的实际工资几乎增加了1倍。

表16－2 实际工资的增长(1850—1913)(1913年＝100)

	1850年	1860年	1870年	1880年	1890年	1900年
英国	57	64	70	81	90	100
法国	59.5	63	69	74.5	89.5	100

城市化和移民 随着工业革命的展开和工厂制度的建立,大量的人口开始涌向新的工业中心,新的城市聚集了大量从乡村到城市谋求工作的人。而欧洲人口的迅速增长使得人口开始向美洲特别是美国大规模地迁移,从而造成了美洲人口的激增。这些移民把美国改造为欧洲化的国家,外来劳动力的增加使得美国19世纪末的工业化成为可能。由于能从世界各地获得生活所需,所以这些城市中的人口能够生存。粮食供应充足和传染疾病的预防和控制、净水的充分供应以及集中排水系统的改善等一系列措施的保障,带动着世界各地的城市以飞快的速度发展。到1900年,工业化国家中至少有50%的人口生活在超过2 000人的城市里,并且城市的规模还在不断扩大。1800年欧洲人口超过10万的城市仅有20座,到1900年,欧洲和北美这样规模的城市就有了150座。当时拥有650万人口的伦敦成为世界上最大的城市。到1930年,城市人口已达到4.15亿,占人类总数的1/5,这是人类历史上一个很大的社会变化。许多国家如英国、德国、美国,到1914年,绝大多数的人口都已经生活在城市。

人口的增长 同样,工业化的出现刺激了人口的增长。欧洲和欧裔美洲人口在18和19世纪开始迅速增长,其原因首先源于此时经济的发展和生活水平的提高。农业生产率的提高,保证了人们的基本生活；其次，医学上的进步，使对人类生命危害最大的传染病得到控制。同时由于人们的营养水平得到提高，对于各种疾病的抵抗力也增强了，带来了死亡率的下降。再次，农业技术的提高使得即使出现恶劣的天气也不会太大地影响收成，保障了人们的正常食物供给。第四，新的运输工具的出现保证了来自外界的物资的充足供应。同时，下水道系统的改善和饮用水的安全也为降低死亡率提供了条件。所有这些条件确保了死亡率的进一步下降：从1800年至少30%下降到1914年的15%左右。欧洲的人口也从1750年的1.4亿飞速增长到1800年的1.88亿、1850年的2.66亿、1900年的4.01亿和1914年的4.63亿。

北美和南美的人口到1900年激增至1.45亿。南美的人口增长更为明显，例如，1800年阿根廷的人口是30万，到1900年达到475万，增长了1 583%。在北美洲，现在的美国，19世纪人口由600万增至7 600万，增长了1 226%。

社会变革和新消费主义的出现　工业化还引起了社会的巨大变革，从根本上改变了传统的社会结构，出现了自由劳动力；促进了新的社会阶层的形成，工业巨头、企业家和中产阶级等新兴阶层出现。家庭作为社会基本的组织单位也出现了变革，家庭生活与工作之间的差别泾渭分明。

随着社会各阶层的收入在不同程度地增加，使得一种新型的消费社会首次在英国社会出现成为可能。18世纪以前，英国人大多收入微薄，以至一半的收入都用来购买食物。到了18世纪，由于农业革命和工业革命以及海外殖民和商业带来的利润，使国民收入有了很大的增长，大多数的英国人开始有了消费的能力，英国成为第一个打破传统消费观念的国家。大众收入的普遍增长使得英国的国内市场发展起来。早在18世纪，一些今天常用的消费技巧，如市场调查、信贷、传单、目录、报纸广告等已被应用。有学者说道："新消费主义使得各个阶层开始购买以前没有机会买到的、甚至是比以前更大范围的商品……巧妙地利用社会模仿使本来只买'体面商品'的人奔向'奢侈品'，使本来只买'必需品'的人奔向'体面商品'……事实上，时尚及其利用者人为地拔高了'金钱准则'的水平。”大众消费主义就这样出现在英国，并且成为20世纪的标志。

妇女的新角色 工业革命同时赋予妇女新的角色，使得妇女离开她们以此为生的家庭经济，开始进入家庭之外的工薪经济体系。随着工业革命的发展，主要的工作开始由家庭转移到工厂和车间，妇女开始成为工薪成员。相对于妇女在家庭的工作，这种工作似乎更为稳定，而且也比以前在家做计件工作的工资要高得多。例如，1914年，在曼彻斯特的棉纺织厂，已婚妇女每周的周薪比她们在家里做工所得高出了一倍。

但是另一方面，妇女容易受到虐待和剥削，也没有资格参加工会，因此她们的工资相对于男性还是少了一半，所以大多数女工在结婚后就辞去了工厂里的工作。但是辞职并不等于赋闲在家，因为丈夫的收入往往不够支付整个家庭的开销，特别是廉价的佣人越来越少，中产阶级的女性需要承担一些必要的家务。这个时期书刊和宗教教义都在宣传母亲的重要角色，这使得许多中产阶级女性感到不满和焦虑，以至于后来出现了女权运动，妇女开始要求平等权利，要求在家内和家外拥有更多的权利和机会。

而此时，工人阶级的女性则要面对和处理一系列的问题：疾病、失业、长期的生活收入与支出的差距。对于这些女性来说，生活还是她们要面对的首要问题。

工业社会的扩散 工业化的出现以及随之而来的技术发展这种社会和技术的变革在世界其他地区可能都会产生。在工业革命的大半个世纪，虽然仅仅存在于英国，但到19世纪中叶，工业化还是开始向法国、美国、德国和比利时扩展。到后期，工业革命已经突破了欧洲和北美，开始向俄国和日本传播。而此时技术、商业和金融组织的工业化，将整个世界联系在一起。很多自然资源丰富的地区发展为原料的出口地；另外，贸易金融机构则被部分工业化的国家所控制。如此一来，原料出口的国家缺乏资源的控制力，而工业化国家的廉价商品却遍及世界，使传统经济、地方经济遭到破坏。工业化带来的全球化影响开始扩散开来。

工业化的早期传播 到19世纪，工业革命逐渐地从英国扩展到欧洲大陆。最开始，工业革命并没有扩展，而是仅限于英国。首先，英国有法律规定,禁止机器、制造技术以及技术工人的出口。其次,此时的欧洲政治分裂、农奴制度盘踞、政治动荡、经常发生革命和战争,这些因素都不利于工业化,从而阻碍了工业革命的进行。

然而,英国工业化的主导地位并没有保持太久。英国的一些企业家认识到,在外国的土地上有利可图,于是他们违背法律开始出售技术和机器,令工业化开始潜在地扩散。1815 年拿破仑战争结束后,欧洲的政局相对稳定,具备了工业化扩散的基础。1825 年英国废除了相关法律,已经积累大量资本的英国实业家开始在欧洲大陆寻找投资的场所。阻碍工业化扩张的因素慢慢都消除了,因此,到 19 世纪中叶,工业化已经传播到德国、美国、比利时和法国。

欧洲大陆上最早的工业中心是比利时,煤炭、冶铁、纺织、玻璃以及军火生产在 19 世纪早期的比利时形成一派繁荣的景象。法国本来就是欧洲大陆资本主义工场手工业相对发达的国家,大革命和拿破仑战争废除了君主制度、封建土地所有制和中世纪的行会制度,打破了国内的贸易壁垒,技术发明和劳动力可以自由地流动;此外法国又与英国相邻,最容易受到英国的影响,各种有利因素集于一身令法国成了继英国之后第一个工业化的欧洲大陆国家。到 1830 年,法国的工厂里大约有15 000名英国的技术工人。到 19 世纪中叶,特别是在冶金工业,法国本国工程师的发明和新改造取得了成功。在其后的百年里,法国的铁路建设一直颇有成效,降低了运输的成本,刺激了经济的发展。

但是,法国的工业化过程存在两大隐患:小企业的大量存在和高利贷资本活跃。大量小企业的存在使得企业经营分散,一些新技术和新机器得不到及时推广;而高利贷资本吸引了大量的社会流动资金,从而减少了工业企业的投资。这使得法国工业化的规模和程度都不如英国,也比不上同时期美国的发展速度。

同时,19 世纪的工业化也改变了北美洲尤其是美国的面貌。自然条件上,美国得天独厚,拥有肥沃的土地和丰富的自然资源,但是缺乏企业的投资和大量的劳动力。19 世纪外国的移民大量涌入美国,欧洲的商人和资本家也迫切地寻找投资机会而前往美国,这些都加快了美国工业化的进程。19 世纪 20 年代,美国工厂里开始雇佣大量的英国技术工人,同时从英国引进大量机器设备并加以改造,研制出更为先进的机器。与此同时,美国最先采用和推广了机器零部件的标准生产方法,这些都为美国机器制造业的发展积累了积极有利的因素。到19世纪50年代末,美国的资本主义工厂制度基本上建立起来。

美国的工业化美中不足的就是各地联系太少,于是政府鼓励开凿运河,私人投资者也开始建设和运营水路及铁路交通运输路线。到18世纪60年代,东北部和南部以及中部地区的城市已经建立起了联系。

美国工业化的另一个重要特点就是与西进运动同时进行,从而促进了美国交通运输业的迅速发展。19世纪20至30年代,美国建成了伊利运河和俄亥俄—伊利运河,把密西西比河、五大湖和太平洋连接成一体。正是西进运动的影响以及交通运输业的发展和推动,使得美国先于法国和德国完成工业化,并超越英国成为世界工业强国。

工业化的全球扩散 到19世纪中叶,西欧以及北美的工业化进程已经步入正轨,工业化的浪潮随之消退。但工业化的发展及其带来的经济的发展,开始博得了俄国和日本的关注,两国在19世纪70年代也开始了工业化的进程。但是这两个国家都是由政府出资进行工业化的,因此,面对西欧和北美的各种压力具备了一定的抵御能力。

俄国的工业化是在沙皇专制制度和封建农奴制度的统治下展开的,其工业革命的资本主要是来自于商业利润和对"边疆殖民地"人民的掠夺以及政府的税收。工业化首先从铁路部门开始。1860年,俄国的铁路不到1 100公里,到了1900年,铁路全长已经超过了58 000公里。其中最著名的是跨西伯利亚铁路,连接莫斯科和太平洋沿岸的海参崴,全长9 000公里。铁路的发展自然为能源和钢铁行业的发展提供了便利。到1900年,俄国向世界提供了一半以上的石油,钢的产量也居世界第四位。同时,政府对武器的需求还支撑着军火工业的蓬勃发展。但是,俄国发展的不平衡和资本的有机构成低以及技术落后等因素严重影响了其工业化的进程,使其工业化在广度和深度上都不及西欧和北美。

日本的工业化也是在统治者的推动下进行的。政府聘请外国技术人员对本国的造船、铸铁等行业进行改造，并建立了新式企业，兴办大学学习先进的技术。除此之外，政府还修筑铁路、开采煤矿、组织成立银行系统、建立机器工业制造船只、生产丝绸和棉花。后来当这些企业可以独立运行的时候，政府再将其卖给私人，从而建立起庞大的工业帝国。到 1909 年，在政府的支持下，高效管理的大型企业如雨后春笋般涌现出来，日本也成为亚洲工业化效果最好的国家，在此后一直保持着强劲的发展势头。

2. 殖民帝国：英国

18 世纪末期英国工业革命的发生，被认为是人类从农业文明向工业文明的转折。工业文明的典型特征是机器在生产劳动领域的广泛使用。英国在 18 世纪下半叶和 19 世纪中叶将近 100 年的时间里，完成了手工生产向机器生产的过渡，率先迈进工业文明，并逐渐发展成为“日不落帝国”。但是，随着 19 世纪末期新的工业革命浪潮的开始，老牌的殖民帝国遭遇到强大的挑战，经济的缓慢发展令其日益失去日不落帝国的地位，但是它仍然是世界上最大的殖民帝国，其在世界工业文明体系中的地位不可忽视。

英国的工业革命　英国工业革命最初只是在局部缓慢进行，后来才出现大范围的强势发展。其实，工业革命发生之前的很长一段时间里，在西欧范围内孕育的变革已经预示着这场革命将在英国爆发。

社会大变革的先导是英国在 15，16 世纪进行的农村资本主义改革，如“圈地运动”就使得英国的农业经济比欧洲任何国家更具商品化、市场化的性质，也改变了英国农村落后的面貌，瓦解了腐朽的封建生产关系。再后来是政治力量的支撑，“光荣革命”废除了王室的专制制度，此时的政府实际上成了资产阶级的“代理人”。而经历了资产阶级革命后的英国政府，一方面致力于维护国内的统一和稳定，商业上继续推行传统的重商主义政策；同时，继续扩大海外殖民扩张的范围，并参与欧洲大陆的争霸。殖民地的开拓，不仅为英国经济的发展和扩张创造了有利的国际市场，还直接为工业革命的开展积累了大量的资金。

另外，推动英国工业革命的强大力量还包括商业的繁荣和交通运输业的发展，工业革命往往与商业革命相伴而行。广袤的殖民地和海上霸权的地位为其商业发展提供了强劲动力，而且此时英国在远洋航运领域的劳动分工已经很发达。而国内市场也极为活跃，为了满足国内市场的需求，国内的运输业飞速发展，运输条件也不断改善。陆路运输、河流运输和运河交织的内河航运以及近海航运、远洋航运环环紧扣，组成了一个巨大稠密的交通网络，为英国经济的飞跃夯牢了基础。而英国相对发达的手工业，生产中精细的劳动分工以及工厂里生产实践中的技术革新和技术革命，再加上技术纯熟的工人，这些都为机器的使用创造了条件。正是在这些条件的孕育下，英国开始了工业革命。

工业革命的先锋出现在棉纺织业，虽然其发展历史算不上悠久，资金的力量也不见雄厚，但是它有不可比拟的优势。其一，发展起点比较高，其经验和技术可利用，这就为机械化的过渡打下了基础；其二，此乃新的生产部门，没有太多的陈规陋习，从而提供了更为广阔的发展空间；其三，棉布的销路非常好，利润比较丰厚，为棉纺织业的兴盛提供了契机；其四，它是个轻工业部门，具有短期获利的优点，这也是资本家最乐于见到的。以此为基础，工业革命的先声就在棉纺织业中出现了。到18 世纪末，机械化生产已在棉纺织业部门基本实现了。据统计，1790 年至 1820 年的 30 年间，英国进口的棉花增加了将近 5 倍，棉花加工业的产值也升为英国工业总产值的首位。

工业革命的重心是蒸汽机和冶金技术的使用。1765 年瓦特发明了新式的蒸汽机，解决了原来受自然限制的水力驱动机和机器零件笨重、造价昂贵所带来的不便。瓦特蒸汽机的发明不仅对英国影响巨大，也是人类技术史上的一次飞跃。它的出现把英国的工业革命带入了一个新的阶段，成为英国大工业体系建立的助推器。

伴随着蒸汽机的发明和使用，冶金技术也随之发展起来，首先是焦炭炼铁法取代了木炭炼铁法。其次,1784 年工程师科尔特发明了“搅链和碾压法”,采用焦炭法炼出的熟铁和钢,生产效率高,生产成本低。在 18 世纪末和 19 世纪初,铁已经取代了木材成为主要的原材料。由于冶金技术的进步,使得蒸汽机以铁为主要材料,这样,其制造工艺也相对灵活和廉价。而蒸汽机在英国冶金业的广泛应用,对冶金业的发展也起到了极大的促进作用。

英国交通运输业的发展,则是出于适应工业革命的需要,而且交通运输业的发展都是以集合工业革命进程中成果的应用为基础的,如机械、煤炭、钢铁、蒸汽机等,从而推动了整个工业革命的发展达到顶峰。1767 年,铁轨开始取代木轨。1814 年,英国人史蒂芬逊成功地将蒸汽机应用于机车,制造了世界上第一台蒸汽机车。1820 年,质地更加坚硬的铁轨问世。1825 年,英国建成了世界上第一条铁路,从而开拓了陆地交通运输的新局面,人类从此进入了“铁路时代”。1829 年,连接英国两个重要城市曼彻斯特和利物浦的铁路通车,牵引机车采用史蒂芬逊设计的火车头“火箭号”,时速达到 29 公里。此时,英国掀起了修建铁路的狂潮。同样由于蒸汽机车的使用,1807 年,美国人富尔顿发明了蒸汽汽船;英国人紧随其后,1811 年,也造出了汽船。工业革命中交通运输业的飞速发展打破了整个世界闭塞、孤立的经济结构。

工业文明的到来 英国在 19 世纪中期进入工业革命的完成阶段,步入了工业文明的时代,亦即“机器的时代”。其带来的影响几乎渗透到英国社会的每一个角落,工业文明不仅改变了生产方式、生活方式和自然环境,而且在国家、民族、社会关系以及精神和思想等领域都引发了不同程度的变化。

首先,英国的经济布局发生了变化。之前,英国的经济布局极不合理,东南部地区是政治、经济、文化的中心,商业比较活跃,资金也充足,自然地理环境也较好,大多数手工业也都集中于此。西北部和苏格兰地区主要经营畜牧业,相对比较落后。工业革命之后,西北部的煤炭资源得到有效开发,大多数英国新兴的工业都在此发展起来,也因此出现了一些新型的工业化城市,如伯明翰、曼彻斯特等。英国的工业和经济的重心,开始从东南向西部转移,人口也随着经济中心的转移，开始随之移动。1750 年，伯明翰周边的郡人口为28.5 万，到1801 年已经达到44.7 万。曼彻斯特的人口也在1773 年至 1801 年增加了两倍。由此带来了经济的全面繁荣，商业、交通运输业、城市建筑、医疗卫生都有了快速发展。经济布局的变化，有助于整个国民经济协调、健康的发展。

工业革命期间，产业结构也出现了极大变化，这也是生产力提高的主要标志。工业革命之前，农业占有很大的比重；而随着工业革命的发展，工业和服务业的比重不断增加，慢慢成为英国经济新的增长点。1801 年英国农业雇佣人口是 170 万，当时的工业雇佣人口是 140 万；但到工业革命之后，英国工业雇佣人口达到 330 万。工业革命也使得劳动分工更为细化，工业企业内部组织发展更为完善，日趋摆脱了同商业资本主义的联系而走向独立。企业规模扩大，岗位增多，同时各类行政人员也越来越多，这些都使社会对服务业从业人员的需求不断扩大。此后，经济的繁荣和社会财富的增加基本上倚赖工业和服务业，这种变化对于英国经济持久的发展具有很大影响。

工业革命还引起了城市化和工厂制度的建立。工业革命把大部分处于隔绝地区的人集中在城市和城镇，从事社会化大生产，建立起共同的经济生活、社会交往和政治文化关系。我们可以通过数字来了解英国的城市化进程。1751 年至 1780 年，英国离开农业的人口为75 000人，1781 年至1790 年上升到78 000人，1811 年至 1820 年为214 000人。直到 19 世纪中叶，英国彻底改变了城乡人口比重。同时，英国城市的规模也居世界前列，人口达到 10 万的城市已有 10 个之多。城市化的发展也改变了城市的面貌，人们开始美化城市中心区域，路政也得到改善，街道有了照明，成立了消防救火组织等。但是总体看来，一些地区还是存在工业化的速度过快、城市缺少整体规划、布局零乱等问题。在城市交通、城市卫生、工业垃圾处理、供水等方面都出现了问题，造成了严重的城市污染。同时，快速的工业化还带来了严重的贫富分化，城市的一边干净整洁，居住在那里的人锦衣玉食；另一边则是肮脏混乱，居民食不果腹。19 世纪中期，工业革命中得到长足发展的工厂制度，也是以对工人的残酷剥削和伤害为基础的。虽然工业化成就巨大，但是一些手工工场、家庭作坊并没有彻底消失，反而不断扩大，出现了家庭作业的新形式——发包制。这说明当时的生产力发展不平衡，机械化在一些传统的企业难以实现。

英国社会的阶级结构也随着工业革命的发展发生了变化。工业社会之前是典型的农业社会结构特征，以农业和农村人口为主，而且是以财富和职业划分阶级结构。工业革命改变了这种结构，工业化和城市化促进了新的社会结构的形成，如出现了企业主阶层。19 世纪的工业家、实业家，大都来自于原来的手工工场主、商人、地主乡绅等社会阶层。随着机器大工业的发展，许多新兴的产业出现，吸引着很多人去淘金，成功者跻身上层社会，失败者沦为工人，以此带来了英国典型的社会结构的变化——旧中间阶层的分化。这些新兴的工业家不仅在经济特征上有所变化，而且在社会特征上也与以前不同。他们开始在职能和地位上区别于工人、商人、金融家阶层，摆脱了对商人和金融家的依赖，获得了同等的社会地位，成为独立的社会阶级。

19 世纪中期，英国民族资本的构成也发生变化，工业革命后铁路、工业、商业等资本逐渐超过传统的产业，趋于主导地位。以此导致统治阶级内部的阶层、成员力量发生变化，自由资产阶级开始壮大，土地贵族逐渐衰落。同时，工业革命还增强了工人阶级的力量，尽管其队伍十分杂乱，但是其斗争矛头一致对准经济剥削和政治压迫，他们开始在经济和政治上提出更多的要求。

英国的社会改良和世界性霸权地位的确立　随着队伍的不断壮大，英国资产阶级开始与封建残余势力展开不懈斗争，这些新兴的工厂主为了增强财力，要求放宽航海条例、降低关税，从而实现自由贸易；为更好地促进经济发展，要求改善外部环境如打击教会势力，对天主教实行宽容政策；为了维持社会稳定，还需要强化国家机器。其中，最为迫切的是，改革腐朽的议会下院选举制度。

在工人和下层人民起义以及国内矛盾的双重压力下，19 世纪 30 年代的议会改革拉开了序幕。辉格党人利用当时全国各地城乡因议案问题而引发的骚乱，逼迫英国国王和上议院做出让步，在 1832

年4月通过了议会选举改革方案。新的法案有了很大的进步，选举的资格被简化，选民的总数也在增加，原来英国的选民只有50万人，现在增加了30万人；重新调整了下院议席、选举名额和选区的设置，给新兴的工业城市以更多的席位。但是新的选举法仍带有很强的保守性，首先，选举区的设置并不是以选民的人数基本相同为基础，虽然每个议员代表的选民人数不同，但是选民的权利是相同的。其次，选举的资格仍有很大的限制，尤其是对财产的限制。如城镇的选民每年至少要交房租10英镑，才可以获得选举权。这样一来，不管是城市还是乡村，拥有选举权的都是富裕的商人、工厂主、大小乡绅、医生、律师等有财产的人们，广大的社会中下层人民和穷人则被排除在外。但这次议会改革还是影响深远，推动了英国的议会制度朝着民主的方向迈进，为实现社会变革提供了合法的渠道。

英国议会改革极大地提高了资产阶级实业家的地位。改革之后，英国议会政党经过重新的分化和组合，开始了两党轮流执政的时代。1835年，根据"城市自治机构条例"，英国开始了城市地方政府的改革，革除了城市地方政府中的封建残余，建立起城市行政机构。地方的民主化，促进了城市建设，可及时、有效地解决由于工业化带来的一系列问题。1836年，议会下院允许媒体参与议会和议员的活动，比如投票表决等。这是英国政治公开化和透明化的开端，从而使得政府的活动得到有效监督和纠正。

1867年英国议会又进行了第二次改革，部分城市工人获得了选举权。经过1886年的第三次改革，全国60%的成年男性公民都获得了选举权，工人阶级利用不断增长的权利开始逐步改善自己的生活。

工业社会之后，英国形成了社会福利制度，这也是工业文明的一大成果。早在17,18世纪，英国就产生了社会福利相关法条，如1601年伊丽莎白一世时的《济贫法》，1782年的《吉尔伯特法》，1795年流行的"斯皮纳姆兰制"。早期的法条较为零散，而且这些法案的济贫措施随着工业化社会的建立，其作用日益减弱。随着多起贫民破坏济贫院事件的发生，在镇压之余英国政府也意识到要建立适应于工业化的社会福利和保障制度，这样可以给广大下层人民以保障,对整个资本主义工业的发展更为有利。这种工业社会的社会福利制度首先是从工厂立法开始的。1802 年,在罗伯特·皮尔男爵的倡导下,英国通过了第一部工厂法。虽然法案存在许多不足之处,而且仅限于在大工厂中使用,但仍然首创了近代化的工厂监督制,对工人的福利各方面起到了一定的保护作用。1824 年,英国废除了禁止工人结社的法律,于是工人可以公开结社,工人开始为自己的权利进行斗争。1834 年,英国政府颁布《济贫法修正案》,史称"新济贫法"。它剔除了原有法案的弊端,如管理不善、院外救济等。但是新的法案打上了资产阶级自由主义经济和工业化的烙印,认为济贫是消极的,贫困的人越多最终会毁了社会的福利。接着又通过一些法案如《矿井法》《工厂法》《十小时工作制法》《公共卫生法》。伴随着 19 世纪 70 年代到 20 世纪福利改革浪潮的高涨,进入 20 世纪下半叶,英国成了实行"全面保障、全民保障"的"福利国家"。

在工业革命之前,英国资本主义就已开始向外扩张,但那是以船坚炮利为基础的。工业革命之后,其资本主义扩张便是凭借着世界工业的垄断地位,逐渐成为世界工厂和商业强国。表 16－3 充分反映了英国强大的商业地位。

表 16－3　国际贸易划分(百分比)

年份	英国	法国	德国	欧洲其他地区	美国	世界其他地区
1780	12	12	11	39	2	24
1800	33	9	10	25	6	17
1820	27	9	11	29	5	19
1840	25	11	8	30	6	20
1860	25	11	9	24	9	22

英国工业的强大同样在外贸结构中得以反映。1854 年至 1856 年,英国出口贸易中,工业制造品占 85%,食品和一些原材料分别占 7%和 8%。在同一时期的进口贸易中,正好与之相反,原材料和食品占大多数。英国的贸易伙伴除欧洲和美洲外,还包括大量殖民

地。英国进口的物品来自世界各地,如美洲的玉米、澳大利亚和阿根廷的肉、丹麦的乳制品等,由此可见海外市场对英国的重要性。英国的经济也成为一种外向型经济,严重地依赖国际市场。

此外,英国在殖民地的问题上逐渐改变了以往的掠夺政策,变为占领土地和对外移民。1834 年,英国宣布废除奴隶制。19 世纪 60 年代后期,由于在南部非洲发现了钻石和金矿,英国开始了大规模的移民。澳大利亚和新西兰沦为英国殖民地后,当地的英国移民又开始增加。19 世纪上半叶,英国先后占领了香港、新加坡。1857 年,印度也成为其直辖殖民地。而在北美,英国又占领了加拿大。此时的英国俨然成了“日不落帝国”。

殖民帝国的形成 19 世纪中叶,英国“世界工厂”的地位无以撼动,但进入 70 年代,特别是第二次工业革命的爆发,使得英帝国遭遇多方挑战,国际地位不断下滑。首先其自身经济出现发展缓慢的状况。英国的工业部门中,纺织、食品等传统工业依然占有主导地位,但是其设备陈旧、技术停滞、产量锐减等问题都严重影响了工业的发展。而且重工业发展也较之前速度放缓。另外,农牧业的停滞和困难使已经出现困难的英国经济雪上加霜。19 世纪 70 年代,由于一系列天灾的影响,谷物产量减少。交通运输业的发展给英国带来了国外的农作物,造成本国农产品销量锐减。农业在国民经济中的占比由 1860 年的 20% 下降至 19 世纪 90 年代的 8.9%。此时的畜牧业也由于惨遭连年瘟疫和旱灾,产量大幅下降,发展也处于停滞状态。

此时垄断资本开始出现,但英国本土的资本集中程度和垄断组织的形成过程与殖民地建立的垄断组织相比,要缓慢得多,而且发展也极不平衡。如在煤炭和冶铁工业中,垄断的程度远低于美、德。就这样,英国凭借着纺织工业和机械制造业而成为“世界工厂”的地位到 19 世纪末期已经丧失。与工业资本主义发展相反的是银行资本的发展,因为一直是商业金融的中心,所以英国的银行业一向很发达。但是与其他国家的银行不同,在英国以商业银行为主,办理的业务都与外贸、投资等相关。正因为如此,英国商业与对外贸易的发展、资本输出的增长和殖民地扩张都是联系在一起的。在 19 世纪末期，资本输出开始取代商品输出，而英国由于在19世纪中叶就完成了工业革命，积累了大量资本，因此成了最早的资本输出国。其资本主要输往海外殖民地和半殖民地，尤其是在亚洲的印度，进行了大规模的铁路投资，从而控制了印度的工矿和种植业。此外还组建了英荷石油公司和英伊石油公司，垄断了亚洲市场。在美洲，美国的多数投资都来自于英国，主要分布在铁路、采矿等行业。

资本的输出刺激了英国银行业的发展，19世纪末英国在海外设立了很多银行，特别是殖民地银行的设立，使得英国更易于控制当地的金融、外汇市场和进出口贸易。同样，资本输出也给英国的资产阶级和国家带来了实惠，使其便于平衡外贸中的逆差。但是这种资本的大量输出也影响了国内的投资，使得国内的新兴产业无法获得充足的资金保障。

到19世纪70年代，整个资本主义世界掀起了瓜分世界的狂潮，英国成了最先的发动者和最大的获利者。到1876年，英国拥有的海外殖民地领土面积为2 250万平方公里，人口达2.52亿；到1914年，殖民地人口达到4亿。英国国土的面积只有24.4万平方公里，仅占其殖民地面积的1/92。到19世纪末期，英国成了世界上拥有殖民地最多的国家。正是因为拥有遍及世界的殖民地，使英国获得了“日不落帝国”的称号。也因为殖民地在英国发展中的重要作用，英国也可以称之为“殖民帝国主义”。

3. 北美和南美洲国家

18世纪末19世纪初，美洲的大部分地区都摆脱了英国的统治，获得了独立。这一时期，美国成为西半球最强大的国家，而且控制着北美的大部分地区。加拿大加入了英联邦，而南美地区则建立起由地方军事领导人统治的国家。但由于社会、经济和文化背景的巨大差异，美洲国家希望建立一个平等、自由宪政的政府的愿望只获得了部分实现。同时，整个美洲的独立伴随着大规模的移民展开，而且在建国的过程中国内经济萧条以及内战如影随形。最终，这些地区通过自身的努力建立了国家制度，体验了经济的繁荣，获得了文化的勃兴。虽然有些政治问题和社会问题没有得到彻底解决，但是整个美洲仍然在新的环境中获得了新的发展。

北美国家的建立和经济文化的发展 美国在独立以后，开始向西部迅速扩张，大约在短短的50年间就几乎把北美气候条件较好的地区都纳入了自己的版图。但是由于美国的版图太大，地区差异明显，造成经济和社会方面也差异巨大，所以建国初期的美国社会极不稳定，以至于后期爆发了内战，最终废除了奴隶制。

加拿大 加拿大的自治是没有经历硝烟的独立，它通过和英国政府达成协议获得了独立，虽然各地区之间分歧严重，但这并没有引起流血冲突。独立的过程也并非一帆风顺，但是直到19世纪晚期，除了对美国的扩张略感恐慌之外，加拿大人还是能基本把握自己的命运。

最初来到加拿大的移民大多是英裔和法裔，一般说来，种族的隔离及政治上的差异通常会导致四分五裂。但恰恰相反的是，1812年击败美国的战争提高了加拿大人的民族自豪感，共同的反美目标消弭了英裔和法裔加拿大人的民族隔阂，促使他们联合起来一致反抗外来的威胁。另一方面，美国的西进运动和内战也促进了加拿大的政治自治。对于美国扩张的恐惧令英国同意了加拿大的独立，1867年通过的《不列颠北美法案》将多地合并成为加拿大的自治领地。政府当局还扩大了加拿大的自治权，同意各省有处理自己内部事务的权利。同时规定，联邦政府由英国任命的总督领导。选举产生的众议院与委任的参议院共同处理国家大事。省级的立法机关保留了处理本省某些政治事务的权力，其他事项则交由联邦政府处理。就这样，加拿大没有经过战争就赢得了国内事务的管辖权，但是外交权则一直到1931年才获得。

为加强国内的统一，加拿大开始修筑铁路，1885年完成了跨大陆铁路的建设，建立起更为便利的交通网络。而且自治领地还有新成员加入，如纽芬兰。这些自治领地都为加拿大的统一奠定了基础，加拿大逐渐形成为一个政治统一、经济稳步发展、文化多元的民族。

政治上的统一有利于经济的发展，与美国类似，英国资本也在加拿大开展投资。加拿大人借机利用英国的投资开始本国的工业化，同时小心翼翼地避免受到英国的控制。自治领地建立后，加拿大政府制订了经济计划以吸引移民，利用关税保护新兴工业，建构国家交通系统。最引人注目的是横贯大陆的加拿大太平洋铁路的建成，有利于开拓新的商机。但是经济政策造成了与当地土著民的冲突，不过这并没有影响加拿大的经济增长和独立。

但是美国对加拿大经济的影响巨大，1918 年美国已经拥有全加拿大工业的 30%，加拿大的经济与美国经济开始紧密相连。到 19 世纪末 20 世纪初，加拿大的农业、矿业、工业都得到了极大的发展，移民和居民人口也在增长。正是因为人口的增长，加拿大丰富的自然资源才能获得有效的开发。20 世纪以后，加拿大迅速融入了工业化的进程。

加拿大的人口很多来自英国和法国，这也影响了加拿大政治和文化的发展。文化和民族的差异，使得在加拿大成长起一种整合文化。19 世纪 30 年代，美国大量的黑人逃到加拿大，中国移民因淘金热也来到加拿大。19 世纪末 20 世纪初，一股更大规模的移民浪潮令加拿大的种族更加多样性，其文化也更加多元化。尽管人口很多，但是起主要作用的还是英国移民和法国移民，因此加拿大的矛盾斗争也基本上是这两者的斗争。冲突最频繁的时期在 19 世纪 70 至80 年代，主要是英国移民和法国移民生下的混血一代与土著居民为了保护各自的土地和商贸权利而进行的斗争。19 世纪 80 年代，加拿大太平洋铁路的修建更加重了白人对于土著居民的压迫。1885 年，混血人瑞尔组织了一场混血阶层和土著民族的武装起义，但很快被军方镇压，瑞尔也被处死。事件震惊了整个加拿大社会，法裔的加拿大人认为这是镇压土著人的标志。土著在文化上仍保持独树一帜，政治上依然反对英裔和法裔加拿大人。从某种意义上说，加拿大建立起了民族大团结，但是英裔和法裔以及土著人文化上的冲突并不是那么容易就消失。

拉美国家的建立和发展　在拉丁美洲，政治上的统一是短暂的，被誉为拉丁美洲的解放者的玻利瓦尔，曾经想建立一个统一的庞大的联邦帝国，以抵御外国的侵犯，他领导的独立战争的确也促

进了拉美的团结。然而这种团结也只是存在于战争当中，一旦战争结束，这种团结很快就会瓦解，拉丁美洲分裂成了许多独立的国家。独立以后的拉美各国（巴西除外）表面上都建立起了共和政府，但实际上并没有真正实现资产阶级民主，广大的平民、黑人、印第安人没有权利同时还遭到压迫。因此，各国几乎同时出现了考迪罗制，它是一种军事独裁制度，实质就是独立后各国地主阶级借以维护其统治的工具。考迪罗拥有无限的权力，他们可以任意修改和终止宪法，可以随意没收人民的财产，甚至还抢劫国库，这就导致了叛乱的频繁发生。其中，墨西哥在 24 年内发生了 250 次叛乱，换了 31 个总统；玻利维亚在独立后的 70 年中发生了 60 次暴乱和政变。但是每次政变并没能缓和矛盾，反而使之变本加厉。并且，考迪罗常常为了维护自己的统治地位，出卖国家的主权和利益以换取欧洲和美国的钱财，从而为外国资本的渗透和政治干涉提供了便利。

墨西哥独立后，首先宣布建立的政体是共和国，但共和制一度有名无实，19 世纪多次出现的考迪罗制度即是其表现。后来发生了一系列的自由主义改革运动，使民主共和制在墨西哥扎下根来。独立以后的墨西哥也遭到英美等帝国主义国家的干涉，他们通过不平等条约控制着墨西哥的经济和政治，令墨西哥陷入亡国危机。国难当头，保守派却屈膝媚外引起人们的不满。于是，从 19 世纪 50 年代中期开始，自由派的领导人胡亚雷斯开始了墨西哥的革新运动。

1854 年至 1855 年，颁布了《胡亚雷斯法》，废除了天主教会和军队特设的法庭，取消军人和教士不受普通法院组织和司法审判的特权，确立起法律面前一律平等的原则。1857 年，墨西哥制宪会议通过新宪法，规定了政教分离，重申了共和联邦、代议制民主以及公民自由权利和私有财产不可侵犯的原则。保守派为反对新宪法，策动政变推翻自由党派政府，建立了保守党派政府，与自由党派对峙。革新运动沉重打击了封建势力和教会特权，抵制了外来的民族压迫，改善了人民的处境。它其实也是一次资产阶级革命，成为 19 世纪拉丁美洲寻求国家独立的典范。但是它仍然存在着一定的局限性，对内没有改变大土地所有制和大庄园制度，对外仍然没有摆脱帝国主义的经济控制。

19世纪的拉美充满着分裂、起义、考迪罗统治、内战与混乱。没有教育，没有政治权利，没有工作，如玻利瓦尔所言，“独立是唯一的赐福，要以其他一切为代价”。

独立以后的拉丁美洲经济依然落后，而且都是依附型经济。拉丁美洲也未能成功实现经济的工业化，当时的统治者试图进行工业化但成效甚微。拉丁美洲也没有经历美国和加拿大那样的经济发展，因为独立前其经济长期被西班牙和葡萄牙所掌控，而且独立后的经济仍然被城市商人和大地主所掌控。而对美国和加拿大有利的贸易和外国投资给拉丁美洲的经济带来的反而是破坏作用。

拉丁美洲市场狭小，减弱了外国的投资，但并不意味着完全没有市场，英美资本仍然渗透到拉丁美洲。英国对拉美的渗透主要是通过贷款、投资、获得特权、控制对外贸易来实现。1826年到1850年，英国对拉美的贷款和投资总额达到1亿美元。英国还逼迫拉美人签订了一系列有利于英国的协约，还在拉美保留自己的军舰，以保护英国商人的利益。1850年后，英国扩大在拉美的投资，建造了铁路、港口、开辟轮船航线，利用廉价的劳动力获取巴西的棉花、阿根廷的肉类和谷物及墨西哥的银矿。到1870年，英国成为拉美最大的投资国。

与此同时，美国也开始把目光投向拉美地区。1823年《门罗宣言》的发表，是美国政府企图把拉美划为自己势力范围的宣言书。除了英美，欧洲其他列强也没有放弃对拉美的侵略和殖民占领。1838年至1840年，法国军舰侵入拉普拉塔河地区；1845年至1849年，英法军舰入侵拉普拉塔河地区。19世纪60年代，西班牙向秘鲁开战。英美等国通过对拉美经济的渗透，将其纳入了资本主义体系，使其成为欧美的原料供应地和商品销售市场。

虽然国民经济大部分为英国所控制，但是拉美经济在19世纪后半期还是呈现出飞速发展的态势，比如墨西哥的铜和银、巴西香蕉的大规模出口，形成了单一的出口型经济。但是拉美工业和出口都控制在外国人手里，这也是与北美经济的区别。

19世纪大规模的移民给拉美带来了多样性的文化，一些劳工从亚洲来到秘鲁、巴西、古巴和加勒比其他地区，带来了本土的文化。

西班牙和葡萄牙殖民主义的统治和奴隶制的遗存预示着拉丁美洲将建立起种族和肤色的等级制社会。独立后的各个国家都坚守着种族隔离,限制着土著民族、非洲人和混血阶层的权利。拉美人寻求文化认同时总是把自己看作是欧洲人的后裔,仍然深受启蒙主义思想的影响。到19世纪晚期,拉丁美洲社会的核心特征是男权统治,大男子主义的极端价值观盛行,这比美国和加拿大更明显。妇女地位低下,时常遭受粗暴的对待,一些妇女虽然对此不满,但是拉美并没有爆发大规模的妇女运动。直至19世纪中叶,青年女性获得了受教育的权利。到19世纪晚期,大多数的女性都能得到正规的教育,妇女也开始担任一些职务。

4. 美国的发展与扩张

美国内战与工业资本主义的胜利 美国在独立战争之后,东北部的工业资本主义兴起,并获得长足发展。南部仍然是广大的种植园经济,是一个以种植业经营为主的农业社会。但是随着南北战争后北方工业资本主义的胜利,工业化的深入和扩展铸造了一个无比强大的民主国家——美利坚合众国。

美国的工业革命先是从东北部开始的,杰斐逊的禁运和1812年的英美战争是美国从商业资本主义到工业资本主义过渡的关键。美国在战争中海运业遭到打击,制造业反而因祸得福,获得了发展动力,尤其是棉纺织业和金属制造业。美国政府颁布了《1816年关税法案》,有效地保护了美国新兴工业的发展。美国总统还签署了建立银行的法令,稳定了美国的货币。欧洲的移民不断涌入美国,带来了人口的增长,而美国城市化的过程也扩大了国内市场。这些条件有力地推动了美国东北部地区的工业革命。

与此同时,美国开始进行西进运动。法国先是将阿巴拉契亚山与密西西比河之间的所有土地让给了新的合众国,接着又允许其购买路易斯安那,这使美国的国土面积顿时翻了两番。此外,由于西部广袤的资源尚待开发,越来越多的人热衷于对西部的开垦,到19世纪40年代,美国已经拥有了从大西洋到太平洋的北美广大地区。

西进运动增加了美国领土，但也引发了定居者、政府同土著民之间的矛盾和冲突，最残酷的一次斗争发生在1890年，在南达科塔州的伤膝溪。这里的苏族人有种舞蹈叫鬼魂舞，它表达了对于来世的希冀，那就是白种人统统消失。这令美国人感到恐惧，于是下令禁止这种宗教仪式。他们开始追杀苏族人，包括妇女和儿童，这里成了美国人残暴对待土著居民的标志之地。

西进运动也造成美国和墨西哥关系紧张，理应属于墨西哥的德克萨斯州、加利福尼亚州和新墨西哥州都先后成了美国的领土。西进运动过程中，美国对印第安人进行了大规模的驱逐，迫使他们离开自己的家园。他们被剥夺了其土著自治权，强迫接受白种人的生活方式。这一切将土著原始文化摧毁殆尽。除此之外，美国政府还断绝了印第安人和其他社区文化之间的联系。

正当人们享受着西进运动带来的硕大成果之际，新合众国内部正酝酿着一场战争。西部扩张之后，南北社会对西部开拓展开争夺，尤其是在新的土地上能否蓄奴的分歧，使得原有的关于奴隶制的矛盾进一步激化。美国的工业革命最先在东北部地区进行，同殖民地时期相比，当地的社会面貌发生了很大的变化，代表了美国最先进的生产方式。南方人的处境就大不相同，他们以种植园经济为主，虽然同意自由贸易，却负担不起高额的关税。并且南方的种植园经济以奴隶制为基础，这不仅引起黑人奴隶的反抗，而且遭到进步人士及舆论的谴责。南方和北方都准备向西部地区推进时，北方资本家和南方种植园主的经济政治冲突不断加剧，终于在1854年，美国国会通过了《堪萨斯—内布拉斯加法案》，规定由该州居民投票决定究竟是加入自由州还是蓄奴州。该法案的通过激起了南方的怒火，奴隶主企图用武力强行冲进堪萨斯，建立奴隶制。而北方也不甘示弱，他们武装起来，痛快地回击奴隶主。堪萨斯事件表明，两种制度的矛盾已发展为武装冲突，也标志着美国内战的开始。

1860年，来自废奴区的亚伯拉罕·林肯当选为总统，这一事件成了南北战争的导火线。废除奴隶制度是这场斗争的核心，斗争的双方是代表种植园经济的南部和代表工商业经济的北部。战争的前半段一直呈僵持的状态，直到1863年，林肯签订了《解放黑人奴隶宣言》,使废除奴隶制成为战争的目标,才打破了僵持的局面。战争最后以北方的胜利而结束,废除了奴隶制度,保证了美国的统一。

内战废除了奴隶制,但是黑人的权利并没有得到改善。虽然在最初政府给予奴隶公民权,给男性黑人选举权,获得自由的奴隶也开始积极参加到社会政治活动中,但是在重建时期,白人把此前赋予黑人的公民权又轻易地夺走了,而且还在南方建立了种族隔离社会,剥夺美裔非洲人的教育、政治、经济等权利。

值得一提的是,在内战时期,女权运动获得了发展。女性开始追求和男人平等的权利,新的教育制度与工作机会也为妇女提供了除了婚姻家庭生活之外的更广阔的空间。这时的妇女还会追求自我的价值,甚至开始追求政治权利。但是直至20世纪初,妇女才有相对平等的政治和经济权利。

转变的时代 在内战结束和重建结束以后,美国进入了"大转变"的时代,这时期工业化飞速发展,城市化大大加速,自由资本主义开始向垄断资本主义过渡。美国基本上实现了从农业国到工业国、从自由资本主义到垄断资本主义的转变。这种转变得益于美国独特的有利条件。第一,南北战争的胜利为美国的工业化提供了政治上的保障;第二,内战前工业革命的成果又为内战后的工业革命提供了坚实的基础和大量的资金;第三,外来的移民提供了更多的廉价劳动力;第四,美国虽然没有像英法等有大量的殖民地,但拥有广阔的国内市场,这也是促进美国工业化和工业革命的重要因素;第五,科学技术的开拓也是新工业革命的前提;第六,一个非常重要的因素,就是美国的自然地理条件非常优越。

美国经济最开始的发展是源于英国的投资,最开始在纺织业的投资对早期美国工业化发展起了很大的作用。19世纪晚期,英国在煤矿和铁矿方面进行投资,刺激了美国经济迅速增长。英国的投资成为工业发展与地区经济独立的动力,英国也找到了资本增值的最佳地方。

促进美国经济发展的重要动因是浪潮般的移民。大量来自欧洲和亚洲的移民来到美国,19世纪50年代,美洲的欧裔就达到230万人。到20世纪初,移民仍不断涌向美国,为美国的早期工业化做出了贡献。亚洲的移民进一步充实了美国的劳动力大军，促进了美国交通运输业和交通基础设施的建设。从一开始的淘金者到19世纪中叶欧洲移民开始进入美国的工厂工作，大量移民的涌入降低了劳动力的成本，刺激了企业利润的增长，而且也促进了美国的扩张。1804年至1914年，又一次移民高潮到来，为美国又带来了新鲜的血液，使其文化呈现出多样性的色彩。但是过多的移民令美国开始感到不堪重负，使得政府开始明令禁止中国、日本等亚洲移民进入美国。

在第二次工业革命中，美国创造了大量的科技实用型成果，1860年美国发布3.6万项专利，到1900年已经达到64万项。新的电力工业、通信工业和汽车制造业在美国也得到发展。正是这些新技术的发明和应用带动了美国整个经济的全面变革，首先表现在动力革命方面，到1890年，美国改进了的蒸汽动力占总动力的60%。进入20世纪，美国迈入了自动化时代，大生产和流水线工作日益取代了小规模的机器生产。

到19世纪晚期，美国修建了连接国内各个地区的铁路线，建立起密集的交通、运输和通信网络，这样就方便了美国对于自然资源的开采和利用，也使得各个区域的经济紧密地联系起来。内战之前，美国的铁路线总长大约5万公里，到20世纪初，铁路总长已超过32万公里。铁路的发展影响着美国经济的发展，铁路不仅能够运输各种农产品和工业品，也可以运送旅客。除了提供运输服务，因为铁路的修建需要煤炭、木材、玻璃灯，从而带动了下游行业的发展。19世纪末期，美国75%的钢产量都供给了铁路行业。另外，铁路的建设和管理需要大型的企业进行组织和协调，这就促进了新的管理技术的发展，为美国大型企业的建立和管理奠定了基础。19世纪80年代，宾夕法尼亚铁路公司的员工达到了5万人。与此同时，铁路还使得人们在利用时间和空间的方式上有了很大的转变，也改变了美国人的时间观念。为了解决不同地区的不同时间所引起的误差，美国铁路公司把北美大陆划分为4个时区，每个时区内列车跨越时区运行的时间都是相等的。1918年，美国政府以法律的形式确认这4个时区的时间同时为政府时间。随着铁路的发展，美国经济在19世纪末期实现了巨大的飞跃,并继续保持着强劲的发展势头。

工业的迅速发展也带来了美国城市的发展和城市化的兴起。1790年,第一次人口普查时,生活在城市里的人口占3.35%,大约到了1870年时就已经达到30%。随着城市人口的增加,城市亦不断发展,1861年,8 000人以上的城市有141个,1900年达到547个。中西部地区城市的发展最为迅速,因为它们更接近原料、销售和劳动力市场。但是城市的发展也存在着发展不平衡的特点,各地区的城市化差异很大。整体上是东部地区比较发达,中西部发展起步较晚,但是起点高,发展快。据官方统计,到1860年,美国的东北部城市人口占该地区总人口的比例是35.7%,南部地区为9.6%,西部地区为16%;而到1900年,三大区域分别为66.1%,18%和39.9%。

美国工业在内战之后进入了快速发展时期,到19世纪中后期,工业生产总值增长了12倍,工业品价格在1865年至1900年增长了500%。在工业革命的推动下,新兴的工业部门不断涌现并逐渐占据了主要地位,纺织等传统工业的产值也在改造后有了增长。新的工业化浪潮在19世纪下半叶开始席卷美国,令美国的工业中心从新英格兰地区移向南部和中西部。中西部利用其优越的原材料的优势大力发展粮食、肉类加工、钢铁冶炼等新兴工业。新的工业中心的转移,工业化的全面进行,使得完整的新的工业体系得以形成,美国逐渐确立了其世界工业强国的地位。1890年,美国工业产值开始超过农业产值占据主导地位;19世纪末,美国的生产总值已达到195亿美元,取代了英国成为新的"世界工厂";20世纪初,全世界几乎都能看到美国的商品。

总体上讲,19世纪末生产力高速发展,自由竞争、经济危机、股份制和股票等都为美国的经济由自由资本主义向垄断资本主义过渡提供了有利条件。美国向垄断资本主义过渡经历了四个阶段:19世纪60至70年代的萌发期,最初的形式是普尔,它是一种短期销售协定的联合制;1879年至1890年是托拉斯时期;1897年至1903年是联合与合并时期。20世纪头20年间是托拉斯的稳定发展阶段。在垄断资本主义发展的同时,工业资本和金融资本也开始联合和渗透。1898年,银行公司的巨头联合多家钢铁公司,收购了卡内基的钢铁公司,组建了美国历史上第一个资产超过10亿美元的摩根钢铁公司。另一个典型是洛克菲勒财团,雄厚的工业资本渗透到了银行领域。在19世纪末20世纪初,垄断经济已占据主导,成为美国全部经济生活的基础;同时垄断组织也开始遍布各个生产部门,并转向政治领域,影响到社会生活的各个方面。

但是,这次大转变在带来好处的同时,其弊端也不容忽视:经济力量的集中及垄断组织托拉斯的"肆虐",使贫困问题严重,政府腐败滋生。而且,美国的社会阶级也发生了很大的变化。首先,新兴的垄断贵族和传统权贵存在着矛盾,而且垄断组织内部也存在着矛盾和冲突。其次,金融资产阶级和农业利益集团间的矛盾也不断恶化。最后,工业资本主义下的劳资冲突严重,遍及全国。面对这些弊端,各方反应不一。值得一提的是,政治学界形成了一些新的思想,为后来的改革提供了思想基础。

美国人口来自世界各地的移民,人口的多样化带来了社会和文化的多元化。但是在美国,由于政治经济大权都掌握在欧裔男性手中,所以不同阶级为各自的政治、经济权益的斗争开始出现;与之伴生的还有妇女、移民、土著印第安人等各种问题,这些社会文化方面的冲突此起彼伏。

19世纪末,美国爆发了一场大规模的改革,这场改革波及各个领域,也包括女权运动。各种妇女组织开始出现,青年女子协会、美国妇女联合会都相继产生。市政改革的主要内容是消除贪污腐败现象,恢复城市代议政府,确立公平的税收。联邦政府改革相对于市政改革主要着眼于经济方面,主要是加强铁路管理和托拉斯立法两个方面。

对外扩张 美国在实现工业化的过程中逐步确立了世界经济强国的地位,但是伴随着国家力量强大的,却是其帝国主义外交政策的推行。其对外扩张的理论依据是马汉提出的"海权论"。1895年,古巴人民开始反抗西班牙殖民者的统治,1898年4月25日,美西战争爆发。衰落的西班牙不堪一击,美军迅速在太平洋战场上取得了胜利。12月10日,双方在巴黎签订合约,西班牙放弃殖民统治,古巴赢得了独立,西班牙以2 000万美元的价格将菲律宾转让给美国,美国据此取得了对古巴和菲律宾的控制权。

美西战争是美国第一次大规模的侵略战争,是美国实行帝国主义战争政策的起点,同时世界资本主义开始了向帝国主义的转变。获取菲律宾后,美国开始把目标转向中国,但美国对中国的贸易政策是依赖英国而形成的。随着美国工业强国地位的确立,驱使着美国为了瓜分世界的需要,开始制定独立的对华政策。就在美西战争爆发的前后,欧洲列强掀起了瓜分中国的狂潮,纷纷在中国划分自己的势力范围。美国这时陷于美西战争,无暇东顾,但是又心有不甘。于是在1899年9月,美国国务卿海约翰提出对华国际贸易原则,主张在中国享有势力范围的各大国应该一视同仁,应该将获得的中国各地通商口岸向所有贸易国开放,任何势力范围或者通商口岸不得实行贸易歧视。1900年6月,美国开始派出军队加入八国联军镇压义和团的运动。7月,美国又照会列强,重申"门户开放":"保全中国领土及其行政的完整,保护各友邦受条约与国际法所保障的一切权利,并维护各国在中国各地平等公正贸易的原则。"这便是所谓"门户开放"政策。这个政策虽主张保全中国的领土完整,但在很大程度上是从维护美国的利益出发的。

第十七章

第一次经济全球化

19 世纪 50 年代到第一次世界大战爆发前可以被视为“全球化 1.0”时期，有的学者用“早期全球化”、“第一次全球化”和“全球化第一个黄金时期”等来指称。这一时期因工业生产、通信和交通运输技术的发展，以及英国等早期工业化国家推行一系列有利于世界经济整合的经济政策，包括贸易自由化、金本位制等，世界经济呈现出一体化趋势。第二次世界大战至今再次兴起的全球化浪潮在性质上，即技术和政策推动层面上，与 19 世纪这次并无多大不同(类似于重新设计)，因此用“全球化 2.0”更能恰当勾勒这次全球化的特征。

有人认为，全球化进程早在地理大发现后就开始了。例如葡萄牙以前出版了一本书，题为《全球化 500 年——从达伽马到比尔·盖茨》。美国记者弗里德曼也出版了一本书，名为《世界是平的》，声称世界的全球化已经历了三个版本：1492—1800 年的全球化 1.0，当时的推动者是国家；1800—2000 年的全球化 2.0，公司成为此次全球化的主要推动者；2000 年至今进入全球化 3.0，主要动力来自个人。这种观点值得商榷。第二次世界大战后的历史告诉我们，构成当今全球化的一些基石——世界银行、国际货币基金组织、世界贸易组织及其规则等都是国家政府，而不是公司发起谈判形成的。本书中的“全球化”是指经济全球化，即以国家或者地区为单位，通过谈判达成协议，形成世界经济在不同程度上的一体化。此外，19 世纪中叶以前，不能说是已经全球化了，因为当时欧洲各国仍存在贸易壁垒；另一方面，世界各国的通商贸易在规模上也是不能与 19 世纪中叶以后蒸汽轮船和火车发明后的情况相比的。

19 世纪的经济全球化的发展以 1846 年英国废除贸易保护主义象征的《谷物法》为起始,各地区日益对外开放,并与世界其他地区发生更多的联系;货物、资本和人员日趋自由的流动,使世界经济日趋整合。“1913 年,整个世界的人均对外贸易额几乎比 1800 年时增加了 25 倍”①。在 19 世纪,劳动力和人口的迁徙规模甚至胜过当今,欧洲约有 6 000 万人迁徙到海外,英国包括爱尔兰约有 1 800 万人移居海外。尽管 19 世纪 70 年代和 80 年代曾出现贸易保护主义的回潮,但整体来看,世界经济是持续地趋向一体化,并在第一次世界大战前发展到顶峰。②

19 世纪很长一段时间,英国是世界最大的经济体和军事强国,其殖民地遍布五大洲,号称“日不落帝国”。19 世纪经济全球化的形成在很大程度上要归功于英国,那一时期全球经济秩序和政治格局深受英国的影响。

1. 英国在 19 世纪的突出地位

全球化是资本主义生产方式和市场经济发展的一个符合逻辑的表现或结果,在各国经济一体化的格局中,资源、劳动力和资本的配置将更为合理,发展机遇在理论上更多。因此,全球化能够促进生产力的发展和各国经济的活跃;反之,它就会停滞和倒退。在全球化的第一个黄金时期(1870—1914 年),世界贸易以年均 3.9% 的速度增长,超过了世界 GDP 年均 2.5% 的增长速度。出口在西欧国家 GDP 中所占份额从 1870 年的 13.6% 上升到 1913 年 18.3%。

在全球化中,由于贸易、资本和劳动力越来越自由地进行跨国流动,各国经济越来越朝向全球经济整合。在这个过程中,国家的

---

① 托马斯·弗里德曼. 世界是平的:一部二十一世纪简史[M]. 何帆,肖莹莹,郝正非,译. 长沙:湖南科学技术出版社,2006.

② 龙多·卡梅伦,拉里·尼尔. 世界经济简史[M]. 潘宁等,译. 上海:上海译文出版社,2009.

经济独立性逐渐瓦解或消失，一个全球经济体系逐渐形成，而个体国家的经济则成为其组成部分。经济的全球化必然会产生世界性的劳动分工和资源的再配置，使各国在全球产业链中的专业化倾向更加突出，在劳动剩余的占有上也会不同。经济的全球化可能会伴随一个或多个世界中心的出现。①全球化可以是在一个或数个经济和军事强国的主导或引导下发展的。19 世纪的全球化是在英国的引导下形成的，大英帝国也承担了维护全球秩序和"全球治理"的责任。

工业革命给欧洲国家带来了极大的技术优势和在世界各地实施强权的能力。在 19 世纪大部分时间内，作为世界头号经济体的英国最有实力和资格主导解决重大国际问题并推行一套它认为适合的全球经济和政治秩序。早在 1793 年，英国就派马戛尔尼使华，试图诱使清廷参与国际贸易体系，遭到拒绝。两次鸦片战争之后，英国强迫清帝国签订条约，打开国门，与西方建立起新的（不平等的）商贸关系。英国也通过炮舰外交和殖民统治在第三世界许多地区获得开放的市场和原料产地。18 世纪 40 年代，英国让印度实施贸易自由化。其他西方国家如荷兰也把贸易开放强加于印尼。新兴强国美国在 1858 年强迫日本从闭关锁国转向对外开放和贸易自由化。到 19 世纪中叶，世界已基本没有对西方隔绝的国家和地区。

英国相继打败西班牙和荷兰后成为世界头号海上强国。1750—1850 年，英国获得了印度、澳大利亚、加拿大、新西兰、罗得西亚、南非、香港、直布罗陀和西印度群岛等海外领土。19 世纪上半叶结束时，英国海军在世界各个海域都拥有了优势，这为它在世界推行英国国策提供了坚强的后盾，也构成"不列颠治下和平"的基石。到 20 世纪初，大英帝国的辖地总计 3 000 多万平方公里，英王爱德华七世在位时（1901—1910）统治着 4 亿多臣民。②

---

① 迪帕克·那亚尔．全球化，历史与发展：两个世纪的神话[J]．王生才，译．国家行政学院学报，2008(01)：107.

② 张丽．经济全球化的历史视角：第一次经济全球化与中国[M]．杭州：浙江大学出版社，2012.

1872 年以前,英国已是世界第一大经济体。如前所述,此后经济的全球化主要是在英国的主导下实现的。全球化意味着货物、资本和人员相对自由的跨境流动,它需要相对和平的世界秩序作为保障,因此英国对世界秩序的掌控就变得十分重要。英国在全球航运节点和军事要冲建立据点和要塞,其分布在海外的殖民地也是其在军事上掌控世界的重要基地。

看一看 19 世纪末叶的世界地图,即可发现英国是如何控制世界的。英国在世界海上交通的几乎每个枢纽和军事要冲都设有要塞炮台或据点。这些邻海的港口一般贮有蒸汽轮船和军舰所需燃料——煤炭,并有舰船维修设施。重要的据点还有相当数量的驻军,甚至皇家海军的外遣舰队。英国通过据有直布罗陀和埃及,控制着地中海的两头出口;通过在非洲南段的南非,印度洋沿岸的印度,扼守马六甲海峡的马来西亚以及香港,控制着绕道非洲,通往印度和远东的要道。

提出海权论的美国海军军官马汉(Alfred Thayer Mahan)曾经指出,谁控制了海洋,谁就控制了世界。在空中力量还未出现之前,这的确是事实。为此,英国不遗余力地建设海军。在 19 世纪初,即 1810 年,英国就拥有世界上最大规模的海军,各类战舰总数达到 398 艘。而此时,法国仅有 84 艘,西班牙 50 艘,尼德兰 23 艘。英国于 1588 年重创西班牙无敌舰队,1654 年打败荷兰,迫使其承认《航海条例》,又在 1763 年的"英法七年战争"中击败法国,赢得海上霸权。强大的皇家海军保护着英国全球游弋的商船队,反过来海外贸易又支撑着军事行动。18 世纪,英国共有8 000多艘商船游弋于全球各地从事国际贸易。到 1912 年,英国商船仍占世界商船总吨位的大约一半。①

英国依托强大的海上力量,保护和推动英国的海外贸易,进而促进本土工业的飞速发展。对此,美国史家马汉在《海权对历史的影响(1660—1783)》中做了近乎理想的总结描述。马汉认为一个国

① 龙多 · 卡梅伦,拉里 · 尼尔. 世界经济简史[M]. 潘宁等,译. 上海:上海译文出版社,2009.

家要想成为世界性的经济和军事强国，就必须拥有“海权”（sea power），即建设强大的海军，控制全球海洋，作为拓展海上商贸、攫取海外领地、获得外国市场特权的后盾。这几个方面互为推动，“扩大生产、海运、殖民地——一言以蔽之，就是扩大海权”。[①] 马汉以大量的事例论述了英国对于海洋这个世界共有的通衢大道的支配如何影响其兴衰的问题。

第一次鸦片战争期间，英国为迫使中国开放对外贸易，包括臭名昭著的鸦片贸易，派遣一支舰队奔赴中国沿海，发起进攻，其中战舰25艘，用两个月左右时间就打到天津，威胁京畿，充分显示了其机动性和攻击力。这支舰队包括支援船只在内前后共100艘，人员不过2万，却制服了中国这个有4亿人口的大国。这充分显示了英国对世界各地的强制能力。

2. 英国对全球秩序的维护

1815年法国战败后，英国的陆上军事力量得到证明。18世纪下半叶开始的工业革命，也使英国成为世界头号经济强国。大英帝国的海军主宰着海洋。在遍布全球的英国海军监管下，世界呈现出一派和平稳定的局面，不仅英国，而且世界各国的航运和海上贸易也都受益于这个和平和自由的环境。这是一个被称为“不列颠化”（Pax Britainica）的时代。17—18世纪，英国的贸易大多在宗主国和殖民地之间进行，皇家海军的任务主要是对这些贸易航线进行保护。随着英国的贸易向全球扩张，以及意识到和平和自由的海上秩序对全球经济交流的重要意义，英国开始推行一系列的新举措。

1843年起，英国开始建设远距离通信电缆，首先是跨越泰晤士河的通信电缆，后来是越过英吉利海峡的电缆，再后来又是跨过大西洋连接遍布全球的军事基地的通信电缆。到1880年，英国海底电缆总长已达156 105公里，连接着英国和印度、加拿大、澳大利亚以

① 马汉．海权论：海权对历史的影响[M]．冬初阳，译．长春：时代文艺出版社，2014.

及非洲。到1896年,全世界共30艘海底电缆敷设船中,有24艘属于英国。1892年,英国控制了全世界海底电缆的2/3。连接全球主要地区的海底电缆网络的建成,为世界贸易提供了极大的便利。①

为了保障航海和贸易自由,英国还着力宣传格劳秀斯(Hugo Grotius)的“公海自由”(Mare Liberum)的理念,尽力对各国主张的领海范围加以限制。此前,各国对领海的划界多以大炮射程为限,即3海里。19世纪火炮的射程大大增加,但英国仍坚持“领海3海里”这一原则。皇家海军还承担了绘制全球海图的任务,英国海军测量船队到处探测世界未知海岸线和海底水深,历时10余年,绘制出世界航海图册,而且以低价公开销售,并不对航海地图保密。②

19世纪初叶起,英国海军展开扫荡海盗的行动,首先在地中海,然后扩展到世界范围,使猖獗的海盗行为急速减少,为营造安全的航海环境,推动海上贸易活动创造了必要的环境。英国的另一项举措是把英法在克里米亚战争期间实行的两国维护航海和贸易安全的措施扩展到更大范围。在1856年召开的克里米亚和平会议上,英国、法国、奥地利、俄国、普鲁士、撒丁、土耳其等七国签署了《巴黎海战宣言》(Paris Declaration on Naval War),确立了四项原则,其中的三项对扭转长期以来海上秩序混乱、贸易安全得不到保障、各国商船常遭暴力抢劫的局面发挥了积极的作用。

几个世纪以来,欧洲各国在海上实行海盗式的、阻断他国海上运输、掠夺他国海上贸易财富的私掠船制度,17,18世纪发展到顶峰。私掠船有时甚至捕获本国和中立国的商船。这一类似海盗的行径严重危害海上航行安全,严重阻碍了海上自由贸易的发展。《巴黎海战宣言》确立的新原则包括:①各国政府废除让私人船只悬挂军旗,并持有特许证,在公海上抢劫或消灭敌船及运输禁运品的中立国商船的制度;②禁止拿捕悬挂中立国旗帜的船舶上的除战时

① 参见D. R. Headrick & P. Griset. Submarine telegraph cables: business and politics, 1838－1939[J]. *The Business History Review*, 75(3),2001, pp. 543－578;陈育平. 国际海缆发展小史[J]. 电讯科学,1985(02).

② 尼尔·弗格森. 帝国[M]. 雨珂,译. 北京:中信出版社,2012.

禁运品外的敌国货物;③禁止拿捕悬挂敌国旗帜的船舶上的除战时禁运品外的中立国货物。英国以其强大的海权扫荡海上"丛林法规",给世界的和平和发展创造了机遇。

英国还在一定程度上扮演起"世界警察"、提升文明准则的角色,其中的一项业绩就是在全球范围内消灭罪恶的奴隶贸易。1807年,英国开始禁止在途经非洲的航运中夹带买卖奴隶,并派出军舰查禁贩奴船,其后又宣布奴隶贸易为海盗行为。1833年英国颁布法令,废除英属殖民地的奴隶制度。英国海军不顾法国、西班牙等国的抗议,开始到处拦截贩奴船只。仅1840年一年,皇家海军就在西非海岸拦截了425艘贩奴船。[①] 在英国的炮舰威胁下,贩奴大国巴西在1850年被迫通过废奴法案。美国在南北战争后也正式废除了奴隶制度。英国的举措客观上促进了保障人身自由的资本主义雇佣劳动生产关系的发展。

3. 英国推动经济全球化

19世纪后半叶,全球化的第一波浪潮是在英国所倡导的一系列经济政策的示范下高歌猛进的,英国的一项重要政策就是推动贸易的自由化。此前几个世纪中,欧洲各国对外贸易一般为官方特许垄断,均奉行国家权力强行介入的"重商主义"。重商主义强调积累金银货币的重要性,认为一国财富的增加是建立在他国的等额损失的基础上,因而主张为外国商品的进口设置壁垒。英国还实行帝国特惠制,对他国参与其帝国内各地区间的商品交易设置障碍。

亚当·斯密和英国古典经济学派为开放型经济和全球性市场的建构立下了汗马功劳。在一定程度上可以说,他们是全球化之父。1776年,亚当·斯密(Adam Smith,1723—1790)在他的著作《国民财富的性质和原因的研究》中,对于限制进口的政策进行了批判,他强调赋予经济包括对外贸易以充分的自由,是国民财富不断增长的条件。斯密还争论说,市场规模受限会阻碍经济成长;劳动分工

---

① 章骞. 十九世纪英国海权与全球化[J]. 亚太安全与海洋研究,2015(04):79.

和专业化会提高生产效率；而市场的规模化（扩大）有助于生产的专业化。李嘉图（David Ricardo，1772—1823）在1817年论证了“比较优势理论”，认为开放进口将促进一国集中资源和劳动力生产自己最擅长的产品，从而提高其经济效率。例如，英国养羊业的发达适合重点发展毛纺业；葡萄牙则在生产葡萄酒上得益于土壤和气候便利。两国可以从贸易中获得比本国更廉价的同类产品，从而提高经济效益。李嘉图的“比较优势理论”是以国与国之间不存在贸易壁垒为前提的，因此也反对贸易保护主义和支持贸易自由化。

从19世纪30年代起，英国国内主张放弃贸易保护主义的呼声越来越高。当时，英国生产的工业产品已有足够的竞争力，企业家因此希望消除国家间的贸易壁垒。他们意识到开放进口，将使外国有财力购买英国产品；进口价格较低的食物和原料也有助于降低工资和生产成本。金融家注意到开放英国市场有利于提升外国人偿付英国债务的能力。1838年，英国曼彻斯特企业家科布登（Richard Cobden）和布赖特（John Bright）组成“反谷物法联盟”，寻求废除维持谷物价格但致英国劳动力成本提高的《谷物法》。1846年，皮尔（Sir Robert Peel）内阁宣布废除《谷物法》，成为英国转向贸易自由化的标志性事件。3年后，航海贸易的枷锁《航海条例》也被废除。

此后，英国成为贸易自由化的主要推手。1860年在主张自由贸易的法国经济学家谢瓦利埃（Michel Chevalier）和科布登的策划下，英国政府签署了《科布登—谢瓦利埃条约》，英法双方承诺取消或大幅消减进口关税。“此时的英国实际上已实行完全的自由贸易。”① 该条约的“最惠国条款”规定，双方自动享有一国与他国签署的最惠国待遇，英国因此也享有法国所签条约的好处。19世纪60年代以后，法国同除俄国以外几乎所有欧洲国家缔结了大幅降低关税的贸易条约，英国也自动获得这些缔约国的关税减免。大多数欧洲国家也纷纷缔结降低关税的条约。而第三世界和军力薄弱的国家也已在西方列强的炮舰威胁下一个接一个地开放了市场。“19世纪60

① 龙多·卡梅伦，拉里·尼尔．世界经济简史［M］．潘宁，等，译．上海：上海译文出版社，2009.

年代和70年代的大约20年间，欧洲离完全自由贸易越走越近。”“这些条约网带来的效果是相当明显的。英国1840年改革之后的几年，国际贸易的增长已有所加速，而在此之后（即条约签订后），更是以大约10%的年增长率一路飚升。”①

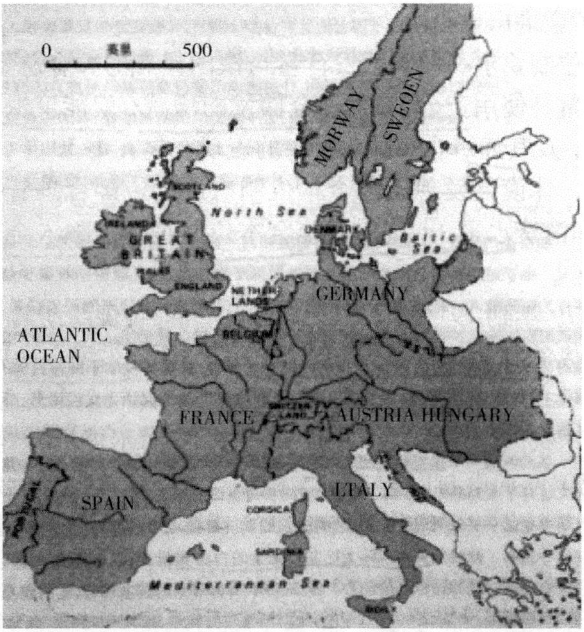

图17－1　1872年前后，欧洲签订相互减免关税条约的国家
（引自龙多·卡梅伦，拉里·尼尔．世界经济简史［M］．潘宁，等，译．上海：上海译文出版社，2009.）

英国还首先实行金本位制，以黄金而不是白银作为本国货币的基准和国际贸易的硬通货，从而为经济的全球化打下了基础。此前，各国的国际贸易支付货币很不统一，例如，由于清朝以白银为货币，因此英中贸易中，英国用白银而不是黄金支付其从中国购买的

① 龙多·卡梅伦，拉里·尼尔．世界经济简史［M］．潘宁，等，译．上海：上海译文出版社，2009.

茶叶、瓷器等大宗商品。1717年,英国造币总监牛顿统一英国币制,推行金本位制,将纸币与一定数量的黄金等值,并可互换。拿破仑战争后,英国决定回归单一金属货币制,以黄金而不是白银作为本国货币的基准和国际贸易的硬通货。英国议会规定皇家铸币局以固定价格买卖黄金;英格兰银行保证存款和债券能即时兑换成黄金,以及黄金进出口自由。

金本位制要求一国货币发行量与该国保有的黄金总量相吻合。由于国际贸易使用黄金,一国黄金储量的增减,就能反映出其进出口的盈余,及其经济在全球经济中的表现。早在1750年,苏格兰哲学家大卫·休谟就发现实行金本位制有助于一国合理管控其进出口、工资和消费水平。[①] 严格实施金本位制是一国融入全球经济体系的象征。

从1879年到1914年,在英国的示范下,各国纷纷转入金本位制。普法战争后,德国获得50亿法郎赔款,决定采用金马克,实行金本位制。日本甲午战争后获得巨额赔款,也转向金本位制。法、意等拉丁语国家因便宜的白银如洪水般涌入,而不再推行"拉丁货币联盟"(把单位货币与固定重量的纯银等值)政策,回到金本位制。金本位制成为当时全球化经济秩序的基石,它为衡量各国的商品、服务和货币价值提供了一个标准,因此方便了国际贸易、投资和偿付行为。据不同估计,金本位制的实施使两个国家间的贸易额增加了30%到70%。[②]

4. 英国的枢纽地位

全球市场的形成以及贸易自由化,在很大程度上将各国经济整合进一个全球生产体系。市场经济的逻辑也驱使一国大力发展在

---

① 参见休谟的"论商业""论货币""论贸易平衡"等论文,载大卫·休谟. 论政治与经济[M]. 张正萍,译. 杭州:浙江大学出版社,2011.

② 吉弗里·弗里曼. 20世纪全球资本主义的兴衰[M]. 杨宇光,译. 上海:上海人民出版社,2009.

世界市场上销售较好的产品生产,从而形成生产的专业化。参与国际性的产业分工,也意味着减少效率低下的产业,重点发展有优势的产业。19 世纪下半叶世界经济形成的产业分工大致如下:英国是世界工厂,还管理国际性投资、银行金融服务,并垄断了世界航运;德国大力发展钢铁、化工、矿产冶炼、造船等重型设备制造;阿根廷、南非和澳大利亚在英国资本和德国机械的帮助下,开垦新的农场和矿产资源,并把矿产品出口到德国,将经营农业和矿产获得的收益又作为英国投资的回报返还英国投资家;美洲新大陆和资源丰富的亚非地区也把农产品和矿产投放世界市场。欧洲和亚洲的内陆区域则输出大量的劳动力,充斥北美和欧洲的工厂、矿业和农庄。

图 17-2　1886 年,德国生产的第一辆汽车

全球性分工改变了各大洲的经济,遥远的、新的农业和矿产区域被纳入世界经济体系,给欧洲送来价格低廉的食品和原料;资本从收益低的地区向收益高的区域流动。欧洲从新世界得到廉价的谷物、铜和铁矿石、煤、牛肉和香蕉等,因此能够专注技术创新和提高工业生产效率。更具竞争力的工业产品从欧洲的工厂流向其他

发展中国家。国际贸易和产业专门化使各国经济效益得到提升。第一次世界大战前的15年间,发展中国家的矿产量增长了3倍。1880—1910年,世界香蕉产量从3万吨增加到180万吨,糖从190万吨增加到630万吨,可可从6万吨增加到22.7万吨,橡胶从1.1万吨增加到8.7万吨。①

英国处于世界贸易的中心,大英帝国的贸易总量占全球贸易总量的1/3;英国1/10的国民收入来源于对外投资、海运、保险等国际经济活动。1860年前后,英国生产的钢铁占全世界钢铁产量的53%,煤占50%;世界近一半的棉花被运往英国。英国的人口约为世界人口的2%,其工业生产能力却相当于世界的40%左右,占世界制成品贸易的2/5。② 英国的工业品运到国外后,依然比当地的产品更具价格竞争力。那个时代,世界上1/3以上的商船飘扬着英国的旗帜。威廉·斯坦利·杰文斯(William Stanley Jevons)在1865年描绘英国与世界其他地区的经济交往和商贸联系时这样写道:

> 北美和俄国的平原是我们的玉米地;芝加哥和敖德萨是我们的粮仓;加拿大和波罗的海是我们的林场;澳大利亚和西亚有我们的牧羊地;阿根廷和北美西部草原有我们的牛群;秘鲁运来白银;南非和澳大利亚的黄金运到了伦敦;印度人和中国人为我们种植茶叶;而我们的咖啡、甘蔗和香料种植园则遍及西印度群岛;西班牙和法国是我们的葡萄园;地中海是我们的果园。③

英国毫无疑问是这个繁荣世界的经济交往中心,正是它以其生产的工业品换回来大部分产品。不仅如此,以伦敦为中心的金融界也在全球开展投资及融资业务。1875年,英国的海外投资达10亿

① Paul Bairoch. *The Economic Development of the Third World since* 1900[M]. Berkeley: University of California Press, 1975.

② 章骞. 十九世纪英国海权与全球化[J]. 亚太安全与海洋研究,2015(04):73.

③ P. M. Kennedy. *The Rise and Fall of the Great Powers: Economic Change and Military Conflict from* 1500 *to* 2000[M]. London: Unwin Human, 1988.

英镑。[①] 外国通过伦敦的金融市场募得的资金，多数用于购买英国工业品。世界各地的黄金流入伦敦，英镑成为国际上信誉最好的货币。另外，由于英国拥有世界上最大的商船队，承运着世界一大半外贸商品，大多数保险公司也因此设在伦敦。伦敦成了资本主义世界体系的中心城市。英国的技术、商业、语言和经济政治管理模式深刻影响了那个历史时代的世界。

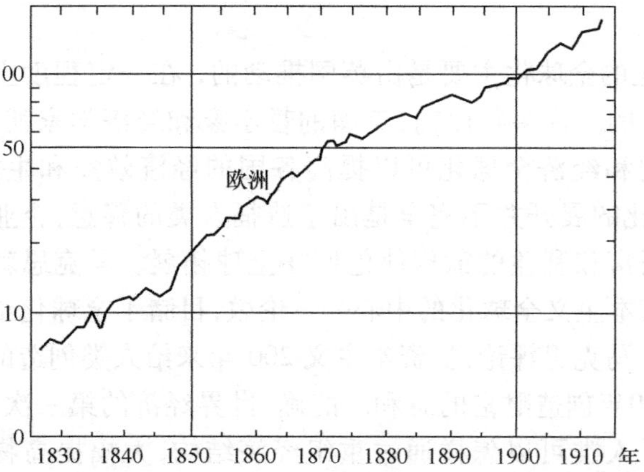

图 17－3　欧洲各国年出口额指数(1899—1901 为 100)
(引自龙多・卡梅伦，拉里・尼尔．世界经济简史[M]．潘宁等，上海：上海译文出版社，译．2009．)

19 世纪 70 年代和 80 年代，国际贸易曾短暂受挫，增长有所放缓，但"在第一次世界大战前的 20 年间又开始加快，达到 4.5% 的速度，几乎与 20 世纪中期贸易扩张的速度相当"。[②] 欧洲国家的经济对国际贸易的依赖越来越大。英、法、德的出口占其 GDP 的 15% ~ 20%；比利时、荷兰、瑞士和斯堪的纳维亚国家的比例甚至更高；东南欧欠发达国家参与国际贸易的程度也达到新的高度；美国到 1914 年成为世界第三大出口国；澳大利亚、新西兰、加拿大、南非等英联

① P. M. Kennedy. *The Rise and Fall of British Naval Mastery*[M]. London：Lane，1976.
② 龙多・卡梅伦，拉里・尼尔．世界经济简史[M]．潘宁，等，译．上海：上海译文出版社，2009.

邦国家和殖民地对外贸的依存度与母国英国几乎一样高；遥远的拉美国家也加入了全球分工，其原材料出口的一半被远距离输送到欧洲。“20 世纪初的世界经济前所未有地融为一体，各经济体之间高度相互依赖。这种局面直到第二次世界大战后才再次出现”①。

结语

19 世纪的全球化主要是由英国推动的，在一定程度上也是由英国人设计的。许多年以前，英国的哲学家和经济学家就阐述道，贸易自由化和经济全球化可以提高各国的经济效益和生活水平。然而，全球化的展开并不完全是出于造福人类的善意，企业家和政治家追逐财富和利益的欲望使他们在全球拓展。马克思就生活在那个时代资本主义全球化的中心——伦敦，目睹了全球化给人类带来的巨变。马克思评论说，资本主义 200 年来给人类创造的财富超过人类2 000年创造财富的总和。的确，世界经济的第一次整合，向我们展示了人类可以怎样通过重组经济结构，大幅提高物质生活水平。

英国对这次早期全球化的贡献是巨大的，它对全球的治理也多少是成功的，在“不列颠治理下的和平”时期，将近百年没有发生类似“30 年战争”、第一次世界大战和第二次世界大战这样大规模的毁灭性战争。在这个缺乏联合国、世贸组织、G7 和 G20 这样的世界性和区域性管理机构的世界中，英国独力支撑这个体系，它所主导的国家间的经济协作一度给人类带来空前的发展机遇。

在全球化的时代，国家再也无法单独生存下去了。西欧主导的全球化把殖民地和半殖民地人民纳入资本主义世界体系，虽然给后者提供了发展经济的机会，但也激起落后国家内部种种不同形式的反抗。全球化没有消除资本主义生产方式固有的周期性经济危机现象，资本的竞争和垄断反而更为剧烈；而且全球化发展到一定阶

① 龙多·卡梅伦，拉里·尼尔．世界经济简史[M]．潘宁，等，译．上海：上海译文出版社，2009.

段会导致各国经济实力的新的不平衡,获利国家的工业能力和资本急剧扩展,在全球寻找出路的企望更加强烈。

在全球化1.0后期,即19世纪90年代,欧洲列强开始背离曾经推动全球化蓬勃发展的那些原则:自由、公平和不受政治干扰的竞争而转向了帝国主义。作为那个时期资本主义世界体系的核心国家,英国面对自己既得利益和优势地位的挑战者,表现出毫不退让和拒斥的态度,没有接纳或者合理照顾对方利益,并相应地在世界政治经济格局上做出适当调整。潜藏在人类,尤其是富人和强者心灵深处的自私、贪婪、任性和野蛮终于把人类拖入一场空前的战乱,并使这次全球化戛然而止。

第十八章 资本主义世界体系的危机

1914 年 6 月 28 日,奥匈帝国皇位继承人弗兰茨·斐迪南大公在萨拉热窝遇刺,很快就引爆了人类历史上第一次世界大战。战争于 1914 年 8 月全面爆发,1918 年 11 月结束,历时 4 年零 3 个月。这是第一场涉及地域和人数如此之多的全球战争,主要战场集中在欧洲,但波及全世界,有 34 个国家及地区参与了战争,约占世界人口总数的 75%——15 亿以上的人口惨遭战祸波及。双方投入了高达 889 个师的兵力,总计7 400万人,战争造成了 840 万人阵亡,2 100万人受伤。这是一场非正义的、帝国主义性质的掠夺式战争,虽然包括塞尔维亚等少数国家是为了自身的独立和主权而战,其战斗具有民族解放和自卫的正义性质,但这仍然改变不了整场战争的非正义性。

1. 第一次世界大战

19 世纪 70 年代以后,政治经济发展的不平衡,使各主要资本主义国家的实力发生了重大变化,工业生产在资本主义世界所占比重前四强的名次已由 1870 年的英、美、德、法变为 1913 年的美、德、英、法。英、德在海外市场的竞争日趋激烈。到 20 世纪初,世界已被列强瓜分完毕。英国是全球最大的殖民地国家。统一后实力迅速增长、羽翼渐丰的德国也气势汹汹地要求重新瓜分世界。英国对此感受到莫大威胁,却不打算退让。不断激化的英、德矛盾成为帝国主义国家之间的主要矛盾。

经济竞争激起了各帝国主义国家对海外殖民地的争夺，促成了互相冲突的联盟体系的形成——德、奥、意的“三国同盟”与英、法、俄的“三国协约”。几乎所有的欧洲强国都加入了相互敌对的军事联盟。两大联盟展开军备竞赛，为首的英、德两国疯狂扩充海陆军，使矛盾不断加剧。两大军事集团的形成和对峙为第一次世界大战埋下了伏笔，各方势力争斗的焦点——巴尔干地区成为引爆战争的火药桶。

战争爆发于1914年6月28日，主张对塞尔维亚开战的奥国皇储弗兰茨·斐迪南夫妇到波斯尼亚首都萨拉热窝访问。奥匈帝国6年前吞并了此地，当地人民对此满是愤恨，许多爱国青年都以大无畏之姿献身于反抗奥匈帝国的恐怖活动。加夫里若·普林西普便是其中一员，当时只有17岁的他是塞尔维亚首都贝尔格莱德的一名学生。他射出的那颗仇恨的子弹，令斐迪南命丧萨拉热窝。萨拉热窝事件以及各相关国家的反应使两大军事集团的紧张对峙变得失控。

1914年7月23日，奥匈帝国向塞尔维亚发出最后通牒，并在28日向塞尔维亚宣战。31日法国发布战争总动员令。8月1日，德国向俄国宣战，3日德国向法国宣战，4日德军入侵比利时，同日英国对德宣战，战争全面爆发。欧洲两大军事集团就这样卷入了一场连它们自己都始料不及的长达四年零三个月、伤亡数千万、殃及数十个国家、令欧洲工业足足倒退了8年之久的世界大战。

战争主要在欧洲大陆进行，分为西线、东线、巴尔干战线和意大利战线四条主要战线。战争一开始，德国实施“施里芬计划”，发动闪电战，目的在于避免两线作战，以求速战速决。该计划打算在6个星期内取得西线战争的胜利，3~4个月结束整个战争。但这个计划过于轻率而冒险，没有设想一旦战况或对手并不如自己预计的那般应该如何应对。多重条件的不利和计划的缺陷令德国四处碰壁，战争形势很快转化为对己不利。在残酷的马恩河战役后德国的速战计划宣告失败，被迫由运动战转入阵地战。而俄国在没有完全动员的情况下就投入了东线作战，对德国更为不利，德国最不愿看到的两线作战的形势终于成为现实。

1914 年在东西战场各打响了一场著名的战役——西线的马恩河战役和东线的坦能堡战役。马恩河战役又名马恩河奇迹(Miracle of Marne)。战争爆发后,德军迅速侵入法国东北部与比利时。9 月 5 日,法国第六军成功阻击了进攻巴黎的德军,防止了首都的沦陷,一举挫败了德军包抄法军的计划。9 月 9 日至 13 日,德军的撤退意味着"施里芬计划"的终结。东线的坦能堡战役,是俄国在没有完全动员的情况下主动进攻防守薄弱的德军,但德国守军在西线支援力量的帮助下取得了战争的胜利。两场战役后,德军的速决战计划宣告破产,但协约国也无力赢取战争的最后胜利,至此,战争陷入"无休止"的僵持状态。

到 1915 年,西线战场双方都躲在战壕里进行拉锯式的消耗战。鉴于西线的僵持局面,德国欲集中兵力到东线对付俄国,企图迫使俄国与其单独媾和。德军几乎是倾巢而出,俄军受到重创,专制政权的威望遭遇惨痛打击。俄军节节败退,死伤约 250 万人。这一年保加利亚和意大利也宣布参战,年底,塞尔维亚被占领。意大利最终加入协约国一方,使协约国力量得到加强,弥补了巴尔干半岛上的失利。

到 1916 年,同盟国在军事上战果较为显著,已经占尽了优势,德国控制了很大一片地域。协约国虽然也取得多场战役的胜利,但相比同盟国则逊色很多。协约国的胜利更多地体现在战略上,即粉碎了德国"施里芬计划"的闪电战,迫使德国打了一场持久的阵地战。1915 年的僵持,使双方耗损严重,两大阵营都把 1916 年视为决定胜负的一年,倾注大量兵力,投入凡尔登战役、索姆河战役和日德兰海战三大著名战役。索姆河和凡尔登两大战役中,双方共计伤亡 180 多万人,其中英法两国伤亡 95 万人,德国伤亡 85 万人。虽伤亡惨重,却未取得理想效果,任何一方都无法向前推进超过 7 英里。日德兰海战是第一次世界大战(以下简称"一战")中规模最大的一次海战,英国损失大于德国,但仍掌控着制海权。这一年的 8 月,罗马尼亚在观望后正式投向协约国一方,对德奥宣战,同盟国决定教训罗马尼亚,以杀一儆百。年底,罗马尼亚被占领 2/3 的国土,其中包括首都布加勒斯特。

图 18－1　满目疮痍的欧洲战场

战争进入 1917 年,双方都精疲力竭,但战争仍处于胶着状态。德国由攻转守,发动大量的潜艇战。这一年发生了两件对战争起到关键作用的大事——美国参战与俄国革命。在无限制潜艇战和德国给墨西哥密电的催化剂作用下,美国于 1917 年 4 月 6 日站在协约国一边宣布参战。作为新兴大国的美国,其巨大的战争潜力和影响力极大扭转了战争局势,协约国由此获得了战争的优势。美国这个非欧洲大国的参战意味着战争由欧洲战争演变为全球范围内的战争,还意味着战争的迅速结束。200 万美军的登陆欧洲,对战局走向影响极为关键。处于资本主义链条最薄弱端的俄国因战败造成的巨大损失引发国内不满而爆发革命,之后单方面宣布退出战争。

1917 年结束时,各国损失惨重,前线的战士和后方的民众开始质疑这场战争,对战争感到极度厌倦,国内矛盾不断加剧。1918 年开始,各参战国都希望战争尽快结束,战争也终于进入到最后一个年头。退出战争的俄国面临重重困难。为保卫革命果实,于 1918 年 3 月 3 日与德国签订了苛刻且屈辱的《布列斯特—里托夫斯克和约》(The Treaty of Brest-Litovsk)。新生的苏俄获得了喘息之机,保住了革命果实。德国战败投降后,苏俄立刻废除了该条约。《布列斯特和约》的签订,使德军得以把兵力抽调出东线,在西线展开猛烈攻击。但四年的战争已使德国战车锈迹斑斑,精疲力竭。而协约国此时在美国的帮助下实力大增,生机盎然。1918 年 9 月 29 日,保加利亚首先投降;10 月 30 日土耳其退出战争;奥匈帝国属地波兰、匈牙利、捷克、南斯拉夫等国纷纷宣布独立。11 月 3 日,奥匈帝国投降,11 月 11 日,在法国的雷东德车站,协约国联军总司令福煦与德国政府代表埃尔茨贝格尔签署停战协定,德国宣布投降,第一次世界大战宣告结束。英国首相劳合·乔治感慨道:“但愿我们可以说,在此重大的早晨,一切战争均将终止。”然而战争真的结束了吗?1919 年在巴黎和会上签订《凡尔塞和约》时,协约国联军总司令福煦曾说:“这不是和平,这是二十年的休战”,真是一语成谶。

战争的结束和影响 第一次世界大战使30 多个国家约15 亿人陷于战争之祸。840 万军人直接死于战争,另有2 000多万人受伤,350 万人终身残疾,饿死、疫死者约1 000万人,法国几乎失去了整整一代年轻男性。经济损失高达3 000 多亿美元。

第一次世界大战后,欧洲霸权开始衰落。沙皇俄国、奥匈帝国以及德意志帝国这三个欧洲的反动堡垒倾覆;英、法、意虽是战胜国,但在战争中被严重削弱,失去了昔日的国际地位。欧洲日落西山,美、日则旭日初升。美国跃升为世界头号强国,一举成为全球最大的资本输出国和最大的债权国,世界金融中心也由伦敦转换到纽约。日本在第一次世界大战中得到畸形发展,由债务国变成债权国。《凡尔赛和约》将发动战争的责任全部推给了德国,德国遭受了严苛的经济与军事制裁,激起了德国上下强烈的民族主义情绪。一战后借助于巴黎和会与华盛顿会议构建的“凡尔赛—华盛顿体系”,根本无力妥善解决德国问题和裁军问题。雪上加霜的是,美国又退出了凡尔赛体系,令这一体系从建构之初就矛盾重重,摇摇欲坠。

第一次世界大战引发了多米诺骨牌效应,在全球范围内引发了一系列革命。战争的巨大破坏力使得各国人民的反战运动日益高涨。1916 年俄国在东线的糟糕表现,大量年轻的男子战死沙场,经济濒临崩溃边缘,国内矛盾激化,终于爆发了二月革命,颠覆了沙皇统治。其

图 18－2　战争结束之日德皇威廉逃亡荷兰，英国《新闻晚报》刊出通栏标题：威廉二世应当受到惩罚

后，列宁领导的布尔什维克党终结了临时政府的统治，宣告退出第一次世界大战。地球上第一个共产党领导的国家就此诞生。

俄国十月革命的胜利激起了全球殖民地半殖民地的解放浪潮。一战期间，各个帝国主义宗主国忙于战争，无暇管理殖民地，殖民地和半殖民地的国家、地区获得了发展机会。民族资本主义有了较大发展，日益壮大的民族资产阶级和无产阶级成了反对帝国主义统治、实现民族自决的有力力量。战争期间，帝国主义国家从殖民地和半殖民大量征兵和掠夺资源，激起殖民地和半殖民地地区人民的强烈不满。在十月革命的影响下，各地反对殖民主义、争取民族解放的运动不断高涨。

一战后，伴随着美、日的崛起，英、意、法的没落，德、奥、俄帝国的解体，世界上第一个社会主义国家的建立，以及民族解放运动的蓬勃兴起，世界政治格局随之而变。19 世纪末 20 世纪初构建起来的以老牌帝国主义列强为核心的世界政治格局分崩离析。《凡尔赛和约》虽致力于构造世界新格局，但其中不仅包含有如德国这样对条约心怀仇恨的战败国，也有如意、日这样对条约心存不满的战胜国。新的世界格局关系复杂，各国冲突不断，成为第二次世界大战爆发的祸根。一战后的和平只不过是下一场更大战争到来前的短暂平静。

国际联盟　一战结束后，威尔逊带着“十四点纲领”(Fourteen Points)来到欧洲，倡导在民族自决、公开外交等原则指导下构建多国家联盟以化解冲突与矛盾的根源，维系世界的和平与安定。这一纲领乃“威尔逊主义”的要旨。巴黎和会上，在威尔逊的努力下，国际联盟盟约写进了《凡尔赛和约》。1920 年 1 月 10 日，国际联盟(League of Nations)成立，总部设在瑞士日内瓦。不料，作为发起国的美国国会却拒绝加入这个世界政治组织。国联的宗旨是保障国际和平与促进国际合作。盟约规定通过集体安全、裁军、和平解决国际争端等手段，保障会员国的领土完整和政治独立，并规定对违背者实行经济制裁。然而国联从建立时始，苏、德、美等有影响力的大国都未加入，这使其有了不可克服的弱点。

2. 俄国十月革命

俄国加入一战后，沙皇尼古拉二世将沙俄近一半的男劳动力约 1 500万壮丁强征入伍，期待捞取胜利果实，巩固自身统治。但事实上，俄国军队在前线失利的消息彻底摧毁了沙皇几百年来在俄国百姓中经营的形象。前线战斗接连受挫，伤亡惨重；后方经济一败涂地，社会各阶层怨声载道，俄国人民所经历的苦难是所有参战国中最深重的。此时在资本主义世界中，俄国生产力位列末端且发展极不平衡，矛盾交织、冲突重重。国内反战呼声一波高于一波，但尼古拉二世不仅无意退出战争，还亲自领兵东线，把政府留给皇后亚历山德拉管理。到 1916 年年底，作为重要统治工具的军队中的军官也已希望沙皇退位。

“二月革命”　数年之久的战争使俄国经济趋于崩溃，沙皇政府的腐朽更令俄国人民不堪忍受。1916 年年底、1917 年年初，俄国经历了一个艰难的冬天，寒冷与饥饿折磨着这个国家的所有人。1917

年3月(俄历2月),罢工和暴动渐现,沙皇政府对示威群众进行暴力镇压,激发起更猛烈的起义。被派去镇压的军队被人民革命的大无畏精神所感染,倒向起义人民一边。3月13日,彼得格勒要塞和冬宫被占领;随后,革命迅速扩及全国。3月15日,沙皇尼古拉宣布退位,统治俄国达300余年的罗曼诺夫王朝轰然倒塌。同一天,临时政府宣告成立,历史上出现了两个政权并存的罕见局面——工兵代表苏维埃与资产阶级临时政府。

列宁和《四月提纲》 列宁是俄国布尔什维克党的开创者。他于1893年移居彼得堡,成为当地马克思主义者的领袖。1900年他和普列汉诺夫一起创办了俄国第一份宣传马克思主义观点的报纸《星火报》,发表了很多讨论革命的文章。1917年4月,列宁在彼得格勒发表的《四月提纲》中对俄国革命的道路进行阐述,提出从资本主义革命过渡到社会主义革命的方针和“一切政权归苏维埃”的革命口号。临时政府与工兵代表苏维埃的并立使很多民众不清楚革命该何去何从,《四月提纲》指出,当前俄国革命的走向是从无产阶级觉悟不够和组织不成熟导致政权落入资产阶级手中的第一阶段,过渡到政权完全归无产阶级及贫苦农民的第二阶段。提纲为布尔什维克党勾勒了完成过渡的具体路线和详尽计划。

图18-3 列宁向群众演讲

十月革命 二月革命后，临时政府和苏维埃之间一直处于对峙状态。临时政府不肯退出战争并重新分配土地的做法不得民心，这种自杀式的政治行为，使他们在斗争中处于劣势。11 月 7 日（俄历 10 月 25 日），站在苏维埃一边的赤卫队员、士兵及民众向临时政府的所在地——冬宫发起进攻，并于次日凌晨占领冬宫，紧接着宣布成立“工农临时政府”。这就是“十月革命”。“十月革命”推翻了克伦斯基领导的临时政府，建立起布尔什维克政权。“十月革命”打破了资本主义社会一统天下的局面，激励了各国无产阶级和被压迫人民争取自由的解放斗争，也推动了马克思主义在全世界范围内的传播。

图 18－4　阿芙乐尔号巡洋舰：发出十月革命第一声炮响

《布列斯特条约》 十月革命后的俄国，形势相当危急，亟待退出战争，还国家和人民以安定与和平。然而俄国向参战国提出的和平建议却只得到了德国的回应，但德国的要求过分苛刻，前往谈判的俄国代表表示退出战争，不过拒绝在和平条约上签字。此举激怒了德国，德军大举进攻，俄国前线告急，苏维埃政权危在旦夕。为挽救革命，最后俄国忍辱签订《布列斯特条约》，向德国赔款 60 亿马克，并被迫割让上百万平方公里的领土。但在德国战败后，苏俄政府立即宣布废除了此条约。

十月革命后，协约国妄图把苏维埃共和国扼杀于摇篮之中，开始对苏俄武装干涉。1918 年 3 月，英军登陆北方港口摩尔曼斯克，揭开了帝国主义干涉的序幕。之后日本、英国和美国的军队先后侵入海参崴。8 月英军进入巴库，德国践踏乌克兰、白俄罗斯和波罗的海沿岸广大地区。此外，西方帝国主义还挑唆捷克士兵在苏俄发动叛乱。德国投降后，西方国家又集结大量军队同俄国的白卫军一起反抗苏维埃政权。在国内，社会革命党和孟什维克煽动中小农和工商业者同他们一起叛乱，不断制造颠覆破坏事件。1919 年，盘踞在波罗的海沿岸的尤登尼奇作乱，邓尼金也率 15 万军队制造动乱，前沙皇海军上将高尔察克发动军事政变。1920 年 4 月，波兰军队入侵苏俄。此时苏维埃政权面临严峻的国内国际局势，困难重重。为此，布尔什维克党采用战时共产主义政策以集中全国的人力物力保卫新生政权。在红军的英勇奋战下，最终渡过了危机。

战时共产主义政策 为全力对抗国内国际的反动势力，集全国人力物力于战争中，苏维埃施行一系列后来被称为“战时共产主义政策”的措施，主要内容包括余粮收集制、贸易管制、除大型企业外中等企业收归国有、监督小工业、实行成年人义务劳动制、粮食和日用品配给制。在当时特殊的条件下，这些政策对捍卫苏维埃政权发挥了积极的作用。但在后来苏共希望通过这些政策使苏俄直接转变为社会主义国家，则挫伤了人民的积极性，并损害了社会经济的正常发展。

共产国际 一战爆发后，第二国际的各国社会民主党领袖公然支持本国的帝国主义战争行径，表明第二国际的破产。此外，战争使“无产阶级推翻资产阶级专政”提上议事日程，使建立新的国际革命组织来引领发展中的国际工人运动变得十分必要。俄国十月革命的胜利也为第三国际的建立奠定了基础。1919 年 3 月 4 日，共产国际即第三国际成立，总部位于莫斯科。第三国际摒弃了第二国际所带有机会主义的、社会沙文主义的、资产阶级和小资产阶级的特征，开创了国际共产主义运动的新阶段。

新经济政策 国内战争时期，苏俄在特殊形势下采纳的“战时共产主义政策”效果显著。布尔什维克于是希望通过这一政策使苏俄直接转变为社会主义国家。在战争平息后，不仅没有停止反而加强了这一政策的实施，这引起人民的不满，并导致反苏维埃的暴动频繁发生。1921 年 3 月喀良斯塔德水兵暴动，使列宁逐渐认识到必须对经济政策做出调整。1921 年 3 月，苏俄开始实施新经济政策：

以粮食税代替余量征集制，允许农民自由选择使用土地的形式；恢复国内的自由贸易；国家仍然经营攸关国家命脉的企业，本国和外国的资本家可经营中小企业以及国家暂时无力兴办的企业；实行按劳分配。新经济政策标志着苏共策略的重大转变，苏共领导人开始从自身国情出发，放弃直接过渡到社会主义的设想和实践。新经济政策使生产逐步恢复，苏维埃政权也得以巩固。

苏联的建立　苏维埃政权在十月革命后，面对沙俄残酷对待各少数民族的历史，以及国内民族矛盾十分尖锐的现实，宣布实行民族自决原则。受此鼓舞，各民族纷纷建立本民族的独立国家与自治共和国，1918 年苏维埃对联邦制原则给予了明确肯定。国内战争爆发后，各共和国提议结成军事政治同盟以共同抗击敌人。战争结束后，各苏维埃共和国主张建立统一的经济体，以便充分发掘并利用各国资源。1922 年 10 月，在平等的基础上，苏维埃共和国成立联盟。12 月 30 日，苏维埃社会主义共和国联盟第一次苏维埃代表大会在莫斯科召开，大会通过了苏联成立宣言和联盟条约。1924 年 1 月颁布了苏联宪法，把苏维埃共和国联盟以法律的形式固定下来。至 1929 年，苏联发展成由 7 个加盟共和国联合而成的大联盟。

3. 第二次世界大战

1939 年 9 月 1 日，德国对波兰发动突袭，第二次世界大战（以下简称“二战”）爆发。战争持续了 6 年，到 1945 年 9 月 2 日日本签订投降书为止。这是人类历史上规模最大、伤亡最惨重、破坏性最强的全球性战争。战火从欧洲燃到亚洲，从大西洋烧至太平洋，60 多个国家和地区、超过 20 亿人口陷入战争的泥淖，作战面积达2 200万平方公里，这是一场真正的世界性战争。据不完全统计，战争中军民伤亡人数超过9 000万，经济损失高达 4 万多亿美元。第二次世界大战最终以中国、苏联、美国、法国和英国等反法西斯国家战胜法西斯侵略集团、赢得世界和平与进步而宣告结束。

萧条与动荡　一战结束后，社会生产逐步恢复。到 20 世纪 20 年代后期，和平稳定的国际、国内环境给世界带来了战后的繁荣。

尤其是此时的美国，得益于战争赔款，再加上技术革命的推进和广阔市场的刺激，美国的工业生产高歌猛进，电气、建筑、钢铁以及汽车等行业的生产蒸蒸日上。20 年代，收音机进入寻常百姓家，美国人对吸尘器、电话、洗衣机、电冰箱也熟悉起来。这就是所谓的“柯立芝繁荣”。经济的快速发展使美国社会价值观开始发生转变，过去清教徒所信奉的个人奋斗、节制物欲、崇尚理性等信念在城市被发财致富的欲望所冲淡，投机活动备受青睐。

然而，繁荣的背后隐藏着危机：农业长期不景气；工业的扩张主要表现在部分新兴产业部门，传统产业面临不同程度的危机；社会分配不均，贫富差距加大，消费需求动力不足；欧洲也未能实现同步繁荣，美国一直处于外贸出超状态；地产和股票领域处处是投机倒把，政府却主张“无为而治”。这些因素的累加，为“大萧条”(The Great Depression)埋下了伏笔。

1929 年 10 月 29 日，星期二，上午 10 点，纽约证券交易所一开市，猛烈的抛单就蜂拥而至，所有股票都成了烫手山芋，不计价格、不计成本，只要抛掉就好。道·琼斯指数从 386 点陡跌至 298 点，跌幅达 22% 。这成为纽约证交所 112 年历史上“最糟糕的一天”，这就是著名的“黑色星期二”。这一天是两个 10 年的分界线，此后，美国告别了繁荣，美国乃至全世界迈入了长达 10 年的经济大萧条时期。更加不幸的是，其影响并未局限于经济领域。

这场经济危机迅速从美国蔓延到整个资本主义世界，危机导致的生产下降幅度之大、范围之广、失业率之高、持续时间之长都是前所未见的。经济危机导致资本主义国家之间、帝国主义国家与殖民地半殖民地之间、资产阶级和无产阶级之间各种矛盾加深。各个资本主义国家忙于自保，贬低本国货币，放弃金本位制，并提高关税。经济危机还伴随着政治危机，政府丑闻不断，焦头烂额。

面对突如其来的经济危机，各国政府做出了不同的应对措施，这些抉择将这些国家带入了不一样的道路。1932 年末，罗斯福带着主张新政的口号，当选美国第 32 届总统。1933 年 3 月，罗斯福开始分两阶段实施新政。新政不仅恢复了美国人对国家的信心，打击了法西斯主义在美国的扩张，而且铸就了稳定强大的美国，这对即将到来的第二次世界大战起到了关键性作用。

从一战的创伤中缓过来的英法两国，社会和经济刚开始向稳，又遭遇这场严重的经济危机。虽然从时间来看，法国遭遇危机的时间节点较晚，然而这却并没有缓解最终结果。英法两国政府面对危机都束手无策，国内的批评不断。对德国试图东山再起的“咄咄逼人”的态势，能力不济的英法只能采用绥靖政策。

相对美、英、法，德、日等国却选择了法西斯的道路以摆脱危机。一战后德国经济严重依赖美国援助，全球性经济危机导致德国工业生产重挫40.6%，下降幅度仅次于美国，同时还面临严重的失业问题。对凡尔赛—华盛顿体系本就不满的德国，此刻的挫败感更是胜于以往，这给阿道夫·希特勒的上台提供了机遇。1923年，在和陆军元帅鲁登道夫一起参加的慕尼黑暴动失败后，希特勒在狱中写下了《我的奋斗》，书中充满对民主政体、共产主义和犹太人的仇恨。1933年1月，希特勒终于成为内阁总理；1934年，总统兴登堡去世后，希特勒集总统和总理的职权于一身，德国开始在其带领下紧锣密鼓地走向法西斯主义。遭受经济危机重挫的日本，为解决危机强行推行国民经济军事化，增加军事支出和军事订货，用以振兴经济，形成军部和资本家的联盟，日本民间企业也被纳入军国主义轨道。1936年“二·二六事变”后，信奉法西斯主义和军国主义的军部在日本确立了其统治地位。

轴心国集团形成 1922年10月，意大利国家法西斯党上台，1933年希特勒执政。1936年意大利入侵埃及后，德意法西斯相互支持，双方关系日趋紧密，10月25日签订了《德意协定》。这一年的日本，“二·二六事变”后，军部法西斯独裁统治在日本正式确立。11月25日，日德签署《反共产国际协定》；1937年11月6日，意大利加入协定，柏林—罗马—东京轴心集团正式形成。

《苏德互不侵犯条约》的签订 面对法西斯咄咄逼人之势，苏联一直坚持反法西斯立场，并且号召全世界联合起来反抗法西斯主义。1935年，在共产国际第七次代表大会上，苏联倡议全世界人民一致行动，反对法西斯主义，防止战争爆发；1936年，在西班牙内战中，苏联组织“国际纵队”，并给予大量物资援助；1937年，中国“七·七事变”后，苏联是唯一向中国提供援助的国家。但苏联却在

1939年8月23日同法西斯德国签订了《苏德互不侵犯条约》，该条约不仅规定双方互不侵犯，甚至还在附件中秘密瓜分东欧势力范围。苏联态度有如此大的转变，一个主要原因是自保。一战后英法一直敌视苏联，与苏联矛盾尖锐。同时，英法一直对法西斯采取绥靖政策，希特勒宣称反对共产主义，英法希望能祸水东引，借此打击苏联。1939年4月，在局势日益紧张的情况下，苏、英、法三国开始谈判，会上苏联虽异常努力，但英法却并不积极，依然算计着祸水东引。无奈，为求自保，苏联转而与德国签订互不侵犯条约。

战争的爆发 1931年，"九·一八事变"实际上标志着第二次世界大战的开始。1939年德国入侵波兰时，中国已孤军对抗日本侵略长达8年之久。波兰的地理位置和经济地位使得德国对其垂涎已久，终于，在1939年9月1日凌晨4时45分，按照蓄谋已久的"白色方案"侵略计划，德军突袭波兰。随后，英法对德宣战，第二次世界大战在欧洲正式爆发。英法虽于9月3日对德宣战，但却未对波兰展开有力的军事援助，而是坐视波兰败亡。在德国装甲机械化部队和空军联合作战的新战术下，波兰之战只进行了35天就以波兰的覆灭宣告结束。战争爆发后，苏军也进入波兰，将苏联的防线自北到南向西推进了二三百公里。1941年6月22日，德军按照事先制订的"巴巴罗萨"计划，突袭苏联。1941年12月7日7时55分，日本航母舰队远程突袭太平洋美军基地珍珠港，美国随后对日宣战。至此，战争进入全球化阶段。

图18-5 波兰骑兵对抗德军装甲部队

战争过程 德国突袭波兰后,又在1940年4月9日入侵丹麦和挪威。仅4小时后,丹麦全境沦陷;挪威虽顽强抵抗,几天后也被攻陷。占领丹麦和挪威后,希特勒认为西线总攻的时机已到,于5月10日对荷兰、比利时、卢森堡发起突袭。当日,卢森堡即宣布投降;15日荷兰投降,28日比利时投降。墨守陈规的法国即使有了英军的援助也迅速战败,40万英法军队被困敦刻尔克。希特勒推迟了发动总攻的时间,英法联军得到宝贵的两三天时间,得以渡过英吉利海峡,逃到不列颠岛。这批幸存的军力成为后来反攻的基础。6月22日,在一战结束时德军签署投降协议的火车车厢中,法德两国签署停战协议。法国在短短6周时间内沦陷,震惊了世界。打败法国后,德国于7月下旬开始对英国进行空袭。在新任首相丘吉尔的领导下,英国军民同仇敌忾,奋力反击,在无线电窃听技术和新发明的雷达的帮助下,德国空军损失惨重。于是,希特勒决定调转枪头进攻苏联。

1941年6月22日凌晨,德军按"巴巴罗萨计划"突袭苏联后,势如破竹,不到5个月,苏联150万平方公里的国土沦陷,列宁格勒陷于重围,莫斯科也岌岌可危。11月27日,德军前锋离莫斯科不到25公里;12月22日,德军一个侦察营突入希姆基,距离近到用望远镜就能看到克里姆林宫的位置。在斯大林的领导下,苏联进行全民总动员。德军原打算在冬季到来前结束战争,所以没有准备御寒装备。而莫斯科多年未见的严寒削弱了德军实力,苏军得以获得莫斯科保卫战的胜利。德国以闪电战为核心的全面进攻战略和德军不可战胜的神话破灭了。

1942年是轴心国丰收的一年,但也是暗藏失败的一年。这一年,它们战绩显赫;但在这一年,同盟国的力量也开始集结,准备反攻。1942年1月1日,美、苏、英、中等26个国家签署《联合国家宣言》,国际反法西斯联盟正式形成。7月中旬,苏德展开斯大林格勒大会战,战争持续到1943年2月。德军占有先机长驱直入,但年底时苏军展开反攻,终于在1944年反败为胜。斯大林格勒大会战的胜利意味着欧洲战略形势的逆转,盟军迎来了战争的转折点。在非洲,被称为"沙漠之狐"的德国隆美尔元帅在开局进展顺利后,很快陷入困境。10月,阿拉曼战役号角响起,德军节节败退。在太平洋战场,日军5个月占领了东南亚,但美军在中途岛航母大战中的胜利,重创了日本海军。此后,日本在太平洋战场陷入战略被动。8月,日本陆军在瓜岛争夺战中失利,令其遭逢太平洋战争中陆战的首轮挫败,其海军也折损过半。

1943年是二战的转折年。德军对苏联的进攻仍然疯狂。7月5日,双方在库尔斯克展开了世界上最大规模的坦克战,德军损失惨重,并被击退。7月10日,盟军完成西西里岛登陆。意大利随后发生政变,墨索里尼锒铛入狱。9月8日,意大利投降,接着对德宣战。1943年盟国也加强沟通联系,8月19日,邱吉尔与罗斯福在魁北克会议上签署英美共同研制原子武器的秘密协定。11月22日,开罗会议召开。28日,德黑兰会议召开。这两次会议维护和巩固了反法西斯联盟的团结,加速了反法西斯战争的胜利。

1944年,盟军大举反攻,捷报频传。春天,苏军打败芬兰,挺进华沙,洞开巴尔干半岛的大门。1944年6月6日,盟军在诺曼底登陆,8月底解放巴黎。太平洋战场上,美军取得节节胜利。6月,美国太平洋舰队在马里亚那群岛登陆;10月,美军取得莱特湾海战胜利,并解放菲律宾。年底,德军垂死挣扎,在阿登发动大规模反击,但被盟军击退。

图18-6　盟军在诺曼底登陆

到1945年，德国的败局已定。2月，美、英、苏召开雅尔塔会议，为最后胜局谋划，并商议建立联合国组织。4月16日，苏军进攻柏林，于25日同美军会师。30日，希特勒自杀。5月1日，胜利的红旗飘扬在柏林国会大厦主楼圆顶上。5月9日欧洲战场的反法西斯战争胜利结束。为尽快终结对日战争，盟国召开波茨坦会议，并发表《波茨坦公告》。7月8日，苏联对日宣战。8月，美国在日本广岛和长崎投下名为“胖子”和“男孩”的原子弹。9月2日，日本签署无条件投降书，第二次世界大战正式结束。10月24日，联合国宣告成立。11月20日，纽伦堡国际军事法庭开庭，公审德国纳粹首领和战犯。

大屠杀 二战中德国法西斯灭绝人寰的大屠杀骇人听闻，成为人类历史上永久的痛。德国法西斯对犹太人施行种族灭绝政策，建立起大量屠杀犹太人的集中营。近600万犹太人死于种族灭绝，占犹太人总数的3/4。除此之外，纳粹德国还对欧洲的吉普赛人、同性恋者、欧洲东线的战俘和国内的异议人士大动屠刀。在这场人间悲剧中，遇难人数总计1 100万到1 700万人。日本则在中国犯下滔天罪行，攻下南京后，屠杀了约30万平民和战俘，还用中国人做活体生化实验。

战争的影响 第二次世界大战是人类有史以来规模最大、损失最严重的战争，共有61个国家和地区的20亿人口卷入这场战争，军民死伤约9 000万人，物资损失超过40 000亿美元。战争使德、意的大城市几乎化为废墟，西欧满目疮痍，在马歇尔计划的援助下，经济才得以复苏。英、法、德等欧洲国家失去了在国际格局中的支配性地位，欧洲也丧失了对世界长达几个世纪的优势地位，取而代之的是美苏两个超级大国主导的雅尔塔体系。19世纪末，美国的崛起就已初露端倪，但一战后美国却因某种原因未进入国际格局的核心。二战后，西欧的衰落，造成了美苏对世界的主导。二战前，美国工业产量已居世界首位，但其并未扩充军力，对外施加影响。二战期间，得益于远离战场，美国本土未受到毁坏，加之工业膨胀，经济总量独步全球，使得战后整个欧洲的复兴都仰仗其援助。战争结束后，苏联的政治和军事影响力达到高峰，经济也快速得到恢复。在美苏走上冷战的道路后，世界两极化了。

一战后，欧洲对殖民地的控制遭到削弱。二战后，民族独立和解放的浪潮不可阻挡，欧洲的殖民统治很快被终结。1944—1985年，共有96个国家、超过10亿人口获得了独立；亚洲所有的殖民地都在10年内获得独立，而非洲的殖民地也在20年内全部赢得独立。

联合国的诞生 很久以来，人类就一直期望能建立一个维护普遍安全的国际组织。一战后，在威尔逊的倡导下，国联建立，但为英法操控的国联在国际事务中并未发挥理想的效用。1943年，盟国正式提出建立一个维护普遍安全的国际组织的建议。在开罗和德黑兰会议上，盟国首脑对这个维护集体安全组织的总体框架和基本原则进行了讨论。1944年，敦巴顿橡树园会议将之命名为联合国（United Nations）。1945年10月24日，旧金山制宪会议上，《联合国宪章》生效，联合国正式成立，并在纽约设立总部。联合国的宗旨是维持国际和平及安全，尊重民族平等及自决原则，促进国际合作。联合国设有联合国大会、联合国安全理事会、联合国经济及社会理事会、联合国秘书处、联合国托管理事会和国际法院共6个主要机构。

第二次世界大战极大地推进了科技进步。在这场现代化战争中，双方都极其重视新式武器的发明和使用。交战双方频繁使用飞机、军舰、坦克、火炮、装甲车等现代化武器，原子弹、导弹、火箭炮、雷达等新式武器与军事技术第一次被采用。军备的升级与进步也带来作战方式的变革：潜艇战与反潜战、登陆与抗登陆作战、战略轰炸与防空作战、闪击战、空降与反空降作战、航空母舰编队作战、大纵深作战等新式作战形式诞生。除此之外，二战中各参战国在实战中获得了经验与启示，进一步发展了军事思想和战略理论。

第十九章 社会经济和环境变迁

第二次世界大战(以下简称"二战")结束后,和平与发展成为世界的主题。科学技术的进步、生产力的提高、商品经济的扩充都促进了生产要素在全球范围内的合理流动和配置。跨国公司在世界各地进行生产和投资活动,成为经济全球化的强大推动力。20 世纪 90 年代起,以信息技术为基础的互联网的建成,在时空上缩短了各个国家、地区之间的距离。各国间的信息交流障碍被打破,深刻地影响着各地区和各民族的历史发展进程,带来了文化、意识形态、价值观念、生活方式等跨地区的交流、冲突和融合。全球化造就了世界的空前繁荣,问题和矛盾也接踵而来。全球环境的变迁就是其中之一,科学技术造福人类的同时也给人类赖以生存的自然环境带来了破坏。生态环境的恶化、生态灾害的频发,严重到危及人类生存和发展的程度,可持续发展与全球性的环保合作被提上议事日程。

1. 全球化和区域化浪潮

15,16 世纪, 新航路开辟后,世界各地区的联系得到加强。19 世纪形成经济全球化的第一个高潮,但被两次世界大战所打断。第二次世界大战以后,经济全球化再次启动。发达国家之间贸易往来频繁,投资发展迅猛,发展中国家也参与到资本主义世界经济体系中来。各国经济相互渗透、彼此依存,渐成一体。进入 20 世纪 90 年代,随着冷战的结束,意识形态淡化,经济全球化得以囊括东欧和前社会主义国家。

二战结束后，美国凭借其强大的经济、军事与政治力量，成为资本主义世界的领头羊。在其提议和操作下，国际货币基金组织、世界银行和关贸总协定相继建立。三大组织的建立标志着二战后新的国际贸易和金融体系的形成。借助经济实力和大量黄金储备，美国在1944年主导创建了以美元为核心的国际货币体系，保障了二战后世界金融的正常运转。

20世纪50,60年代，资本主义国家呈现一片繁荣景象。但好景不长，70年代能源危机爆发所引发的经济危机波及整个资本主义世界，西方主要资本主义国家普遍陷入生产停滞、失业增长与通货膨胀并存的困局，长达十年之久。资本主义各国从这场由石油引发的经济危机中吸取教训，更深刻地理解了在全球化时代世界市场和国际分工的重要功能。从1979年到1985年，发达工业国家一改70年代相互斗争的混乱局面，走向了金融整合与经济全球化。

20世纪80年代，拉美等发展中国家放弃坚持了50多年的进口替代战略。它们意识到，在全球化时代，进口替代战略遏制出口、挫伤经济效率、加剧失业、导致国际收支恶化，转而开始实施更为开放的贸易战略。新加坡、韩国以及中国台湾地区在经历了进口替代工业化过渡期后，转而实施出口导向经济发展战略。

在社会主义阵营，高度集中的计划经济模式令很多国家的经济发展深陷窘境，难以自拔。部分社会主义国家开始尝试经济上的改革。中国和越南率先放弃了这种经济体制，转而采取了更加开放的、面向全球市场的经济模式。苏联解体后，指令式的中央计划经济模式被抛弃。市场经济在全球范围内得到认可，各国政府都希望成为全球经济系统的一部分。经济自由化和市场化成为经济理论的主流。20世纪80年代，英国首相撒切尔夫人在谈到经济自由化和市场化的潮流时说道："我们别无选择。"

区域经济一体化　在经济全球化的大背景下，为了加强国际竞争力，一些在地域上相邻近或者经济发展水平相似的国家，联合组成区域经济合作组织。这种地区经济合作组织，削弱了贸易壁垒，使各种生产要素、商品贸易自由流通，资源得到最佳配置。区域经济一体化最早的尝试是在1921年，卢森堡与比利时结成同盟，但此后一直发展缓慢。20 世纪 80 年代,区域经济一体化趋势开始加强,90 年代至今,诞生了一大批区域经济一体化组织。

欧洲联盟是一体化合作程度最高的区域经济集团。其成立主要经历了三个阶段:荷、卢、比三国经济联盟——欧洲共同体——欧盟。1957 年 3 月 25 日,法国、联邦德国、荷兰、比利时、意大利以及卢森堡六国政府的首脑和外长,在罗马签署《建立欧洲经济共同体条约》。1965 年 4 月 8 日,六国又签署《布鲁塞尔条约》,将欧洲原子能共同体、欧洲煤钢共同体以及欧洲经济共同体整合起来,统称为"欧洲共同体"。1967 年 7 月 1 日,条约生效,欧洲共同体宣告诞生,总部设在比利时布鲁塞尔。1991 年 12 月 11 日,在欧共体马斯特里赫特首脑会议上,通过《欧洲联盟条约》,经欧共体各成员国批准,1993 年 11 月 1 日,《欧洲联盟条约》正式生效,欧共体成为"欧洲联盟"。

欧盟成立后,成员国不断扩充,一体化程度持续加深。欧盟决定建构单一市场,制定适用于全体会员国的法律,确保人员、货物、资本、服务的自由流动。2002 年 7 月 1 日,欧元正式流通。此后,加入欧元的各成员国的货币为欧元所替代。目前,欧元区已经增至 19 个国家。货币的统一是欧洲联盟在经济一体化进程上迈出的一大步,使欧洲经济增长速度得到提升。到 2010 年,欧盟国内生产总值已达 16.106 万亿美元,人均 GDP 为32 283美元。

20 世纪 80 年代,美国就谋划着创建北美自由贸易区,并将这一计划纳入美国全球经济战略的一部分。1986 年,美国开始同加拿大商谈实行自由贸易的具体事宜。1988 年,两国签署《美加自由贸易协定》。此后,美国又同墨西哥展开商讨。1992 年 8 月 12 日,美、加、墨三国达成了《北美贸易协定》。1994 年 1 月 1 日,协定正式生效,北美自由贸易区正式诞生。

与欧洲联盟相比,北美自由贸易区组织相对松散。美国、加拿大的经济发展水平远远高于墨西哥,三国的经济结构也存在差距,在减免关税方面很难同步。美国在北美自由贸易区内处于主导地位。美国的战略构想是要将自由贸易区扩展至整个美洲。1994 年,在迈阿密召开会议,美洲 34 个国家参加,承诺在 2005 年初建立美洲自由贸易区。但因美国与巴西等拉美国家的分歧较大,意见难以统一，谈判受挫。

1989年，亚太经济合作组织成立。1989年11月5日至7日，在澳大利亚首都堪培拉，美国、加拿大、韩国、日本、澳大利亚、新西兰以及东南亚国家联盟参加亚太经济合作会议首届部长级会议，宣告亚太经济合作组织诞生。1991年，中国以主权国家身份、中华台北、中国香港以地区经济体加入亚太经合组织。目前，该组织的成员已有21个。1991年11月12日至14日，在韩国首都汉城（2005年汉字名称改为“首尔”）召开第三届部长级会议，通过《汉城宣言》，明确阐明了亚太经合组织的宗旨和目标、组织架构和运作方式。亚太经合组织的目标是：减少贸易与投资壁垒，发展多边贸易体系，促进经济互补，鼓励货物、服务、资本、技术的流通，推动区域经济的成长，为本区域人民谋福祉。1993年1月，亚太经合组织秘书处在新加坡成立，负责日常事务性工作。1994年11月15日，在印度尼西亚茂物举行的经济领袖会议，规划了“茂物目标”，期望在2020年前，在亚太地区实现贸易及投资的自由和开放。亚太经合组织是目前规模最大的区域经济组织，它未设组织首脑，会议由各个成员轮流举办，对成员的约束力相当小。值得注意的是，成员之间的经济实力与发展程度差距甚大，在很多问题上难以达成共识，尤其是在经济技术合作领域，发达国家和发展中国家矛盾明显。

贸易自由化和产业分工 伴随着区域经济一体化的发展，贸易自由化在全球得到进一步加深。从1947—1994年，为签署“关贸总协定”，先后展开了八轮多边关税与贸易谈判。直到1994年的第八轮谈判——“乌拉圭回合”，“关贸总协定”各缔结方才达成“建立多边贸易组织协议”，“关贸总协定”（GATT）及其组织也更名为“世界贸易组织”（WTO）。“协定”计划将贸易自由化扩展至更广范围。目前世贸组织有成员164个。世贸组织作为一个国际经济组织，独立于联合国，并具有法人地位，在调解与仲裁成员间的分歧与冲突时，拥有至高权威。世贸组织的目标是最终取消所有贸易壁垒，包括关税以及非关税壁垒。世贸组织的成立是经济全球化的重要标杆。

随着贸易自由化的推进，发达国家开始撤除限制货币和资本自由流动的关卡，发展中国家也减少对国际投资的管制，巨额资本可在全球自由流动。20世纪90年代末期，国际金融活动与各国金融市场的联系日益紧密，这张金融网网罗了所有的发达国家、大多数发展中国家和前社会主义国家。大多数国家也开放了国内银行业，减少贸易壁垒，欢迎外商投资。大多数发展中国家和前社会主义国家都参与到全球性产业分工中来。

在经济全球化的浪潮中，产业的全球分工有了长足进步。许多跨国公司和大型企业把生产外包，从多个国家进口零部件然后在劳动成本低廉的国家设厂组装。跨国公司像世界市场上勤劳的蜜蜂，将商品和服务从一个国家运输到另一个国家。企业可以选择在本地研发、开发市场，在另外一个国家或地区制造装配，然后把最终产品运送到世界各地销售。以前在一个国家生产的商品，如今被分解为若干零部件，送至不同国家进行制造。产品生产的国际分工，导致了国家和地区之间生产的高度专业化，它降低了企业的生产成本。发展中国家参与到产业的全球性分工中，也获得了发展本国制造业的机会。到2000年，跨国公司的对外直接投资增长到每年一万亿美元，其中有2 500亿美元投往发展中国家。

图19－1 世界主要跨国公司和国际银行

全球化对不同区域的影响 在全球产业分工的产业链上，主攻产品研发的欧美国家处于极为有利的位置，同时也难以避免地造成了制造业的衰落。在20世纪最后的25年里，发达国家与发展中国家的工业生产出现了一次大规模的重新调整。制造业大多由发达国家转移到发展中国家去了。资本主义世界体系使东亚、拉丁美洲和其他地方的数百万劳动力卷入到世界市场的产品生产中。在附加值低的低端产业中，欧美无法与拥有大量非熟练劳动力进行生产的中国和墨西哥竞争。发达国家中，制造业的就业人数从20世纪70年代早期的27%下降到20世纪90年代后期的18%。1975年，发展中国家钢铁总产量还不及美国的1/2，到2000年，拉美和亚洲集中了世界最具竞争力的钢铁制造商。发展中国家的生铁产量已经超过了欧洲和北美的总和。

经济全球化给发展中国家带来了发展契机，越来越多的发展中国家和经济转型国家加入到全球劳务分工中。它们调整自己的经济模式，使之适应全球经济发展的趋势。在“亚洲四小龙”经济发展成功经验的示范下，许多发展中国家先后选择了出口导向型工业化道路，吸取外国投资和贷款，加入进供应世界市场的产品生产链。韩国、中国台湾、中国香港和新加坡在早期利用本国或本地区的低廉劳动力成本在劳动密集型的生产领域——服装、鞋、家具等大规模地进行生产制造，获得了巨大外贸赢益；然后，又向中档消费电子产品和电脑制造领域进军。后崛起的东亚国家——印度尼西亚、泰国，尤其是中国也遵循了这种模式。

经济全球化给世界各国带来的红利是不均衡的，南半球的发展中国家和北半球的发达国家之间的经济差距曾一度扩大。为协调南、北半球的经济发展，发展中国家代表和发达国家代表不定期召开国际性经济会议，就经济合作与开发展开谈判斡旋，亦称“南北对话”或“南北会谈”。发展中国家借助石油输出国组织、不结盟国家会议、“77国集团”以及其他一些原料生产国组织积极开展多方斡旋。在1964年，最终成就了联合国贸发会议的召开，南北会谈就此启动。1974年，联大特别会议通过《行动纲领》与《建立新的国际经济秩序的宣言》，宣告南北关系问题已正式进入国际议事日程。随后，对话的广度、深度及方式都不断深化。

金融全球化及其问题 全球化也意味着金融市场的一体化。然而金融业是经济全球化中最为脆弱的环节。在全球金融体系中，暗藏着一波又一波的银行危机与货币危机。当前世界金融体系存在着如银行坏账丛生、社会货币供应过多、政府财政危机及不平等的国际货币关系等问题。这些问题也给国际投机分子以可乘之机。1992 年，大量热钱从欧洲流出，先后快速流过墨西哥、巴西、阿根廷、土耳其、东亚、俄罗斯等地区和国家。每一轮都有数千亿美元被吸入私人投资者、大企业和他国政府，严重威胁到国际经济的稳定。当国际金融大鳄向市场投入数十亿美元的资本时，英国、巴西、泰国和土耳其等国家都曾经拼命试图保护自己国家的货币价值，直到最后无力捍卫，只能下调汇率，最终酿成区域性金融危机。

经济全球化给各国金融货币政策的制定提出了一道难题，所谓“蒙代尔难题”。加拿大最早面临这个难题。加拿大若想与美国经济联系更加密切，须把本国货币同美元绑在一起，但这样就势必得放弃本国独立的货币政策；但很多时候，当出口不景气时，又需要行使独立的货币政策，使汇率自由浮动。这就使在稳定的汇率和独立的货币政策中选择其一就成为一道难题。实施一个稳定的加拿大对美元的货币政策可以促进美加贸易、旅游和投资；保留和行使独立的、可自我掌控的货币政策则可以减少失业、避免通胀。然而这两者似乎是不可兼得的。20 世纪 50 年代加拿大选择了后者，但到了 1962 年又改成了前者。

进入 20 世纪 90 年代，越来越多的国家融入世界市场，都面临这个所谓的“蒙代尔难题”。各国政府都期望本国货币稳定，但又需要及时应对国内经济情况的变化。而应对的有效措施之一就是货币贬值。一方面，若是汇率固定不变，将对出口造成负面影响，导致国内失业增加；另一方面，若是货币贬值，则会加重债务，甚至酿成金融货币危机。发展中国家急切需要大量外资以带来经济活力。但同时，放弃本国独立的货币政策对其经济的健康发展又会产生不利后果。

国际金融市场允许政府、银行、企业借到远超偿还能力的债务。

20 世纪 60 年代以后，部分发展中国家为快速推动民族经济的发展，盲目追求发展速度，举借高额外债。遗憾的是，借来的外债并未都能发挥实际效果——迅速推动国内经济的发展，而高投入带来的却是低效益。对贫弱的发展中国家来说，还本付息极其困难。一旦借债国家的货币贬值，外债就会相应增加，这样，债务像雪球一样越滚越大。20 世纪 80 年代，发展中国家爆发债务危机，以拉美国家最为严重，到 1988 年发展中国家的债务高达9 932亿美元。高额的外债成为经济发展的巨大包袱。

2. 文化和社会变迁

二战期间，交战各国投入大量人力物力研发各类新式武器和信息技术，客观上推进了科技的发展，为二战后科学技术的腾飞奠定了基础。20 世纪 50 年代以来，人类在原子能、航天技术、分子生物学、遗传工程、电子计算机以及微电子技术等领域取得了丰硕成果。其中，电子计算机的发展和运用最具突破性意义，标志着信息时代的到来。20 世纪 80 年代以来，电脑的使用范围越来越广，功能越来越强大。它被广泛应用于企业、学校、交通部门、医疗卫生、文化娱乐、农业、图书资料的处理等领域，节约了大量的能源、时间、空间、资金和劳动力，完成了人力所不能完成的工作，产生了巨大的收益。

互联网是促进全球文化交流的关键因素。20 世纪 90 年代以来，互联网所载信息量以几何级数增加。互联网已成为世界经济发展的关键性基础设施，它渗透到经济与社会生活的各个领域，不仅创造出新的便捷的通信与信息检索方式，还提供了庞大的服务与信息资源，世界各地的人们都能通过互联网实现资源共享与信息交流。20 世纪末，电脑开始普及，海量的信息通过网络传递，人们几乎能实时了解地球另一边发生的事情。通过互联网人们可以坐在家里轻松地解决诸如订票、缴水电费、订餐、发邮件、炒股等生活问题。进入 21 世纪，网络购物又蓬勃发展起来。

在空间技术领域，苏联在 1957 年发射了第一颗人造地球卫星，标志着航天技术的诞生。1964 年，美国成功登上月球。到 20 世纪

70至80年代，空间技术应用到民用领域，各种通信卫星、资源卫星、导航卫星、气象卫星纷纷升空服务于民。1997年7月，美国发射的“火星探路者”号探测器在火星着陆，并收集了大量珍贵资料。在生物技术领域，20世纪70年代初步形成了细胞工程、基因工程（遗传工程）、发酵工程、酶工程四个部分，其中基因工程是核心领域。1975年英国生物学家米尔斯坦和科勒首创克隆技术。1995年，世界上第一头克隆羊——多利在苏格兰诞生。20世纪80年代蛋白质工程兴起，各国科学家开始研究人类基因组，力图破译人类基因遗传信息。70年代爆发的世界性能源危机引起人们对开发新能源的重视，如今，水能、风能、太阳能、生物质能等新能源已广泛运用于民用领域。其中，开发最富成效的当属太阳能与核能。

社会生活变迁 二战后，以生物技术、新材料以及电子信息为核心的高新技术获得突破性进展，给人类的生活方式带来巨变。科学技术渗透到社会经济生活的各个领域，成为现代生产要素中最活跃的因子。第三次科技革命促进了生产方式的变革，同时也带来了新的价值观、行为方式、思维模式和生活方式。

商业经济的繁荣催生出一大批国际性现代化城市。到2000年，东京、纽约、汉城（首尔）、墨西哥等城市的人口都超过了1 000万人，世界城市人口占到世界总人口的60%。为了解决住房问题，高层建筑风行全球。2001年毁于“9·11事件”的双塔式世贸大厦就建于1973年。城市也开始向市郊发展，在大城市周围建立起卫星城。随着交通和通信业的发展、乡镇基础设施的改善和城市环境的恶化，在发达国家中出现了“城市人口逆流”，1970年，美国的郊区人口首次超过市区人口。车水马龙的中心城市往往是白天熙熙攘攘，夜晚空空荡荡。

家用电器的发展与广泛使用意义巨大：它把人们从家务劳动中解放出来，又使文化娱乐生活得到极大丰富，还营造出更加舒适便利的生活及工作环境。1931年，世界上第一台电视组装成功。1954年，彩色电视广播在美国出现。此后，吸尘器、空调、电冰箱、电灶、全自动洗衣机也应运而生。20世纪下半叶集成电路的发明，昭示着人类从此进入微电子技术时代。数码相机、摄像机、笔记本电脑、手机等电子产品已成了人们生活中的必需品。随着生活水平的提高，家庭的消费模式也发生改变，文娱、教育的支出逐渐上升。

图 19－2　20 世纪 60 年代美国生活画面：生活如此美好

几千年来，人们的服装都是用棉、麻、丝、毛皮等天然纤维做成的。科技的发展创造出各种人造纤维，服装面料变得更为丰富，色彩也更为艳丽。人们对时尚的追求，使时尚产业应运而生。人们的生活方式也在发生变革。冷冻技术与交通运输的发展，饮食变得丰富起来，人们可以吃到来自世界各地的新鲜食物。温室技术的诞生，令大多数农产品在四季皆可种植，即便在冬天也能吃到春天的瓜果。

文化认同的多元化　20 世纪 60 年代起，信息和通信技术的发展对文化的最重大的影响就是改变了文化交流和传播的方式。新的信息技术尤其是国际性传媒公司的出现促进了全球范围内的文化交流。

在文化交融的基础上产生了超国家的、全球性的社会认同。全球化大力推进了社会群体和个人的跨区域流动，二战前以国家和民族为基础的社会认同开始模糊化。随着跨国公司的发展,资金、技术、人员、商品等的跨国流动,也影响了各国的文化和价值观。跨国公司带来一种新的生产和消费文化,冲击着本土的文化。

文化的传播是不平等的。居于主流的全球文化,实质上是以欧美发达国家的文化为基本内核的。而对于其他地区的人来说,信息革命所带来的文化是一种异地文化,它使本土文化特征趋于消融。联合国教科文组织不久前统计,世界有近7 000种语言正面临消亡。美国作为超级大国,其文化的影响力可与美国的军事力量相媲美。英语是世界通用的语言,好莱坞的电视、电影充斥于各国的文化市场,可口可乐和麦当劳到处可见。在全球化过程中,一些国家欣然接受了欧美文化的影响,并将其融入本土文化;另一些国家有选择性地接受,并保持了本土文化的独特性;其他一些国家,尤其是中东和伊斯兰国家则强烈排斥欧美文化的入侵。

广告业也走向全球化,成为全球文化中重要的组成部分。跨国公司的产品广告以影视、艺术等新媒体的形式在全球出现。世界大多数文娱集团,从广播电视台到大小体育盛会都借助广告这个媒介找到投资商。广告中除了商业内容外,也包含着大量文化信息,影响着世界各地区的习俗、价值观、审美观及消费心理。

摇滚乐和爵士乐等流行音乐风靡全球。“披头士”、迈克尔·杰克逊等明星在全世界拥有无数粉丝,音乐跨越了语言的障碍。产自美国的电影、电视节目、肥皂剧、新闻报道在世界各地流行,其中展现的西方生活方式和价值观潜移默化地影响着其他地区的人们。全球性的体育盛会也促进了文化交流,奥运会、足球世界杯等大型体育赛事吸引了数亿的电视观众,带来大量粉丝团到主办国,带动了旅游消费的繁荣。并且,跨国留学人员的数量也在逐年增加。

3. 环境变迁

工业化和科学技术的发展促进了世界经济的持续发展。在造福人类的同时,也给人类赖以生存的自然环境带来了破坏。20 世纪 80 年代以来,生态环境损坏事件与地区性的环境污染问题层出不穷。

同时,臭氧层破坏、温室效应、土地沙漠化、森林锐减、土壤侵蚀、酸雨、物种灭绝、野生物种减少、越境污染、海洋污染等问题也日益显现,人类未来的生存和发展面临着严重威胁。

环境问题早在第一次工业革命期间就已出现。不过,那时仅仅是局部问题,第二次世界大战后则发展成全球性的问题。环境问题已突破了国家疆界的限制,威胁着整个人类的生存。大气中的污染物翻山越岭,漂洋过海,飞到世界的每一个角落;水中的污染物随河而流,汇入大海,使海洋污染。1972 年的《联合国人类环境会议宣言》呼吁国际社会共同努力维护地球环境。20 世纪 80 年代以来,环境问题成了国际关注的热点。1992 年联合国召开的"环境与发展大会"强调实施经济发展与环境相协调的可持续发展战略。

生态环境的恶化 人类共同生活在大气层的保护之下,然而这个保护层却极其不稳定,无论是自然灾害还是人类影响,都使大气层中的成分发生了改变。一旦出现新的物质,或是某一成分的含量比例失调,生物的生长发育就会受到影响。人类过多地使用石油、煤炭和天然气,造成大气中二氧化碳与臭氧的比例失衡和全球性的温室效应,全球变暖在持续。气温的升高导致某些地区雨量增加或干旱,飓风风力增强,自然灾害加剧。更糟糕的是,气温的升高还导致两极地区冰川融化,海平面上升,部分沿海地区、低洼地区以及岛屿或将面临灭顶之灾。

臭氧是存在于大气中的微量气体,主要聚集在平流层中 20 ~ 25km 处,形成大气的臭氧层。臭氧层对调节气候与保护生命界至关重要。20 世纪 50 年代末到 70 年代,臭氧浓度就已经开始减少。科学家研究表明:大气中的臭氧每减少 1%,进入大气的紫外线就会增加 2%,人类患皮肤癌的概率就要增加 3%。1985 年,科学家发现,南极周围臭氧层明显变薄,此即"南极臭氧洞"问题。之后,强烈要求保护臭氧层的呼声此起彼伏。1995 年 1 月 23 日,联合国大会通过决议,确定 9 月 16 日为"国际保护臭氧层日"。

地球表面的 70% 为海洋,有着最稳定的生态系统。然而最近几十年,石油泄漏、有害工业废水和核废弃物的倾倒以及过度捕捞,造成局部海域环境变化,并有扩展之势。石油污染造成海水缺氧,危及海洋生物。海水因海洋污染而变得浑浊，海洋植物的光合作用受到损害，伤及海域的生产力。耗氧有机物污染而引起的赤潮致使大量海洋生物死亡。有毒有机化合物及重金属等有毒物质的累积毒害着海洋生物。海滨旅游资源也遭到破坏。海洋污染存在污染源多、扩散范围广、控制难度大的问题，这些问题的解决要仰仗世界各国的共同努力。

在过去一万年流失的世界森林资源当中，有一半是发生在近80年里，在这80年里世界的森林又有一半是在近30年里被毁坏的。世界原有森林76亿公顷，到20世纪70年代降至36.25亿公顷，90年代减至26.4亿公顷。20世纪90年代，“世界之肺”的亚马逊原始森林的覆盖率减少了11%。在地球上，平均每五秒钟就有一片足球场大小的森林消失。森林的减少不仅直接威胁到森林动植物的生存，还降低了全球空气的净化能力。

植被被破坏的一个直接后果就是土地荒漠化。20世纪70年代以来，世界上有2/3的国家处于沙漠化的威胁之下。尽管全世界都在千方百计地控制荒漠化，但荒漠化仍固执地以5~7万平方公里/年的速度扩散。截至20世纪末，全球已流失了近1/3的耕地。荒漠导致的资源匮乏还造成了人民贫困与社会动荡，这已经从单纯的生态问题扩展为经济与社会问题。

地球曾历经5次大的物种灭绝。随着经济的发展，人口持续性膨胀，所需生活资料越来越繁多，活动半径越来越大，对大自然的干扰也越来越频繁。过去2亿年中，每27年平均有1种高等植物灭绝，每100年大概有90种脊椎动物灭绝。人类的扩张使哺乳类及鸟类动物的灭绝速度提高了100到1 000倍。

自然资源危机 生物资源、水资源、土地资源、矿物资源和气候资源是人类赖以生存的物质基础，同时又是开展社会生产所需的燃料及原料来源。自然资源在数量和质量上存在地域差异。很多国际争端的实质就是争夺资源。煤、天然气、石油、核能等能源对世界工业、经济的发展极为关键。北方发达国家对能源的需求超过南方发展中国家，欧美发达国家使用的能源依赖于进口。能源贸易在全球经济中占有重要地位。拉丁美洲、非洲、中东地区是主要的产油区,沙特阿拉伯是目前最大的产油国,西欧、日本和北美对能源的需求很大。

20 世纪早期,欧洲国家控制着中东地区,也把持着该地的石油生产。第二次世界大战后,中东国家摆脱了殖民统治实现了独立,石油产业也收归国有。为对抗西方国家对石油资源的掠夺,保护本国资源,各大石油生产国开始协商原油的产量和价格。1960 年 9 月,伊拉克、沙特阿拉伯、伊朗、科威特和委内瑞拉的代表齐聚巴格达,石油输出国组织(Organization of Petroleum Exporting Countries——OPEC,简称“欧佩克”)就此诞生。随着参与国的增加,欧佩克逐渐发展成囊括亚非拉主要石油生产国的国际性石油组织。欧佩克成员国的石油出口量占据了国际石油贸易总成交量的六成,对国际石油市场影响巨大。

淡水资源的减少也是急需解决的问题。湖泊、河流及地面的淡水资源正不断缩减。淡水资源的缩减为人口增长和经济发展所致,其中工业用水和农业灌溉耗费大量水资源。20 世纪 70 年代“绿色革命”期间,灌溉用水翻了一番。环境污染也造成了水质恶化。尤其是在一些发展中国家,工业的落后以及环境意识的缺乏,污水基本上不经处理即排放。在干旱及半干旱地区,水贵如油,淡水资源已成为制约当地经济发展的关键因素。各国各地区在地下蓄水层及跨国河流的开发利用上矛盾尖锐。

人口压力 人口问题与环境问题有着密切的因果联系,进入工业社会以后,世界人口以几何级数增长。1900 年,世界人口只有 16 亿人,到 2005 年已经突破 65 亿人。预计到本世纪中叶,世界人口将达到 90 亿~100 亿人。印度、中国、巴基斯坦、尼日利亚、孟加拉、印度尼西亚六国是对人口增长“贡献”最大的国家,占了世界人口增长的 97%。与其他发展中国家一样,这六个国家的人口增长模式都处于从传统型向现代型转变的阶段,出生率由高转低,死亡率也由高转低。巨大的人口压力令这些国家在改善民生,如住房、就业、粮食和燃料等方面面临不少困难。人口暴涨也是生态环境被破坏、消费与积累比例失调等问题的源头。

为控制人口规模,部分国家制定措施以限制人口快速增长。

20 世纪 80 年代末，约 42 个发展中国家正式施行控制人口增长的政策。由于人口基数庞大，很多发展中国家还没有享受到人口增长放缓的红利时，就要与发达国家一道面对人口老龄化问题。人类寿命的增长和婴儿出生率的降低使得社会老年人口占比增大。老龄化会使得社会劳动力减少，缺少创新性，福利开支增大。医疗费用及退休金是社会对老年人的主要支出。部分西欧国家推行高所得税与高社会福利政策，将近 1/3 的国民收入用于社会保障。美国在某些年度的养老金开支甚至比国防费用还高。法国等国借助鼓励生育来刺激人口增长，并通过国外移民来弥补劳动力的匮乏。

人口政策的实施带来了妇女地位的提高。妇女不再是生育孩子的工具，她们可以自由地从事各行各业的工作，拥有自己的财富、选举权，平等地接受教育。但是妇女的地位在各国并不相同。在印度等一些国家中，出现了男女比例严重失调的现象，带来很大社会问题。

全球化使各国之间的联系更加密切，疾病传染的范围扩大了。一些疾病在短时间内从某些区域传遍世界。艾滋病最初在西非传播，然后由移民带入美国，1982 年艾滋病被发现并正式命名。不久，艾滋病以惊人的速度蔓延至全世界。截至 2006 年，世界约有6 500 万人感染艾滋病毒，其中 280 万人死亡。艾滋病严重威胁人类生存，死亡率很高，一度有“超级绝症”之称。非洲一些国家，感染艾滋病的人数过多而缺乏劳动力，经济发展受到威胁。几乎每隔两年，世界还流行一次 HFMD（手足口病），2003 年，SARS（严重急性呼吸道症候群）跨区域传播，给很多国家和地区带来困扰。

可持续发展 在全球化的时代，环境问题是全球性的问题，需要国际协作来共同解决。近年来，环境保护意识在增强。1972 年，联合国人类环境研讨会在斯德哥尔摩召开，提出“可持续发展”的理念。1973 年，成立了联合国环境规划署。1987 年，世界环境与发展委员会出版《我们共同的报告》，倡导“可持续发展”，认为经济发展应该“既能改善人类生活质量，又不超越生态系统的承载能力；既能满足当代人的需求，也要考虑子孙后代的需要”。可持续发展涉及自然、环境、社会、经济、科技、政治等诸多方面，需要多方协调。1992 年 6 月，“联合国环境与发展大会”在巴西的里约热内卢召开，183 个国家(地区)与 70 多个国际组织的代表出席了大会。大会通过了《21 世纪议程》，着手解决可持续发展需解决的 40 个领域内的问题，并将 120 个可操作的项目提上日程。这次会议成为可持续发展从理论迈向实践的重要转折点。可持续发展的理念是人类反思工业文明及其伴随的一系列环境和社会问题后做出的理性思考。

第二十章

全球化及其新问题

20 世纪下半叶以来的全球化发展,把人类带入一个新的互动结构中,它驱使国家交出部分经济主权,而受制于通过谈判和协商产生的国际规则。各国的相互依存度急剧增大,出现了大量民族国家单独无力解决的问题。作为资本主义市场经济新的发展形态,全球化带来了各国经济发展新的不平衡和社会阶层收入的新的不平等。迄今,还没有制定相关机制和原则来应对这些问题。在当今国际社会中,国家作为一个行为体,其目标仍是追逐自身最大利益。

全球化的发展催生了全球治理的需要。全球治理表现为不同层次的行为体的互动,全球治理与全球秩序之间存在着相互关联性。在单极世界里,全球治理往往为强权国家所主导,虽然也夹杂强权国家试图形成国际共识,或使用武力胁迫,如 19 世纪后半叶至第一次世界大战前英国对世界事务的管理,以及冷战后相当一段时间内美国对国际秩序的监管。进入 21 世纪,全球治理的方式趋于多元化,对问题的应对更多依赖形成国际共识、协商或引导以及非军事手段的制裁等。然而正是在这种转型的过程中,出现了大量的问题。

21 世纪头 10 多年,世界似乎被坏消息所困扰,战乱、恐怖主义、大国间紧张局势的加剧、区域整合和全球化的退潮、长约 1/4 世纪的全球经济繁荣的结束等。冷战结束后 20 多年中,美国平均 1. 4 年卷入一场战争;而在冷战期间,美国平均每 2. 6 年卷入一场战争。美国前国家安全助理布热津斯基惊呼:“这在历史上前所未有,地球上的大片地带都陷入民粹骚乱和愤怒，实际上处于政府失控状态。”①

1. 世界一体化

第二次世界大战后，迅速发展的全球化极大地削弱了国家间的经济、社会和文化边界。麦克尼尔曾经提到，1 500年以后，全球生物边界将消失。现在，可以说经济边界正在消失。欧洲在破除国家间边界上走在前面。1648 年的“威斯特伐利亚条约”以地理边界把欧洲划分为主权独立的国家。在后威斯特伐利亚国际体系中，一个国家不再能是可以独立发展的经济实体。委内瑞拉的经济滑坡就是一个突出例子。其经济严重依赖石油出口，石油价格的跌落对该国经济会产生严重影响。20 世纪末叶加速的全球化进程，冲击了国家设立的对货物、资本和人员流通的边界限制，国家对自己疆域内的政治、经济和文化的管辖同时受到诸如世贸组织协定、各种双边或多边贸易协定、联合国通过的人权宣言及各种决议的制衡。在欧盟内部，边界已经名存实亡。

目前出现的诸多区域经济一体化组织，如北美自由贸易区、东盟、欧盟、拉美自由贸易区等显示了国家间关系发生了深刻的变化。德国中央合作银行首席经济学家斯特凡·比尔迈研究了 16 个国家的对外投资及其与 GDP 的比值，建立了一个衡量全球化水平和国际经贸联系的紧密度水平的模型。研究结果显示，直至 20 世纪 90 年代末，全球化指数基本保持在同一水平上，从 1997 年开始急速上升。世纪之交，互联网泡沫破裂，全球化指数暂时下跌。从 2003 年开始，又快速上涨，在 2007 年达到顶峰。金融危机后，全球化指数在波动中又不断下滑，目前已降至 20 世纪 90 年代的水平。②

全球化创建了国家间的新的连通性。开通或者限制这种地缘经济联通性便成为 21 世纪国际政治竞争的重要领域。大国，尤其是

① 多伊尔·麦克马纳斯．全球动荡是新常规吗？[N]．洛杉矶时报，2014 – 7 – 30.

② 弗兰克·斯托克尔．经济全球化时代面临终结[N]．德国“世界报”网站，2016 – 8 – 24.

居于霸权地位的大国把控制全球经济的节点作为控制手段，大国间的冲突日益表现在对经济连通性的管理之战，掌管控制连通性的“水龙头”的权力体现一国的实力。这种连通性包括贸易通道，一国同他国的贸易往来，资本、技术的流通的开放程度等。美国的霸权在很大程度上体现在它对“节点”的控制上，它可以通过制裁使一国陷入“孤立”状态，也可以通过贸易优惠使一国经济发展。

美国“重返亚太”采取的一系列措施，尤其是加剧南海争端可谓一石双鸟，既可以在中国和东盟的一体化进程中设置障碍，又可以扰乱甚至阻断中国与世界其他地区的贸易通道。俄国与欧美在乌克兰的争夺，以及欧美对俄国的制裁，就是一个控制连通性节点和削弱俄国同世界的连通性的一个案例。欧美对俄经济制裁对俄国产生的影响有目共睹。美国正力图建立的排除中国的、贸易自由化程度更高的区域性协定，也是试图削弱中国同世界的经济连通性的举措。中国提倡的“一带一路”则有打破这种遏制，创建新的连通性的特征。

2. 对全球化的抵制

2008 年西方金融危机以后，抵制全球化的浪潮开始抬头。许多国家开始实施贸易保护主义政策，“给别国的出口商设置了更多障碍”。[①] 美国 2008 年到 2016 年对其他国家实施了 600 多项贸易歧视性措施，不仅对中国，也对 G20 大多数成员国都收紧了贸易政策。德国自 2008 年以来对中国设立 60 多项贸易壁垒措施。这些带来严重的负面效果。英国智库经济政策研究中心的报告显示，2015 年世界贸易总额比前一年下降了 0.6%。这是自柏林墙倒塌以来最长的贸易停滞时期，连续 15 个月世界贸易额没有增长。而在 2007 年全球金融危机爆发前的 20 年里，国际贸易基本以两倍于经济增长的速度扩张。按美元计算的世界贸易额下降更为严重，货物出口额下降

① 西蒙伊文奈特. 保护主义重新流行[N]. 瑞士商报，2016－7－27.

13%，服务出口额下降6%，货物运输额下降10%。①

自由贸易对所有参与其中的地区都是有益的，因为它有助于提高国内生产总值。在开放和自由贸易的原则下，发展中国家获得投资、技术和市场，经济进步明显；发达国家如美国等也享受着低通胀、商品更加廉价的好处。那么，为什么会出现对全球化的抵制呢？全球化使一国经济和产业处于全球竞争之下，因此就有输家和赢家。无论是穷国还是富国，生产效率低下的产业都面临关停的严酷局面。1980—2010年，中低技术工作的竞争首先变成全球竞争，②中国等新兴经济体的工人和发达国家的工人同台竞争谁能生产出更廉价的产品。这种竞争抑制了发达国家劳工的工资增长，甚至直接使不能适应新商业环境的产业倒闭。在这种全球化竞争中，中国制造业崛起，而发达经济体的传统制造业则不断衰退。

商品生产的全球化无情地把各国劳动力成本和生产效率置于同台竞争的状况下。美国虽然具有发行全球流通货币（经常的金融量化宽松政策）的优势地位，高质量的教育体系，并能吸纳全球优秀人才，科技也居领先地位，但美国，包括西方发达国家仍旧不能避免制造业持续相对衰落的局面。托马斯·马凯蒂在《21世纪资本论》中评论说，全球化使有权有势的人也面临竞争。欧洲的经济实力也相对衰落，其众多产业因面临来自国外的更为廉价的产品的竞争而倒闭。目前，欧元区19国的失业率高达10.2%，是一般失业率的两倍。

“全球化过程产生的经济回报在社会上没有被公平分配，只把金融和高科技巨头变成超级富豪，同时毁掉大批制造业，在经济上受到压榨的中产阶级和蓝领中创造出一个新生的失败者阶层”。③有人甚至评论说，即使在德国，“就像在所有发达国家那样，中产阶

① 见中国明显超过美国成为世界第一大出口国[N].（法）回声报，2016-7-25.

② 斯蒂芬·格伦维尔．全球化和收入分配[N].（澳）洛伊解读者网站，2016-7-26.

③ 利昂·哈达．民族主义取代不了全球主义[N].（美）国家利益双月刊网站，2016-6-30.

级已经被冲垮”。[①] 地区之间的不平等也加剧了。大都会有欣欣向荣的全球化服务经济和受到良好教育的白领,沿海地区有大量外向型产业,这些地区人均 GDP 迅速攀升;而边远地区和内陆省份却经济增长缓慢。非洲许多贫穷和战乱地区也没有从全球化中获得多少经济和社会发展的机遇。当今的全球化,虽然意味着更有效的生产方式和更高的社会生活水平,但仍然包容性不足。

对现有全球化的抵制表现为至少两种形式:第一种,用与己有利的新的自由贸易集团与之相竞争。美国等发达国家深谙贸易自由、资本、技术和人员的相对自由流动是经济繁荣的基础,因此并不排斥贸易自由化。它们所急欲取代的是使中国获得极大发展机会的现存世界贸易体系。欧美所提议的区域性自由贸易组织《跨太平洋伙伴关系协定》(TPP)和《跨大西洋贸易与投资伙伴关系协定》(TTIP),排除了中国的参与,将严重削弱中国的贸易地位。看看世界贸易现状就清楚美国这样做的原因。世界贸易组织最近的统计数据显示,2015 年中国出口占全球总出口的 14%,美国只占 9%,德国占 8%。中国是世界第一大出口国,远超美国,称雄世界。[②]

抵制全球化的第二种形式是:退出于己不利的区域整合模式。英国即将实施的脱欧就是一个突出事例。一些观察家甚至认为,这标志着“超越国家的‘大欧洲时代’即将成为过去”。[③] 是什么原因使英国要对欧洲整合踩刹车呢? 首先,英国感觉全球化限制了其国家主权。其次,英国感觉大量的移民使其不堪重负。2016 年 7 月,在英吉利海峡口岸,每隔 6 分钟就有一个试图非法越境者被逮捕。就在 2016 年英国脱欧公投的当天,英国国家统计局公布了英国最新人口数据:创纪录的 6 500 万人。在过去的 12 个月,人口增加了 100 万,其中外来移民贡献了 45%。按这个增速,英国人口将在 2030 年达到8 000万人。支持脱欧的《每日快报》评论说,英国的土地无法

---

① 参见费奥多尔·卢基扬罗夫. 慕尼黑枪击案预示老欧洲谢幕[N]. 载俄罗斯连塔网,2016 – 7 – 25.

② 见“中国明显超过美国成为世界第一大出口国”[N].(法)回声报,2016 – 7 – 25.

③ 参见费奥多尔·卢基扬罗夫. 慕尼黑枪击案预示老欧洲谢幕[N]. 载俄罗斯连塔网,2016 – 7 – 25.

容纳这么多人口。伦敦是外来移民最多的地区,伦敦服务业从业人口80%是外来移民。公投之前鼓吹脱欧的电视和报纸描绘说,我们的列车、道路、学校因为移民变得拥挤不堪;诊所因为难民及其翻译,使我们难以及时就诊。英国脱欧已经给世界经济带来新的不确定性。脱欧公投的当天,全球金融市场的市值蒸发了2.5万亿美元。

图 20-1　英国脱欧漫画:欧盟的"最后的晚餐"

3. 地缘政治格局的新变化

20 世纪 90 年代以来,苏联解体后,俄国与西方接近,中国推行以市场经济为主导的改革。冷战期间分隔世界的经济和政治壁垒消融,世界形成了前所未有的互相依存结构。一系列的推动世界互联性的技术和制度,例如全球性的产业分工和贸易网络,跨国的存取、汇兑和支付金融网络,联合国及其下属的跨国性管理机构、世界贸易组织、欧盟等区域管理机构,使世界联为一体,并进入一个经济发展快速增长期。不幸的是,冷战后20多年的和平发展大趋势正受到干扰。一系列的事件导致当代国际政治出现重大变化,主要体现在以下几个方面。

(1)冷战结束后长达20多年的专注经济发展,各国之间总体上和平竞争的时代似乎正在终结。世界从鼓励技术、商品、人员、资本的相对自由流动,区域整合和彼此开放开始转向,一个重要原因是由于部分发达国家认为剩余价值在全球范围内的分配似乎对它们不利。西方试图通过经济制裁、新的贸易壁垒或贸易优惠条件的授予来维持自己在贸易体系中的优势地位。

(2)各大国之间的关系从总体上相对友好转向潜在的对立,甚至敌视状态。美国再次把中俄视为异己力量和挑战者。冷战后,美国失去了建立一个抛弃意识形态和文化冲突的、总体相互缓和的国际新秩序的机会,其对苏联解体后的俄国的帮助不够,反而借机削弱俄国,北约的东扩即是例证。由此造成俄国深感其战略空间和国家安全受到威胁。乌克兰冲突使西欧同俄国的敌视加剧,对峙正在形成。

(3) 一系列有意的“误解”或“误导”使世界尤其是在东亚不同政治实体间的对立情绪加剧。近几年,西方舆论散布中国正挑战现存国际秩序和规范,[①]把中国妖魔化。中国被动维护国家主权的行为被描绘为扩张,并鼓吹制定和实施所谓威慑和遏制战略,加剧了紧张局势。无须赘言,中国威胁论和中国扩张论都是假命题。历史证明,中华民族没有对外扩张的基因。前美国《时代》杂志主编在《后美国世界》一书中就曾指出,儒教传统的中国同以新教为信仰的西方不同,中国没有以殖民和对外扩张来传播本国信仰的习惯,而恰恰是新教国家,例如美国有着强烈的在世界传播其教义的使命感。美国“重返亚太”,加剧南海的紧张局势, 并以所谓“修昔底德陷阱”来渲染中美冲突的必然性。

4. 失败国家、原教旨主义和恐怖袭击的扩散

各类极端主义意识形态和运动,宗教极端主义、意识形态上的

---

① 阿米塔夫·阿查里雅. 从单级时代到多重世界[N]. 载“美国耶鲁全球在线”, 2014－7－3.

原教旨主义、民粹主义、狭隘民族主义等成为对人类文明进步的一大威胁。恐袭事件近来不仅出现在与中东失败国家接壤的地区，也蔓延到欧洲腹地；不仅有组织的恐袭不断发生，而且自发的、独狼似的恐怖主义袭击也日益多见。谈到恐怖主义袭击，其源头不能不追溯到中东、北非和南亚的动乱和失败国家的增多。因为大多数恐袭实施者似乎原籍多为中东、北非和阿富汗。

全球化加剧了不同信仰和文明之间的矛盾冲突。但中东混乱、失败国家的增多，与美国和西方的外交政策和军事干预有很大关系。自小布什政权以来，美国外交政策以在全世界扩散自由民主价值观为导向，对那些被视为不符合或抵制这些价值观的国家进行武力干预，或煽动、资助推翻政府的起义。结果，暴力的政权更替无一例外地表现为摧毁现有的政治和社会管理机构，使旧秩序彻底崩溃，使社会陷入无政府状态。在外来力量扶持下执掌政权的政治派别，或在起义中夺取政权的武装集团都无法有效地恢复秩序，重建管理社会的行政体制，于是迫使民众转向依赖或臣服以古老身份认同为特征的宗教信仰集团或部族。①

种族、部落和宗教争端是人类文明长期以来最基本的冲突根源和形式之一。近现代世俗国家的建立，以及第一次世界大战后逐渐流行的泛国际主义的意识形态，是压制这些原始冲突的两大体制。冷战的结束，使约束这些纷争的泛国际主义意识形态消失了。在宗教传统强大的地区，经过几十年的现代化、社会的组织化和世俗化，宗教势力才得以被削弱。西方的入侵和连年的战乱摧毁了管理社会的世俗官僚机构，权威的缺失为宗教势力在中东的得势创造了条件。

美国支持“阿拉伯之春”运动，导致利比亚和叙利亚陷入战乱。而战乱中得势的不少武装集团，并不以西方民主价值观为信仰，而是以原教旨主义、极端主义为信仰基础，发动的是反西方和世俗社会价值观的圣战。亨廷顿在冷战结束后宣称文明间的冲突将成为

① 相关评论参见斯蒂芬·沃尔特. 民主自由和苹果派不是外交政策[N].(美)外交政策杂志网站，2014-7-1.

主要冲突形式,不幸言中。有普世面孔的西方价值观和制度无法说服原教旨主义者和宗教虔诚者认同西方体制,从中世纪起,中东伊斯兰世界就是以欧洲的对立面而出现的。在现代,这些地区的大多数宗教派别更是把西方现代性的入侵视为本地区大多数社会弊病的根源。

5. 资本主义面临新问题

吉登斯曾说过,全球化是现代化的最高阶段。全球化标志着资本主义自由放任原则由国内扩散至国际。现在各国劳动者的生活成本、生产效率和产品的技术含量均被置于全球市场经济的无情竞争下。在全球化的时代,每个国家,无论是富国还是穷国,要维持其经济发展,就必须参与到全球性的生产链中,发挥本国的比较优势,分享资本、技术和商品相对自由流通带来的红利和机会。而相对隔绝和被迫孤立带来的是经济发展的停滞,朝鲜的经济现状就是例证。

在资本主义全球化的时代,资本主义的内在矛盾和问题并没有消失。生产的异化没有减少,而是加重了,如匈牙利马克思主义者卢卡奇曾指出的,人的劳动、社会关系和意识形态,一切都"物化"了。全球化时代的资本主义片面追求经济增长和利润,盲目扩大生产,对生态环境造成巨大损害。在资本主义意识形态的诱导下,消费者为消费而消费。资本移动的方式更加自由,监管却非常缺失。赚钱的方式变得更加精巧,越来越多的"理财产品""资产重组"等所谓"金融产品"掩盖着巧取豪夺的本质。投机者更容易暴富,而大量劳动者为寻找工作,移民他乡,成为新的无产阶级。

不平等的加剧 全球化导致一个全球性资本主义经济体系的建立,资本主义的内在矛盾和问题由国内扩散到国际层面。资本逐利的本性诱使资本家在获利最丰的地区投资,跨国公司不远万里把企业设在劳动力低廉的穷国他乡。各国竞相发挥比较优势生产出更加实惠的产品,供应世界市场,竞争因此加剧了。全球化之前一国内部的地区性产业分工和生产的专业化,现在变成世界性的了。

严重依赖石油和天然气出口或其他初级产品的国家，如拉美国家，在全球经济不景气状况下步履维艰。由于缺乏世界性的生产和财富分配管理机构，一些国家积累大量财富，生产能力过剩；而另一些国家则产业萧条，商品匮乏。

马克思曾指出，资本主义的内在矛盾源于资本的私人所有制和生产的社会化，由此使经济危机周期性发生。全球化加大了资本主义生产无限扩张的可能性，一国或一个跨国公司可以生产出足以供应全球的产品。大部分利润被企业家和资本家赚取了，劳动者的工资收入和支付能力的提升却长期滞后。跨国公司的老板利润暴涨，富可敌国。畅销全球的苹果 iPhone 生产和销售的利润分配颇能说明问题，在中国生产出的一部销售 199 美元的 iPhone，中国只赚取 9 美元左右。生产的过剩和消费能力的不足同样使周期性的经济危机出现，只不过危机由一国变为世界性的现象了。不仅发展中国家劳动者的工资收入增加缓慢，而且就连发达国家劳动者的工资收入也长期停滞。麦肯锡全球研究所最近发表的《比父母更穷？关于收入不平等的新视角》的研究报告显示，6 个发达国家中，2/3 的收入群体在 2005—2014 年之间的收入没有增长，其中包括最贫穷的阶层和中产阶级。[①] 在美国，“底层 90% 的人口收入其实比 42 年前有所减少”。[②]

垄断的加剧 跨国公司赋予全球化时代资本主义垄断的新形式。并购使企业在一国内部规模越来越大；国际化则使几家大公司在某一行业的垄断由一国扩展到世界范围。例如苹果公司、三星公司在消费类信息技术产品的垄断；美国波音飞机公司在航空领域的霸权。据统计，“美国 100 家最大企业在国内生产总值(GDP)中所占的份额从 1994 年的大约 33% 上升到 2013 年的 46%。最大的五家银行占银行资产的 45%，而 2000 年的比例仅为 25%。”[③]

① 斯蒂芬·格伦维尔．全球化和收入分配[N]．载(澳)洛伊解读者网站，2016－7－26.

② 约瑟夫·斯蒂格利茨．为什么全球欧化失去吸引力[N]．(新加坡)海峡时报网站，2016－8－8.

③ 大问题[N]．载(英)经济学人，2016－9－17.

资本的异化 生产的全球化和金融服务业在全球的扩散，使金融服务在生产中的作用增大了。资本的运作成为企业扩张的重要手段，金融业也变得更加复杂和精巧，加大了金融风险。2016年，“全世界的股票和债券贸易超过600万亿美元，是商品和服务贸易的10倍”。[①] 这一虚拟交易系统一旦因投机或欺诈发生动荡，就会影响整个世界贸易体系。2008年的金融危机就是例证。当钱生钱变成流行的快捷获利模式，极度膨胀的金融服务业和实体经济的背离使经济偏离了正确方向。英国央行行长马克·卡尼(Mark Carney)在给G20领导人的信函中就警告说，金融技术的发展、交易商和银行家的不当行为破坏了投资者对金融机构和市场的信心，影响了全球经济的正常运行。

当代资本主义的危机是美式金融资本主义的扩散引起的，与资本逐利本性的非理性模式缺乏监管有关。20世纪90年代，美国金融业发展到新的阶段，或者说发生“变异”。一些资本管理者不是从投资实业获利，而是试图通过管理风险获利。这种新的金融商业模式的典型代表就是“对冲基金”，后来还发明了更多风险管理金融手段，它把各种风险分散后重新组合，作为投资商品出售。这种模式虽然降低了一方的损失程度，但一旦出现问题，却会波及更多领域。2008年雷曼公司的破产就是证明。在这种资本主义的“金钱游戏”中，拥有资本的人越来越富，而从事劳动的人则越来越穷困。

2008年以来，为应对全球经济放缓，各国央行纷纷推出低息贷款，但这些钱最终却没有促进实体经济中工资和就业的增长，而是流入金融资产。股票、债券和房地产的价格攀上了创纪录的最高点。富人拥有这些资产最多，不平等因而进一步加剧。2008年以来，在英国等发达国家，资产收益回报可观。股市上涨115%，工资只上涨13%。瑞士银行对46个主要经济体的研究表明，2007年前，财富不平等在12个国家中加剧；2007年之后，这个数字达到35个。与此

---

① 贾迈勒·卜尤米．美欧危机印证自由资本主义失败[N]．参考消息，2012-1-20.

同时，亿万富翁人数也翻了一番，达到1 800多位。[①]

6. 西方政治智慧的衰退

西方国家领导人政治智慧的衰退是当代国际政治的一个显著特征。日裔美国学者福山评论说："无论是奥德朗还是已经辞职的卡梅伦……都是水平不高的政客。""默克尔只关心国内的肯定。"他们均"缺乏领导力"。[②] 奥巴马在欧洲习惯美国打头炮的情况下，面对中东乱局，却强调"各国应当共同分担领导责任"，[③]甚至认为"中东是一个需要避开的地区"。[④] 小布什和前英国首相布莱尔以虚假情报带领英美入侵伊拉克，开启了中东乱局，如今该地区以输出难民和恐袭扰乱欧洲。归纳起来，西方领导人政治智慧和领导力的衰退，原因很多。

(1)由于西方国家长期居于核心地位，致使它们当中的大多数领导人看不到他国的利益，而且由于其占有压倒性军事力量和控制着世界舆论，多倾向于强权，以维护本国优势。20 世纪 90 年代初，冷战结束，苏联解体，美国成为唯一的超级大国，克林顿奉行单边主义，开始把压倒性的军事力量作为对付反美势力的主要手段。在过去的 10 年，美国运用军事力量作为解决问题的手段"达到了空前的程度"。[⑤] 2014 年，美国国务卿在耶鲁大学讲演时说，我们不能允许过去 10 年过度干涉主义的后遗症在今天引发过度孤立主义。这是对美国以往外交特征的正确描述。

(2)西方一些领导人对扩大民主抱有天真的看法，对民主产生

---

① 鲁奇尔 · 夏尔马．我们熟悉的全球化已经结束，英国脱欧就是最大标志[N]．载(英)卫报网站，2016 – 7 – 28.

② 参见弗朗西斯．福山．民粹泛滥动摇西方民主支柱[N]．载(德)世界报网站，2016 – 8 – 3.

③ 见霍安 · 福斯．奥巴马主义的十一个关键[N]．载西班牙国家报，2016 – 3 – 15.

④ 吉迪恩 · 拉赫曼．奥巴马主义的十个要点[N]．载(英)金融时报网站，2016 – 3 – 14.

⑤ 迈克尔 · 马扎尔．锐实力战略：促进持久领导地位的全球姿态[N]．华盛顿季刊，2014 年春季刊．

的基础缺乏认知。他们对推翻原有政权后社会如何重建,头脑中缺乏清晰的路线图,而且也不愿意为此花费人力和物力。结果,导致这些地区更加动乱,文明和社会生活更为落后。

(3) 西方国际关系理论的传统是在一个狭小的欧洲大陆空间形成的,目前影响西方国际政治思维的一些主要理论,如均势论、霸权转移论、修昔底德陷阱以及人性论等都是在这一特定空间形成的。其是否能运用于一个更大的世界,即当代环境条件下是值得怀疑的。然而,它们却继续囿于这些思维模式,并以此来指导自己的外交政策。前美国国务卿希拉里对中华文明的特征和中国迅速发展的错误认识,就是例证。希拉里强调说,"我不希望孙辈生活在一个由中国人统治的世界"。①

影响美国外交思维至深的摩根索认为,国际冲突源于人性与生俱来的侵略性,在一个无政府和互相冲突的世界中充满争夺权力和安全的斗争。防止霸权的形成,维持实力均衡是国际社会的首要目标。这可以通过组建交错的结盟体制,②或建立遏制包围圈来使欲称霸国家退缩。奥巴马和希拉里·克林顿的"亚太再平衡战略"即源于此种理论思维。但正如中国政府所强调的,太平洋足够大,足以容纳下美中两国。美国政治家们似乎缺乏远见,看不到美国的"重返亚太"——把60%的海军力量部署在亚洲,以及在中国周边建立遏制包围圈的后果:这会被中国视为威胁,引起中国的反制,由此产生的敌对双方面临"安全困境"而采取的举措,会造成该地区安全局势的螺旋式恶化。

在解释第一次世界大战的爆发原因时,一些学者认为战争在很大程度上是因为欧洲大国间复杂的结盟体系,放大了区域性冲突(奥匈帝国与巴尔干半岛国家间的冲突)所致。2014年前后,西方一些学者把中美关系视为类似第一次世界大战前的德英关系,并且用

---

① 见吉迪恩·拉赫曼. 奥巴马主义的十个要点[N]. 载(英)金融时报网站,2016-3-14.

② 汉斯·摩根索. 国际间的政治:权力斗争与和平[M]. 徐昕,郝望,李保平,译. 北京:北京大学出版社,2006.

"修昔底德陷阱"来解释中美关系。实际上,当代国际政治经济环境与当时的世界根本不同,"修昔底德陷阱"也不适用于当代世界。

7. 从长期趋势看世界文明发展

有没有可能从长期的历史发展趋势,或者从更深层次对当代历史做出某种理论性的解释,从而找到避免世界陷入战乱的某些补救措施呢?透视世界历史的长时段变迁、周期性节律会有助于我们回答以上问题。

国际政治秩序的周期性衰败 当前世界的乱象说明现有国际秩序及其主流意识形态存在问题。每一个时代,拥有霸权,或者说居于领导地位的国家似乎都有一套自以为是的治理世界的路线图。开始的时候,这些理念似乎是使世界恢复秩序的"合理的"药方,但逐渐地这些思想不再能适应现实的发展,利益遭到忽视或压制的国家和社会阶层开始反抗这种国际秩序。此时,霸权国家领导人往往不能正视问题并提出解决方案,反而是施以高压,结果战乱爆发,导致这种国际秩序的衰败或解体。

1815 年拿破仑战争以后到 1914 年第一次世界大战的爆发这段百年历史就是这种历史规律的生动写照。1815 年的维也纳会议上,胜利后的欧洲列强把维护正统、压制民族自决作为避免战乱、维护欧洲稳定的药方。然而到了 19 世纪后期,东南欧,特别是巴尔干地区民族自决意识高涨,奥匈帝国和德国等欧洲强权却不能与时俱进,顺应民族要统一、国家要独立的时代潮流,最终,因不识时务、滥用武力而最后覆灭。可以说第一次世界大战是 1815 年以来形成的百年政治秩序衰败的结果。

冷战结束后,西方国家把西方价值观的正当性和合法性绝对化,认为西方代表历史的方向。布什政府宣称因为目的合法,手段的非法因此也不再重要,就是这种心态的表现。美国在政治变革条件不成熟的地区,如中东,推波助澜,使旧秩序崩溃。奥巴马上台后有所改变,他宣称将以更具协作性、针对性和选择性的方式行使全球领导权,并依赖调动盟国参与。在 2014 年 5 月 28 日西点军校毕业典礼上,奥巴马仍然强调,美国必须领导世界,但不再奉行单边主义,而是以外交、制裁或诉诸国际法为主要手段,在必须采取军事行动时要以多边的方式展开。尽管如此,奥巴马和美国政界显然并未对美国自以为是和缺乏远见的外交政策进行彻底反思。

国际政治秩序的衰败,首先体现在美国和西方盟国试图改变中东和北非的政治社会格局时力不从心,在遭遇一连串挫折后,制造了更多的失败国家。欧洲许多国家经济增长乏力,被难民问题和恐怖袭击事件所困扰,参与全球治理的能力和意志也减弱。乌克兰和东亚的紧张局势,在很大程度上也要归之于北约和美国的搅局。这可以解释为是实力开始相对消退时维护霸权的制衡对手的手段。

霸权转移的百年周期 不少人认为,当今世界正处于霸权转移时期。乔治·莫德尔斯基曾根据1491年到2000年世界发生的战争和大国的相继兴衰史,提出一个理论,即“全球性战争每100年左右发生一次,并导致一个世界大国崛起成为霸权国家。一个世纪后,另一个霸权国家又取而代之。每个霸权国家都依次受到诱惑,陷入过于野心勃勃的计划,并最终面临丧失权威和失败的危险,再次使‘权力分散’”。[①] 这个所谓“世界历史战乱规律”不一定正确,但其中所描述的阶段性发展现象却似乎在当代可以找到某些影子。我们可以把约一个世纪前,美国在1914—1918年爆发的第一次世界大战后逐渐崛起成为世界头号强国作为美国霸权周期的开始,而20世纪最后10年美国发动伊拉克战争视为美国权威开始丧失,2008年以后则是其“权力分散”的开始。

霸权的实质是“霸权中心(国家)及其统治(有产)阶级享有特权,分得较大的剩余份额,从而拥有政治—经济权力”。[②] 世界各国经济实力的变化无疑已经发生,中国现在是世界第二大经济体,第一大贸易出口国,第二大贸易进口国和第三大对外投资国。按照莫

① 查尔斯.P. 金德尔伯格. 世界经济霸权,1500—1990[M]. 高祖贵,译. 北京:商务印书馆,2003.

② 安德烈·冈德·弗兰克,巴里·K. 吉尔斯. 世界体系:500年还是5000年?[M]. 郝名玮,译. 北京:社会科学文献出版社,2004.

德尔斯基的理论,一国实力可以由海军实力来衡量,而据西方观察家估计,中国在2020年就会拥有世界第二大的海军力量。一些西方学者把中美关系形容为“修昔底德陷阱”,认为中国注定要挑战美国的霸权。① 这种看法实际上是从美国习惯于把国际政治视为以武力为后盾的权力争夺的现实主义观念出发的思维,中国实际上并没有去寻求全球霸权的基因。尽管如此,美国实力的相对衰落可能很难逆转。西方的智库、投资银行和咨询公司对下一个35年经济的预测几乎都得出相同的结论,即到2050年,中国将占全球GDP的20%,美国和印度分别仅占14%,欧洲会占到12%。② 伴随经济实力增长的是中国全球影响力的扩大。支撑美国霸权的几大支柱——超级军事实力、美元作为全球储备货币、领先的科技以及世界最大经济体的地位都将被改变。“2000年,美元在全球外汇储备货币中的占比高达72%,目前为63%”③。

世界经济的周期性变化 康德拉基耶夫长期研究世界经济的长时段变化。他注意到,世界经济中商品贸易价格存在50年为间隔的变动周期;乔舒亚·戈尔茨坦进一步把物价、生产和战争联系在一起,也看到50年左右的周期变化。熊彼特和福里斯特认为康德拉基耶夫周期是因技术创新的变动使然,罗斯托则将它同人口与资源的变动联系起来。库兹涅茨认为每个康德拉基耶夫周期中有25年为期的扩张性和收缩性两个周期。25年的价格衰退引发新一轮的创新浪潮,导致经济复苏、工资上涨、生产扩张和战争,使商品价格达到顶点。④

---

① 所谓“修昔底德陷阱”,是指“一个新崛起的大国必然要挑战处于主导地位的大国,而享有霸权的大国必然要回应这种威胁以维持自己的优势地位”。参见阿尔弗雷多·托恩·阿迪.中国与美国:两个“G”的舞蹈[N].载西班牙“中国政策观察”网站,2014-4-22.

② 参见迈克尔·林德.美国能分享其超级大国地位吗?[J].载国家利益双月刊网站,2016-8-21.

③ 弗朗西斯科·塞拉诺.迈向世界经济的“去美元化”?[N].载(西班牙)起义报,2016-9-13.

④ 见查尔斯·P·金德尔伯格.世界经济霸权,1500-1990[M].高祖贵,译.北京:商务印书馆,2003.

在当代,我们所经历的是由另外一些因素制约的发展周期。1980年以来,伴随中国的对外开放,一系列推动各国互联性的技术变革和制度架构出现。互联网和电子计算机技术的广泛运用、贸易自由化措施、产业的全球性分工、跨国公司、中国庞大的廉价劳动力和市场,助推了长达30多年的全球经济持续增长时期。如今,“过去35年支持全球经济增长和繁荣的所有条件正在消失”,[①]一个新的增长缓慢的周期已正在浮现。未来35年(鉴于前一周期持续35年)将以“实体经济增速放缓、通货膨胀水平下降、移民管制加强、企业利润下降、债券实际收益为负”为特征。[②] 这种周期性的变化与生产率、技术创新溢出效益的消耗周期有关,当然也与经济发展的外部环境有关。

以世界头号经济体——美国的生产率发展为例,20世纪大部分时间里,美国工人每小时产量(生产率)每年约提高2.3%,几乎每过一代人的时间,美国人的收入就会翻倍。但本世纪初以来,生产率的增长放缓了;近5年更降到历史最低点0.5%不到。普林斯顿大学的艾伦·布林德注意到这是由于企业家在改善劳动工具,如借助新型计算机辅助的机器等方面投资不足。之所以如此,是由于“没有出现可以投资的‘颠覆性’创新——像电、内燃机和飞机旅行这样真正的、革命性创新——这些创新在20世纪提高了美国工人的生产率。”“IT革命最大的利好已经兑现。现在已经没有那么多回报丰厚的项目可以投资。”[③]

过去35年间,全球经济体系累积了不少深层次的问题。30多年来世界范围内的产业分工,造成发达国家工资增长缓慢,已没有足够的钱来消费来自发展中国家的产品,因为剩余价值大部分被富人赚走了。发展中国家也如此,劳工阶层工资增长迟缓,没有钱来提高消费水平。发达国家需求不足,中国等生产出口大国随之产能

---

① “德意志银行2016年年度报告”,路透社2016年9月9日电.

② “德意志银行2016年年度报告”,路透社2016年9月9日电.

③ 约翰·于德斯蒂.为何你在上班时使用脸书的习惯令经济学家忧虑[N].载美国全国公共广播电台网站,2016-9-5.]

过剩,开始削减石油和矿产等大宗商品的进口,原材料价格的暴跌给严重依靠资源外贸实现增长的国家造成经济困难。以巴西和俄罗斯为例,2016 年一季度巴西 GDP 同比下滑 5.4%,第二季度失业率为 11.3%,而 2013 年只有 5.4%。俄罗斯中产阶级月收入在石油价格下跌前为3 000欧元左右,现在约只有一半。①

很多国家一反过去的做法,实施贸易保护主义措施,这对全球经济增长带来了深远的负面影响。到 2016 年 8 月,全球共出现 350 余项抵制外国商业利益的措施,在数量上远超开放贸易的 100 多项措施。② 过去30 多年中,世界贸易的增长率一直都高于全球 GDP 的增长率,2016 年世界贸易增长率已不足 3%, 低于全球 GDP 的增长率。

局势变得紧张的一般原因　斯蒂芬·范·埃弗拉在《战争的原因》一书中,分析了 18 世纪至 20 世纪 80 年代近三个世纪的国际战争。他注意到战争的爆发可能由于以下一些错误认知引起:①对危机的持续发展持有错误的乐观看法,低估战争所需要的成本及战争将带来的后果。②发起攻击的一方占有相当的优势。③涉及对领土和资源的控制。④战胜对方似乎显得很容易。在一个紧张局势正被搅动的世界里,存在着国与国的冲突演变为战争的可能性。战争不仅由好战的国家挑起,也可能会因一些国家的无意行为而触发。国家间的结盟,发展军备和“威慑”,会被其他国家视为威胁,导致对方反制, 使冲突升级,难以逆转。第一次世界大战的教训值得记取,当时两大集团都低估了加剧紧张局势可能引发战争的风险。

结语

21 世纪头 20 年快结束时,世界似乎处于一个中国驱动的全球经济增长周期的结束期。1982—2007 年, 世界经济平均增长率为

---

① 见西班牙“国家报”2016 年 8 月 20 日报道.

② 见“英国全球贸易预警处报告”[N]. 载英国金融时报网站,2016 年 9 月 2 日报道。

3.2%，目前3%左右，看起来相差不大。但1982—2007年的经济周期中，各国间的经贸较为平衡。这一时期，中国经济的高速发展助推了原材料价格走高，带动了资源出口国经济的运转；发达国家也因向中国投资、出口高技术产品和零部件，维持了可观的经济增长。世界经济在这种区域经济的似乎“良性”循环中，持续增长了1/4世纪。如今，中国经济平静下来，世界还没有找到使其经济继续扩张的新的源泉。中国经济的持续减速增长影响了全球经济。1980—2011年，中国的GDP年均增长率为10%，对全球经济的拉动巨大，即使在2016年，“中国对全球增长的贡献要比所有所谓发达经济体的贡献之和(0.8个百分点)高出50%”①。现在按购买力平价计算，中国经济已占世界总产出的18%。

世界经济中上一周期积累的问题日益显出其负面效益。首先是负债过度。2007年以来，全球债务增加了60万亿美元，相当于全球国内生产总值的80%。各国央行最近采取的财政金融措施，如购买债券和负利率起的作用似乎不大。3/4的债券购买旨在维持现有债务；②低利率也没有达到刺激经济的目的。其次是生产率增长放缓，接近于停滞。最后是国际政治局势不稳定，它使企业家投资变得谨慎。

此前所建构的全球性商品生产链似有断链之虞。20多年来发达国家的企业家把生产迁移到劳动力价格低廉的国家，而现在从廉价劳动力国家生产获利的许多企业已经开始将生产线转移出去。技术进步，尤其是机器人的大量采用，使外包生产变得不那么必要。以阿迪达斯为例，20世纪90年代初，这家公司曾首先把生产线迁往廉价劳动力国家，而现在它开始在德国本土制鞋。重新在德国开张的生产线以机器人为主，基本不需要工人，最终成本反而比在越南生产还低。

经过30多年的经济持续高增长，世界经济发展已进入相对缓慢时期，这给人类提出了一系列的问题。例如，信息技术和互联网的技

---

① 见斯蒂芬·罗奇. 全球增长——仍是中国制造[N]. 载世界报业辛迪加网站，2016-8-29.

② 让·马克·维托里. 全球经济增长面临三种风险[N]. 载(法)回声报，2016-8-29.

术创新能否给世界经济在生产效率、销售效率、生产和市场扩张等方面注入一剂强心针？如何让所有人都能从全球化进程中受益？如何把微小企业、边缘地区包括非洲落后地区纳入世界经济体系，从而扩大生产和贸易？目前，不平等的加剧，生产率的增长放缓，这是否是生产关系不再适应生产力发展的迹象？此外，中俄与欧美和日本的紧张对立是否会发展成麦金托斯所说的大陆国家和海洋国家的对决？中国能否在世界政治经济形势不利的大环境下摆脱“中等收入陷阱”？最后，席卷英国、美国和部分西欧国家的民粹主义将会把世界带向何方？

图 20－2　2017 年上台的美国新总统特朗普

全球化需要全球治理，而全球治理涉及超越国界的、制度化的解决问题的机制，以及借以调节和规范一定国际秩序的原则、规范、条约和协议的制定等。在缺乏世界政府，以及各国对全球化利弊的认知分歧的情况下，全球化和全球治理正经历一个痛苦的转型期，它需要人类反思全球性事务被管理的形式与过程，以及相关的规则、制度安排和法律等。

参考书目

通史

[1]罗伯特·勒纳. 西方文明史[M]. 王觉非,译. 北京:中国青年出版社,2003.

[2]杰里·本特利. 新全球史[M]. 魏凤莲,译. 北京:北京大学出版社,2007.

[3]克拉克. 新编剑桥世界近代史[M]. 中国社会科学院世界历史研究所组,译. 北京:中国社会科学出版社,1999.

[4]吴于廑,齐世荣. 世界史[M]. 北京:高等教育出版社,1994.

[5]萨尔沃·马斯泰罗内. 欧洲政治思想史[M]. 黄华光,译. 北京:社会科学文献出版社,1998.

[6]沃勒斯坦. 现代世界体系[M]. 罗荣渠等,译. 北京:高等教育出版社,1998.

[7]斯塔夫里阿诺斯. 全球通史——1500 年以后的世界[M]. 吴象婴,梁志民,译. 上海:上海社会科学出版社,1992.

[8]吴于廑,齐世荣. 世界史:古代史编,近代史编,现代史编[M]. 北京:高等教育出版社,2011.

[9]齐世荣. 世界通史资料选辑[M]. 北京:商务印书馆,1982.

[10]齐世荣. 当代世界史资料选辑[M]. 北京:北京师范学院出版社,1990.

区域国别史

[1]丁建弘. 德国通史简编[M]. 北京:人民出版社,1991.

[2]蒋孟引. 英国史[M]. 北京:中国社会科学出版社,1988.

[3]沈炼之. 法国通史简编[M]. 北京:人民出版社,1990.

[4]赵建民. 日本通史[M]. 上海:复旦大学出版社,1989.

[5]巴布拉舍维奇,季雅科夫. 印度现代史[M]. 北京编译社,译. 北京:生活·读书·新知三联书店,1972.

[6]伯纳德·刘易斯. 现代土耳其的兴起[M]. 范中廉,译. 北京:商务印书馆,1982.

[7]费希尔．中东史[M]．姚梓良,译．北京:商务印书馆,1980.
[8]彭树智．二十世纪中东史[M]．北京:高等教育出版社,1992.
[9]李春辉．拉丁美洲史稿[M]．北京:商务印书馆,1983.
[10]哈全安．古典伊斯兰世界[M]．北京:中国青年出版社,1998.
[11]金宜久．伊斯兰教史[M]．南京:江苏人民出版社,2006.
[12]钱学文．简明阿拉伯伊斯兰史[M]．银川:宁夏人民出版社,2005.
[13]陈之骅．苏联史纲(1953—1964)[M]．北京:人民出版社,1996.
[14]斯塔夫里阿诺斯．全球通史[M]．董书慧,等,译．北京:北京大学出版社,2005.

文化艺术

[1]贡布里希．艺术发展史[M]．范景中,译．天津:天津人民美术出版社,1991.
[2]朱龙华．意大利文艺复兴[M]．北京:商务印书馆,1964.
[3]雅各布·布克哈特．意大利文艺复兴时期的文化[M]．何新,译．北京:商务印书馆,1979.
[4]陈小川,等．文艺复兴史纲[M]．北京:中国人民大学出版社,1986.
[5]何平．西方艺术简史[M]．成都:四川文艺出版社,2006.
[6]何平,孙涉岚．中国艺术简史[M]．成都:四川文艺出版社,2009.
[7]孙承熙．阿拉伯伊斯兰文化史纲[M]．北京:昆仑出版社,2001.

经济史

[1]西蒙·库兹涅茨．现代经济增长[M]．戴睿,易诚,译．北京:北京经济学院出版社,1989.
[2]罗斯托．经济成长的阶段[M]．郭熙保,王颂茂,译．北京:商务印书馆,1962.
[3]金德尔伯格,赫里克．经济发展[M]．胡鞍钢,王磊,译．上海:上海译文出版社,1986.
[4]汤普逊．中世纪经济社会史[M]．徐家玲等,译．北京:商务印

书馆,1997.
[5]弗兰克. 白银资本[M]. 刘北成,译. 北京:中央编译出版社,2000.
[6]托达罗. 第三世界的经济发展[M]. 于同申等,译. 北京:中国人民大学出版社,1988.
[7]西里尔·布莱克. 现代化的动力[M]. 杨豫,译. 上海:上海译文出版社,1996.
[8]鲁道夫·吕贝尔特. 工业化史[M]. 上海:上海译文出版社,1983.
[9]西里尔·布莱克. 日本和俄国的现代化[M]. 周师铭,等,译. 北京:商务印书馆,1999.
[10]罗兹曼. 中国的现代化[M]. 国家社会科学基金"比较现代化"课题组,译. 南京:江苏人民出版社,2010.
[11]刘天明. 伊斯兰经济思想[M]. 银川:宁夏人民出版社,2000.
[12]韦伯. 新教伦理与资本主义精神[M]. 于晓,陈维钢,等,译. 成都:四川人民出版社,1986.

国际关系

[1]王纯祖. 国际关系史(十卷本)[M]. 北京:世界知识出版社,1995.
[2]何平. 欧洲文化与国际关系[M]. 成都:四川人民出版社,2007.
[3]亨利·米歇尔. 第二次世界大战史[M]. 卢佩文,刘幼兰,译. 北京:商务印书馆,1980.
[4]李铁城. 联合国的历程[M]. 北京:北京语言学院出版社,1993.
[5]亨廷顿. 第三波:20世纪后期民主化浪潮[M]. 刘军宁,译. 上海:上海三联书店,1998.
[6]信夫清三郎. 日本外交史[M]. 天津社会科学院日本问题研究所,译. 北京:商务印书馆,1980.
[7]Robert Lerner. *Western Civilizations*[M]. New York: W W Norton & Company Inc, 1993.
[8]Peter Stearns N. *Documents in World History*[M]. New York: Harper & Row, Publishers,1988.

[9] Harrison J & Sullivan R. *A Short History of Western Civilization* [M]. New York: McGraw – Hill, 1980.

[10] Boardman J. *Oxford History of the World* [M]. Oxford University Press, 1994.

[11] Noeman Lowe. *Mastering Modern World History* [M]. London: Macmillan Education Ltd, 1982.

[12] Peter Burke. *The New Cambridge Modern History* [M]. 13, Companion Volume, Cambridge University Press, 1980.

[13] Taylor A J P. *History of the 20th Century* [M]. Somerset: BPC Publishing Ltd 1968.

[14] Ian Clark. *Globalization and Fragmentation, International Relations in the 20th Century* [M]. Oxford University Press, 1997.

[15] Rozman G. *The East Asian Region* [M]. Princeton University Press, 1991.

[16] Habakkuk & Postan. *The Cambridge Economic History of Europe* [M]. London 1979.

[17] Shigeru Nakayama. *Academic and Scientific Traditions in China, Japan, and the West* [M]. Translated by Ousen. J, Dusenbury J. University of Tokyo press, 1984.

[18] Landes D. *The Unbound Prometheus* [M]. Cambridge University Press, 1969.

[19] Jones E. *European Miracle* [M]. Cambridge University Press, 1991.

[20] Jones E. *Growth Recurring* [M]. Oxford: Clarendon Press, 1988.

[21] Joseph Nye. *Understanding International Conflicts: An Introduction to Theory and History* [M]. Harper Collins Collage Publishers, 1993.

[22] Wittfogel K. *Oriental Despotism: A Comparative Study of Total Power* [M]. New Haven: Yale University Press, 1958.

[23] Needham J. *The Grand Titration, Science and Society in East and West* [M]. London: Routledge, 2005.

[24] Alan Palmer. *The Penguin Dictionary of Twentieth Century History* [M]. Middelsex: Penguin Books, 1979.

后记

本书应首都经济贸易大学出版社约稿，编著者深感责任重大。本书题目宏大,需要广泛的知识和对世界文明发展的深入了解。哪些内容应该编入其中,哪些可以简略,相当难以把握。此外,对世界历史上的许多重要事件、人物、思想和潮流的评价和叙述也需中肯恰当。本书对世界现代文明基本未涉及,因其内容庞杂,要加以叙述,恐使本书太厚。容日后以一新书处理之。书中的错误、遗漏在所难免,尤其是本书由多人编写,观点、体例恐有不统一之嫌。书中的许多图片由编著者实地所拍摄，也有一些取自其他著作。此书的编写所依据的国内外研究成果,已在参考文献中列出,暂未在各章加以详细说明,再次谨向这些论著的作者表示敬意。此书为通识读物,不加注释,一些内容、资料甚至引文暂未标明出处,敬请谅解。读者如发现应加申明之处,请告知,容再版改正。宴泉泉、徐孝稷、叶乐乐、孙波、孙莎岚、肖杰、王云靖、陈建、薛晶晶、吴佳曼、陈向阳、夏茜、徐程、肖薇参与了本书的写作;孙莎岚通稿，何平做全书策划及提纲、图片、参考文献等编纂。